KB125651

1966~
2013년

핵 외교·미사일 외교로 세계를 협박해온 핵보유국 북한의 군사·외교 반세기!

북한의 벼랑 끝 외교사

The History of North Korea's
Brinkmanship Diplomacy,
1966-2013

미치시타 나루시게 지음
이원경 옮김

한울
아카데미

이 책을
한반도에서 싸운 모든 장병들께 바친다.

❖ 일러두기
- 이 책에서는 북한 인명, 지명, 조직명 등을 표기할 때 북한식 표현을 따랐다. (예) 영변 : 녕변)
- 또한 북한 문헌을 인용할 경우, 한글 표준어 맞춤법과 차이가 있을 경우에도 원문을 그대로 표기했으며
  의미를 이해하기 어렵다고 판단될 경우 추가 설명을 했다.
- 인용문 중에서 ( )는 원문을 포함한 내용을, [ ]는 원저자의 주석을 의미한다.

이 도서의 국립중앙도서관 출판예정도서목록(CIP)은 서지정보유통지원시스템 홈페이지(http://seoji.
nl.go.kr)와 국가자료공동목록시스템(http://www.nl.go.kr/kolisnet)에서 이용하실 수 있습니다. (CIP
제어번호 : CIP2014023484)

The History of
North Korea's Brinkmanship Diplomacy, 1966-2013

Narushige Michishita

The History of North Korea's Brinkmanship Diplomacy, 1966-2013
by Narushige Michichita

Copyright ⓒ 2013 Narushige Michichita
Korean Translation Copyright ⓒ 2014 Hanul Publishing Group

차례

❖ 그 림 차 례 ────────────────────────────

북 한 의 벼 랑 끝 외 교 읽 기

1. 벼랑 끝 외교의 특징

현대 한반도의 정치와 외교에서 군사력은 중요한 결정 요인 중 하나이며, 가까운 미래에도 그 중요성이 유지될 것으로 보인다. 1953년 정전협정으로 한국전쟁이 휴전상태에 들어간 후에도 북한은 전쟁까지는 다다르지 않는 범위 내에서 군사력을 계속해서 행사해왔으며, 현재에도 핵·미사일 개발과 각종 무력행사를 둘러싸고 긴장이 지속되고 있다.

1990년대 후반, 북한은 '선군정치'라는 방침을 내세워 정치·경제·외교 정책의 모든 분야에 군을 중심에 둘 것을 밝혔다. 1999년 6월 16일자 《로동신문》과 《근로자》(조선로동당 기관지)의 공동 논설 "우리 당의 선군정치는 필승불패이다"는 다음과 같이 언급하고 있다.

선군정치방식은 바로 군사선행의 원칙에서 혁명과 건설에서 나서는 모든 문제를 해결하고 군대를 혁명의 기둥으로 내세워 사회주의위업 전반을 밀고나가는 령도 방식이다. ……
우리 당의 선군정치는 제국주의와의 심각한 사상적대결을 승리에로 이끄는 위력한 정치이다.

외교전은 단순히 말과 말, 두뇌와 두뇌의 싸움이 아니다. 능란한외교의 배경에는 정치군사경제적힘이 놓여있다.

…… 치렬한 외교전에서 위력을 발휘하는 마지막주패장은 언제나 자기의 튼튼한 정치군사적 잠재력이며 여기에서 우러나오는 필승의 신념이다.

오늘 우리 당의 선군정치는 적들과의 외교전에서 필승의 담보로되고있다.[1]

지금까지 북한의 군사행동에 대한 포괄적인 연구가 충분히 이루어지지 못했기 때문에, 관계국의 정책담당자나 전문가는 불충분한 지식이나 단편적인 일화에 근거해 북한의 행동을 이해하고 정책 판단을 내릴 수밖에 없었다. 이 책은 이러한 상황을 고려하여, 북한의 군사행동을 역사에 따라 체계적으로 분석해보고자 한다. 이를 통해 북한의 행동양식을 이해하기 위한 보다 상세하고 유용한 기초를 제공할 수 있기를 기대한다. 나아가 북한의 향후 행동을 정확하게 예측할 수 있다면, 벼랑 끝 외교에 대한 대응이나 미래에 대한 대비를 보다 합리적으로 진척시킬 수 있을 것이다.

이 책의 목적은 북한이 외교수단으로서 어떻게 군사력을 사용했고, 그 결과 정책목표를 달성하는 데 어느 정도 성공 혹은 실패를 했는지, 그리고 북한이 이루고자 한 정책목표에 어떤 변화가 있었는지를 밝히는 것이다. 연구 분석의 대상은 북한이 가시적인 형태로 공공연히 군사력을 사용한 '벼랑 끝 외교'의 사례들로, 그중에는 직접 무력을 행사한 사례와 함께 간접적인 군사력 사용에 머무른 사례도 포함되었다. 이 외에도 북한은 특수부대를 한국에 침투시켜 한국 대통령의 암살을 기도하거나 테러공격을 감행하는 등 비정규적이고 드러나지 않는 각종 활동을 실시해왔다. 이러한 비정규전은 이 연구의 중심 분석대상은 아니지만, 북한 벼랑 끝 외교를 해독하기 위해 필요한 범위

---

1) 《로동신문》, 1999년 6월 16일자, 1면.

내에서 언급하였다.

이 책의 결론은 다음과 같다. 첫 번째, 북한의 정책목표는 시대 흐름에 맞추어 야심적이고 공격적인 것에서 제한적이고 방어적으로 변화했다. 1960년대 말 북한은 미국 정보수집함 푸에블로호를 나포하고 정보수집기 EC-121를 격추하는 등 미국의 첩보활동을 방해하는 동시에 한국과 미국이 베트남 전쟁에 집중할 수 없도록 만드는 데 성공했다. 또한 북한 특수부대는 박정희 대통령을 살해하고 한국 정부를 전복시키기 위해 청와대를 습격했다. 한편 1990년대 이후 북한은 핵 외교나 미사일 외교 등 수차례에 걸쳐 화려한 벼랑 끝 외교를 전개해왔지만, 그 중심 목적은 체제를 유지하는 것이었고 경제적 지원을 얻거나 미국·일본과의 관계 정상화를 도모하는 것도 결국 이 목적을 달성하기 위한 수단이었다. 즉 1990년대까지 북한의 정책목표는 지극히 제한적이고 방어적인 것으로 변화해온 것이다.

두 번째로, 북한의 군사행동은 정책목표와 연결되어 있어서, 정책결정권자들은 정책목표를 달성하기 위한 합리적인 수단으로서 군사력을 이용해왔다. 이러한 사실은 북한의 군사행동 양식(pattern), 특히 그 강도와 목표 선정(targeting) 양식이 시대에 따라 변화해왔다는 것으로부터 알 수 있다.[2] 물론 이는 북한의 군사행동이 항상 성공적이었다는 것을 의미하는 것은 아니다. 북한은 벼랑 끝 외교를 통해 정치적 목적을 달성하는 데 성공한 경우도 있었지만, 반대로 지극히 부정적인 결과를 초래하기도 했다. 이를 종합적으로 평가하면, 북한이 군사력을 합리적으로 사용해온 것은 사실이지만 정치적 목적 달성이라는 점에서 보면 5점 만점에 3점 정도의 성과라 볼 수 있다.

세 번째로, 북한의 군사행동은 국지적인 군사적 균형 등 구조적 요인에 따

---

[2] 목표 선정에 대한 논의에 대해서는 道下德成, 「戰略論の將來」, 道下德成·石津朋之·長尾雄一郎·加藤朗, 『現代戰略論 — 戰爭は政治の手段か』(勁草書房, 2000), pp.139~186 참조.

라 촉진되거나 제약받았다. 북한은 자국이 군사적 우위에 섰을 때, 그 우위를 활용할 수 있는 장소에서 우위를 활용할 수 있는 형태의 군사행동을 단행했고, 특히 새로운 장비의 도입 등을 통해 얻을 수 있었던 기회를 적극적으로 이용해 벼랑 끝 외교를 전개해나갔다. 그리고 북한이 군사적 우위를 바탕으로 벼랑 끝 외교를 전개했을 경우 그 행동이 북한에 긍정적인 결과를 가져오는 경향을 보였다. 즉 북한 벼랑 끝 외교의 성패는 협상술 등 전술요소가 아니라, 보다 넓은 의미에서의 구조적 요인에 따라 결정되었다고 할 수 있다.

마지막으로 북한의 지도자들은 과거 경험으로부터 얻은 교훈을 기반으로 시기에 맞게 군사행동과 외교활동을 더욱 교묘히 결합시켜왔다. 실제로 1990년대 이후 북한의 군사·외교 행동은 1960~1970년대 행동과 유사한 점도 많았지만, 외교협상의 교묘함이나 법적 논의의 치밀함에서는 1990년대 이후 벼랑 끝 외교가 탁월한 부분이 있었다. 또한 과거와 현재의 연속성 부분에 대해서는 북한에서 출판된 『향도의 태양 김정일장군』에서, 1968년의 '푸에블로호 사건'을 "1차 대미두뇌전"이라고 부르고 1990년대 핵 외교를 "또 한 차례의 대미지혜전"으로 위치 지었다는 것에 특별히 주목할 필요가 있다.[3] 이는 북한의 지도자들이 자국의 군사·외교 행동을 장기적인 흐름 속에서 이해하고 있었다는 것을 나타내는 것이다.

그 외에 북한의 벼랑 끝 외교를 역사적으로 분석함으로써 밝혀진 점은 다음과 같다. 첫째, 북한 벼랑 끝 외교에서 군사적 억제력은 필수불가결한 요소였다. 북한은 군사행동을 감행할 때, 항상 한국이나 미국이 보복공격을 하거나 예방공격을 할 가능성이 있다는 것을 염두에 둘 필요가 있었다. 사실 한국과 미국은 1960년대 청와대 습격사건과 푸에블로호 사건, EC-121 격추 사건, 1970년대 판문점 도끼만행 사건, 1990년대 제1차 핵 위기 당시, 북한에 대한 보복공격이나 예방공격을 진지하게 검토했지만 최종적인 행동으로까지 나

---

3) 김남진 외, 『향도의 태양 김정일장군』(평양: 평양출판사, 1995), 399쪽.

아가지는 않았다. 즉, 북한은 한국과 미국의 무력행사를 억제하는 데 성공한 것이다.

둘째, 북한의 벼랑 끝 외교에서 법적 요소는 중요한 역할을 담당했다. 예를 들어 1970년대에 북한은 정전협정에 남북 해상경계선 규정이 없다는 것을 이용해 북방한계선(NLL)의 정당성에 의문을 제기했고, 1990년대 핵 외교 당시에는 핵확산금지조약(NPT)의 규정을 이용해 미국에 시간적인 압력을 가했다. 북한은 자주 국제법이나 국제적인 규정을 위반했지만, 자국에 유리할 경우에는 그것을 최대한 이용하려고 노력했다.

셋째, 북한은 벼랑 끝 외교를 통해 기습행동을 함으로써 상대국에게 심리적 충격을 주는 수법을 자주 이용해왔다. 푸에블로호 나포, EC-121 격추, 판문점 도끼만행 사건에서의 미군장교 살해, 두 차례의 NPT 탈퇴 선언, 수차례에 걸친 미사일 발사, 세 번의 핵 실험은 모두 대상국의 허를 찌르는 형태로 실행되어 관계 각국에 큰 심리적 충격을 주었다. 북한이 이러한 수법을 사용할 수 있었던 배경에는 유연하면서도 대담한 행동이 가능한 북한의 정치체제와 군사적 능력, 그리고 이를 실제로 이용할 수 있는 외교적 수완이 갖추어져 있다는 점이 있다. 특히 주목해야 할 부분은, 북한이 국제적 신용의 실추 등 여러 가지 부작용을 감수하면서도, 상대에게 심리적 충격을 줄 수 있는 기회를 정확하게 인지하고 이를 이용할 수 있는 능력을 갖추고 있었다는 점이다.

넷째, 북한 국내정치는 벼랑 끝 외교를 시행하는 데 주요한 결정 요인은 아니었지만 일정한 영향은 미친 것으로 보인다. 김일성은 군사우선정책을 정당화하고 동시에 정적을 숙청하기 위해 푸에블로호 사건을 이용했고, 또한 EC-121 정찰기를 격추시켜서 군을 장악하고자 했다. 1976년 판문점 도끼만행 사건은 김정일이 북한 내 비판을 억누르면서 김일성으로부터의 권력승계를 진행하는 가운데 발생했다. 1990년대 핵·미사일 외교는 당과 군이 김정일의 지위를 공식화하던 최종단계와 시기적으로 일치한다. 또한 2009년에서 2010년에 걸친 미사일 발사, 핵 실험, 천안함 격침, 연평도 폭격 등으로 이어진 군사행동은 김정은이 후계자가 되는 과정과 축을 같이해서 발생했다.

그러나 전체적으로는 북한이 국내정치적 문제를 해결하기 위해 군사행동을 감행했다는 견해는 타당하지 않다. 실제로 북한이 활발히 군사행동을 감행한 것은 북한 내 반대세력이 거의 제거되어 김일성의 정치기반이 확립된 1960년대 이후였고, 1980년대 아웅산 테러나 대한항공(KAL)기 폭파 사건 등 테러 공격을 차례로 감행한 것은 조선로동당에서 김정일의 지위가 공식화된 직후였다. 게다가 북한의 군사행동은 자주 실패로 끝났기 때문에 국내정치 수단으로서의 군사행동은 부정적인 효과를 낳을 여지가 많았다고 볼 수 있다. 즉, 북한은 국내정치상의 문제를 해결하기 위해 군사행동을 한 것이 아니라 국내정치상의 문제가 해결된 다음에 활발히 군사행동을 한 것이라 볼 수 있다.

다섯째, 북한은 국제환경이 악화했을 경우에 군사행동을 감행하는 경향이 있다는 분석은 잘못된 것이다. 북한은 국제환경이 악화했을 경우는 물론이고 국제환경이 양호한 경우에도 자주 군사행동을 실시했다. 1976년 판문점 도끼만행 사건은 북한에게 대단히 유리한 국제환경이 조성된 가운데 발생했고, 1998년 미사일 발사는 한국과 미국이 북한에 대해 적극적인 관여정책으로 나아가는 데 합의한, 우호적인 환경이 조성된 가운데에서도 감행되었다. 이와 반대로, 1993년과 2002년의 핵 외교는 북한이 대단히 어려운 국제환경에 직면한 가운데 실시되었다. 또한, 국제환경의 좋고 나쁨은 북한의 벼랑 끝 외교의 성공 여부에 영향을 주지도 못했다. 북한에게 우호적인 국제환경 속에서 발생한 판문점 도끼만행 사건은 북한에게 매우 불리한 결과를 초래했지만, 열악한 국제환경 속에서 진행된 핵 외교는 두 번에 걸쳐 북한에게 바람직한 성과를 이루어냈다.

마지막으로 북한의 벼랑 끝 외교는 단기적으로는 성공을 거두었을지라도 주변 당사국들의 대항조치를 촉진시켜 중장기적으로는 부정적인 결과를 초래한 경우가 많았다. 예를 들어, 1960년대 비무장지대(DMZ)에서 활발하게 진행된 북한의 군사행동에 대해, 한국과 미국은 DMZ 방어를 강화해 장기적으로는 북한의 DMZ에서의 군사행동이 봉쇄당하는 결과를 초래했다. 또한 1970년대 서해에서 북한이 활발한 군사행동을 펼친 것에 대해 한국은 해군력을 증강시키고 서해 5도에 대한 방어태세를 강화했다. 이로 인해 1990년대까지 서해에서의 군사적 균형은 한국 측에 유리하게 전개되었다. 그리고 1998년 북한이 대포동 미사일을 발사하면서 미국과 일본은 탄도미사일 방어에 관한 협력을 강화하는 데 합의했다. 이러한 사례들은 북한의 벼랑 끝 외교를 평가함에서, 단기적 성과뿐만 아니라 중장기적 효과도 고려해야 한다는 것을 시사하고 있다. 단기적인 성공이 중장기적으로는 역효과를 가져온 경우가 있기 때문이다.

2. 연구방법 및 책의 구성

이 책은 먼저 제1장에서 과거 북한의 벼랑 끝 외교의 큰 흐름을 다음 네 시기로 나누어 분석적으로 검증하면서 논의를 진전시키고 있다.

- 제1기 벼랑 끝 외교의 기원(1966~1972년)
- 제2기 제한적인 무력 사용(1973~1982년)
- 제3기 테러리즘의 대두(1983~1992년)
- 제4기 정교해진 벼랑 끝 외교(1993년~2008년)

또한 북한이 가시적인 형태로 군사력을 사용한 사례와 함께, 이러한 사례가 어떠한 의미를 가졌는가를 이해하는 데 유용한 비공식적인 사례에 대해서도 다룬다. 이후 제2장부터 제9장까지는 중요성이 높은 사례들을 상세히 분석한다. 사례의 선정기준은 ▲ 북한이 특정한 정책목표를 달성하기 위해 1년 이상 시행한 군사·외교행동 ▲ 한국과 미국이 전투준비태세(DEFCON)를 '3' 이상으로 상향조정한 위기라는 두 가지이며, 이 중 한 가지라도 만족시킨 사례를 선택했다. 이 사례들에는 일반적으로 다음과 같은 특징이 있다.

- 북한 최고지도부가 정책결정에 직접 개입했을 가능성이 높다.
- 우발적인 사건이었을 가능성이 낮다.
- 북한 측의 공식견해가 비교적 명확히 나타난 경우가 많으며, 한미 측의 정보도 풍부하다.

구체적으로는 첫 번째 기준에 부합되는 사례로 1960년대 후반 DMZ에서 연속해서 발생한 공격, 1970년대 전반 서해 사건, 1990년대 핵·미사일 외교 및 정전협정 무효화 노력, 그리고 2002년에 시작된 제2차 핵 외교 등 6건을 선정했고, 두 번째 기준에 부합되는 사례로 1968년 푸에블로호 사건, 1976년 판문점 도끼만행 사건을 선정했다. 한편 사례연구를 다룬 각 장은 다음과 같이 통일된 형식을 통해 여러 사례를 쉽게 비교할 수 있도록 구성했다.

- 사실관계 기술
- 환경요인 분석
- 군사 및 외교행동의 특징
- 정책목표와 그 달성도
- 벼랑 끝 외교로 인한 중장기적 역효과

'환경요인 분석'에서는 북한의 벼랑 끝 외교의 배경과 벼랑 끝 외교를 가능하게 한 요인 등을 검토한다. 구체적으로는 군사 균형, 국제환경, 법적 문제 등을 주요 검토 대상으로 다룬다.
'군사 및 외교행동의 특징'에서는 ① 군사행동이 발생한 장소와 시기 ② 사용된 군사력의 종류와 형태 ③ 군사행동의 강도와 목표 선정 ④ 군사행동과 외교행동의 연계 등 네 가지 요소를 검토한다. ①에서 '장소'는 군사행동이 육·해·공 중 어디에서 발생했는지, '시기'에서는 특정한 군사·외교행동이 왜 그 시기에 실행되었는지, 또 그러한 행동이 상대국에 심리적 충격을 주기 위한 목적을 가지고 기습적으로 감행된 것인지 등을 중심으로 논의했다. ② 군사력의 종류와 사용형태에서는 북한이 재래식 전력을 사용한 것인지, 핵 개발 등 대량파괴무기(WMD)를 이용한 것인지, 혹은 특수부대 등 비정규전 능력을 사용한 것인지를 밝힌다. 또한 군사력을 직접적으로 사용한 것인지 (actual use) 혹은 간접적으로 사용한 것인지(potential use), 다음으로는 상대 측을 물리적으로 지배·파괴하기 위해 사용한 것인지(controlling strategy) 혹 은 상대측의 행동에 간접적으로 영향을 주기 위한 강제력으로서 사용한 것인 지(coercive strategy) 아니면 상대국의 체제전복을 위해 사용한 것인지 (subversive strategy) 등을 주요한 논점으로 제시한다.[4] ③ 강도와 목표 선정 에서는 북한의 군사행동으로 어느 정도의 사상자 혹은 물리적 손해가 발생했 는지, 그러한 행동의 대상이 군사 목표였는지 아니면 민간인이나 대상국의 지도자였는지, 대상국은 미국인지 한국인지 등에 대한 사항을 분석한다. 북 한 군사행동의 강도와 목표 선정은 정치목적과도 유의미한 관련성을 가지고 있기 때문에 특히 중요하다고 할 수 있다. ④ 군사와 외교의 연계에서는 벼랑 끝 외교가 진행된 시기에 군사행동과 외교행동이 어느 정도 긴밀하게 연결되

---

[4] 지배전략(controlling strategy)과 강제전략(coercive strategy)의 구별에 대해서는 Lawrence Freedman "Strategic Coercion" in Lawrence Freedman(ed.), *Strategic Coercion: Concepts and Cases* (Oxford University Press, 1998), pp.16, 20~23; and Lawrence Freedman, *Deterrence* (Polity Press, 2004), pp.84~89 참조. 체제전복 (subversion)의 정의는 Department of Defense, *Dictionary of Military and Associated Terms,* Joint Publication 1-02, April 12, 2001, p.416 참조. 또한 이러한 개념 정리에 대해서는 Gary Schaub, Jr., "Compellence: Resuscitating the Concept," in Freedman(ed.), *Strategic Coercion* 및 道下德成, 「戰略論の將來」 참조.

어 있었는지를 평가한다.

끝으로 '정책목표와 그 달성도'에서는 북한이 어떤 정책적 목적을 가지고 벼랑 끝 외교를 실시했는지, 또 어느 정도 그 목적을 달성했는지 평가한다. 북한의 의도 등을 파악하는 데는 정보의 제약이 존재하지만, 이를 감안하여 다음과 같은 순서로 평가를 실시했다.

먼저, 북한의 정책목표를 명확히 파악한다. 이 부분에서는 북한의 공식문헌이나 비밀 지정이 해제된 각국의 외교 문서, 그리고 북한을 포함한 관계 각국의 정책담당자 등의 수기와 회고록 등을 중요한 근거로 활용했다. 물론 북한의 공식문헌은 사실과 다른 기술도 많으며, 독자를 잘못된 판단으로 이끌려는 의도로 작성된 부분도 있다. 그러나 김일성과 김정일의 저작이나 북한 외무성(1998년 8월 이전 명칭은 외교부)의 성명 등은 명확하게 북한의 정책의도를 밝히고 있는 부분이 많기 때문에 유용한 자료로 이용할 수 있었다. 또한 북한의 공식문헌과 함께 한국과 미국 등의 문헌을 검토해 관계 각국이 북한의 의도를 어떻게 분석하고 있었는지에 대해서도 재검토했다. 이러한 사항들을 종합함으로써, 북한의 의도를 상당한 확실성을 갖고 추정할 수 있었다.

두 번째로, 북한의 벼랑 끝 외교의 결과를 분석한다. 벼랑 끝 외교의 결과가 가장 명확히 나타난 것은 군사행동으로 인해 물리적인 변화가 발생했을 경우나, 공식 합의문서 등을 작성한 경우 등이다. 합의문을 얻어낸 경우에는, 그것이 실제로 어느 정도 실행되었는지에 대해서도 평가한다. 반면, 북한 벼랑 끝 외교가 물리적인 변화나 공식 합의를 이루어내지 못했을 경우에 대해서는, 한국과 미국 등 관계국의 정책담당자, 전문가들에 의한 평가를 참고했다. 또한 이 부분에 관한 북한 측의 자료가 많지는 않지만, 가능한 범위 내에서 이 자료들도 이용한다.

마지막으로 정책목표와 비교하여, 북한의 벼랑 끝 외교가 어느 정도 기대치를 달성했는지에 대해 평가한다. 이러한 평가 작업을 수행하는 데 가장 중요한 근거는 한국과 미국 지도부의 인식으로, 특히 한국과 미국의 지도자들이 비공개된 장소에서 내린 평가는 대단히 중요한 판단자료가 되었다. 또한 북한을 탈출한 주민이 증가하는 가운데, 이들 중에는 조선로동당원·외교관·군인 출신 인물도 다수 포함되어 있다. 그들의 증언은 일방적이거나 사실을 잘못 인식한 부분이 포함된 경우도 있지만 이러한 부분을 잘 고려한다면 대단히 귀중한 정보원이 될 수 있기 때문에, 본 연구에서는 북한이탈주민의 증언도 적극적으로 이용할 방침이다.

이러한 순서로 정책목표와 그 성과를 평가한 후, 북한의 벼랑 끝 외교가 중장기적으로 북한에 부정적인 영향을 가져왔을 경우에는 '벼랑 끝 외교로 인한 중장기적 역효과'로서 별도 평가한다. 그리고 마지막 장에서는 북한 벼랑 끝 외교에 관한 분석결과를 정리하는 동시에 향후 전망에 대해 서술할 것이다.

제 1 장
벼 랑 끝 외 교 의 전 개

1953년 7월 한국전쟁이 정전상태에 들어간 뒤, 한반도에서는 비교적 평온한 시대가 이어졌다. 1950년대 후반에 북한에서는 지도부 내 권력투쟁이 발생했지만, 전후 복구가 진행되어 군사행동은 저조했다. 그러나 1961년 이후 북한은 한국의 혁명을 활발히 지원하면서 본격적인 군비증강에 나섰다. 또한 재래식 전력 및 비정규전 능력 향상을 배경으로, 1960년대 후반부터 한국과 미국에 대한 군사행동을 본격화했다.

1. 벼랑 끝 외교의 기원: 1966~1972년

1) 정규·비정규 공격과 암살 계획

1966년부터 1972년에 걸쳐, 북한은 비무장지대(DMZ)에서 한미 양국군을 공격하거나 동해에서 미군 정보수집함을 나포하는 등 군사행동을 활발히 전개해나갔다. 이 시기 북한의 군사행동은 DMZ 및 동해에 집중되었고, 적극적으로 직접적인 무력을 행사해 한국과 미국 측에서는 많은 희생자가 발생했

다. 이 외에도, 한국 대통령 암살을 기도하며 한국에 게릴라를 침투시키기도
했다.

(1) 비무장지대에서의 소규모 공격

1960년대 후반, 북한은 DMZ에서 한국과 미국 측에 소규모 공격을 거듭해
서 감행했다. 특히 1966년 이후에는 투입되는 부대의 규모가 확대되었고, 사
용 무기도 강화되었다. 공격 내용도 정보수집이나 단순한 파괴행위에서 공
공연한 위협(harassment)행위로 변화되었고, 판문점 공동경비구역(JSA) 안팎
에서의 충돌도 발생했다.

북한의 공격에 대해 한국은 보복공격을 단행했지만, 이러한 한국의 행동
은 한국과 미국 간의 긴장을 고조시키는 결과로 이어졌다. 이는 한국이 당시
한국군에 대한 작전통제권을 가지고 있었던 유엔군 사령관(미 육군대장)의 승
인을 받지 않은 채 군사행동을 펼친 데다가, 미국이 남북한 간의 대립에 말려
드는 것을 환영하지 않았기 때문이다.

(2) 해상과 공중에서의 공격

이 시기 북한은 재래식 전력을 사용해 해상과 공중에서 공격을 활발하
게 전개해나갔다. 1965년 4월, 미 공군 RB-47H 전자정찰기가 동해상에서
MiG-17 전투기 2대에게 공격당해 기체가 손상되었다.[1] 1967년 1월에는 한
국 해군 PCE-56 경비정이 동해상에서 어선 보호임무를 수행하던 중 북한의
해안포에 격침당했다. 북한 측은 격침된 경비정이 자국 영해를 침입했다고
주장했지만, 유엔군 사령부 측은 이를 부인했다.[2] 이어서 1968년 1월 23일

---

[1] James P. Finley, *The US Military Experience in Korea, 1871-1982: In the Vanguard of ROK-US Relations*(San Francisco: Command Historians Office, HQ USFK/ EUSA, 1983), p.114.

[2] 국방부, 『국방백서 1991-1992』(서울: 국방부, 1991), 430쪽; "최초공개, '판문점 산중

에는 미 해군 정보수집함 푸에블로호와 그 승무원들이 동해상에서 북한 해군 함정에게 나포되었다. 미국은 푸에블로호와 승무원들의 송환을 위해 판문점에서 북한과 처음으로 직접 협상했다. 11개월에 걸친 협상 끝에 승무원들은 송환되었지만, 푸에블로호는 북한에 남게 되었다. 또한 1969년 4월 15일에는 미 해군 EC-121 전자정보수집기가 동해상공에서 북한의 MiG-21 전투기 2대에 격추당해 승무원 전원이 사망하는 일도 있었다.[3] 이 사건과 관련해 미국 정부는 북한에 군사적 대응을 할 것도 고려했지만, 미 의회의 반대와 베트남전 참전 중인 상황을 감안해 단념했다.[4] 이어 1970년 6월 서해에서는 북한 고속정이 병력 20명이 승선한 한국 해군의 경비용 방송선을 나포했다.

인' 제임스 리 육성증언 ① DMZ는 없다", 《신동아》, 1997년 12월호. http://www.donga.com/docs/magazine/new_donga/9712/nd97120100.html.

3) EC-121 격추사건에 대해서는 U.S. Department of State, *Foreign Relations of the United States, 1969-1976,* Vol.19, part 1, *Korea 1969-1972* (U.S. Government Printing Office, 2010); U.S. Congress, House, Hearings before the Special Subcommittee on the U.S.S. Pueblo of the Committee on Armed Services, *Inquiry into the U.S.S. Pueblo and EC-121 Plane Incidents,* 91st Congress, First Session, March 4, 5, 6, 10, 14, 17, 19, 20, April 25, and 28, 1969, H.A.S.C. No.91 ~101(U.S. Government Printing Office, 1969), pp.889~891; Richard Nixon, *The Memoirs of Richard Nixon,* Vol.1(New York: Warner Books, 1979), pp.472~476; Henry A. Kissinger, *White House Years* (Boston: Little, Brown and Company, 1979), pp.312~321; Daniel P. Bolger, *Scenes from an Unfinished War: Low- Intensity Conflict in Korea, 1966-1969*(U.S. Government Printing Office, 1991), pp.101~109; Public Affairs Office, UNC/CFC and USFK/EUSA, Yongsan Army Garrison, Seoul, Korea, "Serious Incidents in the DMZ," USFK Backgrounder, No.16, current as of June 1993, http://www.korea.army.mil/PAO/backgrounder/ bg16.htm, accessed on July 12, 2002; Joseph S. Bermudez, Jr., *North Korean Special Forces,* 2d ed.(Naval Institute Press, 1998), p.94; and "North Koreans Down Navy Recon Plane," *Pacific Stars and Stripes,* April, 17, 1969; 이문항, 『JSA - 판문점(1953~1994)』 (서울: 소화, 2001) 참조.

4) Kissinger, *White House Years,* p.320.

(3) 암살 계획

1966년부터 1972년 사이, 두 번에 걸쳐 한국 대통령 암살 미수사건이 발생했다. 우선 1968년 1월 21일, 그 전년에 조직된 북한의 특수부대 124부대 소속 31명이 박정희 대통령을 암살하기 위해 청와대 습격을 기도했다.[5] 그러나 암살부대는 청와대 부근에서 발각되어 투항한 1명을 제외한 전원이 사살되었다. 이후, 1970년 6월에는 북한 공작원 3명이 서울에 침입해 박정희 대통령이 연설 예정이었던 국립묘지에 시한폭탄을 장치했으나, 폭탄이 사전에 폭발해 계획은 실패로 끝났다.

(4) 비정규전

1960년대 후반 북한은 비정규전을 활발히 일으켰는데, 이는 공작원이나 무장게릴라를 한국 국내에 잠입시켜 혁명기지를 건설하거나 사회불안을 조성하려는 목적을 가지고 있었다. 즉 북한은 베트남 게릴라전과 같은 상황을 한반도에도 가져오려 한 것이다.[6] 이를 위해, 북한은 DMZ나 바다를 통해 한국에 다수의 게릴라 부대를 침입시켰고, 그 결과 거의 매일 무장공비가 발각되어 총격전이 발생하는 일이 이어졌다.[7] 1968년 10월 30일부터 11월 2일 사이 북한은 각각 15명 정도로 구성된 124부대 무장공비 8개조를 세 번에 걸

---

5) 최근에는 한국에 파견된 공작원이 33명이었을 가능성도 보도되고 있다. 《중앙일보》, 2012년 2월 6일자.

6) "The Korean Situation," Telegram From the Commander in Chief, Pacific(McCain) to the Chairman of the Joint Chiefs of Staff (Wheeler), Honolulu, November 16, 1968, in U.S. Department of State, *Foreign Relations of the United States, 1964-1968*, Vol.29, part 1, *Korea* [hereafter *FRUS, 1964-1968*](U.S. Government Printing Office, 2000), pp.447~448; and "Mr. Bundy's Meeting with Mr. Colby, June 22, 1967," Memorandum of Conversation(Washington: June 22, 1967), in *FRUS, 1964-1968*, pp.180~181.

7) Telegram From the Commander in Chief, United Nations Command, Korea, *FRUS, 1964-1968*, p.264.

처 울진과 삼척 일대에 침투시켰다. 이에 대해, 한국은 군과 경찰 4만 명 이상을 몇 개월에 걸쳐 동원하여 소탕 작전을 전개했다.[8]

2) 미국에 대한 저항과 한국에 대한 도전

이 시기 북한의 정책목표는 ▲한국 정부 전복 ▲미국의 정보수집 활동 방해 ▲한국과 미국의 베트남 군사행동 방해 등 대단히 야심찬 것이었고, 북한은 몇몇 사안에서 정책목표를 달성하는 데 성공했다. 북한은 한국 정부의 전복이나 박정희 대통령의 암살에는 실패했지만, 미국의 정보수집 활동에 중대한 타격을 주었고, 한국과 미국이 베트남에서 군사행동을 하는 것을 저해했고 한미 관계를 복잡화하는 것에도 성공했다.

그러나 북한의 이러한 행동에는 막대한 지출이 수반되었다. 먼저, 활발한 군사행동은 북한 측에도 많은 사상자를 가져왔다. 이 시기 한미 측이 확인한 것만으로도 북한군의 사망자 수는 715명에 달해, 같은 시기 한국군 사망자 수의 약 두 배에 이르렀다.[9] 또한 북한은 1960년대에 군사우선노선으로 방향을 전환했는데, 이는 장기간에 걸친 북한 경제 침체의 주요 원인 중 하나가 되었다.[10] 1969년도 한국의 1인당 국민소득(GNP)이 처음으로 북한에 앞섰고, 그 후 차이가 더욱 확대되었다.[11]

게다가, 북한의 이러한 대남공세는 한국과 미국이 적극적인 국방정책을

---

8) 중앙정보부, 『북한 대남 공작사』, 제2권(서울: 중앙정보부, 1973), 469~492쪽. Bermudez, *North Korean Special Forces*, pp.86~88.
9) 이문항, 『JSA - 판문점(1953~1994)』, 373쪽.
10) Taik-young Hamm, *Arming the Two Koreas: State, Capital and Military Power* (Routledge, 1999), p.100; 함택영, 『국가안보의 정치경제학: 남북한의 경제력, 국가역량, 군사력』(서울: 법문사, 1998), 220쪽.
11) 통계청, 『통계로 본 대한민국 50년의 경제사회상 변화』(서울: 통계청, 1998), 304쪽.

추진하는 계기가 되었다. 청와대 습격사건을 계기로 한국은 '자주국방'을 위한 노력을 본격적으로 추진해 250만 명 규모의 향토예비군을 창설하고, 독자적인 방위산업의 육성에 착수했다. 이런 한국의 노력에 더해, 미국은 한국에 1억 달러의 군사원조를 제공했고, 1969년에는 일본이 한국 방위산업의 기초로서 건설을 시작한 포항제철소를 위해 필요한 자금을 제공하기로 결정했다.[12)

2. 제한적인 무력 사용: 1973~1982년

1) 제한적 군사행동, 습격, 침투, 암살

1973~1982년 사이에는 북한 군사행동에 보다 명확한 변화가 나타났다. 북한은 DMZ와 동해로부터 JSA와 서해로 장소를 옮겨 새로운 군사행동을 시작했다. 이후 서해에서는 제한적인 군사행동을 하는 한편, JSA에서는 미군 병사에 대한 습격이 빈번하게 일어났고, 무력행사의 강도가 낮아졌지만, 군사행동과 외교활동의 연계는 긴밀해졌다. 게릴라 작전이나 요인을 암살하는 등 비정규 행동도 계속되었지만, 그 빈도는 줄어들었다.

---

12) 국방군사연구소, 『건군 50년사』(서울: 군사연구소, 1998), 234~238쪽; 東淸彦, 「日韓安全保障關係の変遷 — 國交正常化から冷戰後まで」, 『國際安全保障』, 第33卷 第4号 (2006.4), pp.88~90; 倉田秀也, 「朴正熙『自主國防論』と日米『韓國條項』 — 『總力安保体制』の國際政治経濟」, 小此木政夫・文正仁 編, 『市場・國家・國際体制』 日韓共同研究叢書 4(慶應義塾大學出版會, 2001), pp.165~171; 산업정책연구원, 「한국의 고도경제성장에 영향을 준 엔차관의 역할」(국제협력은행, 2004), 73쪽(http://www.jica.go.jp/activities/evaluation/oda_loan/after/2004/pdf/theme_06_full.pdf); 강선희, 「한국과 일본의 경제협력 — 포항종합제철소 건설을 둘러싼 한일 경제협력」, 《현대사회문화연구》, 제21호.(2001.8), 44, 50~51쪽.

(1) 서해에서의 제한적 군사행동

1970년대 북한은, 유엔군 사령부의 통제하에 있지만 북한과 가까운 서해 5도 주변 해공에서 '서해 사건'이라는 일련의 군사적 위기상황을 야기했다. 1973년부터 1975년에 걸쳐 북한 해군 함정이 유엔군 사령부가 설정한 잠정적인 해상경계선인 북방한계선(NLL)을 빈번하게 넘어왔고, 1975년부터 1976년 사이에는 북한 전투기가 상공에서 NLL을 횡단하는 행동을 반복했다.

이 시기 공중에서 가장 두드러진 북한 군사행동은, 미 공군 SR-71 전략정찰기의 격추를 기도한 사건이다. 1981년 8월, 북한은 서해 상공을 비행 중이던 SR-71 전략정찰기에 SA-2 지대공 미사일을 발사했으나, 목표를 명중시키는 데 실패해 실제로 피해가 발생하지는 않았다.[13]

(2) 저강도 공격

1973년부터 1977년에 걸쳐, JSA와 DMZ에서 유엔군 사령부 요원에 대한 저강도 공격이 빈번히 발생했으며, 특히 1976년 판문점 도끼만행 사건은 한반도를 전쟁의 벼랑 끝까지 몰아넣었다. 1976년 8월 18일, 판문점 JSA에서 미군 장교 2명이 북한 군인에게 도끼로 살해되었고, 미국은 한반도 안팎에 전력을 집중시킨 뒤 한국 특수부대와 공동으로 사건의 직접적 원인이 된 미루나무를 벌채하는 작전을 실시했다. 이 작전은 한반도를 전쟁 일보 직전까지 몰고 갈 정도로 극심한 긴장상태를 야기했다.

(3) 침투작전과 암살 계획

북한 공작원의 한국 침투는 1969년 144번으로부터 1970년 86번, 1971년

---

13) Paul F. Crickmore, *Lockheed SR-71 Operations in the Far East*(New York: Osprey, 2008), pp.77~78; and "Conflict & Tension on the Korean Peninsula! A Chronology (28 Jul 53-Aug 98)," obtained from the Secretariat, United Nations Command; Military Armistice Commission(UNCMAC) on July 18, 2001, p.58.

52번, 1972년 20번, 1970년대 후반에 들어서는 더욱 감소하는 등 서서히 줄어들었다.[14] 한편, 과거 실패했던 경험이 있음에도 북한은 계속해서 한국 대통령의 암살을 기도했다. 1974년 8월 15일, 북한에서 훈련받은 재일교포 문세광은 박정희 대통령을 암살하기 위해 서울 국립극장에서 총을 쏘았으나 박정희 대통령을 암살하는 데는 실패했고, 이후 경호원과 벌였던 총격전으로 영부인 육영수 여사가 서거했다.[15]

2) 해양질서 변경과 미국에 대한 접근

1973~1982년 사이 북한의 행동은, 군사력을 행사하면서도 최종적으로는 외교적으로 목적을 달성하려 했다는 특징이 있다. 서해 사건과 판문점 도끼 만행 사건에서도 군사행동을 구체적인 성과에 결부시키기 위해 외교적 수단이 적극적으로 이용되었다.

이 시기 북한의 정책목적을 살펴보면 ▲ 서해 5도 주변해역과 NLL의 법적 지위에 대해서 한국과 미국의 해석에 이의를 제기 ▲ 미국과 평화협정 체결 ▲ 주한미군 철수 ▲ 미국의 정보수집 활동 방해 ▲ 한국 사회를 혼란에 빠뜨려 경제발전 방해 등이 있다. 여기에서 특히 흥미로운 것은, 1974년 북한이 미국에게 평화협정 체결을 제안하는 등 정책목표에 협력적인 측면이 나타나기 시작했다는 것이다.

군사력을 행사하면서 외교적으로 목적을 달성하려고 했던 북한의 행동은 일정 부분 성공을 거두기도 했으나, 전체적으로는 미진한 수준에 머물렀다. 예를 들면 북한은 서해 사건과 관련해 서해에 영토분쟁이 존재하고 NLL에

---

14) 국방군사연구소, 『대 비정규전사(Ⅱ) 1961~1980』(서울: 국방군사연구소, 1998), 359~
     360쪽.
15) Bermudez, *North Korean Special Forces*, pp.116~117.

법적으로 불명확한 부분이 있다는 것, 또한 NLL의 지위에 관해 한국과 미국 간 의견차가 있다는 것을 드러내는 데 성공했다. 그러나 북한의 주장대로 서해상의 질서를 변경시키고 영해와 영공의 관할권을 확보하는 것에는 실패했다. 판문점 도끼만행 사건에서는 자국에 유리한 국제환경을 이용하여 주한미군을 철수시키기 위한 외교공세를 펼치려 했다. 그러나 북한 군인들이 미군 장교 2명을 잔인한 방법으로 살해했다는 것에 대해 국제사회는 부정적인 반응을 보였고, 주한미군 철수를 요구하는 북한의 외교공세가 힘을 잃었을 뿐만 아니라 한반도 평화 문제를 둘러싼 유엔 총회의 논의에서 우위에 있었던 북한의 입장이 크게 손상되었다.

이 시기 북한의 군사행동에 소요된 비용은 크지 않았던 것처럼 보인다. 서해 사건에서는 중대한 군사충돌이 발생하지 않았기 때문에 북한 측의 피해는 비교적 경미했다. 판문점 도끼만행 사건에서도 북한 측에는 사상자가 발생하지 않았으며, 대통령 암살 계획도 대규모 군사력이나 자원의 투자가 필요하지 않았다. 그러나 상황을 보다 깊이 들여다보면, 이 시기 군사행동에 상당한 비용이 소요되었다고 말할 수 있다. 예를 들어 서해상에서 작전이 가능해진 것은 작전 실시에 앞서 북한이 한국보다 우수한 해군함정을 도입했기 때문이었다. 당시 북한의 국가총예산 중 군사비가 차지하는 비중은 1960년대보다 줄어들었으나, 절대액은 계속 높은 수준을 유지하고 있었다.[16]

또한, 서해에서의 군사행동은 중장기적으로 북한에 부정적인 결과를 초래했다. 서해 사건 이후, 한국은 북한의 도발에 대항해 NLL의 법적 지위 여하를 불문하고 NLL을 '사수'한다는 전략을 세우고, 서해 5도를 요새화하고 해군력을 증강시켰다.

---

16) Taik-young Hamm, *Arming the Two Koreas*, p.100; 함택영, 『국가안보의 정치경제학: 남북한의 경제력, 국가역량, 군사력』, 220쪽.

3. 테러리즘의 대두: 1983~1992년

1) 암살 계획과 테러 공격

1983~1992년까지의 시기는 북한의 군사행동이 정체된 시기로, DMZ와 서해에서는 산발적인 움직임을 보이는 데 머물렀다. 반면, 북한은 한국을 교란시키기 위한 테러 공격을 활발히 실행해, 1983년에는 한국에 대한 소규모 침투작전이 증가했다. 북한은 7월, 원자력 발전소가 위치한 경상북도 월성 부근에서 침투작전을 실시했고, 9월에는 대구에 위치한 미국문화원을 습격해 한국 시민 4명이 사망했다.[17] 또한 1983년 10월 9일 버마(미얀마)의 수도 랑군(양곤)에서 전두환 대통령을 겨냥한 암살 미수사건이 발생했다. 아웅산 국립묘지에서 북한 공작원이 설치한 폭탄이 폭발해 한국 정부 각료 4명을 포함한 21명이 사망했지만, 전두환 대통령은 피해를 모면했다.[18]

1988년 서울 올림픽 개최가 다가오자 북한은 테러 공격으로 이를 방해하려 했다. 1986년 9월, 아시안게임을 6일 앞두고 김포국제공항에서 폭발이 발생해, 5명이 사망하고 30명 이상이 부상을 입었다.[19] 1987년 11월 29일에는 아랍 에미리트의 수도 아부다비에서 태국 방콕으로 향하던 대한항공 858편이, 북한 공작원이 장치한 시한폭탄으로 안다만 해 상공에서 폭파되어 탑승객 115명 전원이 사망했다.[20] 폭탄을 장치한 공작원 2명 중 1명은 자살했고

---

17) Joseph S. Bermudez, Jr., *Terrorism: The North Korean Connection* (New York: Crane Russak, 1990), p.43.
18) "아웅산 암살 폭발 사건 판결문(The Judgment of the Burmese Martyr Mausoleum Bombing Case)"(서울: 남북문제연구소, 1991); Bermudez, *North Korean Special Forces*, pp.133~136.
19) Bermudez, *Terrorism*, p.48.
20) Bermudez, *North Korean Special Forces*, pp.136~139.

다른 공작원 김현희는 구속되었다.[21]

2) 수세에 몰린 북한의 폭주

북한의 정책목표는 1980년대 전반에는 현상변경을 추구하는 적극적인 입장이었지만, 후반기에 들어와서는 현상유지를 목적으로 하는 수동적인 입장으로 변경되었다. 1983년 일어난 아웅산 사건은 국내 정치기반이 취약한 전두환 대통령을 암살함으로써, 한국을 교란시키려는 공세적인 입장에서 일으킨 것이다. 그러나 1986년과 1988년 테러 공격은 한국이 아시안게임과 서울올림픽이라는 중요한 국제 스포츠행사를 성공적으로 개최하는 것을 저지하려는 수세적인 이유로 발생했다. 북한은 한국이 국제적으로 약진하는 것과, 남북 간 정통성 경쟁에서 우위에 서는 것을 저지하기 위해 테러 공격을 감행한 것이다.[22]

이 시기 북한의 테러 공격은 각종 부작용을 초래했고, 결국 대실패로 끝났다. 테러 공격은 한국 및 세계인들에게 큰 충격을 주었으나, 정치적 효과는 명백히 북한에게 손실로 작용했다. 북한의 테러 공격에도 불구하고 아시안게임과 서울 올림픽은 성공리에 개최되었고, 이와 반대로 KAL기 폭파사건을 계기로 북한은 테러지원국가라는 국제적 비난을 사게 되었다. 1988년 1월 미국은 정식으로 북한을 테러지원국으로 지정했다.

북한의 작전은 대규모 군사력을 사용한 것이 아니었기 때문에, 물리적 비

---

21) 김현희 구속의 경위에 대해서는 砂川昌順, 『極秘指令 — 金賢姬拘束の眞相』(日本放送出版協會, 2003) 참조.

22) 김현희에 따르면, 당 대외정보조사부의 인물은 KAL기 폭파의 목표를 "88 서울올림픽을 앞두고 남조선 괴뢰 정부의 '두 개의 조선' 책동을 봉쇄해 적에게 큰 타격을 줄 것"이라고 말했다고 한다. 趙甲濟, 『北朝鮮女秘密工作員の告白 — 大韓航空機爆破事件の隱された眞實』, 池田菊敏 譯(德間文庫, 1997), p.56.

용이 크게 소요되지는 않았다. 그러나 정치적 악영향을 감안해 전체적인 손익을 계산해보면 큰 적자를 기록했다고 할 수 있다

4. 정교해진 벼랑 끝 외교: 1993~2008년

1) 핵·미사일 외교와 정전체제 무효화

1990년대에 들어와 북한은 핵무기와 탄도미사일을 교섭 수단으로 이용하며, 본격적인 벼랑 끝 외교를 가동시켰다. 또한 북한은 정전체제를 무효화하려는 목적으로 JSA, DMZ, 그리고 서해상에서 일련의 군사행동을 실시했다. 한편 한국 대통령 암살기도는 자취를 감추었고, 테러 공격도 발생하지 않았다.

(1) 제1차 핵 외교

북한의 제1차 핵 외교는 1993년 시작되어 3월에는 핵확산금지조약(NPT)의 탈퇴를 선언했고, 이를 빌미로 6월에 개최된 북미 고위급 회담에서 미국과 직접 협상하는 데 성공했다. 그러나 북미 간의 협상은 핵 문제 해결로 이어지지 않았고, 1994년 5월에는 북한이 원자로에서 폐연료봉을 꺼내기 시작하면서 긴장은 높아져 갔다. 이와 관련, 6월에는 미국이 대북 경제제재를 검토하기 시작했고, 북한은 만약 제재가 실시된다면 이를 '선전포고'로 간주한다고 응수했다.[23] 그러나 6월 중순 평양을 비공식 방문한 카터(Jimmy Carter) 전 미국 대통령이 김일성 주석과 회견을 가진 뒤, 양국은 위기상황을 피하는 데 합의했다.

---

23) 《로동신문》, 1994년 6월 15일자, 6면.

(2) 미사일 외교

1994년 제네바 합의로 북한의 미사일 관련 활동은 북미 간 공식 의제로 부상했고, 1996년 처음으로 북미 간 미사일 협상이 개최되었다. 그러나 이미 북한이 신형 탄도미사일을 개발 중이라는 것은 주지의 사실이었다. 북한은 1993년 일본 도쿄 방향으로 노동 미사일을 발사했고, 1998년에는 하와이 방향으로 대포동 1호를 발사했다. 특히 대포동 미사일이 일본 상공을 통과하는 형태로 비행했고, 고체연료로 추진되는 제3단을 갖추고 있었다는 점이 충격적이었다. 또한 이 시기 북한이 금창리에 위치한 비밀 지하시설에서 핵 개발을 지속하는 건 아닌지 의혹이 제기되었다.

(3) 정전체제 무효화

북한은 1993년 이후 정전체제를 무효화하기 위해, 외교활동과 병행하여 JSA·DMZ·서해상에서 일련의 군사행동을 취했다. 북한은 1994~1996년 사이 수차례에 걸쳐 JSA에서 무력시위를 실시했고, 1997년에는 DMZ에서 군사 도발을 감행했다. 또한 1999년에는 서해에서 NLL을 무효화하기 위한 작전을 전개, 결국 이는 남북 해군 간의 교전으로 발전했다. 이어서 2002년에는 북한 경비정이 서해상에서 한국 경비정에 기습적으로 포격을 가해, 그 결과 경비정 1척이 침몰하고 한국군 6명이 전사했다. 한편 2001년에는 북한 화물선 3척이 제주해협을 통과했고, 그중 1척은 서해 쪽 NLL을 가로질러 해주항에 입항했다. 이는 비군사적 수단을 통해 NLL의 무효화를 가져오려는 의도로 실행된 것으로 보인다.

(4) 비정규 활동

북한의 비정규 활동은 1995년과 1996년, 그리고 1998년에 그 일부가 드러났다. 먼저 1995년에는 북한 특수부대요원이 DMZ 남쪽 임진강을 넘어오려는 것이 발각되었고, 같은 달 한국에 잠입하려던 북한 공작원 2명이 체포되었다. 1996년에는 특파한 공작원을 복귀시키기 위해 한국 동해안에 침투했던 북한의 상어급 잠수함이 좌초되었다. 1998년에는 북한의 유고급 소형 잠수함이 동해에서 어망에 걸려 항행이 불가능해진 상태로 발견되었다. 또한 같은 해 말 한국 영해를 침입한 북한의 반잠수정이 대한해협 근처 공해상에서 한국 함정에게 격침되었다.[24]

(5) 제2차 핵 외교

2002년 12월, 북한은 핵시설의 건설 및 활동을 재개한다고 발표하며 제2차 핵 외교에 들어갔다. 그 후 미국이 본격적인 양국 간 협상에 응하지 않고 북한에 금융제재를 부과하자 북한은 2006년 7월 탄도미사일 여러 개를 발사했고, 같은 해 10월에는 처음으로 핵 실험을 감행했다.

2) 생존을 건 벼랑 끝 외교

이 시기 북한의 정책목표는 현상유지를 강력하게 지향하고 있었다. 북한은 적극적인 벼랑 끝 외교를 통해, 체제의 유지를 보장받는 메커니즘을 고안하고자 한 것이다. 북미 관계를 정상화하거나 개선하는 것은 그 목적을 달성하기 위한 중요한 수단이었고, 경제지원을 획득하는 것도 중요 목적으로 부상했다. 북한이 이전 시기의 벼랑 끝 외교에서는 경제적 담보를 요구한 적이 없었다는 것을 감안하면, 이러한 변화를 주목할 필요가 있다.

이 기간 동안 북한의 벼랑 끝 외교는 상당한 성과를 올렸다. 가장 성공적인 사례는 1994년 체결된 제네바 합의로, 미국은 북한에 경수로 및 중유의 제공을 약속하는 동시에 북한에 대해 핵무기의 사용 및 협박을 실시하지 않을 것을 보증했다. 이에 대해 북한은 핵 개발을 동결하고, 궁극적으로는 전면적

---

24) 국방부, 『국방백서 1999』(서울: 국방부, 1999), 214쪽.

인 핵사찰을 받아들인다고 약속했다. 그러나 1998년 금창리 지하시설이 발견되고, 북한 미사일 외교는 미국에 대북정책의 재검토를 촉구하는 셈이 되었다. 그 결과 북한과 미국은 관계를 개선하기 위한 조치를 실시했고, 2000년에는 '국제 테러리즘에 관한 북미 공동선언'과 '조선민주주의인민공화국과 미합중국 사이의 공동콤뮤니케'를 발표했다.

제2차 핵 외교에서도 북한은 핵을 통한 협박을 효과적으로 활용했다. 2006년 핵 실험 직후, 미국은 대북정책을 변경했고, 2008년 6월에는 북한에 대한 대적통상법의 적용을 해제했으며, 10월에는 테러지원국가 지정도 해제했다.

북한은 핵·미사일 외교와 병행해 1993년 북미 평화협정의 체결 문제를 다시 제기하고, 1996년에는 평화협정 체결 전 단계로서 잠정협정을 체결할 것을 제안하는 등 미국과의 사이에 새로운 평화보장체계를 수립하려 시도했다. 또한 평화보장체계의 중요성을 미국에게 인식시키기 위해 JSA와 서해상에서 일련의 군사행동을 펼쳐 의도적으로 긴장을 높였다. 북한의 논리는 ▲ 현재 정전체제가 제 기능을 발휘하고 있지 못하기 때문에 한반도에서 전쟁의 위험이 높아지고 있다 ▲ 북한과 미국은 전쟁을 피하기 위해 평화협정을 체결하거나 혹은 새로운 평화보장체계를 수립하지 않으면 안 된다는 것이었다. 그러나 북한이 이렇게 노력했음에도 평화협정 체결은 실현되지 않았다.

북한이 이 시기 벼랑 끝 외교에 들인 비용은 적지 않았다. 북한은 핵·미사일 개발에 많은 자원을 투입한 후, 제2차 핵 위기 시에는 미국의 금융제재로 경제·사회적으로 시련을 겪었다. 또한 1999년과 2002년 해전에서 많은 사상자가 발생하는 등 큰 손해를 입었다. 비정규 활동에도 많은 비용이 소요되었다. 1996년부터 1998년에 걸친 불과 2년간, 북한은 상어급과 유고급이라는 특수작전용 잠수함 2척을 잃은 것이다. 이러한 사례들은 북한의 비정규 활동이 곤란한 상황에 빠졌다는 것을 나타낸다. 그리고 1996년 잠수함 사건과 관련해서는 북미 관계를 개선하기 위한 방편으로 북한 외교부가 '깊은 유

감'의 뜻을 표명할 것을 재촉당하기도 했다.[25]

　마지막으로, 북한의 군사행동은 몇 가지 부작용을 낳았다. 핵·미사일 외교의 결과 미국과 일본의 미사일 방어계획이 가속화되면서 2007년 일본이 탄도미사일 방어 시스템을 도입하기 시작했다. 또한, 1999년 해전을 통해 북한군의 장비가 노후해 정면대결로는 한국군에 대항할 수 없다는 것이 밝혀졌다. 그러므로 현재 북한이 한국과 대등한 위치에서 싸우기 위해서는, 2002년 및 2010년과 같은 기습공격에 의존할 수밖에 없는 것이다.

---

25) "북한 잠수함 침투 사건 관련 북한 외교부 대변인 성명", 1996년 12월 29일. 통일부 보도자료, 통일부 홈페이지.

제2장
비무장지대에서의 공방
1966~1968년

1960년대 후반, 북한은 비무장지대(DMZ)에서 한국군 및 미군에게 무력공격을 계속해서 실시했다. 북한의 연이은 공격으로 한국군과 미군은 베트남전쟁에 군사적으로 관여하는 것이 쉽지 않게 되었고, 한미 관계에도 잡음이발생했다. 또한 북한의 이러한 적극적인 무력행사는 국제 공산주의 운동에서 김일성의 위신을 높이는 역할도 담당했다.[1]

---

1) 이 시기의 한반도 정세에 대해서는 Christian F. Ostermann and James F. Person (eds.), *Crisis and Confrontation on the Korean Peninsula, 1968-1969: A Critical Oral History*, Woodrow Wilson International Center for Scholars, 2011 and James Person, Mitch Lerner, Shin Jong-dae, Erin Choi, Eunice Eun, Grace Jeon, Charles Kraus, Kevin Shepard, and Min Heeseon, compiled, *Crisis and Confrontation on the Korean Peninsula, 1968-1969: A Critical Oral History*, September 2008 conference material, part 1, Woodrow Wilson International Center for Scholars, 2008 참조.

1. 공격과 반격, 그리고 한미 관계의 긴장

1) 북한의 공격

1966년 10월 5일, 김일성은 조선로동당 대표자회의에서 "현 정세와 우리 당의 과업"이라는 중요연설을 하고 "세계 모든 지역, 모든 전선에서 미제국주의자들에게 타격을 주어 그들의 력량을 최대한으로 분산시켜야 하며, 미제가 발붙이고 있는 모든 곳에서 그들이 함부로 날뛸수 없게 손발을 얽어매 놓아야 합니다"라고 말했다.[2] 그 후, 북한은 한미 양국군에 대한 게릴라 공격을 더욱 빈번히 실시했고, 공격부대의 규모를 확대해 한층 더 중장비로 무장한 요원들을 투입했다. 그 결과, 같은 달 15일부터 19일 사이 북한의 매복 공격으로 한국군 병사 11명이 사망했고, 21일에는 북한이 DMZ 서부전선에서 한국군 트럭 1대를 공격해 한국 병사 6명이 사망했다.

한편, 존슨(Lyndon Johnson) 미국 대통령의 방한 마지막 날이었던 11월 2일 아침에는 북한군의 공격 2건이 발생했다. 첫 번째 사건은 북한군 1개 분대가 DMZ 남방 1킬로미터 부근에서 수류탄과 경기관총을 사용해 미군 병사 6명과 한국군 병사 1명을 살해한 것이다. 거의 동시에 일어난 두 번째 사건은 다른 북한 분대가 한국군 경비병을 공격해 2명을 살해한 것이다.[3] 이러한 두

2) 김일성, 「현정세와 우리 당의 과업」, 조선로동당 대표자회에서 한 보고, 1966년 10월 5일, 『김일성저작집 20』(평양: 조선로동당출판사, 1982), 381~382쪽.

3) "Armed Incidents Along the Korean DMZ," Intelligence Memorandum, No. 1620/66(Washington: November 8, 1966), in U.S. Department of State, *Foreign Relations of the United States, 1964-1968*, Vol. 29, part 1, Korea [hereafter *FRUS, 1964-1968*], U.S. Government Printing Office, 2000, pp. 209-210 Daniel P. Bolger, *Scenes from an Unfinished War: Low-Intensity Conflict in Korea, 1966-1969*(U.S. Government Printing Office, 1991), pp.37~38; 이문항, 『JSA - 판문점(1953~1994)』 (서울: 소화, 2001), 16, 374쪽.

가지 사건은 미국 각종 신문의 1면 주요기사로 보도됐다.[4] 1966년에 들어와 11월 2일까지 40건의 공격이 발생했고, 미군 병사 6명을 포함해 한미 양국군에서 총 36명이 희생된 것이다.[5]

10월 중순 이후, 북한군의 DMZ 부근 활동의 성격은 정보수집 등에서 '위협'으로 변화되었다.[6] 이전까지 북한의 무장공작원은 민간인 복장으로 위장하고 있었으며, 한국군으로부터 공격받지 않는 한 전투행위를 취하지 않았지만, 10월 중순 이후에는 적극적으로 한국군을 공격했다. 이에 대해 미국 중앙정보국(CIA)은 ▲ 북한이 정전협정을 완전히 무시하려는 것은 아니다 ▲ 북한 측이 베트남 전쟁의 '제2전선'을 형성하고자 하는 증거는 없다 ▲ 북한은 한국군의 베트남 추가 파병을 저지하는 한편 북베트남을 지원하고 있는 것을 다른 공산주의 국가에 어필하는 것을 목적으로 삼았을 가능성이 있다고 평가했다.[7]

북한의 공식입장은 미국이 북한에 대한 군사적 도발을 강화해 한반도의 긴장을 조성하고 있다는 것이었다. 11월 5일, 북한 외무성은 "존슨의 남조선 방문을 전후하여 미제 침략군과 남조선 괴뢰군의 광란적인 군사적 도발행위는 무모한 단계에 이르렀다"라고 비난하면서 "미제 침략자들은 조선민주주의인민공화국을 반대하는 적대적인 도발행위를 그만두고 모든 살인무기를 걷어가지고 당장 남조선에서 물러가야 한다"고 요구했다.[8] 또한, 북한 외무성 당국자는 미국이 "군사분계선상의 여러 지점에서 수많은 무장인원을 동원하여 매일과 같이 로골적인 무장공격과 군사적 도발행위를 감행"하는 것은 "조선에서 새로운 전쟁을 일으키려는 그들의 전쟁 책동의 일환"이며 이러

---

4)   Bolger, *Scenes from an Unfinished War*, p.39.
5)   "Armed Incidents Along the Korean DMZ," in *FRUS, 1964-1968*, p.210.
6)   같은 글, pp.209~210.
7)   같은 글.
8)   《로동신문》, 1966년 11월 6일자, 1면.

한 움직임은 "죤슨의 남조선 방문과 때를 같이 하고 있음"을 강조했다.9)

1967년에 들어와서도 DMZ에서의 북한의 공격이 이어졌다. 2월에는 북한 군이 한미 측 경비병 9명에게 발포해 미군 병사 1명이 사망했다. 4월에는 북한군 병사 40~60명이 동부전선에서 군사분계선을 가로질러 남측에 침입, 6시간에 걸친 교전이 발생했다. 이때, 한국과 미국 측은 1953년 정전 이후 처음으로 북한 측에 포격을 가했다. 이러한 가운데 북한 외무성은 "미제 침략자들의 련이은 군사적 도발행위는 조선에서 긴장상태를 더욱 격화시키고 사태를 참을 수 없는 엄중한 단계에 이끌어가고 있다"는 성명을 발표했다.10) 이어 5월 22일에는 북한 무장공작원이 주한미군 제2보병사단 숙소를 공격해, 미군 병사 2명이 사망하고 16명이 중상을 입었으며 숙소 2곳이 완전히 파괴되었다.11) 북한이 이 정도 규모의 공격을 가한 것은 1953년 이후 처음이었다. 이어서 7월 16일에는 DMZ 남방에서 미군 병사 3명이 살해되었다.12)

새로운 사태가 전개되는 것에 대해, 본스틸(Charles Bonesteel) 유엔군 사령관은 다음과 같이 분석했다.

DMZ에서 [북한의] 행동이 계속되고 더욱 잔인해지고 있다. 계획적인 소규모 공격도 늘어나 거의 매일 밤 총격전이 발생하고 있다. 며칠 전 또다시 미군 병사가

---

9) 같은 글, 3면.
10) 《로동신문》, 1967년 4월 15일자, 1면.
11) Central Intelligence Agency(CIA), "Kim Il-Sung's New Military Adventurism," Intelligence Report, November 26, 1968, p.35, in *ESAU papers*, No.39, "Cold War Era Hard Target Analysis of Soviet and Chinese Policy and Decision Making, 1953-1973," Central Intelligence Agency Information Management Services, http://www.foia.cia.gov/CPE/ESAU/esau-39.pdf.
12) "Conflict & Tension on the Korean Peninsula! A Chronology(28 Jul 53-Aug 98)," obtained from the Secretariat, United Nations Command, Military Armistice Commission(UNCMAC) on July 18, 2001, p.17. 이 외에도 북한의 유사한 공격에 대해서 본 문서를 참조했다.

3명이 살해되었다. 금년 들어 현재까지 DMZ에서 69건의 총격전이 발생해 북한 병사 64명이 사망하고 2명이 포로가 된 것이다. 한국군과 미군 병사 35명(그중 미군 병사 6명)이 사망하고, 87명이 부상당했다. 최근 몇 주간 DMZ에서 적군과 우리 측의 손실률이 북측에 유리하게 변화한 것이 걱정스럽다.[13)]

한미 측 차량에 대한 북한군의 공격도 증가했다. 8월 10일, 트럭 1대가 공격당해 한국군 병사 3명이 사망했다. 같은 달 22일에는 북한군이 미군 차량을 공격해 1명이 사망하고 1명은 부상당했다. 29일에는 북한군이 설치한 지뢰 때문에 미군 차량 2대가 파괴되었고, 미군 병사 3명이 사망했으며 5명이 부상을 입었다.

이 시기, 판문점 공동경비구역(JSA) 안팎에서도 양측의 충돌이 이어졌다. 1967년 8월 28일, JSA 부근에서 작업 중이던 미군 공병중대를 북한 측이 공격해 미군 병사 2명과 한국군 병사 2명이 사망하고 26명이 부상당했다. 9월 8일에는 북한군 병사가 사진을 촬영하려던 유엔군 장교를 구타해, 양측 도합 약 40명의 인원이 난투극을 벌였다. 또한, 11월 29일에는 북한군 경비병 3명이 군사정전위원회 회의장 부근에서 유엔군 경비병 1명을 폭행해 주먹다짐이 발생했지만, 쌍방은 이를 제지했다.

그 밖에도 9월에는 DMZ 부근에서 열차에 대한 파괴행위가 2건 발생했다.[14)] 결과적으로 1967년 1년 동안 북한의 공격은 114건에 달했으며 이 가운데 69건이 무력공격을 수반한 것이었다.[15)]

---

13) "Situation in Korea as of mid-July 1967," Telegram From the Commander in Chief, United Nations Command, Korea and the Commander of United States Forces, Korea(Bonesteel) to the Commander in Chief, Pacific(Sharp), Korea, July 21, 1967, in *FRUS, 1964-1968*, p.265.

14) Bolger, *Scenes from an Unfinished War*, p.42; and Joseph S. Bermudez, Jr., *North Korean Special Forces*, 2d ed.(Annapolis, MD: Naval Institute Press, 1998), p.77.

1967년 12월, 김일성은 최고인민회의 연설에서 "오늘의 정세는 우리들로 하여금 모든 사업을 더 적극적으로, 더 혁명적으로 할것을 요구하고있으며 …… 남조선 혁명을 완수하고 조국을 통일하기 위한 투쟁에 모든것을 복종시 킬것을 요구하고있습니다"라고 말했다.[16] 1968년 1월, 북한은 청와대를 습격 하는 동시에, 원산 앞바다에서 미국의 정보수집함 푸에블로호를 나포했다.

이 사건들이 일어난 뒤에도 DMZ에서의 북한의 공격은 이어졌다. 1월 22 일, 북한 무장 공작원이 미군 감시소를 공격해 미군 병사 3명이 부상당했다. 2일 후에는 박정희 대통령을 암살하려던 북한 무장공작원 잔당을 수색하기 위해 배치되어 있었던 미군 병사 2명이 살해되었다. 또한 26일에는 미군 병 사 1명이 북한 공작원에 의해 살해되었다.

북한의 공격은 2월부터 3월에 걸쳐 일시적인 소강상태를 보였지만 4월부 터 재개되었다. 특히, 2월에는 JSA에서 푸에블로호 사건에 관한 협의가 시작 된 것을 배경 삼아 JSA 안팎에서 폭행사건이 증가했으며, 미군 병사가 주된 공격대상이 되었다. 4월 12일, 곤봉을 소지한 북한 병사 15명이 JSA에서 군 사분계선 북단 주변을 조사하던 유엔군 장교를 구타했다. 2일 후인 14일에는 매복하던 북한 공작원이 JSA를 향하던 트럭을 공격해, 미군 병사 2명과 한국 군 병사 2명이 사망했다. 5월 2일에는 북한 경비병이 군사정전위원회 회의장 부근에서 유엔군 경비병을 폭행했다. 8월 26일에는 북한 경비병이 지프차에 서 유엔군 장교를 끌어내려, JSA 내 제5관측소 부근에서 폭행했다. 9월 2일 에는 떨어진 모자를 북한 경비병에게 돌려주려던 미군 장교들에게 북한 노동 자 15~20명이 덤벼들었다. 그리고 12월 1일에도 한미 측 장교 1명과 병사 1

15) 이문항, 『JSA - 판문점(1953~1994)』, 16쪽.
16) 김일성, 「국가활동의 모든 분야에서 자주, 자립, 자위의 혁명정신을 더욱 철저히 구현 하자」, 조선민주주의인민공화국 최고인민회의 제4기 제1차 회의에서 발표한 조선민 주주의인민공화국 정부정강, 1967년 12월 16일, 『김일성저작집 21』(평양: 조선로동 당출판사, 1983), 501쪽.

명이 JSA 내에서 15명 상당의 북한군 병사에게 폭행을 당했다.

DMZ 주변에서의 공격도 계속해서 발생했다. 7월 20일에는 두 번에 걸친 공격으로 미군 병사 2명이 사망했고, 8월 18일에는 주한미군 제7사단 구역에서 기습 공격이 발생해 미군 병사 2명이 사망했다. 계속해서 9월 27일에는 매복하던 북한 공작원이 미군 지프차를 습격해 미군 병사 2명이 사망했고, 10월 18일에는 미군 차량이 공격받아 4명이 사망했다.

1968년 12월 23일 푸에블로호의 승무원들이 송환된 후, JSA 내 폭행 사건은 감소했지만 그 이외에서의 공격은 계속되었다. 1969년 4월 7일, 북한군은 DMZ 중부전선에서 한미 측 진지를 향해 40분간 300발을 발포했고, 9월 22일에는 한국군 감시 초소를 유탄포 및 무반동포로 공격했다. 10월 18일에는 미군 차량이 DMZ 서부에서 한낮에 공격받아 미군 병사 4명이 사망했다.

2) 한국의 반격

1966년 11월 2일 발생한 북한의 미군 병사 습격사건은, 북한의 성명 등을 통해 존슨 미국 대통령의 방한 시기를 노렸을 가능성이 높다는 것을 알 수 있지만, 그 이외에도 이 사건의 배경이 된 것이 있었다. 사건 발생 1주일 전인 10월 26일, 한국군 약 30명이 북한 영토에 침입해 교전을 벌여 북한 측에서 30명 정도의 사상자가 발생했다. 이 사건으로 인해, 미국에서는 11월의 습격 사건은 미국이 한국에게 대북 공격을 중지할 것을 요구해달라는 북한의 메시지일 것이라는 견해가 존재했다.[17]

이러한 한국군의 행동은 한미 관계를 긴장시켰다. 당시 한국군에 대한 작전통제권은 미 육군대장인 본스틸 유엔군 사령관이 가지고 있었기 때문에 본스틸 사령관의 승인 없이 한국군이 단독으로 작전을 수행하는 것은 용납되지

---

17) "Armed Incidents Along the Korean DMZ," in *FRUS, 1964-1968*, p.209.

않는 상황이었다. 즉, 한국군의 행동은 한미군의 지휘·통제에 대한 규정위반이었다. 이 사건 이후 유엔군 사령관과 주한 미국 대사는 한국 정부에 이러한 행동을 되풀이하지 말 것을 경고했다.[18]

그러나 한국군의 군사행동은 11월 이후에도 계속되었다. 한국의 김성은 국방장관은 자신의 수하에 정예병력 2,400명 규모의 특수부대를 창설하고, 1968년까지 월 2회 정도의 빈도로 북한을 공격했다. 특히 1967년 10월 26일부터 12월 사이에는 11회에 걸쳐 공격을 실시했고, 그중 1967년 11월 공격에서는 12명으로 구성된 한국 특수부대가 북한 육군 사단사령부를 파괴한 뒤 한 사람의 희생자도 없이 귀환했을 정도였다. 특수부대는 김성은 장관의 개인적 지휘하에 있었기 때문에, 한국 각료 대부분이 이러한 공격이 있었는지조차 모르고 있었고 정부 내에서도 기밀사항으로 취급되었다. 한국은 DMZ 부근 각 사단에 200명 규모의 특수부대원을 배치했고 이러한 추가부대에 훈련을 실시하고 있었다. 또한, 특수작전을 위한 공수특전단부대도 보유하고 있었다.[19]

지금까지 한국 측은 이러한 사실을 인정하지 않았으나, 2011년 한국군은 일부 의혹에 대해 밝혔다. 이에 따르면, 1967년 9월 한국군 방첩부대의 이진삼 대위(28대 육군참모총장)가 한국 측에 투항한 북한 공작원 3명을 인솔해 서부전선의 군사분계선을 넘어 북한에 침입해, 북한군 병사 13명을 사살했다. 이것은 북한군이 미군 초소를 폭파한 것에 대한 보복 작전이었고, 이진삼 대위는 그 후에도 두 번에 걸쳐 북한에 침입해 북한군 병사 20명을 사살했다고 한다.[20]

---

18) 같은 글.

19) Notes of the President's Meeting With Cyrus R. Vance(Washington, D.C.: February 15, 1968), in *FRUS, 1964-1968*, pp.380~382; and Memorandum From Cyrus R. Vance to President Johnson(Washington, D.C.: February 20), 1968 in *FRUS, 1964-1968*, pp.384~391.

1968년 2월 서울을 방문했던 밴스(Cyrus Vance) 미국 특사는 북한에 대한 한국의 단독 보복공격이 전쟁으로 확대될 가능성에 대해 다음과 같이 밝혔다.

한국의 반격으로 북한과의 전쟁이 발발한다면, 미국 민간인 1만 2,000명의 생명 (대부분이 서울 근교 거주)이 즉각 위험에 처할 것이다. 이와 동시에, 미국 항공기 [작전기]는 한국에 있는 비행장 6곳에 날개를 정렬하고 계류할 것이고 미국 군사력은 DMZ 중요 지역 근방 — 서울 서방 및 북방, 북한이 이용할 가능성이 가장 높은 남침 루트를 가로지르는 형태로 — 에 전개되어 있기 때문에, 미군 부대가 북한군과의 교전에 즉시 말려들 가능성이 대단히 높다.

즉, 한반도에서의 전쟁은, 북한이 한국을 본격적으로 침공하는 경우, 혹은 북한에 대해 한국이 공격하는 경우 어느 쪽에 의해서도 발생할 수 있다.[21]

밴스 특사는 김성은 장관이 지휘하는 북한 공격작전을 '도발적'인 작전으로 간주하고, 북한의 공격 중 일부는 한국 측의 공격에 대한 보복의 일환으로 실행되었을 가능성이 있다고 평가했다.[22] 또한 밴스 특사는 한국의 공격은 억제 효과가 없다고 지적하면서, 북한이 정전협정을 위반했을지라도 즉시 보복해서는 안 된다는 입장을 표명했다.[23] 게다가 밴스 특사는 박정희 대통령에게 만약 한국이 남베트남에서 한국군을 철수시킨다면, 미국은 한국에서 미군을 철수시킬 것이라 경고했다.[24]

또한, 미국은 한국 정책결정권자가 냉정을 잃고 비합리적인 행동을 할 가

20) 《조선일보》, 2011년 2월 7일자.
21) Memorandum From Cyrus R. Vance to President Johnson, in *FRUS, 1964-1968*, p.387.
22) 같은 글, p.386.
23) 같은 글, p.386, 389.
24) Notes of the President's Meeting With Cyrus R. Vance, in *FRUS, 1964-1968*, p.378.

능성에 대해 두려움을 품고 있었고, 특히 박정희 대통령의 심리상태를 우려했다. 이는 한국이 단독으로 북한에 대해 보복행동을 취하는 것이 아닐까 하는 미국 측의 우려를 증폭시키는 것이었다. 밴스는 이에 대해 다음과 같이 적었다.

…… 청와대 습격사건은 그[박정희 대통령]에게 바람직하지 못한 심리적 영향을 주었다. 그는 자신도 자국도 체면에 손상을 입었다고 느끼고 있다. 또한 자신과 가족의 안전에 대한 불안도 눈에 띌 정도로 높아지고 있다. 이 문제를 한층 악화시키는 것은 그의 음주다. 음주 문제가 최근 시작된 것은 아니지만 서서히 그 영향력이 커지고 있다. 박 대통령은 흥분을 잘하고 변덕스러우며 초조해하고 내성적이다. 그는 향후 재차 청와대 습격사건이 있거나 한국의 경제 · 행정 · 군사에 영향을 미치는 중요시설의 유사한 공격이 발생할 경우에는 즉시 북한에 대해 징벌적인 보복행동을 가할 수 있도록, 미국이 협력한다는 보증을 나를 통해 얻으려 했다. 또한, 박 대통령은 한국에 대한 중대한 습격이 발생했을 경우에는 '자동적으로' 미국이 대응한다는 보증을 요구했으나, 나는 이를 거부했다. 현재는 민간인이지만, 대부분이 대령 혹은 장군이었다가 전역한 정부 각료들 중 거의 전원이 박 대통령과 같은 견해를 공유하고 있었다.[25]

밴스 특사의 방한은 단기적으로는 한미 관계 회복에 공헌했지만 그 자신은 한미 관계의 장기적 전망에 대해 비관적인 견해를 나타냈다. 그가 우려한 것은 ▲ 북한이 한국과 미국 사이를 더욱 이간질시키기 위해 한국이 단독 군사행동을 취하도록 도발할 가능성 ▲ 박정희 대통령의 심리상태와 태도가 정치상황을 불안정하게 만들고 있는 것 ▲ 한국의 단독 군사행동으로 중대한

---

25) Memorandum From Cyrus R. Vance to President Johnson, in *FRUS, 1964-1968*, p.385.

문제가 발생할 가능성 ▲ 박정희 정권이 '오래가지 않을' 가능성 등이었다. 26)
이런 이유로 미국은 딜레마에 직면하게 되었다. 즉 한국을 지원할 필요는 있
지만, 이를 통해 한국이 단독으로 북한에 보복행동을 취해 사태가 고조될 위
험성도 있었던 것이다. 27)

2. 환경요인 분석

1) 베트남 전쟁

1960년대 후반에 들어가자 미국은 베트남 전쟁에 더욱 깊이 개입했고 한
국도 대규모 군부대를 베트남에 파병했다. 이로 인해 북한은 한반도에서 한
국과 미국군을 공격한다 해도, 양국이 본격적인 보복행동을 취할 수 없을 것
이라 생각한 것으로 보인다. 더욱이 북한은 베트남에 한국군을 추가로 파병
하는 문제와 관련해 한국과 미국 간에 입장 차가 발생할 수 있다는 것을 알고
있었다.

이에 대해, 1967년 4월 김일성은 DMZ에서의 긴장이 전쟁으로 발전하지
않을 것이라고 지적하며, 미국이 베트남에 발이 묶여 있는 데다 전황도 미국
에 불리하다는 것을 그 이유로 들었다. 28) 또한 포로로 잡힌 북한 공작원들도
미국이 남베트남에 대한 지원을 지나치게 확대했기 때문에 한반도에서 전쟁
이 일어나도 한국을 충분히 지원하지 못할 것이라는 인식을 표명했다. 29)
1968년 5월 미국 정보기관은 ▲ 북한은 '인민전쟁'을 일으키기 위한 환경을

---

26) Notes of the President's Meeting With Cyrus R. Vance, in *FRUS, 1964-1968*, p.378.
27) 같은 글, pp.381~382.
28) Quoted in CIA, "Kim Il-Sung's New Military Adventurism," p.10.
29) Situation in Korea as of mid-July 1967," in *FRUS, 1964-1968*, p.263.

조성하고 있으며 ▲ 북한은 미국이 베트남에 개입한 데다 그 결과 발생한 국내적 대립 때문에 한국을 지원하기 위한 능력과 의지가 제약받고 있다고 판단하고 있다고 분석했다.[30]

2) 북한의 군사력 증강

남북한의 군사력이 전체적으로 균형을 이루고 있는 가운데, 북한은 특수부대의 작전수행 능력을 향상시켜 1960년대 후반부터 적극적으로 무력을 행사하는 것이 가능해졌다. 북한은 1960년대 전반기에 '전민무장화', '전국요새화' 등을 포함하는 '당의 군사로선'을 채택하고 본격적인 군사력 증강에 착수했다. 이를 통해, 북한은 1960년대 후반까지 적극적인 공세작전을 전개하고, 한미 측의 본격적인 반격을 억제할 수 있는 능력을 갖추게 되었다. 1960년대 말 당시, 북한과 한국 모두 단기전을 통해 전쟁을 종결시킬 수 있는 능력은 갖추고 있지 않았다. 1968년 2월, 버거(Samuel Berger) 미국 한반도 문제 태스크포스장은 한반도에서 본격적인 군사 충돌을 일으키는 것이 무익하다며, 다음과 같이 기록했다.

보복공격을 원하는 기분은 이해할 수 있지만, 이를 통해 결정적인 결과를 가져올 수는 없을 것이다. 북한에 대한 보복 혹은 징벌적인 공중폭격은, 북한이 한국을 공중폭격하는 사태를 유발할 위험도 있다. 평양이나 다른 북한 지역을 공격했을 경우, 서울이나 그 밖의 한국 지역에 대한 공격을 막는 수단이 있을까. 공격과 반격이 DMZ에서의 전투 재개로 이어질 가능성도 있지만, 쌍방 모두 강력한 군사력

---

30) "The Likelihood of Major Hostilities in Korea," Special National Intelligence Estimate, SNIE 14.2-68(Washington, D.C.: May 16, 1968), in *FRUS, 1964-1968*, p.429.

을 보유하고 있기 때문에 상대방을 타도하는 것은 불가능하다. 쌍방이 물리적인 피해를 입고 어떤 결정적인 성과도 올리지 못한 채(침투작전도 끝내지 못한 상태로) DMZ에서 전투를 계속하든지, 혹은 전면전으로 나아간 상태에서 최종적으로 보복정책을 중단하게 될 것이다. 이러한 결과는 한국에도 우리에게도 이익이 되지 않는다.[31]

즉 한국과 미국이 북한의 공격에 대해 본격적으로 보복작전을 실행할 개연성이 낮았기 때문에, 북한은 이러한 환경을 이용해 한정적인 무력을 행사하는 것이 가능했던 것이다.

한편 북한은 특수작전능력을 향상시켜 비정규전에서의 공격력은 한국을 능가하고 있었다. 1967년 4월, 북한은 정예병력을 선발해 특수부대인 제124부대를 창설했다. 같은 해 7월, 미국 정보기관은 북한이 파괴공작·간첩행위·선무공작 그리고 고강도의 게릴라 공격을 지원하고 수행할 수 있는 능력을 갖춘 특별 선발된 공작원을 훈련해 파견할 수 있게 되었다고 평가했다. 게다가 북한은 한국의 목표지역에서 게릴라 공격을 수행하기 위해, 2년간 5,000명 이상의 파괴공작원을 훈련시켰다. 여기에 특수전 능력을 갖춘 4,070명 규모의 정찰여단을 더하면 특수임무요원은 거의 1만 명에 달하는 것으로 보였다.[32]

북한의 기습 공격에 대해 효율적으로 대처하는 것은 쉬운 일이 아니었다. 이에 대해 본스틸 유엔군 사령관은 다음과 같이 기록했다.

DMZ 내외에서 북한의 공격적인 살인·경비활동에 효과적으로 대처하기 위한 우

---

31) Telegram From the Department of State to the Embassy in Korea(Washington, D.C.: February 12, 1968), in *FRUS, 1964-1968*, p.372.

32) "Situation in Korea as of mid-July 1967," in *FRUS, 1964-1968*, p.264.

리의 능력은, 내가 기대하는 수준에 미치지 못하고 있다. 여기에는 크게 3가지 이유가 있다. ① 우리는 DMZ를 존중하고 한국에도 그것을 요구하고 있는 반면, 북한은 이를 노골적으로 무시하고 있다 ② 북한의 게릴라적인 기습작전은 주로 야간, 게다가 울창한 초목과 자연으로 덮인 150마일에 걸친 험준한 지형 일대에서 발생하고 있다. 북한에서는 DMZ가 [만약의 경우 도주할 수 있는] 성역이 되어서, 이에 효과적으로 대처하는 것에는 기본적인 군사상의 난점이 존재한다(이것이 한국 측을 분노하게 만들고 보복공격을 실시하려는 욕구를 현저하게 높이고 있다) ③ 현재 배치된 병력의 대부분이, 북한의 이러한 공격에 대한 경험이 부족한 병사 및 젊은 장교들이다.[33]

한국과 미국의 방어력 결여나 한반도의 지리적 특징도 북한 측에 이롭게 작용했다. DMZ와 해안선에서 한미 양군의 방어시스템은 노후했고 취약했다. 광활한 미개발지역인 DMZ는 시야확보가 어렵고 한국전쟁 이후 방치되어 있어서 들어가는 것이 거의 불가능했다. 또한 한국은 수많은 섬으로 둘러싸인 6,800킬로미터에 달하는 긴 해안선을 방어해야 하는 상황이었다.[34]

3) 북소 및 북중 동맹

북한이 소련 및 중국과 맺은 '우호, 협조 및 호상원조에 관한 조약'은, 북한에게는 심리적 보증(reassurance) 및 한미 측에 대한 억제력으로 기능했다. 특

---

33) Telegram From the Commanding General, United States Eighth Army, Korea, and the Commander in Chief, United Nations Command, Korea(Bonesteel) to the Chairman of the Joint Chiefs of Staff(Wheeler)(Seoul: November 10, 1966), in *FRUS, 1964-1968*, pp.213~214.

34) Joseph S. Bermudez, Jr., *North Korean Special Forces*(Jane's Publishing Company, 1988), pp.86~87.

히 한국군이 미 육군대장인 유엔군 사령관의 작전통제하에 있는 상황에서 중국·소련과의 조약은, 북한에게는 미국의 보복공격을 억제하는 데 지극히 중요한 역할을 담당하고 있었다.

북한은 1961년 소련 및 중국과 각각 우호조약에 서명했는데, 이 조약들은 상호방위를 강조하고 있다는 군사적 의의가 있다. 구체적으로 북소 우호조약은 제1조에서 "체약 일방이 어떠한 국가 또는 국가련합으로부터 무력 침공을 당함으로써 전쟁 상태에 처하게 되는 경우에 체약 상대방은 지체없이 자기가 보유하고 있는 온갖 수단으로써 군사적 및 기타 원조를 제공한다"고 규정하고 있었다.[35] 또한 조선민주주의인민공화국과 중화인민공화국 간의 우호·협조 및 상호원조에 관한 조약 제2조에서 "체약 쌍방은 체약 쌍방 어느 일방에 대한 어떠한 국가로부터의 침략이라도 이를 방지하기 위하여 모든 조치를 공동으로 취할 의무를 지닌다"고 정하고, 이에 더해 "체약 일방이 어떠한 한 개의 국가 또는 몇 개 국가의 련합으로부터 무력 침공을 당함으로써 전쟁 상태에 처하게 되는 경우에 체약 상대방은 모든 힘을 다하여 지체없이 군사적 및 기타 원조를 제공한다"고 명기하고 있었다.[36]

이에 대해, 1967년 11월 박성철 북한 외무상은 소련 측 협상 상대에게 "조선인민군은 강력하다…… 우리는 소련과 중국이라는 강력한 동맹국을 보유하고 있다. 이러한 상황에서 미국이 다시 전쟁을 일으키는 것은 불가능할 것이다"라고 밝혔다.[37] 미국도 같은 판단을 내리고 있었다. 1968년 2월 작성된

---

35) "쏘베트 사회주의 공화국 련맹과 조선 민주주의 인민 공화국간의 우호, 협조 및 호상 원조에 관한 조약", 모쓰크바, 1961년 7월 6일, http://untreaty.un.org/unts/1_60000/12/29/00023405.pdf.

36) 中華人民共和國外交部編『中華人民共和國友好條約滙編(中·外文本)』(北京, 世界知識出版社, 1965), p.49.

37) Record of Conversation between A. A. Gromyko and Deputy Chairman of the Cabinet of Ministers, Minister of Foreign Affairs of the DPRK Comrade Pak Song-ch'ol, November 20, 1967, in Bernd Schaefer, "North Korean 'Adventurism'

미국 정부의 비망록에는, 한국이 본격적인 보복공격을 시행할 가능성이 있음에도 1월 북한이 청와대를 습격한 배경에는 미국이 베트남전에 개입하고 있는 상황에 더해 중국 및 소련과 각각 맺은 우호조약의 '억제력으로서의 가치'가 있었다고 분석하고 있다.[38]

4) 한미 갈등

이 시기 한국과 미국 간에는 북한에 대한 대응을 둘러싸고 심각한 갈등이 있었다. 미국은 베트남 전쟁에 지나치게 깊이 개입해 꼼짝할 수 없는 상황에 놓였고, 미국 내에서도 반전운동이 고조되고 있었기 때문에 북한에 대해 강력한 대응을 할 수 없는 상황이었다. 한편 한국은 북한이 박정희 대통령의 목숨을 노렸던 것에 대해 상응하는 보복공격을 실시하려 했다. 그 결과 한국은 본스틸 유엔군 사령관의 승낙 없이 북한에 대한 공격을 감행하여 미국과의 긴장을 야기했다. 또한, 박정희 대통령은 1968년 2월 미국에 대한 군사적 의존도를 줄이기 위한 '자주국방'을 목표로 선언했다.[39]

한국과 미국은 한반도의 통일 문제에 대해서도 입장 차이를 보였다. 한국 지도부는 기회만 있으면 희생을 각오하고서라도 통일을 이루겠다는 의지를 가지고 있었지만, 미국은 한반도 통일을 위해 전쟁 발발의 위험을 감수할 의사가 없었다. 한국에게 통일은 국가적인 최종목표였지만, 미국에게는 우선순위가 높은 과제가 아니었던 것이다. 1968년 5월 포터(William Porter) 주한

and China's Long Shadow, 1966-1972,"Working Papers Series #44, Cold War International History Project, Woodrow Wilson International Center for Scholars (October 2004), pp.42~45.

38) Memorandum to Holders of Special National Intelligence Estimate Number 14.2-67(Washington, D.C.: February 29, 1968), in *FRUS, 1964-1968*, p.398.

39) 국방군사연구소, 『건군 50년사』(서울: 군사연구소, 1998), 232~233쪽.

미국 대사는 이에 대해, "한국인의 재통일에 대한 열망을 뒷받침하는 증거를 제시하는 것은 그다지 어렵지 않다"라며 이는 "분단국가에서 살아가는 단일 민족이 가지는 자연스러운 충동이며, 한국 정부 고위 관료 중 다수가 이북 출신인 것도 이러한 충동을 한층 강화시키고 있다"고 지적했다. 미국은 이러한 평가에 근거해 한국 지도자들의 성격이나 한국군의 전력증강이 한국의 통일 정책에 미치는 영향을 주시하고 있었다.[40] 미국은 1968년 4월 책정된 한국의 군비증강계획에 우려를 나타냈다. 군사능력이 강화되면 한국이 통일을 실현하기 위해 보복공격부터 선제공격까지 각종 군사행동을 실시할 위험성이 높아질 것이라고 생각한 것이다. 포터 대사는 한국이 이러한 능력이 강화되면 "미국의 국익에 반하는, 독자적인 행동을 실시하는 것"이 가능해지기 때문에 한국의 군사증강계획을 전폭적으로 지원하는 것은 바람직하지 못하다는 결론을 내렸다.[41]

결과적으로, 미국은 한국 정부 내에 '전쟁광'은 없고, 한국군의 행동은 미국의 후방지원에 의존하지 않을 수 없다는 판단을 내려 한국이 '북진'할 가능성은 높지 않다는 견해를 보였다. 그러나 미국은 이후에도 한국의 '북진' 시나리오에 대해 계속 주의를 기울일 필요가 있으며, 그것이 실현되는 것을 방지하기 위해 한국군에 대해 방어적 태세를 유지시키는 동시에, 한국 측의 행동에 기인한 분쟁에 대해서는 미국이 지원하지 않는다는 것을 한국에 인식시킬 필요가 있다고 여겼다.[42]

---

40) Telegram From the Embassy in Korea to the Department of State(Seoul: May 14, 1968), in *FRUS, 1964-1968*, pp.425~426.

41) Telegram From the Embassy in Korea to the Commander in Chief, Pacific (Sharp) (Seoul: April 16, 1968), in *FRUS, 1964-1968*, p.418.

42) U.S. Policy toward Korea,"Paper Prepared by the Policy Planning Council of the Department of State(Washington, D.C.: June 15, 1968), in *FRUS, 1964-1968*, p.436.

3. 군사 및 외교행동의 특징

1) 장소와 시기

한국군과 미군에 대한 북한의 공격은 한국 측 DMZ 내 및 남방지역뿐만 아니라 JSA에서도 발생했다. 북한의 무력행사는 1966년 15건, 1967년 69건, 1968년 175건, 1969년 21건 발생하는 등[43] 약 3년간에 걸쳐 끊임없이 계속되었다.

북한은 중요한 외교행사가 진행하는 시점에 맞추어 군사행동을 감행하는 경우가 많았다. 예를 들어 1966년 10월 서부전선의 DMZ 상에서 한국군 트럭이 공격받았을 때, 박정희 대통령은 필리핀에서 개최된 베트남전 참전 7개국 정상회담에 참석하고 있었다. 1966년 11월 일어난 공격은 존슨 미국 대통령의 방한 마지막 날에 발생했다. 또한 JSA에서의 공격은 1968년 2월 푸에블로호 사건에 관한 수석대표회의가 시작된 시기에 증가했고, 같은 해 12월 사건이 마무리되자 감소했다.

2) 군사력의 종류와 사용형태

한국군과 미군에 대한 공격은 대부분 특수작전을 위해 훈련을 받은 소수의 북한 병사들이 일으킨 것이었다.[44] 북한의 공격으로 한미 측에는 많은 인적·물적 피해가 발생했으나, 북한이 한국을 전면적으로 침공하려는 의도를 가지고 있었던 것은 아니었고, 상황을 확대시키려는 징후는 보이지 않았다. 즉 북한은 제한적인 무력행사를 통해 대상국의 행동에 한정된 영향을 주려고

---

43) 이문항, 『JSA - 판문점(1953~1994)』, 370쪽.
44) Bermudez, *North Korean Special Forces*(2d ed.), pp.76~77.

했으며, 영토 점령 등을 목표로 하지는 않았다.

3) 강도와 목표 선정

이 시기 미군의 사망자 수는 1966년 6명, 1967년 16명, 1968년 18명, 1969년 35명이었다. 한편 한국군의 사망자 수는 1966년 29명, 1967년 115명, 1968년 145명, 1969년 10명이었다. 북한 측은 1966년 43명, 1967년 228명, 1968년 321명, 1969년 55명의 사망자가 발생했다. 즉 병력의 손실률은 한국과 미군보다 북한 측이 상당히 높았다.[45] JSA 내에서 일어난 사건 중 대부분은 주먹다짐이나 곤봉을 이용한 충돌이었기 때문에 사망자는 발생하지 않았다.

북한의 공격 대상은 명확한 패턴이 있었던 것이 아니었지만, 대부분 한미 양군을 대상으로 하고 있었다. 그러나 1968년 2월 판문점에서 푸에블로호 사건에 대한 북미 간 협상이 시작되자 미군을 주요 공격 대상으로 삼았다. 같은 해 12월 푸에블로호 승무원이 송환된 뒤, 북한은 다시 한국군과 미군 양측에 대해 공격을 실시했다. 한편, 주한미군 중에는 미군과 함께 근무하는 한국군 —카투사(KATUSA) — 이 있었기 때문에, 미군 부대가 공격받았을 때에도 한국군 병사가 동시에 희생되는 경우가 많았다.

4) 군사와 외교의 연계

북한의 군사행동과 외교활동 사이에는 명확한 연계성을 찾을 수 없으며, 만약 존재했다 하더라도 제한된 영역에 머물렀다. 때때로 북한 외무성은 군사행동 실시 전후 성명을 발표하기도 했으나 그 경우에도 북한과 한미 양국

---

45) 이문항, 『JSA - 판문점(1953~1994)』, 373쪽.

사이에 정식 외교채널이 존재하지 않았기 때문에 후속 조치가 이루어지는 일은 없었다.

한편 당시에 일어난 수많은 사건 중에는 우발적인 충돌도 있었다. 예를 들면 1967년 11월 29일 판문점에서 난투가 발생했을 때, 양측 경비장교들은 이를 제지하고자 했다. 이 사건을 통해 현장에 배치된 병사들을 완전히 통제하는 것이 불가능했다는 것을 알 수 있다.

4. 정책목표와 그 달성도

1) 북베트남 지원

1966년 10월, 김일성은 조선로동당대표자회의 보고에서 "미제국주의자들이 아세아, 아프리카, 라틴아메리카에서 발광하고있는 것도 이 지역에서 사회주의력량이 장성하고 반제혁명운동이 치렬하게 전개되며 제국주의자들의 지반이 밑뿌리로부터 뒤흔들리고있다는 것을 증명하는 것입니다"라며, "현 정세에서는 (아세아와 구라파, 아프리카와 라틴아메리카 그리고 큰 나라와 작은 나라 할것 없이) 세계의 모든 지역, 모든 전선에서 미제국주의자들에게 타격을 주어 그들의 력량을 최대한으로 분산시켜야 하며 미제가 발붙이고있는 모든 곳에서 그들이 함부로 날뛸수 없게 손발을 얽어매놓아야 합니다"라고 밝혔다.[46] 당시 북한에서 국제 공산주의 운동을 지원하기 위한 가장 효과적인 수단은 미국과 싸우는 북베트남을 지원하는 것이었다.

북베트남을 지원하기 위해 북한이 취할 수 있는 수단에는 두 가지 방법이 있었다. 하나는 직접적인 군사 지원으로, 북한은 1966년 북베트남과 합의한

---

46) 김일성, 「현정세와 우리 당의 과업」, 379, 381~382쪽.

뒤 1967년부터 1969년까지 공군요원 87명을 북베트남에 파견했다. 북한 공군 조종사는 미군기 26대를 격추시켰고, 14명이 전사한 것으로 알려졌다. 김일성이 당대표자회에서 연설한 것은, 공군 조종사 파견과 관련해 북베트남과 합의한 9월 30일로부터 단지 5일이 지난 뒤의 일이었다.[47]

북베트남 지원을 위한 다른 한 가지 수단은 한반도에서 한미 양국에 압력을 가하는 것이었다. 한반도에서 긴장이 높아지면 한국과 미국이 베트남에서 행동하는 데 제약을 받기 때문이다. 북한이 한국군과 미군에 대한 공격을 강화한 직후인 1966년 11월 29일, 북한 외무성은 성명을 통해 "미제와 박정희 도당의 새로운 파병책동은 조선인민과 월남인민에 대한 용서 못할 범죄행위"이며 "남조선괴뢰정권은 남부 월남침략전쟁터에 남조선청장년들을 내모는 범죄적책동을 당장 중지하여야 한다"고 주장했다.[48] 또한 1967년 1월, 소련 주재 북한 대사는 "[한반도의 남북 군사]분계선에서 긴장을 높이는 것은 베트남 인민에 대한 일종의 지원이다. 이를 통해 미 군사력의 일부를 베트남으로부터 분리시키려는 것이다"라고 소련 측에 밝힌 바 있다.[49]

북한의 행동은, 적어도 1966년 11월 시점부터 한국과 미국의 행동에 영향을 주었다. 같은 달 14일 브라운(Winthrop Brown) 주한 미국 대사는, DMZ 부근에서 습격사건이 증가하는 것이 한국군의 베트남 추가 파병을 정치적으로

47) Merle Pribbenow, "North Korean Pilots in the Skies over Vietnam," North Korea International Documentation Project E-Dossier, No.2(November 2011), http://www.wilsoncenter.org/sites/default/files/Pribbenow_edossier.pdf. 또한 북한의 베트남 파병에 대해서는 宮本悟, 「朝鮮民主主義人民共和國のベトナム派兵」, 『現代韓國朝鮮研究』第2号(2003.2)를 참조했다.
48) 《로동신문》, 1966년 11월 30일자, 1면.
49) "Record of Conversation between Soviet Politburo member Nikolai Podgorny and Kim Chung-wong, 20 January 1967," in Sergey S. Radchenko, "The Soviet Union and the North Korean Seizure of the USS Pueblo: Evidence from Russian Archives," Cold War International History Project, Woodrow Wilson International Center for Scholars, Working Papers Series #47, p.59.

곤란하게 하고 있다고 워싱턴에 보고했다.[50] 또한, 1967년 9월에는 박정희 대통령이 포터 주한 미국 대사에게, DMZ 부근에서 북한의 행동이 격화된 것이 한국의 안전과 방어능력에 대한 우려로 나타나 베트남 추가 파병에 지장을 주고 있다고 전했다. 당시 한국의 국내정세에 대해 포터 대사는 다음과 같이 평가해 워싱턴에 전달했다.[51]

[박정희 정권이 국내의 정치적 난국을 극복할 수 있도록 지원한다는] 우리의 임무는 점점 더 어려워지고 있다. DMZ에서의 북한의 파괴행위 및 DMZ 존립 자체에 대한 압박이 크게 증가하고 있으며, 한국 국민은 (북한의 의도대로) 자국의 방위능력에 대해 상당한 불안감을 느끼게 되었다. 게다가 북한 특수요원들이 DMZ로부터 남쪽으로 내려와 서울과 가까운 지점에서 철도파괴 공작을 실시하면서, 한국의 체면이 무너졌고 한국 정부의 북한에 대한 보복의지도 증가했다. 이러한 상황에서, 증원 병력을 2,000마일 이상 떨어진 나라[남베트남]의 방위를 위해서가 아니라, 자국을 위해 사용해야 하지 않을까 하는 의문이 등장한 것이다.[52]

이렇게 곤란한 상황임에도 1967년 12월, 박정희 대통령은 베트남에 민간인 5,000명과 군인 6,000명을 추가로 파견할 것을 표명했다.[53] 그러나 북한의 공격 증가가 예상되는 가운데 한국 정부 내에서는 한국 군부대의 추가 파

50) Telegram From the Embassy in Korea to the Department of State(Seoul: November 22, 1966), in *FRUS, 1964-1968*, pp.216~220.

51) Editorial Note, in *FRUS, 1964-1968*, p.273.

52) Telegram From the Embassyin Korea to the Department of State(Seoul: September 19, 1967), in *FRUS, 1964-1968*, p.276.

53) Summary of Conversations Between President Johnson and President Pak, Honolulu, April 17, 1968, in *FRUS, 1964-1968*, p.419. 한국 민간인 5,000명이, 남베트남 후방 지역에 배치된 한국군 1개 전투 부대를 대체할 경우, 이 전투 부대는 다른 지역으로 이동할 수 있게 된다.

견은 불가능하며, 만약 파견하게 된다면 북한이 한국을 더욱 압박하는 결과를 초래할 것이라는 논의가 등장하게 되었다.[54] 그 결과, 1968년 4월 박정희 대통령은 병력의 추가 파견의사를 철회하고 존슨 미국 대통령에게 한국의 방위상 불안을 이유로 추가 파병이 불가능하다고 밝혔다.[55] 북한은 베트남에서 한국군을 철수시키지는 못했지만, 추가 파병을 저지하는 것에는 성공한 것이다.

2) 한미 관계의 복잡화

1969년 1월, CIA는 북한의 대남전술에 관한 보고에서, 북한은 자국이 한국에 대규모 무력행사를 실시할 경우 그 대응을 둘러싸고 미국과 한국의 사이에 갈등이 생기는 것을 '거의 확신하고 있다'고 평가했다.[56] 북한이 한미 관계를 복잡하게 만드는 것을 어느 정도로 중시하여 군사행동을 감행했는지에 대해서는 명확하게 알 수 없지만, 한미 관계의 복잡화는 이러한 북한의 군사행동이 가져온 가장 중요한 성과 중 하나였다.

1967년 10월, 험프리(Hubert Humphrey) 미국 부통령은 한국의 정일권 총리에게, 북한의 공격이 심각한 문제를 일으키고 있다는 것은 알고 있지만 "(한국이) 단독으로 대응해서는 안 되고 본스틸 대장, 혹은 만약 필요하다면 포터 대사와 협의를 거치지 않고 군사행동을 실시해서는 안 된다"고 밝혔다.

---

54) "Additional ROK Troop Contribution to Vietnam," Telegram From the Embassy in Korea to the Department of State(Seoul: November 25, 1967), in *FRUS, 1964-1968*, pp.291~292.

55) Summary of Conversations Between President Johnson and President Pak, Honolulu, April 17, 1968, in *FRUS, 1964-1968*, pp.419~421.

56) CIA, Directorate of Intelligence, "North Korean Tactics Against South Korea: 1968," Weekly Summary Special Report, January 24, 1969, p.1, in CIA Records Search Tool, Archives II Library, The U.S. National Archives and Records Administration.

험프리 부통령은 협조행동의 중요성을 강조하면서 "단독 행동은 결과적으로 [한미 간에] 오해를 초래할 뿐이다"라고 경고했으나, 이에 대해 정일권 총리는 반응을 보이지 않았다.[57] 또한 같은 해 11월 러스크(Dean Rusk) 미국 국무장관은 한국의 최규하 외무장관에게, 한국이 북한의 행동에 대해 "강한 자제를 가지고" 대응해줄 것을 당부했다. 러스크 국무장관은 북한과의 분쟁으로 발생할 부정적인 결말을 상기시키면서 "만약 그러한 충돌이 발생했을 경우 한국 정부는 (북한의) 침략 희생자처럼 보여야 한다"고 밝혔다. 한국이 외국 정부로부터의 지원과 공감을 얻기 위해서는 '자신의 결백을 유지하는 것'이 필요하다는 것이었다.[58]

그러나 북한의 공격이 격화됨에 따라 한미 간의 의견 차이는 더욱 벌어졌다. 그리고 1968년 1월 발생한 청와대 습격사건과 푸에블로호 사건은 양국 관계를 더욱 복잡하게 만들었다. 그해 2월 작성된 미국 정부 내 비망록에서는 "[북한의 행동이] 서울의 태도를 경직시켜 북한의 도발에 대해 한국이 심각하게 대응할 가능성이 높아지고 있다"고 지적하면서 "(북한은) 미국이 한국에 자제를 강요할 것이며 미국 자신도 한반도에서 대응을 고조시킬 의도를 가지고 있지 않다고 판단하는 것 같다"고 진술하고 있다. 또한 북한이 현재의 상황을 "서울과 워싱턴과의 관계를 악화시키는 절호의 기회"라 인식하고 있는 것 같다는 것도 비망록에 기록되어 있다.[59]

---

57) "Vice President's Meeting with Prime Minister of Korea," Telegram From the Embassy in Vietnam to the Department of State, Saigon, October 31, 1967, in *FRUS, 1964-1968*, pp.286~287.

58) "North Korean Harassment and U.S. Commitments," Memorandum of Convertsation(Washington, D.C.: November 13, 1967), footnote No.2, in *FRUS, 1964-1968*, p.289.

59) Memorandum to Holders of Special National Intelligence Estimate Number 14. 2-67(Washington, D.C.: February 29, 1968), in *FRUS, 1964-1968*, pp.397~398.

3) 유엔군 사령부의 해체

주한 미국 대사관은 북한이 유엔 총회를 비롯한 국제무대에서 한국의 보복행동을 대외선전의 재료로 이용하는 것을 우려하고 있었다. 1966년 11월, 브라운 대사는 유엔군 사령부의 존재를 부정하는 것도 북한 군사행동의 목적이 될 가능성이 있다고 지적했다. 북한과 그 우호국들은 유엔에서의 한반도 통일에 관한 논의를 둘러싸고 조직적인 외교공세를 폈다. 브라운 대사는 북한과 그 우호국들이 유엔군 사령부와 유엔 한국통일부흥위원회(UNCURK)의 해체를 요구하고, 이를 위한 선전을 강화하고 있다고 여겼다. 또한, 북한 외무성과 공식 언론매체는 한미 양국이 정전협정을 위반하는 무력공격이나 도발을 강화하고 있다고 주장하기 시작했다.[60] 실제로 북한 측이 정전협정을 빈번하게 위반하고 있기는 했지만, 한국의 대북 보복공격도 정전협정에 위반되는 사항이었다. 이 때문에 미국은 북한이 한국 측의 정전협정 위반 행위에 관한 사진 등을 물적 증거로 가지게 되는 것을 우려했던 것이다.[61]

브라운 대사는 또한 ▲ 베트남에 상륙한 한국 군부대가 유엔 깃발을 사용한 것을 북한이 외교적으로 이용하려고 할 가능성 ▲ 유엔군 사령부가 유엔 회원국이 아닌 한국 군대에 작전통제권을 행사하고 있는 것은 유엔 결의를 확대해석하는 것이므로 월권행위라고 소련이 지적해올 가능성 등에 주의할 것을 촉구했다. 또한 브라운 대사는 한국전쟁 당시 채택된 유엔 결의에서는 '통일사령부(unified command)'라는 표현이 사용되었고, '유엔군 사령부(United Nations Command)'라는 표현은 등장하지 않는다고 지적했다.[62]

그러나 미국의 이러한 우려는 현실로 나타나지 않았다. 북한은 한국의 보

---

60) 《로동신문》, 1966년 11월 6일자, 1면.
61) Telegram From the Embassy in Korea to the Department of State(Seoul: November 29, 1966), in *FRUS, 1964-1968*, p.222.
62) 같은 글, p.223.

복공격을 이용한 외교선전을 실시하지 않은 것이다. 한편 주한 미국 대사관, 미 국무부, 미국 유엔 대표부는 북한의 선전전에 대항하기 위해 DMZ에서 북한이 정전협정을 위반한 행위를 기술한 「백서」를 11월 유엔에 제출했다.[63]

4) 김일성의 위상 강화

DMZ에서 일어난 북한의 군사행동은 혁명가로서의 김일성의 위신을 세워주는 역할을 했을 가능성이 있다. 북한이 DMZ에서 무력공세에 착수한 뒤, 김일성은 북한이 북베트남을 지지하고 미국에 대항하는 국제혁명투쟁의 주도적 역할을 담당하고 있다고 강조하기 시작했다. 이를 통해, 혁명투쟁에 열성적이지 않은 소련이나 중국의 지도자들과 자신을 차별화하려 한 것이다. 중국 홍위병으로부터 비판받고 있는 상황에서, 국제 공산주의 운동을 통해 자신을 참된 혁명가로서 자리매김하는 것은 김일성에게 대단히 중요한 일이었다.[64]

5. 벼랑 끝 외교로 인한 중장기적 역효과

한국군과 미군에 대한 북한의 군사공세가 초래한 결과 중에는 북한에 불리한 것도 있었다. 그중 가장 두드러지는 것은 DMZ에서 한국군과 미군이 방어태세를 강화한 것이다. 특히 1966년 11월 2일 발생한 북한의 미군 공격으로, 미국은 북한의 군사공세에 진지하게 대처하게 되었다. 이전까지 미군의 DMZ 경비는 단지 '형식적인 업무'에 지나지 않았으나 11월 2일 공격으로 상

---

63) Footnote No.7, in *FRUS, 1964-1968*, p.272.
64) CIA, "Kim Il-Sung's New Military Adventurism," pp.2~5.

황이 급변했다.[65] 본스틸 사령관은 1967년 초 교전규칙을 완화해 미국 육군 제1군단과 한국 육군 제1군에 대해, 한미 양군이 DMZ 내에 침입하거나 적군의 영역으로부터 총격을 가해오는 적 부대에 대해 박격포를 사용할 수 있는 권한을 주었다.[66] 이에 더해 1968년 6월, 유엔군 사령부는 교전규칙을 변경해 DMZ에서 북한이 공격할 경우, 한국군이 무조건 반격할 수 있도록 했다. 이는 당시 한국군의 군사행동이 유엔군 사령부의 사전승인을 필요로 하고 있었던 것을 생각하면 중요한 변화라고 할 수 있다.[67] 한국군은 새로운 교전규칙에 따라 1969년까지 DMZ에서 박격포를 3회 사용하는 등 본격적인 행동에 나섰다.[68]

다음으로 1967년 말 한국은 북한의 침입작전에 대항하기 위해 「대간첩침투지침」(대통령령 제15호)을 발표했다.[69] 이에 따라, 한국군은 감시초소와 검문소의 방어를 강화하고 적외선 암시장비, 서치라이트, 적외선 조준기 등을 도입했다. 또한 1968년 중순까지 한국군은 DMZ의 나무 울타리를 철조망으로 교체했다.[70] 유엔군 사령부는 4중 방어망 — DMZ 내 경비병과 감시초소, DMZ 남방 한계선 바깥쪽에 설치된 장벽, 그 후방에 배치된 기동력 높은 신속대응부대 — 을 구축했다. 그 결과 1960년대 말까지 북한의 공격에 대한 한미 양군의 대처 능력은 극적으로 향상되었다.[71]

65) Bolger, *Scenes from an Unfinished War*, p.47.
66) 같은 글, pp.47~55.
67) "Conflict & Tension on the Korean Peninsula! A Chronology(28 Jul 53-Aug 98)," obtained from the Secretariat, United Nations Command, Military Armistice Commission(UNCMAC) on July 18, 2001, p.17. 국방부, 『국방백서 1999』(서울: 국방부, 1999), 286쪽.
68) Bolger, *Scenes from an Unfinished War*, pp.52 and 54.
69) 국방군사연구소, 『국방사연표 1945~1990』(서울: 국방군사연구소, 1994), 319쪽.
70) 국방군사연구소, 『건군50년사』, 241쪽.
71) Bolger, *Scenes from an Unfinished War*, pp.47~48, 78 and 108.

제 3 장
푸 에 블 로 호 사 건
1 9 6 8 년

북한 특수부대가 청와대를 습격한 지 이틀 뒤인 1968년 1월 23일, 북한 해군함정이 미 해군의 정보수집함 푸에블로호 및 승무원을 동해에서 나포하는 사건이 발생했다.[1] 미국은 푸에블로호와 승무원의 송환을 위해 판문점에서

---

1) 특별한 언급이 없는 한, 푸에블로호 사건에 관한 기술은 다음 자료에 의거했다. U.S. Congress, House, Hearings before the Special Subcommittee on the U.S.S. *Pueblo* of the Committee on Armed Services, *Inquiry into the U.S.S. Pueblo and EC-121 Plane Incidents*, 91st Congress, First Session, March 4, 5, 6, 10, 14, 17, 19, 20, April 25, and 28, 1969, H.A.S.C. No.91~101(Washington, D.C.: U.S. Government Printing Office, 1969); Trevor Armbrister, *A Matter of Accountability*(New York: Coward-McCann, 1970); Donald S. Zagoria and Janet D. Zagoria, "Crisis on the Korean Peninsula," in Barry M. Blechman, Stephen S. Kaplan, et al., *Diplomacy of Power: Soviet Armed Forces as a Political Instrument* (Washington, D.C.: The Brookings Institution, 1981); Ralph McClintock, "Pueblo Incident: AGER Program Background," http://www.ussPueblo.org/v2f/background/agerback.html; Harry Iredale, "Pueblo Incident: Attacked by North Korean Military Forces," http://www. ussPueblo.org/v2f/attack/attacked.htm and Christian F. Ostermann and James F. Person(eds.), *Crisis and Confrontation on the Korean Peninsula, 1968-1969: A Critical Oral History*(Washington, D.C.: Woodrow Wilson International Center for Scholars, 2011).

북한과 직접교섭을 벌였고, 11개월 간 진행된 협상 끝에, 같은 해 12월 승무원들은 미국으로 송환되었다.

푸에블로호 사건은 북한 측의 승리로 끝났다. 북한은 푸에블로호를 나포해서 미국의 정보수집 활동에 타격을 주었고, 한국과 미국이 베트남에서의 군사행동을 취하는 것을 방해했으며, 한미 관계를 긴장시키는 데에도 성공했다.

1. 푸에블로호 나포와 북미 직접 협상

1) 나포된 푸에블로호

1968년 1월 23일 정오 무렵, 미 해군 정보수집함 푸에블로호는 북한 측 동해안 앞바다 약 16해리 해역을 항해하고 있었다. 그때 전투태세를 갖춘 북한의 구잠정(驅潛艇) SO-1이 출현해 푸에블로호에 접근하기 시작했다. 12시 12분, SO-1은 신호로 푸에블로호의 국적을 물었고, 푸에블로호는 미국 국적의 해양조사선이라고 답했다. 뒤이어 12시 20분 전투태세를 갖춘 북한 어뢰정 P-4 3척이 원산 방면에서 접근해왔고, 12시 27분에는 SO-1이 푸에블로호에 "정선하라, 따르지 않으면 발포한다"는 신호를 보냈다. 이에 대해 푸에블로호는 가장 근접한 북한의 섬으로부터 15.8해리의 거리에 있는 것을 확인한 뒤 "이쪽은 공해상이다"고 답신했다.

그 후 P-4는 푸에블로호를 포위하고, MiG-21 전투기 2대가 상공에 출현하자 13시 0분경 SO-1이 푸에블로호에 "우리 명령을 따르라. 이 배에는 도선인이 승선하고 있다"는 메시지를 보냈다. 13시 06분, SO-1은 육상 부대에 "현재 받은 지시에 근거해 교신을 중단하고 [푸에블로호의] 승무원을 확보한 뒤, 예항해서 원산에 입항한다. 지금부터 승선한다. 현재, 접근 중"이라고 전했다.

그리고 P-4에서 소총, 총검, 권총 등 개인화기로 무장한 승무원들을 태우고 푸에블로호에 접근했다. 이 시점에 푸에블로호의 함장 부커(Lloyd Bucher) 중령은 이 지역에서 이탈하기로 결심하고, 13시 18분 "배려에 감사한다. 나는 이 지역에서 이탈한다"는 신호를 보내고 전투태세를 취하지 않은 채 저속으로 항행하기 시작했다. 그러나 SO-1은 다시 신호기로 푸에블로호에 "정선하라, 따르지 않으면 발포한다"는 메시지를 보냈고 또 다른 1척의 SO-1이 푸에블로호 추격에 합세했다.[2]

13시 27분, 결국 SO-1는 푸에블로호를 향해 57밀리 기관포 등을 발포했고, P-4에서도 발포가 시작되었다. 푸에블로호는 전속력으로 도주했으나, SO-1의 최고 속도가 29노트, P-4가 50노트이었던 것에 비해 푸에블로호의 최고 속도는 13노트밖에 되지 않았다. 부커 함장은 승무원에게 비밀문서를 신속히 폐기할 것을 명령했다. 북한 함정은 푸에블로호를 계속해서 공격했고 MiG 전투기도 해상에 로켓탄을 투하했다.

북한의 공격이 계속되는 가운데, 부커 함장은 항복을 결정해 13시 34분 푸에블로호는 저항을 멈추었다. SO-1은 재차 "나를 따르라. 본 함에는 도선인이 승선하고 있다"는 메시지를 보냈다. 13시 45분, 푸에블로호는 SO-1을 따라 원산항으로 향했다. 그 후 14시 0분 푸에블로호가 비밀문서 폐기를 위해 다시 정선하자, SO-1이 푸에블로호에 발포, 승무원 1명이 사망했다. 14시 32분에는 북한 요원이 푸에블로호에 승선했다. 푸에블로호가 나포된 뒤, 북한 전역에 경계태세가 내려졌고 동해안 지역에서는 주민들이 대피하고 대공포가 동원되어 집중 배치되었다.[3]

푸에블로호는 1968년 1월 11일 일본 사세보에서 출항하여, 북한의 항구와

---

2) Iredale, "*Pueblo* Incident," 22265.
3) 朝鮮日報, 月刊朝鮮 編, 『金正日 ― その衝撃の實像』, 黃民基 譯(講談社, 1994), p.209.

그림 3-1 푸에블로호의 항로

자료: 다음을 참고하여 저자와 요코야마 사하루가 작성.
　　USS Pueblo Veterans Association http://www.usspueblo.org/Pueblo_Incident/
　　images/OP%20Area%20chart%20Bucher%20My%20 Story.jpg(판권소유자의 허가
　　를 얻어 전재).

소련의 해군함정에 관한 정보수집을 실시할 목적으로 동해를 항해하고 있었다. 푸에블로호에 주어진 임무는 다음과 같았다.

- 북한의 청진, 성진[김책], 마양도, 원산 등의 항구 부근에서 해군 활동의 성격과 범위를 밝힌다.
- 연안 레이더의 [전자파] 방수(傍受) 및 위치의 특정을 중심으로, 북한 동해안에서의 전자 환경 표본을 추출한다.
- 대한해협 부근에서 활동하는 소련의 해군부대를 포착해 감시 활동을 시행한다.
- 북한 부근에서 공공연히 활동하면서 소련 해군에 대한 활발한 감시 활동을 시행하는 정보수집함에 대해, 북한 및 소련이 각각 어떻게 반응할지를 확인한다.
- 미군에 대한 적대 행동이나 공격의 가능성이 있는 북한 및 소련 부대의 배치 상황을 보고한다.
- 해군 감시용 함정으로서의 AGER[환경조사함]의 유용성을 계속 평가한다.[4]

또한 소련의 원자력 잠수함이 블라디보스토크에서 활동이 어려운 겨울철에 원산에서 종종 작전행동을 하는 것으로 알려져 있었기 때문에, 만약 잠수함의 작전행동에 대한 정보를 얻을 수 있다면 대단한 성과를 올릴 수 있을 것으로 기대되고 있었다.[5]

푸에블로호는 나포되기 전에도 북한 측의 감시를 받고 있었다. 푸에블로호의 승무원 중 1명은 나포되기 며칠 전부터 푸에블로호가 북한의 사격통제용 레이더에 포착되었다는 것을 인지하고 있었다. 1월 21일에는 SO-1 1척이 푸에블로호에 접근해, 이 배의 전방 300야드를 가로질러 항해한 뒤 원산으로

---

4) U.S. Congress, *Inquiry*, p.1642; and James Bamford, *Body of Secrets: Anatomy of the Ultra-Secret National Security Agency*(New York: Anchor Books, 2002), p.251.
5) Armbrister, *A Matter of Accountability*, p.26.

귀환하기도 했다. 또한 22일에도 북한 트롤선 2척이 푸에블로호에 접근하는 사건이 있었다. 그중 1척은 푸에블로호에서 겨우 100야드 전방을 종단해 주위를 일주한 뒤 북쪽으로 종적을 감추었으나, 이후 다시 2척이 함께 출현해 푸에블로호에서 30야드 떨어진 곳까지 접근해 재차 주위를 둘러보다 현장에서 사라졌다.

2) 송환 협상 개시

북한은 푸에블로호를 나포한 뒤 즉시 자신들의 요구사항을 협상 테이블에 제시했다. 1월 24일 개최된 제261차 군사정전위원회[6]에서, 조선인민군·중국인민지원군 측(이하 인민군 측) 수석대표인 북한 박충국 소장은 원산항 앞바다 북위 39도 17.4분, 동경 127도 46.9분 지점에 미국이 무장공작선을 침입시켰다고 비난했다. 또한 박충국 소장은 유엔군 사령부에 ▲ 침략행위에 대해 사죄하고 ▲ 주모자를 정전협정에 의거해 엄중히 처벌하며 ▲ 같은 사건이 두 번 다시 되풀이되지 않을 것을 보증해달라고 요구했다.[7] 이에 대해 유엔군 사령부 측은 푸에블로호 및 그 승무원들을 즉시 송환하고, 불법적인 나포에 대해 사죄할 것을 북한 측에 요구하는 동시에 피해에 대해 국제법상의 보상을 요구할 권리를 유보하겠다는 입장을 취했다.[8]

군사정전위원회 개최 후, 북한은 미국과의 협상을 유리하게 진척시키기 위한 추가조치를 취했다. 1월 25일, 평양방송은 부커 함장이 푸에블로호가

---

6) 군사정전위원회는 정전협정의 이행을 감독하고 협정 위반이 있었을 경우 등 필요한 협의를 하는 조직이다.

7) 《로동신문》, 1968년 1월 25일자, 4면.

8) Military Armistice Commission(MAC), United Nations Command(UNC) Component, "Two Hundred and Sixty-First Meeting of the Military Armistice Commission," January 24, 1968, pp.10~11 and 20.

북한 동해안의 군사시설을 정찰하고 북한 영해에 침입했다고 인정하는 자백서를 제출했다고 보도했다. 이와 동시에 북한은 유엔군 사령부에 군사적 압력을 가했다. 1월 25일 미군 제2보병사단이 경비를 담당하고 있는 비무장지대(DMZ)에서 북한 측의 공격으로 병사 1명 및 한국군 병사 2명이 살해되었고, 미군 병사 8명과 한국군 병사 1명이 부상당했다.[9] 또한 같은 날, 북한의 MiG 전투기가 남북 군사분계선 북방 5마일 지점까지 비행했다. 이는 군사분계선으로부터 30마일 이내에는 들어가지 않는다는 통상적인 비행 형식을 벗어난 것이었다. 또한 북한은 본격적인 동원태세를 발령했고, 평양의 주민 · 행정기관 · 공장 등은 지방으로 대피하기 시작했다.[10]

그러나 1월 27일 인민군 측 대표는 유엔군 사령부에 메시지를 보내, 미국이 푸에블로호의 승무원을 전쟁포로라고 인정하고 대화를 진행한다면 이 문제를 해결하는 것이 용이해질 것이라고 전했다.[11] 북한은 협상을 통해 푸에블로호 사건을 해결하려는 의지를 표명한 것이다. 이어서 2월 8일, 김일성은 연설에서 다음과 같이 언급했다.

---

9) 宋孝淳, 『北傀挑發 30年』(서울: 北韓研究所, 1978), 61쪽.

10) "Notes of the President's Luncheon Meeting," Notes of Meeting(Washington, D.C.: January 25, 1968), in U.S. Department of State, *Foreign Relations of the United States, 1964-1968*, Vol. 29, part 1, Korea [hereafter *FRUS, 1964-1968*](Washington, D.C.: U.S. Government Printing Office, 2000), p.510; and "On the current problems of the international situation and on the struggle of the CPSU for the unity of the international communist movement," Excerpt from a speech by Leonid Brezhnev at the April, 1968, CC CPSU Plenum, April 9, 1968, in Sergey S. Radchenko, "The Soviet Union and the North Korean Seizure of the USS *Pueblo*: Evidence from Russian Archives," Cold War International History Project, Woodrow Wilson International Center for Scholars, Working Papers Series #47, p.64.

11) Telegram From the Embassy in Korea to the Department of State(Seoul: January 27, 1968), in *FRUS, 1964-1968*, p.536.

만일 미제국주의자들이 계속 무력을 동원하여 위협공갈하는 방법으로 이 문제를 해결하려 한다면 그들은 이로부터 얻을것이란 아무것도 없을것입니다. 있다면 오직 시체와 죽음뿐일것입니다. 우리는 전쟁을 바라지 않지만 결코 전쟁을 두려워하지는 않습니다. 우리 인민과 인민군대는 미제국주의자들의 〈보복〉에는 보복으로, 전면전쟁에는 전면전쟁으로 대답할것입니다.[12)

미국 중앙정보국(CIA) 헬름스(Richard Helms) 국장은, 김일성이 전쟁을 시작할 의도는 갖고 있지 않지만 가능한 한 미국에 심각한 상황을 만들어내려 한다고 판단했다.[13) 미국은 이러한 상황에 대처하기 위해 군사와 외교의 양면에서 필요한 조치를 취했다. 푸에블로호가 나포된 후, 일본을 출항해 베트남으로 향하던 항공모함 엔터프라이즈호를 중심으로 한 항공모함 임무부대가 북쪽으로 향했고, 그 밖의 해군함정도 원산항 부근에 배치되었다. 1월 24일, 맥나마라(Robert McNamara) 국방장관은 미 공군 소속 F-4 60대, 미 해군 소속 F-4 33대, F-100 전투기 50대, A-4 공격기 50대, F-8 전투기 30대, F-105 전투기 22대 등을 현지에 파견하는 것을 건의했다. 이 기종은 대부분 대지공격(對地攻擊) 능력을 갖추고 있었다. 또한 맥나마라 장관은 존슨(Lyndon Johnson) 대통령에게 예비역 부대의 소집을 건의했다.[14) 이날, 취할 수 있는 군사적 선택지로서 ▲푸에블로호와 같은 구조의 함정인 배너호 파견 ▲해공전력 배치 ▲북한 상공에 대한 정찰 비행 실시 ▲북한 함선의 항해 방해 ▲

---

12) 《로동신문》, 1968년 2월 9일자, 1면.; 김일성, 「조선인민군창건 스무돐을 맞이하여」, 영웅적조선인민군창건 스무돐경축 연회에서 한 연설(1968년 2월 8일), 『김일성저작집 22』(평양: 조선로동당출판사, 1983), 7쪽.

13) "Summary Minutes of Pueblo Group," Summary Minutes of Meeting(Washington, D.C.: January 24, 1968), in *FRUS, 1964-1968*, p.469.

14) "Notes of the President's Meeting," Notes of Meeting(Washington, D.C.: January 24, 1968), in *FRUS, 1964-1968*, pp.493~494.

북한 항구 여러 곳 봉쇄 ▲ 공습 ▲ 예비역 소집 및 복무 기간 연장 등이 논의
되었다.15)

그 결과, 미국은 1월 말까지 항공모함 엔터프라이즈호 및 특공대를 중심으
로 공격임무부대 2개 부대와, 항공모함 요크타운을 중심으로 한 대(對)잠수
함 작전 임무부대를 각각 한반도의 남동해역에 배치했다.16) 미 제5공군은
한국 오산 공군기지에 전진사령부를 설치했고, 전투폭격 항공대가 한국에
파견되어 전략공군 사령부 소속의 폭격기가 미국 본토에서 서태평양으로 파
견되었다.17) 또한 존슨 대통령은 1962년 쿠바 위기 이래 처음으로 해공군 예
비역 1만 4,000명 이상의 소집을 결정했다. 이러한 조치들은 북한에 압력을
가하는 동시에 북한이 한국을 침공하는 것을 억제하는 목적으로 실시된 것이
었다.18)

미국은 1월 26일 '블랙 실드(Black Shield)' 작전을 실시해 A-12 정찰기가 세
번에 걸쳐 북한의 상공을 비행했다. 이 정찰을 통해 푸에블로호가 원산 북쪽
후미에 계류되어 있는 것을 확인했으나, 북한군이 적극적으로 군사행동을
준비하고 있다는 징후는 발견되지 않았다.19) 한편, 21일 한국 청와대 습격사

15) "Meeting on Korean Crisis Without the President," Minutes of Meeting,
(Washington, D.C.: January 24, 1968), in *FRUS, 1964-1968*, pp.489~491.

16) Department of State, Korea Task Force, "Situation Report," January31, 1968, in
James Person, Mitch Lerner, Shin Jong-dae, Erin Choi, Eunice Eun, Grace Jeon,
Charles Kraus, Kevin Shepard and Min Heeseon, compiled, *Crisis and Confront-
ation on the Korean Peninsula, 1968-1969: A Critical Oral History*, September 2008
Conference material, part 1, Woodrow Wilson International Center for Scholars ,
2008, p.241.

17) Zagoria and Zagoria, "Crises on the Korean Peninsula," p.360.

18) "Notes of the President's Breakfast Meeting," Notes of Meeting(Washington, D.C.:
January 25, 1968), in *FRUS, 1964-1968*, p.502.

19) Central Intelligence Agency, Center for the Study of Intelligence, "Looking for the
Pueblo," https://www.cia.gov/library/center-for-the-study-of-intelligence/csi-

건에 대한 대응책의 일환으로 22일에는 이미 전투준비태세(DEFCON)가 통상 수준인 4에서 3으로 상향 조정되어 있는 상태였다.[20]

그렇지만 미국 정부 내부에서는 군사력을 통한 시위 행위의 효과가 없는 것이 아닌지 우려하는 목소리도 있었다. 맥나마라 국방장관은 전력증강을 통해 미국의 입장을 강화시킬 수 있다고 판단하고 있었지만, 톰슨(Llewellyn Thompson) 주소련 미국 대사는 ▲미국이 해군함정을 원산 앞바다에 배치하고 있는 한 북한이 푸에블로호와 승무원을 반환하는 것은 불가능한 일이며 ▲미국의 시위 행위로 인해 소련이 중재자로 나서거나 위기를 안정시킬 수 있는 물밑협상을 벌이기가 어려워졌다고 지적했다.[21]

미국 정부는 여러 종류의 군사적 옵션을 고려했지만, 최종적으로는 평화적 수단을 통해 문제를 해결하기로 결정했다. 클리포드(Clark Clifford) 대통령 보좌관이 밝힌 바와 같이, 정보수집함의 나포는 전쟁 리스크를 감수할 이유가 되기에는 부족했다.[22] 1월 26일, 존슨 대통령은 문제의 신속하고 평화적인 해결을 위해 "모든 수단을 이용할 것"이라고 밝혔다. 그리고 미국 정부는 ▲푸에블로호의 승무원과 가능하다면 푸에블로호 선체를 돌려받는 것 ▲한국의 미국에 대한 신뢰 및 한국의 남베트남 파병부대 증원 의사를 확보하는 것 ▲아시아에서 베트남에 이은 제2전선 형성을 저지하는 것을 정책목표로 설정했다.[23]

북한이 1월 27일 보낸 메시지에 대해, 유엔군 사령부는 즉시 비공개회담

---

publications/ books-and-monographs/a-12/finding-a-mission.html.

20) "최초공개, '판문점 산증인' 제임스 리 육성증언 ②",《신동아》, 1998년 1월호.

21) "Notes of the President's Breakfast Meeting," in *FRUS, 1964-1968*, pp.500~501.

22) "Notes on the President's Thursday Night Meeting on the Pueblo Incident," Notes of Meeting(Washington, D.C.: January 25, 1968), in *FRUS, 1964-1968*, p.519.

23) Report on Meeting of the Advisory Group(Washington, D.C.: January 29, 1968), in *FRUS, 1964-1968*, p.559.

개최를 요구해 쌍방 수석대표가 협의를 갖는 데 합의했다. 이 합의를 통해 북한은 미국을 협상 테이블로 끌어내는 데 성공했고, 북미 간 첫 회담은 2월 2일 개최하기로 결정되었다.[24]

3) 한미 관계의 악화

푸에블로호 사건은 김신조를 비롯한 북한 공작원들이 청와대를 습격한 사건이 발생한 지 불과 이틀 후에 발생했다. 청와대 습격은 실패로 끝났지만, 북한의 무장공작원이 청와대 부근까지 침입한 것은 한국 지도부에 큰 충격을 주었다. 한국 지도부는 격분하여 북한에 보복할 것을 검토했지만, 갈등이 고조되는 것을 우려한 미국은 한국 측에 냉정함을 유지하도록 설득했다. 한국 정부는 위기 시에도 한국을 신뢰하지 않는 미국의 태도에 불만을 가졌다.[25]

더욱이 한국은, 북한이 한국 대통령을 공격하는 것에는 강하게 반응하지 않던 미국이 자국 정보수집함이 나포되자 강한 반응을 보인 것에 대해 불만을 품었다. 미국은 청와대 습격에 대해서는 판문점에서 회담요구 등 통상적인 조치를 취하는 것에 머물렀지만, 푸에블로호가 나포되자 한국 측에는 통고도 하지 않고 F-105을 오산기지에 배치했고 항공모함 엔터프라이즈호를 동원해 전쟁 발발의 위험도 불사한다는 태도를 보였다.[26] 한국 지도부는 미

---

24) Editorial Note, in *FRUS, 1964-1968*, pp.570~571.

25) 1968년 6월, 미 태평양 군 사령관은 비공식적인 자리에서 한국 육군 조직의 모든 수준에서 미국의 영향력과 통제력을 유지하고, 긴장 시에는 이에 자제를 촉구하며, 푸에블로호 사건 이후 전력 증강과 군 현대화의 과정에서는 고문으로서의 미국의 역할을 유지하는 것이 '가장 중요한 사항(of the utmost importance)'이라고 논했다. Historical Branch, Office of the Joint Secretary, Headquarters CINCPAC, *Commander in Chief Pacific: Command History 1968*, Vol.II(Hawaii: Camp HM Smith, 1969), p.61.

26) "Briefing of ROK Minister of Defense on Pueblo incident," Telegram From the Commander in Chief, United Nations Command, and Commander of United States,

국이 한국 대통령보다 푸에블로호 승무원들을 중시하고 있다고 느꼈다.

또한, 청와대를 습격한 북한 공작원이 DMZ 내에서 미군이 경비를 담당하던 지역을 통과해 서울에 침입할 수 있었다는 점도 한국의 불만을 키웠다.[27] 경비임무 수행에서 일반적으로 한국군이 미군보다 우수했고, 미군 중 일부는 시설 미비와 지도력 부족 등으로 임무수행에 지장이 생기고 있었다.[28] 그 결과, 한국 측은 한국 방어임무를 수행하는 데 미국의 능력과 진지함에 대해 의구심을 품게 된 것이다.

한미 간의 긴장을 완화시키기 위해, 미국 정부는 1월 23일 미국인인 유엔군 사령부 수석대표에게 청와대 습격과 푸에블로호 나포라는 양대 현안에 대해 '강하고 위엄 있으며 강경한 성명'을 발표할 것을 지시했다. 이를 통해 미국은 청와대 습격사건보다 푸에블로호 사건을 중시하고 있다는 인상을 한국에 주지 않으려 노력한 것이다.[29]

그러나 북한과 미국이 푸에블로호 사건의 해결을 위한 교섭을 위해 움직이기 시작하면서 한미 관계는 더욱 긴장상태에 빠졌다. 미국은 1월 27일, 북한으로부터 대화를 촉구하는 메시지를 받았다는 것을 한국 측에 신속히 전달하지 않았다. 무대에서 밀려난 한국 정부는 미국이 공동경비구역(JSA) 이외의 장소에서 북한과 직접 외교협상을 실시하는 것이 아닌지 의심했다. 미국

Korea (Bonesteel) to the Commander in Chief, Pacific (Sharp)(Seoul: January 23, 1968), in *FRUS, 1964-1968*, p.463.

27) Notes of the President's Meeting With Cyrus R. Vance(Washington, D.C: February 15), 1968, in *FRUS, 1964-1968*, pp.376~377; and "The Objectives of My Mission," Memorandum From Cyrus R. Vance to President Johnson(Washington, D.C.: February 20, 1968), in *FRUS, 1964-1968*, p.385.

28) Daniel P. Bolger, *Scenes from an Unfinished War: Low-Intensity Conflict in Korea, 1966-1969*, U.S. Government Printing Office, 1991, p.49.

29) Telegram From the Department of State to the Embassy in Korea(Washington, D.C.: January 23, 1968), in *FRUS, 1964-1968*, p.466.

측에 푸에블로호와 승무원이 반환된다면 한국 대통령의 안전 문제가 해결되지 않은 채 사태가 수습되는 것이 아닌지 우려했던 것이다. 한국은 이런 상황을 막기 위해, 미국 측에 한국군을 유엔군 사령관 작전통제로부터 독립시키고 베트남에서 한국군이 철수할 수 있음을 암시했다.30)

JSA에서 북한과 미국 간 비공개회담이 시작되자, 한국은 한층 미국의 움직임에 대해 부정적인 반응을 나타내기 시작했다. 이 회담에서 북한의 DMZ 침입이나 한국 국민에 대한 북한의 게릴라 공격 등 한국의 안전보장 문제가 충분히 다루어지지 않은 것에 대한 불만이 커진 것이다.31) 즉 미국은 자국민을 구출하는 것에만 관심을 가지고 있는 것처럼 보였다.

2월 중 포터 주한 미국 대사 및 본스틸 유엔군 사령관과 면담한 한국 정일권 총리는, 한국에 대해 북한이 불법행위를 거듭하는데도 유엔군 사령부가 한국 정부의 손을 묶어놓아서 북한에 보복을 할 수 없다고 불만을 터트렸다. 정일권 총리는 북미 회담에 한국이 출석하는 것을 인정하든지, 적어도 한미 간 협의를 통한 합의에 근거해 북한과의 교섭을 진행해야 한다고 주장했다. 또한 이와 같은 사건이 반복된다면 한국은 제한적인 보복조치를 취할 것을 시사했다. 미국 측은 한국의 경고가 진심이라 여기지는 않았지만, 한국 지도부가 어디선가 "지금이야말로 통일의 호기이며 이 기회를 놓치면 두 번 다시 기회는 오지 않는다"고 생각하고 있는 것은 아닐지 우려했다.32)

한미 간의 마찰을 진정시키기 위해, 미국은 2월 중순 밴스(Cyrus Vance) 대통령 특사를 서울에 파견했다. 밴스 특사의 방한 목적은 미국이 한국의 이익

---

30) Telegram From the Embassy in Korea to the Department of State(Seoul: January 28, 1968), in *FRUS, 1964-1968*, p.541.
31) Telegram From the Embassy in Korea to the Department of State(Seoul: February 4, 1968), in *FRUS, 1964-1968*, pp.324~325.
32) Telegram From the Embassy in Korea to the Department of State(Seoul: February 6, 1968), in *FRUS, 1964-1968*, pp.331~334.

을 경시하고 있지 않다는 의사를 전달하고, 박정희 대통령이 평정심을 유지해 부하들의 독단적인 행동으로 상황이 더욱 악화되는 일이 없도록 해달라고 요구하는 것이었다.33) 이에 따라 밴스 특사는 미국이 북한의 위협에 대처하기 위한 조치를 취할 것이며 한미 국방장관 회담을 정례화하는 동시에, 존슨 대통령이 1억 달러의 군사원조를 한국에 제공하는 안을 의회에 요청할 것이라고 전했다. 한국 측은 ▲ 보복행동을 촉구하는 국내 여론을 완화시키기 위한 조치를 실시하고 ▲ 북미 간 비공개회담이 지나치게 늘어지지 않는 한 중립적 입장을 견지하며 ▲ 북한에게 보복행동을 취하지 않고 ▲ 향후에도 미국과의 협의 없이 대규모 보복행동을 실시하지 않을 것이라는 입장을 표명했다. 미국은 북미 회담의 내용을 한국 측에 전달한다고 약속했지만, 한국 측의 불만은 사라지지 않았다. 한국에서는 북미 간의 직접 회담으로 한국이 소외당하는 것이 굴욕적이라는 인식이 강했고, 한국 영토 내에서 북한과 미국이 한국을 제외하고 회담을 갖는 것은 주권침해에 해당한다는 견해마저 있었다.34)

4) 군사정전위원회 수석대표 특별회의

시간이 경과될수록 북한 측에 유리한 상황은 2월 초까지 지속되었다. 2월 2일, 미국 국가안전보장회의(NSC) 실무진 중 1명은 그 이유에 대해 ▲ 현상유지는 북한의 승리를 의미하며 ▲ 결과가 도출되지 않은 채 북미 간 협의가 오래 진행되면 한미 관계가 악화될 것이며 ▲ 나포된 푸에블로호와 승무원은 이후에도 정치적으로 이용될 것이고 ▲ 북한은 미국을 궁지에 몰아세운 것만

---

33) "Mission of Cyrus R. Vance," Special Instruction, Paper Prepared in the Department of State(Washington, D.C.: undated), in *FRUS, 1964-1968*, pp.355~356.

34) "The Objectives of My Mission," in *FRUS, 1964-1968*, p.385.

으로도 자국의 위신을 높일 수 있으며 ▲ 북한은 미국의 대응이 한정되어 있다고 여기고 ▲ 미국과 양자회담을 실시하는 것으로 북한의 위신이 높아지고 있다는 것 등을 들었다.35) 이러한 가운데 2월 2일에는 북미 간 특별회의가 개최되었다.

회담이 시작되자 이 회담을 어떻게 정의할 것인가가 문제로 부상했다. 북한은 협상 과정에서 이 회담을 북한과 미국 양자 간 외교협상이란 지위를 부여하고자 했다. 보통 군사정전위원회는 유엔군 사령부와 조선인민군 및 중국인민지원군이 각각 대표로 운영되고 있었다. 그러나 푸에블로호 사건에 관한 특별회의는 미국과 북한의 대표만으로 구성되어 있었다. 통상 유엔군 사령부 수석대표는 유엔군 사령관으로부터 지시를 받았지만 이 문제에 관해서는 주한 미국 대사관을 통해 미 국무부의 지시를 받고 있었다. 이는 푸에블로호가 유엔군 사령관이 아닌 미 태평양 군 사령관의 지휘하에 있었기 때문이다. 그럼에도 미국이 푸에블로호에 관한 협의장소로 군사정전위원회를 선택한 것은, 북미 간에는 외교관계가 없어서 그 외의 대화 장소가 있지 않았기 때문이다. 그 결과 미국의 의도와 다르게, 수석대표에 의한 특별회의가 미국과 북한 정부 간 외교협의라는 양상을 띠게 된 것이다.

즉, 이러한 상황이 반드시 북한이 의도적으로 만들어낸 것이라고 볼 수는 없다. 그러나 북한은 미국 측의 제도적인 이유로 생겨난 이러한 상황의 의미를 이해하고, 신속하게 이를 이용하려 했다. 2월 4일 열린 제2차 회의에서 북한 대표는 미국 측에 이 회담의 주체가 유엔군 사령부와 조선인민군이 아닌 미국과 북한 정부인지 물었다. 그리고 만약 미국이 그렇게 판단해 정부 대표를 임명한 것이라면 북한도 정부 대표를 임명하겠다고 밝혔다.

---

35) "Next Korean Moves," Memorandum From Alfred Jenkins of the National Security Council Staff to the President's Special Assistant Rostow(Washington, D.C.: February 2, 1968), in *FRUS, 1964-1968*, p.584.

미국 정부는 이러한 해석이 가능하다는 문제점을 인식하고 있었다. 버거(Samuel Berger) 한반도 문제 태스크포스장은 북한이 미국 측의 견해를 이용해 특별회의를 정부 간 협상으로 승격시키려 한다고 판단하고, 이에 따라 두 가지 문제가 발생할 수 있다는 견해를 밝혔다. 첫 번째로, 양자 간 회담 진행으로 미국은 북한에 대해 일정한 외교적 승인과 지위를 부여하는 셈이 될 가능성이 있었다. 두 번째로, 미국이 이번 회담을 특별회의로 승격시켜 푸에블로호 사건을 다루면, 청와대 습격 등 한국 측의 관심사가 논의되는 통상 회의가 경시될 위험성이 있었다.[36] 한국이 이러한 상황을 간단히 용인하지 않을 것은 자명한 일이었다.

이러한 상황에서, 유엔군 사령부 수석대표는 미묘한 조정을 실시했다. 2월 5일 개최된 제3차 회의에서 자신을 '푸에블로호와 그 승무원의 송환에 대해 논의하는 데 전권을 가진' 군사정전위원회의 수석대표로서 미국 정부를 대표한다고 설명한 것이다. 이는 자신이 미국 정부의 대표와는 차별된다는 것을 표현한 것이다. 미국은 특별회의가 북한과 미국 정부 간 개최되는 것이 아니라는 입장을 강조했다. 이에 대해 북한 수석대표는, 유엔군 사령부 측이 푸에블로호 문제를 북한과 미국 정부가 취급할 문제라 '인정했다'고 일방적으로 주장했다.[37]

---

36) "*Pueblo*- Policy Issues Raised at Second Meeting of Senior Representatives," Memorandum From the Director of the Korean Task Force(Berger) to Secretary of State Rusk(Washington, D.C.: February 4, 1968), in *FRUS, 1964-1968*, p.602.

37) "Summary of Panmunjom Meeting February 4," Telegram From the Embassy in Korea to the Department of State(Seoul: February 4, 1968), in *FRUS, 1964-1968*, p.598; Telegram From the Department of State to the Embassy in Korea (Washington, D.C.: February 4, 1968), in *FRUS, 1964-1968*, p.605; "Summary of Panmunjom Meeting, Feb. 5," Telegram From the Embassy in Korea to the Department of State(Seoul: February 5, 1968), in *FRUS, 1964-1968*, p.608. 이문항, 『JSA - 판문점(1953~1994)』(서울: 소화, 2001), 31, 33, 41쪽.

2월 7일 제4차 회의에서도 북한은 이 문제를 쟁점으로 삼으려 했으며, 이를 위해 수석대표 대리 임명, 회의록 교환, 공식 보도자료 작성 등을 요구했다. 북한의 이러한 행동은 ▲자국이 미국과 대등한 지위에서 협상한다는 인상을 주어 위신을 높이고 ▲협상을 지연시키며 ▲한미 관계를 한층 악화시키고 ▲미국의 전력을 한반도에 묶어두려는 등의 의도에 따른 것으로 해석된다.[38] 한편, 당시 미국 정부 내부에서는 포터 대사가 회담장소를 한반도 이외의 장소로 옮기는 것을 제안했지만, 미 국무부는 "군의 협상 채널에서 외교 당국의 협상 채널로 변경할 경우 현재 방식보다 더욱 북한을 외교적으로 승인한다는 인상을 줄 수 있다"는 이유로 이를 거부했다.[39]

최종적으로 이 문제는 2월 10일 제5차 회의에서 해결되었다. 북한이 유엔군 사령부 측 수석대표의 지위와 북한과 미국 정부 간 회담이냐는 문제를 더는 제기하지 않았기 때문이다.[40]

2월 14일 제6차 회의에서 북한 측은 처음으로 푸에블로호 승무원의 송환을 위한 조건을 제시하고 다음과 같이 밝혔다.

…… 우리는 미국 정부가 무장공작선 푸에블로호를 조선민주주의인민공화국 영해 내에 파견해 간첩 활동을 포함한 적대행위를 했다는 사실에 대해 사죄하고 두 번 다시 이러한 범죄행위를 하지 않겠다고 보증한다면 승무원의 송환을 고려할 것이다.[41]

---

38) "Panmunjom Talks — Next Steps," Action Memorandum From the Director of the Korean Task Force(Berger) to Secretary of State Rusk(Washington, D.C.: February 7, 1968), in *FRUS, 1964-1968*, p.616.

39) Footnote No.6, in *FRUS, 1964-1968*, p.618.

40) "5th Closed Senior MAC Members Meeting Feb 10," Telegram From the Embassy in Korea to the Department of State(Seoul: February 10, 1968), in *FRUS, 1964- 1968*, p.621.

41) "Sixth Closed Meeting at Panmunjom," Action Memorandum From the Director of

한편, 북한은 2월 16일 제7차 회의에서, 푸에블로호 선체는 간첩행위에 사용된 것이기 때문에 반환할 수 없다는 태도를 보였다. 북한은 이러한 협상을 진행하면서도 다른 한편으로는 미국의 군사행동을 견제했다. 2월 17일, 박성철 북한 부수상은 다음과 같이 말했다.

미제와 박정희도당이 감히 그 어떤 〈보복〉행동을 시도한다면 그것은 곧 전쟁의 시작을 의미하게 될것이다.

미제와 그 주구들은 현실을 똑똑히 보고 분별있게 행동하여야 한다.

조선에서 새 전쟁이 다시 터지는가 안터지는가 하는것은 전적으로 미제와 그 주구들의 태도여하에 달려있다.

미제가 위협공갈과 전쟁소동에 매여달리면 달릴수록 그것은 현 사태를 더욱더 복잡하게 만들 뿐이며 그들이 이로부터 얻을것이 있다면 시체와 죽음뿐일 것이다.[42]

미국은 북한과의 협상을 진전시키기 위해 다음과 같은 세 가지 조치를 취했다. 첫 번째는 자국의 전략태세를 전반적으로 강화하는 것으로, 전술한 바와 같이 즉시 이러한 조치를 취했다. 두 번째는 한반도 부근에 배치한 항공모함 임무부대를 베트남으로 이동시켜 북한에 대한 압력을 완화시키고 대화를 촉진하고자 한 것이었다. 이에 따라, 2월 7일 항공모함 엔터프라이즈호를 중심으로 한 임무부대는 대한해협을 통과해 남서 방면으로 이동을 시작했고, 2월 20일에는 필리핀 수빅(Subic) 만에 도착했다.[43] 세 번째는 한국에 군사원

---

the Korean Task Force(Berger) to Secretary of State Rusk(Washington, D.C.: February 15, 1968), in *FRUS, 1964-1968*, p.624.

42) 《로동신문》, 1968년 2월 18일자, 2면.

43) Telegram From the Department of State to the Embassy in Korea(Washington, D.C.: February 7, 1968), in *FRUS, 1964-1968*, p.338.

80 북한의 벼랑 끝 외교사

조를 실시해 북한에 압력을 가하는 것이었다. 이러한 군사원조로써 한국의 우려를 완화시키고 한미 관계를 진전시키는 동시에, 북한에는 시간이 경과할수록 불리해진다는 인식을 심어줄 수 있을 것이라 기대했다. 또한 이러한 지원은 한국이 과도하게 군사적 독립을 꾀하는 것을 방지하는 효과도 있을 것으로 여겼다. 3월 초 NSC 구성원 중 1명은 한국의 군사력을 '급속히, 본격적으로, 현저하게' 증강시킬 것을 권고했고, 이러한 의견을 수용한 밴스 특사가 한국에 1억 달러의 추가 군사원조를 약속한 것이다.[44]

푸에블로호 문제는 1968년 미국 대통령 선거에서도 중요한 과제로 다루게 되었다. 푸에블로호 승무원이 존슨 대통령에게 보낸 편지는 대중의 감정을 자극해 존슨 대통령의 입장을 약화시켰다.[45] 카첸바흐(Nicholas Katzenbach) 미 국무차관은, 닉슨(Richard Nixon) 공화당 후보의 연설 중에서 청중에게 가장 큰 박수를 받은 것은 '푸에블로호 사건을 해결하지 않으면 안 된다'고 말한 때였으며, 이 문제가 대통령 선거에서의 쟁점이 될 것이라고 보았다.[46]

3월 9일 제11차 회의에서 북한 측은 다시 푸에블로호 승무원이 처벌받게 될 가능성을 암시하면서, 미국 측이 대가 없이 승무원의 송환을 요구하고 있다고 불만을 표했다.[47] 5월 8일 제16차 회의에서 북한은 미국이 제출해야 할 사죄문의 초안을 제시했다.[48] 미국은, 북한이 요구하는 사죄에 응하지 않으

---

44) "USS *Pueblo*," Memorandum From Secretary of State Rusk to President Johnson (Washington, D.C.: March 14, 1968) in *FRUS, 1964-1968*, p.666.

45) "*Pueblo*," Telegram From the Embassy in the Soviet Union to the Department of State(Moscow: March 26, 1968), in *FRUS, 1964-1968*, p.675.

46) "*Pueblo*," Memorandum of Conversation(Washington, D.C.: August 13, 1968), in *FRUS, 1964-1968*, p.694.

47) "Eleventh Senior MAC Members Meeting at Panmunjom, March 9, 1968," Telegram From the Embassy in Korea to the Department of State(Seoul: March 9, 1968), in *FRUS, 1964-1968*, p.656.

48) "Summary of Sixteenth Senior MAC Members Meeting at Panmunjom, May 8, 1968," Telegram From the Embassy in Korea to the Department of State(Seoul:

면서도 북한에게는 미국으로부터 사과를 얻어냈다고 주장할 수 있는 여지를 줄 수 있는 애매모호한 해결책을 모색하고 있었다.[49] 이를 위해 미국은 '덧쓰기(overwrite)'라는 방법을 고안했는데, 이는 북한 측이 준비한 사죄문 위에 미국 측이 '승무원의 신병을 인계받았다'는 확인내용을 기입한 뒤 서명한다는 것이었다. 북한이 이를 받아들인다면 북한 측은 '미국이 사죄문에 서명했다'고 주장할 수 있으며, 미국 측은 '승무원의 신병 인계만 확인했을 뿐 사죄하지는 않았다'고 주장할 수 있는 내용이었다.[50] 그러나 9월 30일 제22차 회의에서 북한 측이 제시한 최종안에는 '이 문서의 서명과 동시에 서명자는 푸에블로호 승무원 82명과 시신 1구의 인계를 확인한다'는 내용이 포함되어 있었기 때문에, 미국 측이 '승무원의 신병을 인계받았다'고 기입한다면 같은 내용을 되풀이하는 것이 되어 '덧쓰기'는 불발에 그쳤다.[51]

이러한 과정을 거쳐, 12월 23일에는 해결책의 구체적인 내용이 합의되었다. 23일 유엔군 사령부 수석대표가 "나는 [푸에블로호의] 승무원을 석방하기 위해, 그리고 승무원 석방만을 위해 이 문서에 서명한다"는 짧은 성명을 발표하고 준비된 문서에 서명했다. 그 결과, 11시 30분 푸에블로호 승무원들과 시신 1구는 판문점의 '돌아오지 않는 다리'를 건너 남측에 인계되었다. 이들은 가까운 미군 부대로 이동한 뒤 기자회견을 개최했는데, 그 자리에서 부커 함장은 푸에블로호가 북한의 영해를 침범하지 않았으나 승무원들은 북한에

May 8, 1968), in *FRUS, 1964-1968*, p.684.

49) Action Memorandum From the President's Special Assistant(Rostow) to President Johnson(Washington, D.C.: May 19, 1968), in *FRUS, 1964-1968*, p.688.

50) "Status of Pueblo Talks at Panmunjom," Action Memorandum From the Deputy Assistant Secretary of State for East Asian and Pacific Affairs(Brown) to Secretary of State Rusk(Washington, D.C.: September 4, 1968), in *FRUS, 1964-1968*, p.698.

51) "22nd Senior MAC Members Closed Mtg [Meeting] and Panmunjom Sep 30, 1968," Telegram From the Embassy in Korea to the Department of State(Seoul: September 30, 1968), in *FRUS, 1964-1968*, pp.707~708, and 711.

서 구타를 당하는 등 가혹한 취급을 받았다고 밝혔다. 푸에블로호 승무원들은 12월 24일 미국에 귀환했다.[52]

존슨 행정부 말기에는 푸에블로호를 돌려받기 위한 여러 가지 방책이 논의되었으나 결론에 이르지는 못했고, 푸에블로호 선체는 반환되지 않았다.[53] 그 후 푸에블로호는 원산에서 평양으로 옮겨져 "이북에 대한 침략에서 미국이 당한 수치스러운 패배의 축도이며 민족의 태양 김일성주석님을 높이 모시고 승승장구해온 주체조선이 력사에 아로새긴 단호한 반미징벌의 상징"으로 평양 대동강에 전시되었다.[54]

2. 환경요인 분석

1) 군사적 균형

이 시기 남북한은 군사적으로 거의 균형을 이루고 있었다. 따라서 북한은 자신들이 국지적인 군사적 도발을 일으키더라도, 한국과 미국은 사태가 고조되는 것을 피하기 위해 본격적으로 보복하지는 않을 것이라 판단하고 있었던 것으로 보인다. 1968년 당시 공군 전력에서는 북한이 한국을 크게 앞섰지만, 육군 전력은 한국이 우위를 유지하고 있었다.[55] 해군력은 한국이 총배수량에서 앞섰지만, 북한은 연해에서 제한적인 작전 수행을 하기 적합한 고속

---

52) Editorial Note, in *FRUS, 1964-1968*, pp.740~741.

53) 같은 글, pp.742~744.

54) "대동강반에 전시된 〈푸에블로〉호를 조명해본다: 〈한민전〉 평양대표", 《조선중앙통신》, 1999년 12월 7일.

55) Editorial Note, in *FRUS, 1964-1968*, p.461; and "Notes of the President's Breakfast Meeting," in *FRUS, 1964-1968*, p.501.

어뢰정과 경비정을 소련으로부터 도입해 많이 보유하고 있었다. 이에 대해, 《뉴욕타임스》는 다음과 같이 보도했다.

과거 12개월 사이…… 소련은 북한이 보유한 군용 제트기 500대 중 절반을 제공했다. 북한 공군은 MiG-21 21대, MiG-17 350대, MiG-15 80대, IL-28 80대를 보유한 것으로 추정되고 있다. 게다가 1965년 이후 소련의 지원으로 북한의 대공미사일 시설은 2곳에서 10곳으로 증가했고, 그중 적어도 5곳에는 이미 실전 배치되어 있다. 북한은 대공미사일 500발을 보유한 것으로 보인다. ……

35만~40만 병력을 보유한 북한 육군의 장비는 중형전차를 포함한 대부분이 소련제이며, 북한 해군은 소련제 W(위스키)급 잠수함 2척, 코마르(Komar)급 유도미사일정 4척, 고속초계어뢰정 40척, 소련제 레이더 및 지대함 미사일을 갖춘 연안 방어시설 2곳을 가지고 있는 것으로 보인다.[56]

1968년 5월 미국 특별국가정보평가(SNIE)는, 북한 SA-2 지대공 미사일 기지가 과거 3년간 2곳에서 20곳으로 증가했다고 지적했다.[57] 특히 원산 주변은 고도로 군사화하여 ▲ 대규모 공군기지 1곳 ▲ 대공포 6대를 배치한 방공기지 14곳 ▲ 지대공 미사일 기지 2곳이 위치해 있었다.[58] 한국은 제트 전투

---

56) Benjamin Welles, "North Korean Military Linked to 1966 Meeting," *New York Times*, February 1, 1968, as quoted in Seung-Hwan Kim, *The Soviet Union and North Korea: Soviet Asian Strategy and Its Implications for the Korean Peninsula, 1964-1968* (Seoul: Research Center for Peace and Unification of Korea, 1988), p.155.
57) "North and South Korean Forces," Annex to "The Likelihood of Major Hostilities in Korea," Special National Intelligence Estimate, SNIE 14. 2-68(Washington, D.C.: May 16, 1968), in *FRUS, 1964-1968*, p.432.
58) "Summary Minutes of Pueblo Group," in *FRUS, 1964-1968*, p.475; "Notes of the President's Meeting With the National Security Council," Notes of Meeting (Washington, D.C.: January 24, 1968), in *FRUS, 1964-1968*, p.477; and Armbrister,

기 약 200대를 보유한 반면 북한은 약 400대를 보유하고 있었다. 또한 미국은 일본에 전투기 24대를 배치했을 뿐이었으나, 북한은 원산 부근에 있는 공군기지에 MiG-15/17 67대 및 MiG-21 5대를 배치하고 있었다.[59] 1968년 1월 9일에는 MiG-21 2대가 초계 및 검열을 위해 DMZ 부근까지 접근해 비행했다. 소련의 협력하에 1966년 6월 시작한 MiG-21 조종사 기초훈련 역시 이 시기에 완료되었다.[60]

한편, 푸에블로호가 나포되었을 때 미국 항공모함 엔터프라이즈호와 프리깃(frigate)함 트럭스턴호가 원산에서 510해리 떨어진 지점에서 활동 중이었으나, 항공모함에 탑재되어 있던 전투기 59대 중 작전수행을 할 수 있었던 것은 35대뿐이었다. 또한 F-4B 4대가 5분 대기 상황이었으나, 이 4기는 공대공 미사일만 탑재하고 있어서 해상의 목표물을 공격하는 것이 불가능했다. 일본에 배치되어 있었던 A-4와 F-4를 보유한 미 해병비행대 2곳에서는 2시간 내에 원산 지역에 도착할 수 있었음에도, 푸에블로호 나포 다음 날 아침까지 사건과 관련한 연락을 아무것도 받지 못했다.

게다가, 북한 측이 푸에블로호에 승선을 시작한 것은 13시 15분이었으나 나포 당일에는 17시 09분경 해가 저물었고 17시 38분에는 어두워져, 미국이 유효한 행동을 취할 수 있는 시간이 그다지 길지 않았다. 미 제5공군 사령관은 일단 항공기 발진을 명령했지만, 해가 저물었고 이 지역은 북한의 전력이

A Matter of Accountability, p.239.

59) "Notes of the President's Meeting with the Joint Chiefs of Staff," Notes of Meeting, (Washington, D.C.: January 29, 1968), in *FRUS, 1964-1968*, p.560; and U.S. Congress, Inquiry, p.916.

60) Central Intelligence Agency, "Kim Il-Sung's New Military Adventurism," Intelligence Report, November 26, 1968, *ESAU papers*, No.39, "Cold War Era Hard Target Analysis of Soviet and Chinese Policy and Decision Making, 1953-1973," Central Intelligence Agency Information Management Services, p.41, http://www.foia. cia.gov/CPE/ESAU/esau-39.pdf.

우세한 점을 감안해 이후 명령을 철회했다.[61]

북한이 기습적으로 작전을 감행해, 미국이 유효한 군사행동을 취할 수 있는 여지가 없었던 점이 푸에블로호 사건의 귀추를 결정했다. 러스크(Dean Rusk) 미 국무장관은 몇 가지 군사적 선택지를 검토한 뒤, 북한에 군사력을 행사하면 "우리의 기분은 좋아질지 모르겠으나 푸에블로호와 승무원의 송환으로 연결되지 않을 것"이라는 판단을 내렸다.[62]

2) 소련과의 협력

당시 북소 관계가 개선되고 있던 것이 북한에 유리하게 작용했다. 소련에서 흐루쇼프(Nikita Khrushchyev)가 실각하고 중국에서는 문화대혁명이 시작된 것을 배경으로, 1960년대 후반 북소 관계는 대폭 개선되었다.[63] 소련은 1965년 북한에 대규모 군사 및 경제원조를 제공하기로 결정했고, 그중 특히 무기원조는 1억 5,000만 루블에 달했다. 김일성은 이를 북한의 급속한 군비 증강을 가능하게 한 요인으로서 높게 평가했다.[64] 또한 북소 및 북중 조약의 존재도 미국이 북한에 보복공격을 하는 것을 억제했다는 점에서 푸에블로호의 나포를 돕는 요인이 되었다.

푸에블로호를 둘러싼 위기가 계속되는 가운데, 소련은 적어도 표면적으로

---

61) "Notes of the President's Meeting With the National Security Council," in *FRUS, 1964-1968*, p.477.
62) "Meeting on Korean Crisis Without the President," in *FRUS, 1964-1968*, p.489.
63) Radchenko, "The Soviet Union and the North Korean Seizure of the USS *Pueblo*," p.20.
64) Record of Conversation between Soviet Deputy Foreign Minister Vasily Kuznetsov and the North Korean Ambassador to the Soviet Union Kim Pyong-chik, 21 May 1965, in Radchenko, "The Soviet Union and the North Korean Seizure of the USS *Pueblo*," p.44.

는 북한을 지속적으로 지지했다. 예를 들어 2월 5일자 서간에서 존슨 미국 대통령은 코시긴(Alexei Kosygin) 소련 외교장관에게 한반도 평화를 위한 협력을 호소했으나, 코시긴 장관은 부정적인 태도를 취했다. 코시긴 장관은 소련 선박이 미국의 영해를 침범했을 때에도 외교 채널을 통해 사죄하고 벌금을 지불하는 것을 통해 사태의 타개를 도모했다고 밝히고, 미국도 같은 방법을 이용해야 하며 힘의 과시를 삼가야 한다고 전했다.[65] 만약 그것이 사실이 아니라 할지라도 푸에블로호가 북한의 영해를 침범했다고 가정하고 문제를 해결해야 한다는 것까지 제안했다.[66]

그러나 수면 아래에서의 북소 관계는 그리 견고하지 않았다. 소련은 푸에블로호 나포를 사전에 알지 못했고, 사건 발생 후에도 소련은 북미 간 대립이 고조되는 것을 저지하려고 노력했다. 소련에게 가장 중요한 것은 사태가 미소 간의 전면전으로 번지지 않도록 하는 것이었다.[67] 1968년 4월, 브레즈네프(Leonid Brezhnev) 소련 공산당 서기장은 "조선의 친구들은 북소 조약의 존재를 이용해 소련을 이 사태에 말려들게 하고, 우리가 알지도 못하는 자신들의 속셈을 우리가 지지해주기를 바라고 있다"고 밝히며 북한의 행동에 우려를 나타냈고, 소련 지도부는 이 문제가 전쟁으로 연결되는 것에 반대한다고 지적했다.[68] 실제로 북한은 소련을 이용하려고 했다. 푸에블로호 사건을 둘러싸고 긴장이 높아지는 가운데, 북한은 사태의 진전에 관한 내부정보의 교환을 통해 소련으로부터 추가적인 경제원조를 얻어내려고 한 것이다.[69]

---

65) Telegram From the Department of State to the Embassy in the Soviet Union (Washington, D.C.: February 6, 1968), in *FRUS, 1964-1968*, pp.609~611.
66) "Notes of the President's Foreign Affairs Luncheon," Notes of Meeting(Washington, D.C.: January 30, 1968), in *FRUS, 1964-1968*, p.574.
67) Radchenko, "The Soviet Union and the North Korean Seizure of the USS Pueblo."
68) "On the current problems of the international situation," pp.65~66.
69) Record of Conversation between Chairman of the Council of Ministers of the USSR Aleksei Kosygin and North Korean Ambassador in the USSR Chon Tu-hwan, May

3) 미국 국내정치

당시 북한의 지도자가 어떤 판단을 내리고 있었는지는 불분명하지만, 미국의 정책담당자들은 북한 측이 미국의 국내정치 상황을 감안해 푸에블로호를 나포했다고 판단하고 있었다. 특히 중요한 요소 세 가지 중 첫 번째는 1968년 11월로 예정된 미국 대통령 선거였다. 베트남 전쟁이 계속되는 가운데, 아시아에서 제2의 본격적인 군사 개입을 실시하는 것은 존슨 대통령에게 정치적으로 부담스러운 상황이었다. 버거 미 한반도 문제 태스크포스장은, 북한이 미국의 달러 불안과 재정적자 문제로 존슨 대통령이 국내정치적으로 곤란한 상황에 처했다는 것을 인지하고, 한반도에서 긴장이 지속될 경우 미국의 정책 자원상의 제약이 늘어나고 존슨 대통령의 정치적 입장이 악화될 것으로 생각하고 있다고 보았다.[70] 1월 25일에는 맥나마라 국방장관이 미군 병사의 외국 근무기간 연장을 건의했지만, 존슨 대통령은 그 경우 미국 국민이 북한의 편이 되어버린다고 지적하고, 미국 국민을 '우리 편'으로 만들지 않으면 안 된다고 밝혔다.[71]

두 번째로, '역사적 교훈'도 미국에게 불리하게 작용했다. 푸에블로호가 나포되었을 때, 미 상원 외교관계위원회는 1964년 발생한 통킹(Tonkin) 만 사건에 관한 청문회 개최여부를 두고 토의 중이었다. 미 의회는 통킹 만 사건에 관한 오해가 베트남에의 본격적인 군사개입의 계기가 되었다고 생각하고 있었다. 이 때문에, 푸에블로호 사건이 발생하자 풀브라이트(J. William Fulbright) 상원의원은 "모든 사실이 밝혀질 때까지, 쉽게 결론을 내리지 않도록 주의해야 한다"고 언급한 것이다.[72]

6, 1968, in Radchenko, "The Soviet Union and the North Korean Seizure of the USS Pueblo," pp.70~71.

70) "Panmunjom Talks — Next Steps," in *FRUS, 1964-1968*, p.616.

71) "Notes of the President's Breakfast Meeting," in *FRUS, 1964-1968*, p.502.

마지막으로, 존슨 대통령의 예상대로 미국 국민들은 군사적 대응을 지지하지 않았다. 여론조사에 따르면 전쟁 위험을 감수하고서라도 북한에 반격해야 한다는 의견은 3%에 지나지 않았고, 47%가 외교적 해결을 희망하고 있었던 것이다.

3. 군사 및 외교행동의 특징

1) 장소와 시기

푸에블로호 나포 작전은 원산 앞바다 약 16해리 해역에서 실행되었다. 동해에서는 각국 해군이 항시 활동하고 있었고, 특히 블라디보스토크·원산·청진 등 주요 항구를 보유한 소련과 북한의 움직임이 현저하게 나타났다. 또한 푸에블로호 사건 발생 직후 북한은 비공개적으로 소련에게 푸에블로호는 12해리 이내 지점에서 나포된 것이라 설명하면서, 자신들이 동조선만(동한만) 전역을 내수(內水)로 간주하고 있으며, 따라서 영해는 동해안으로부터가 아니라 내수의 경계로부터 측정해야 한다는 입장을 취하고 있다는 것을 전달했다.[73] 이러한 주장은 국제법적으로 용인되기 어려운 것으로, 이에 따르면 푸에블로호가 원산 앞바다 16해리 지점에 있었다고 해도 북한 '영해 내'에 있

---

72) Robert R. Simmons, *The Pueblo, EC-121, and Mayaguez Incidents: Some Continuities and Changes*, Occasional Papers/Reprints Series in Contemporary Asian Studies, No.8(School of Law, University of Maryland, 1978), p.12.

73) "Report, Embassy of Hungary in the Soviet Union to the Hungarian Foreign Ministry," January 30, 1968, obtained from James Person, North Korea International Documentation Project(NKIDP), Woodrow Wilson International Center for Scholars [unpublished].

었던 셈이 된다.

북한이 어느 시점에 푸에블로호의 나포를 계획했는지에 대해서는 불명확하지만, 푸에블로호와 동종의 미국 정보수집함 배너호는 1967년 2월 이 해역에서 활동을 시작했다. 북한이 완벽한 기습을 통해 푸에블로호를 나포하는 데 성공한 것에 대해, 번디(McGeorge Bundy) 대통령 보좌관은 "북한과 같은 소국이 이러한 상황에서 대국에 대해 공격적인 행동을 취하리라고는 아무도 생각하지 않았다"고 술회했다.[74] 푸에블로호 사건 발생 전인 1월 6일, 북한 국영방송은 미국이 "최근 동해 앞바다에서 끊임없이 도발행동을 취하고 있다"고 비난했다. 돌이켜 보면 이 비난을 통해 푸에블로호 나포가 예기된 것이었다고도 할 수 있지만, 북한은 항상 미국을 격렬하게 비난했기 때문에 이러한 보도가 이례적인 것은 아니었다.[75]

또한 청와대 습격사건과 푸에블로호 사건의 발생 시기가 사전에 조정되었다고 보기는 힘들다. 청와대 습격은 푸에블로호 사건이 발생하기 훨씬 이전부터 계획되어 있었을 것이고, 푸에블로호의 출항시간을 북한이 결정한 것은 아니기 때문이다.[76]

푸에블로호를 나포하기 위한 작전은 약 2시간 반에 걸쳐 전개되었고, 사건 발생부터 북미 간 협상이 개시되기까지 약 10일이 소요되었으며, 북미 협상 개시부터 승무원 송환까지는 약 11개월이 걸렸다. 푸에블로호 승무원이 풀려난 것은 대북 강경파로 여겨지던 닉슨이 대통령에 당선된 직후였으므로, 북한이 미국과 긴장이 격화되는 것을 우려해 태도를 완화시킨 측면도 있다.

---

74) "Notes of the President's Luncheon Meeting With Senior American Advisors," Notes of Meeting(Washington, D.C.: January 29, 1968), in *FRUS, 1964-1968*, p.567.

75) Simmons, *The Pueblo, EC-121, and Mayaguez Incidents*, p.3.

76) "North Korean Intentions," Memorandum From Director of Central Intelligence Helms to Secretary Defense McNamara(Washington, D.C.: January 23, 1968), in *FRUS, 1964-1968*, p.465.

북한의 해·공군은 푸에블로호 사건 이전에도 타국의 정찰활동을 견제하기 위한 작전이나 해군함정에 대한 공격을 가한 일이 있었다. 예를 들어 북한 전투기가 1954년 1월, 1955년 2월, 1956년 6월, 1959년 6월, 1965년 4월 각각 미국 정찰기를 공격했다. 해상에서의 군사행동도 전례가 있었다. 예를 들어 1967년 1월 한국 해군 PCE-56 경비정이 연안포로 격침당해 승무원 39명이 사망하고 15명이 부상당했다. 1967년 10월에는 임진강 하구에서 한국과 미국 경비정이 공격당하는 일이 있었다. 게다가 북한은 한국 어선 여러 대를 나포하기도 했다. 즉, 북한의 해·공군은 이미 푸에블로호 나포와 유사한 작전을 수행한 경험을 가지고 있었던 것이다.

마지막으로, 푸에블로호 사건이 발생하기 1년 전 이스라엘이 푸에블로호와 같은 종류의 정보수집함 리버티호를 공격한 사건이 있었다. 1967년 6월 8일 지중해를 항해 중이던 리버티호는 이스라엘군의 어뢰정과 항공기의 공격으로 승무원 34명이 사망하고 171명이 부상당했다. 리버티호는 제3차 중동전쟁과 관련해 전파정보를 수집하는 임무를 수행하고 있었는데, 이 사건을 통해 이 유형의 정보수집함은 호위함이 없을 경우에 적의 공격에 대단히 취약하다는 것이 밝혀진 것이다.

2) 군사력의 종류와 사용형태

푸에블로호 나포에 사용된 전력은 북한 해·공군력 중 일부에 지나지 않았다. 북한은 895톤급인 푸에블로호에 대해 ▲ 215톤급 SO-1 구잠정 ▲ 25톤 급 P-4 어뢰정 ▲ MiG-21 전투기를 작전에 투입했다. 북한은 1959~1960년 사이 소련에서 P-4 12척을 수령했고, 1960년대 초에는 SO-1 8척을, 1965년 이후에는 MiG-21을 각각 도입했다.[77]

---

77) *Jane's Fighting Ships, 1987-88* (London: Jane's Publishing Company, no publica-

푸에블로호 나포는 직접적인 무력행사를 통해 함정, 승무원, 탑재된 장비와 문서를 물리적으로 확보하려는 목적에서 실시되었다. 북한은 미국 국민을 인질로 확보함으로써 강력한 교섭력을 얻었다. 또한 각종 언론을 이용해 푸에블로호 승무원의 사진을 전 세계에 유포하고 승무원들의 편지를 미국 대통령에게 발송했는데, 이 같은 북한의 선전 활동은 대단히 효과적이었다.[78] 즉, 북한은 푸에블로호 승무원들의 인질로서의 가치를 이해하고 있었던 것이다. 북한은 몇 차례에 걸쳐 승무원들에 대한 취급과 처벌 등을 언급함으로써, 미국 측의 우려를 심화시키고 협상에서 우위를 점하고자 했다.[79]

3) 강도와 목표선정

북한은 57밀리 포와 기관총을 이용해서 푸에블로호를 공격했고, 북한의 총격으로 푸에블로호 승무원 1명이 사망했다. 이 사건의 물리적 목표는 푸에블로호 선체, 승무원, 장비, 문서 등이었고 정치적으로는 미국 워싱턴을 겨냥하고 있었다. 한국을 명확한 타깃으로 삼았던 청와대 습격사건과 미국을 목표로 한 푸에블로호 사건이 연속적으로 일어남으로써, 한국과 미국의 관심과 이해가 괴리되는 상황이 발생했고 쌍방 간 갈등이 생긴 것에 특히 주목할 필요가 있다. 즉, 북한은 목표가 다른 두 가지 작전을 연속적으로 실행시킴으로서, 이들 간의 상호작용을 이용해 정치적 효과를 향상시키는 데도 성공했던 것이다.

---

tion year indicated), pp.330~331.
78) "Summary of Fourteenth Senior MAC Members Meeting at Panmunjom, April 11, 1968," Telegram From the Embassy in Korea to the Department of State(Seoul: April 11, 1968), in *FRUS, 1964-1968*, p.678.
79) "Eighteenth Pueblo Meeting," Telegram From the Embassy in Korea to the Department of State(Seoul: June 27, 1968), in *FRUS, 1964-1968*, p.693.

4) 군사와 외교의 연계

푸에블로호 사건에서, 북한의 군사행동과 외교활동은 매우 긴밀하게 연계되어 있었다. 푸에블로호 나포 다음 날, 북한 측은 4개 항목의 요구를 제시했다. 또한, 북한은 자국의 교섭력을 강화하기 위해 푸에블로호의 함장에게 간첩활동을 인정하는 '자백서'를 쓰게 하여 이것을 방송하는 등의 활동을 전개했다.

북한은 국내에서 총동원령을 내리고 미국의 압력에 굴복하지 않겠다는 성명을 발표하는 한편, 미국에 협상을 요구하는 의사를 전달했다. 북미 협상은 푸에블로호 나포로부터 10일 후인 2월 2일 시작되었지만, 협상이 시작된 이후에도 북한은 JSA 부근에서 제한적인 공격을 감행하는 등 계속해서 군사적인 압력을 가했다.

4. 정책목표와 그 달성도

1) 미국의 정보수집 활동 방해

푸에블로호 나포의 가장 직접적인 목적은, 미국이 북한에 대한 정보수집 활동을 하는 것을 방해하는 것이었다. 이 점에서 푸에블로호 나포는 몇 가지 결과를 도출했다. 첫째, 푸에블로호 사건으로 미국의 정찰활동은 큰 제약을 받게 되었다. 푸에블로호가 나포되면서 미군은 정찰대상 구역을 한정하고, 정찰기가 해상을 비행할 때는 호위기가 따라붙고, 육상을 비행할 때는 호위기 발진을 준비시키는 등의 조치를 취했다.[80] 또한 1969년 4월에는 미 의회

---

80) U.S. Congress, *Inquiry*, pp.922~923.

가 '외국 군대에 의한 공격 혹은 나포에 대한 적절한 보호조치를 취하지 않은 채, 미군에 소속된 유인 함정 혹은 항공기를 정보수집 임무를 위해 위험한 지역에 파견하는 것을 허용하지 않는다'는 결의를 채택했다.[81] 푸에블로호 사건 결과, 푸에블로호와 동종의 함정을 통한 정보활동이 모두 중단되었고 1969년 말에는 모든 작전이 중지되어, 이 종류의 함정은 퇴역했다.[82]

두 번째로, 정보수집 기기와 관련된 정보가 북한에 유출되었다는 것은 소련과 중국에도 간접적으로 유출되었다는 의미이므로, 미국의 정보활동은 심각한 타격을 받았다. 푸에블로호 나포 후 소련은 전자기기와 암호 해독 전문가를 북한에 파견하여 푸에블로호 승무원의 심문에 협력했고, 중국도 전문가 팀을 북한에 파견해 자국 연안지역에서 정보수집 활동경험을 가진 푸에블로 승무원 17명을 심문했다.[83] 푸에블로호 나포에 대해, 미 국가안전보장국(National Security Agency) 국장은 통신보전에 대한 영향이라는 관점에서 "현대사에서 비교할 것이 없는 정보활동상의 큰 타격"이며 미국의 신호정보 수집 능력의 전반적인 손실과 타격은 "대단히 심각"하다는 평가를 내렸다.[84] 또 다른 평가에 의하면, 푸에블로호에 적재되어 있던 약 7,000~ 8,000점의 문서를 통해 북한 및 다른 공산권 국가들이 미국의 정보수집 능력에 대해 많은 부분 알게 되었고, 동남아시아에서의 미국의 정보원과 정보수집에도 심각한 타격을 주었다.[85]

푸에블로호 사건 이후에도, 암호키 없이 암호를 해독하기 어렵기 때문에 암호를 사용한 통신은 안전하다고 여겼다. 그러나 1985년 미 해군 통신전문관이었던 워커(John Walker)를 비롯한 간첩조직이 17년에 걸쳐 통신 해독에

---

81) Editorial Note, in *FRUS, 1964-1968*, p.744.
82) Editorial Note, in *FRUS, 1964-1968*, pp.742~744.
83) Footnote No.3, in *FRUS, 1964-1968*, p.629.
84) Footnote No.4, in *FRUS, 1964-1968*, p.480.
85) Editorial Note, in *FRUS, 1964-1968*, p.743.

필요한 암호키를 소련 측에 건네주고 있었던 것이 밝혀졌다.[86] 이 암호키를 푸에블로호에 탑재되어 있었던 장비에 조합시킴으로써 소련은 미국의 극비 문서나 통신을 해독할 수 있던 것이다. 이에 대해 미국 워싱턴에서 소련 국가 보안위원회(KGB) 요원으로서 활동한 경험이 있는 칼루긴(Oleg Kalugin) 소장 은 다음과 같이 말했다.

> [우리는] 미 해군 사령부와 전 세계 해군부대의 암호통신을 전부 해독하고 있었 다. …… 그리고 미국의 핵 탑재 잠수함의 행동을 파악하고 해군과 공해상의 부대 의 암호통신을 파악함으로써, 우리는 효과적으로 자국의 안전을 지킬 수 있었다. …… 나는 이것이야말로 냉전기 소련 첩보활동의 가장 중요한 성과였다고 생각 한다.[87]

2) 한국과 미국의 베트남전 개입 제약

푸에블로호 사건이 발생했을 때 북한은 북베트남에 조종사 30명과 MiG-21 10대를 파견하고, 동시에 한반도에서 한국과 미국군을 계속적으로 공격 하는 등 직·간접적 수단을 이용해 북베트남을 지원하고 있었다.[88] 푸에블로 호의 나포는 청와대 습격과 더불어, 한국과 미국이 베트남전에서 주의를 돌 리게 되는 데 기여했다.

푸에블로호의 나포 효과는 컸다. 나포 직후, 미국은 항공모함 엔터프라이 즈호를 베트남 방면에서 동해로 이동시키고, 남베트남으로 향하던 탄약 1만 톤을 한국으로 수송했다.[89] 1월 24일 맥나마라 국방장관은 만약 북한의 목

---

86) 같은 글; and Bamford, *Body of Secrets*, pp.276~277.

87) Bamford, *Body of Secrets*, p.277.

88) "Notes of the President's Meeting With the National Security Council," in *FRUS, 1964-1968*, p.480.

적이 미국을 베트남 이외의 지역에 발을 묶어두는 것이었다면 그것은 "성공했다고 말할 수 있다"고 밝혔다.[90] 푸에블로호 나포는 '제2전선'을 형성함으로써 미군을 한반도에 묶어두려는 역할을 한 것이다.[91] 또한, 푸에블로호 나포는 보다 넓은 의미에서도 미국의 베트남 정책에 영향을 미친 것으로 보인다. 이에 대해 1968년 1월 CIA 보고서는 공산주의 국가들이 "내·외부에서 미국 정부에 대한 압력을 높인다"는 것에 주안점을 두고 푸에블로호 사건을 이용했고, 이를 통해 "미국이 베트남에서 현재와 같은 정책을 지속하는 것이 곤란해지는 효과를 낳을 수 있다"고 기대할 것이라 평가했다.[92]

푸에블로호 사건이 베트남 전쟁에 미치는 영향은 공산권 국가들 사이에서도 명확히 인식되어 있었고, 이를 통해 북베트남이 승리하는 데 공헌할 수 있을 것이라 여겼다. 1968년 2월 체코슬로바키아 외교부의 보고서는 다음과 같이 밝혔다.

> 북한의 움직임[푸에블로호의 나포]을 통해 베트남에 대한 미국의 병력 증강은 더욱 곤란한 상황에 처했다. 이는 현재 상황 때문에 미국 전력의 상당 부분이 한반도 지역에 묶였고, 극동에서 미군의 행동 자유가 제약되는 동시에 남베트남에 배치된 한국군 2개 사단이 본국으로 철수할지도 모르기 때문이다. 미국 전력의 상당 부분이 한반도 지역에 발이 묶인 것은, 남베트남 해방전선과 북베트남에게 유리하게 작용해 베트남의 해방전쟁이 성공할 수 있는 조건을 만들어내고 있다.[93]

---

89) "Summary Minutes of Pueblo Group," in *FRUS, 1964-1968*, p.470; and "Notes of the President's Breakfast Meeting," in *FRUS, 1964-1968*, p.501.

90) "Summary Minutes of Pueblo Group," in *FRUS, 1964-1968*, p.471.

91) 같은 글, p.470.

92) Central Intelligence Agency, "Confrontation in Korea," January, 24, 1968, in CIA Records Search Tool, Archives II Library, The U.S. National Archives and Records Administration, p.2.

93) "Study of Tension in the Korean Area(Military Part)," Czechoslovakian Ministry of

3) 한미 관계의 복잡화

푸에블로호 나포는 반드시 한미 관계를 복잡하게 만들려는 목적으로 실행된 것은 아니지만, 결과적으로 한미 관계가 긴장된 것이 북한에게 중요한 의미를 갖게 되었다. 한국과 미국 간의 마찰이 명확해지자 북한은 이를 이용했고, 또한 더욱 악화시키기 위해 도발했다. 북한은 군사정전위원회 수석대표 특별회의를 사실상 북한과 미국 간 협의 장소로 취급하면서, 이를 한국도 참가하는 통상의 수석대표회의보다 격상시키려고 했다. 제13차 특별회의에서 북한 대표는 동 회의가 '조선민주주의인민공화국'과 '아메리카 합중국' 정부 간 협의라고 주장했고, 미국 측이 '조선민주주의인민공화국'을 단지 '북한(North Korea)'이라고 호칭하는 것을 "무례한 행위"라고 했다. 미국이 '조선민주주의인민공화국 정부'와 협의할 용의가 없다면 푸에블로호 문제는 해결되지 않을 것이라고 경고하기도 했다.[94] 이러한 행동은 북미 관계를 승격시키는 동시에 한국을 폄하하고 한국과 미국을 이간시키기 위한 것이었다.

4) 김일성의 정책 정당화

김일성을 중심으로 하는 북한 지도부는 1962년 이후 추진해온 '병진로선'[군사와 경제 양쪽을 동시에 신속히 건설하는 것이지만, 실제로는 군사를 우선하고 있었다]을 정당화하기 위해 푸에블로호 사건을 이용했을 가능성이 있다. 푸

Foreign Affairs, File No.020.873/68-3, February 4, 1968, obtained from the Czech Foreign Ministry Archive by NKIDP and translated for NKIDP by Adolf Kotlik, in James Person(ed.), *New Evidence on North Korea*, NKIDP(June 2010), pp.167~168.

94) "Thirteenth senior MAC members meeting at Panmunjom," Telegram From the Embassy in Korea to the Department of State(Seoul: March 28, 1968), in *FRUS, 1964-1968*, p.676.

에블로호 사건 발생 당시 이미 '병진로선'의 실패가 드러나고 있었다. 1966년 10월에는 1961~1967년까지로 예정된 7개년 계획의 목표달성이 불가능한 것으로 밝혀져, 계획 달성 시기를 3년 더 연장하기로 결정했다.[95] 이러한 실수를 정당화하기 위해, 김일성은 1968년 3월 연설에서 북한은 한국전쟁 때와는 비교가 되지 않을 만큼 강해져 "미 제국주의자들"을 꺾기 위한 충분한 조건을 갖추었다고 지적한 뒤 "전체 인민을 무장시키고 전국을 요새화하기 위한 사업을 힘있게 밀고나감으로써 그 어떤 제국주의자들의 침략에도 능히 대처할 수 있는 철벽 같은 방어력을 마련하여놓았습니다"라고 밝혔다.[96]

또한, 1968년 말 김일성은 당에 대한 군의 독립성을 향상시키려 했던 김창봉 민족보위상(국방장관에 해당)등 군 수뇌부를 숙청했는데, 푸에블로호 사건에 대한 그들의 대응을 숙청 이유 중 하나로 제시했다.[97] 이에 대해 김일성은 1969년 1월 열린 비밀회의에서, 김창봉 등이 '군벌주의', '수정주의'에 물들었다고 지적하면서 다음과 같이 말했다.

수정주의사상이 안들어 왔으면 [숙청 대상자인 군관부들이] 왜 미국놈의 비행기를 쏘지 말라고 하였으며 또 미국놈이 바다 가까이 들어오면 쏘지 말고 들어오면 붙잡으라고 한것은 [쿠바 위기에서 미국에 굴복한] 흐루시쵸푸의 지시와 무엇이 다른가, 무엇때문에 전쟁준비를 하는데 객설이 필요한가? 무엇때문에 갱도에 대

95) 김일, "사회주의경제건설의 당면과업에 대하며," 조선로동당 대표자회에서 한 보고, 《근로자》, 1966년 10호, 64쪽.

96) 김일성, 「조성된 정세에 대처하여 전쟁 준비를 잘할데 대하여」, 당중앙위원회 부부장 이상일군들과 도당책임비서들 앞에서 한 연설(1968년 3월 21일), 『김일성저작집 22』 (평양: 조선로동당출판사, 1983), 84~86쪽.

97) 군 수뇌부의 숙청에 대한 분석은 다음을 참조. 鐸木昌之, 「朝鮮人民軍における唯一思想体系の確立 ——『軍閥官僚主義者』の肅淸と非對称戰略の完成」, 伊豆見元・張達重 編, 『金正日体制の北朝鮮 —— 政治・外交・經濟・思想』(慶應義塾大學出版會, 2004) pp.149~190.

리석 옥석이 필요한가?[98]

이 발언을 통해, 김일성은 미국의 정찰활동에 대해 강력하게 대응할 것을 주장했고, 이에 비해 김창봉 등은 보다 유연한 대응을 주장하고 있었다고 추정할 수 있다.

이러한 의미에서 김일성이 연설했던 비밀회의로부터 3개월 후인 1969년 4월 15일, 북한이 미 해군 전자정보수집기 EC-121을 동해에서 격추시킨 사건을 특히 주목할 필요가 있다. 격추 사건 발생 2일 후, 김창봉을 대신해 민족보위상에 취임한 최현은 EC-121을 격추한 조선인민군 부대 장병들에게 감사의 뜻을 나타내는 동시에 김일성이 책정한 '당의 군사로선'에 따라 전투준비와 전투력 강화를 도모할 것을 요구했다.[99] 또한, 4월 16일 김일성이 격추 작전을 담당한 부대에 축전을 보낸 것이 후에 밝혀졌다.[100] 이를 통해 EC-121 격추는 김일성이 숙청된 '군벌주의자', '수정주의자'와 자신의 차이를 과시하는 한편, 군에 대한 통제강화를 노린 것이라 생각된다. EC-121이 격추된 4월 15일은 김일성의 생일이기도 했다.

---

98) 中央情報部, 『北傀軍事戰略資料集』(서울: 中央情報部, 1974), 330쪽.
99) 《로동신문》, 1969년 4월 17일자, 1면.
100) 김일성, 「축하문 공화국북반부에 불법침입하여 정찰활동을 감행한 미제침략군의 대형정찰기를 쏴멸군 조선인민군 제447군부대 장병들에게」(1969년 4월 16일), 『김일성저작집 23』(평양: 조선로동당출판사, 1983), 505~506쪽.

제 4 장
서 해 사 건
1973~1976년

　1973년 10월, 북한은 한국 '서해 5도' 주변해역에서 일련의 군사·외교공세를 펼치기 시작했다.[1] 백령도, 대청도, 소청도, 연평도, 우도로 구성된 서해 5도는 한국보다 북한 측 육지와 더 가깝고, 북한의 옹진반도를 둘러싸는 형

---

1) 특별한 언급이 없는 한, 서해 사건에 관한 기술은 다음 자료에 의거했다. 「북한의 서해안 5개도서 접속수역 침범 사건(1973.11.19~12.19)」 전2권(V.1 기본문서, 분류번호 729·55, 등록번호 6128; V.2 자료집, 분류번호 729·55, 등록번호 6129)(외교사료관, 1973); 대한민국국회사무처, 《제88회 국회회의록》, 제17호, 1973년 12월 2일, 36~37쪽; 대한민국국회사무처, 《제88회 국회 국방위원회 회의록》, 제16호, 1973년 12월 10일, 10~17쪽; 대한민국국회사무처, 《제91회 국회 국방위원회 회의록》, 제1호, 1975년 3월 13일, 2~4쪽; 김창순 외 편, 『북한총람』(북한연구소, 1983), 1657쪽; 강인덕 편, 『북한전서 1945-1980』(극동문제연구소, 1980), 761쪽; 국방부, 『국방백서 1991-1992』(국방부, 1991), 432~433쪽; 이기택, 「한반도의 새로운 군사환경과 해양에서의 안보」, 《Strategy 21》, 제1호, 1998; 김용삼, "비사: 한국해군의 절치부심 — 56함 침몰 후 32년 만에 북한에 복수한다", 《월간조선》, 1999년 7월; 이기택, "서해의 전략적인 중요성과 문제점들: 국방전략 담당자들에게 알린다", 《군사세계》, 제75호(1999년 8월), 27~30쪽. James M. Lee, "History of Korea's MDL & Reduction of Tension along the DMZ and Western Sea through Confidence Building Measures between North and South Korea," in Chae-Han Kim(ed.), *The Korean DMZ: Reverting beyond Division* (Seoul: Sowha, 2001), pp.87~97.

상이다.[2] 북한은 1973~1976년 사이 연속되는 군사·외교 행동을 통해 서해 5도 주변해역이 자국에 속한다는 입장을 명확히 함과 동시에 북방한계선 (NLL)을 무효화하려 했다(293쪽 그림 8-1 참조). 군사행동과 외교활동을 통해 북한은 자국의 주장을 널리 알리고 한미 간 갈등을 유발하는 것에는 성공했으나, 동시에 한국이 서해 5도를 요새화하고 해군력을 증강하는 등의 역효과를 가져왔다.

1. 해공에서의 공세와 평화협정 제안

1) 북방한계선에 대한 도전

1973년 10월 23일, 북한 경비정과 어뢰정이 NLL을 넘어 한국 측으로 남하하기 시작했다. 11월에 들어서자 북한의 행동은 더욱 고조되어, 북한 함정은 NLL을 넘었을 뿐만 아니라 유엔군 사령부가 관할권을 주장하는 서해 5도 주변 3해리 해역 — 정전협정상의 '린접(contiguous)'해역 — 에도 진입했다. 11월 19일부터 12월 1일에 걸쳐 북한 함정은 6회에 걸쳐 백령도, 대청도, 소청도, 연평도 주변 3해리 해역에 침입했으며,[3] NLL 월선(越線)은 10~12월 사이 총 43회 발생했는데 그중 6회는 9척의 미사일정이 넘어온 것이었다.[4]

같은 해 12월 1일 판문점에서 개최된 제346차 군사정전위원회에서는 정전

---

2) 한편, 유엔군 사령부는 서해 5도를 '북서 제도(Northwest Islands)'라 칭하고 있다.

3) Military Armistice Commission(MAC), United Nations Command(UNC) Component, "Three Hundred and Forty-Sixth Meeting of the Military Armistice Commission," December 1, 1973, pp.8~9 and 15. 《서울신문》, 1973년 12월 3일자, 1면.

4) 국토통일원, 「서해5개도서와 그 관련문제에 관한 연구」, 남북관계 대비방안연구, 국통·정77-1-1136(국토통일원, 1977), 11쪽.

협정과 관련해 처음으로 영토분쟁이 발생했다.5) 북한 측은 서해안에서부터 12해리 지점을 연결한 좌표를 제시하며 이 사이 해역을 '연해'라고 칭하고 관할권을 주장했다. 북한의 주장에 따르면, 서해 5도는 북측 '연해' 내에 있기 때문에 서해 5도 주변해역은 모두 자국의 관할하에 있으며, 한국 해군함정이 이 해역에 진입하는 것은 정전협정 위반이라는 것이다. 또한, NLL의 상당부분이 북한 '연해'에 포함된다는 것을 근거로, NLL의 남쪽이라 할지라도 한국 함정이 자국의 '연해'를 침범해서는 안 된다고 주장했다.6)

북한 측은 NLL로 인해 해주 등 북한 내 항구에 출입하는 선박이 우회항해를 해야 하는 상황에 대해 "미제(帝)침략자가…… 해상봉쇄를 실시하는 동시에", "자유항행을 방해하는 중대한 범죄행위를 공공연히 감행했다"고 비난했다.7) 그리고 한국과 미국 측의 "무분별한 도발행위"로 인해 무력충돌의 가능성이 있으며 "돌이킬수 없는 엄중한 사태"가 발생할 우려가 있다고 경고했다.8)

마지막으로 북한은 이후 "우리측 연해에 있는" 서해 5도에 출입할 경우에는 "우리측에 신청하고 사전승인을 받아야 한다"고 요구하고, 한미가 이를 따르지 않을 경우에는 "해당한 조치"와 "단호한 징벌"이 있을 것이라 했다.9) 유엔군 사령관은 본국에 보낸 비망록에 이번 군사정전위원회에서 있었던 응수는 "푸에블로호 사건 이래 가장 적대적인 것이었다"고 기록했다.10)

---

5) 특별한 언급이 없는 한, 제346차 군사정전위원회에 관한 기술은 다음 자료에 의거하고 있다. MAC, UNC Component, "Three Hundred and Forty-Sixth Meeting"; and "Summary 346th Military Armistice Commission Meeting," Telegram from CINCUNC to JCS, December 1, 1973.

6) MAC, UNC Component, "Three Hundred and Forty-Sixth Meeting," pp. 5~6; 《로동신문》, 1973년 12월 3일자, 4면.

7) 같은 글.

8) 같은 글.

9) 《로동신문》, 1973년 12월 3일자, 4면.

이에 대해, 한국의 유재흥 국방장관은 북한이 NLL을 계속 침범할 경우 "우리의 영해를 지키기 위하여는 어떠한 조치라도 취할 것"이라고 경고했다.[11]

2) 한미 간의 입장차

이후 북한은 한국과 미국의 반응을 살피기 위해 계속해서 움직였다. 1973년 12월 7일 북한 경비정이 백령도에 접근하자, 한국 국방부는 동 경비정이 한국 영해를 침범했다고 발표했다.[12] 같은 달 10일에도 북한 경비정은 소청도 남서해역에 접근해 약 2시간 동안 항행했고, 한국 해군은 동 경비정이 한국 영해를 침범했다고 주장했다.[13] 이어서 11일에는 북한 어뢰정 3척이 전투대형을 형성해, 백령도에 정기물자를 운반하는 상륙함을 호위하던 한미 측 함정에 대해 도발적인 고속기동을 실시했다.[14] 18일에는 북한 경비정 2척이 소청도 주변 3해리 내 해역에 진입해 인천과 백령도를 오가는 민간 정기편 페리 항로에 접근했다.[15]

이러한 상황 속에 12월 24일 개최된 제347차 군사정전위원회에서, 미국이 주도하는 유엔군 사령부는 다음과 같은 세 가지 주장을 펼쳤다. 첫 번째로, 서해 5도는 '유엔군 사령부의 군사통제하의 대한민국 토지'이며 그 주변 해역은 정전협정에 규정된 '린접'해역이므로, 북한 함정의 이 해역 침입은 정전협정 제15항을 위반한 것이다. 두 번째로, 서해 5도를 직접 왕래하는 한미 측

10) "Summary 346th Military Armistice Commission Meeting."
11) 《서울신문》, 1973년 12월 3일자, 1면.
12) *Korea Times*, December 8, 1973, p.1.
13) *Korea Times*, December 11, 1973, p.1.
14) MAC, UNC Component, "Three Hundred and Forty-Seventh Meeting of the Military Armistice Commission," December 24, 1973, p.10.
15) 같은 글, pp.9~10; *Korea Herald*, December 25, 1973, p.1.

함정의 통과를 방해하는 행위는 정전협정 제13항 (ㄴ) 및 제15항 위반이므로, 유엔군 사령부는 서해 5도 주변해역의 침입을 방지하고 서해 5도로의 함선의 자유항행을 확보하기 위해 필요한 모든 조치를 취한다. 세 번째로, 유엔군 사령부는 서해 5도 항행에 대해 북한 측의 허가를 구하지 않는다.

그러나 유엔군 사령부는 12월 11일과 18일 북한의 행위에 대해서만 정전협정 위반이라 비난했을 뿐, 한국이 '영해침범'이라 지적한 7일과 10일의 사안에 대해서는 언급하지 않았다.[16] 즉, 유엔군 사령부는 서해 5도 주변 3해리 해역에 대한 침입을 정전협정 위반으로 보았을 뿐, NLL만 넘어온 것에 대해서는 정전협정 위반이라 여기지 않은 것이다. 또한, 한국군이 NLL의 남방 해역을 '영해'라고 주장한 것과 달리, 유엔군 사령부는 서해 5도 주변 3해리 해역만을 한국의 영해로 간주하고 있었다. 1950년 유엔결의에 따라 미국 국내법을 근거로 설치된 유엔군 사령부는 미국 정부의 방침을 따라 행동했다. 북한 측은 이와 같은 유엔군 사령부의 주장을 통해, 영해의 범위나 NLL의 법적 지위의 해석에서 한미 간 입장차가 존재한다는 것을 인식하게 된 것으로 보인다.

다만, 유엔군 사령부가 NLL을 완전히 무시하고 있었던 것은 아니다. 유엔군 사령부는 군사정전위원회에서 북한이 과거 20년간 NLL을 "인식하고, 존중해왔다"고 지적하고, 그것이 "정전협정의 실시에 대단히 유효했다"는 입장을 보였다.[17] 즉, 미국은 NLL을 넘어오는 것 자체는 정전협정 위반이 아니라는 법적해석을 내렸지만, 북한 측이 NLL을 넘어오지 않는 것이 바람직하다는 생각을 내비춘 것이다. 유엔군 사령부는 북한의 도발행위는 긴장을 높인다는 의미로 "정전협정의 정신에 분명히 어긋나는 것"이며, 이러한 행동을

---

16) MAC, UNC Component, "Three Hundred and Forty-Seventh Meeting"; and "Summary 347th Military Armistice Commission Meeting," Telegram from CINCUNC to JCS, December 24, 1973.

17) MAC, UNC Component, "Three Hundred and Forty-Seventh Meeting," p.35.

중지해야 한다고 주장하기도 했다.[18]

　해상에서의 긴장은 이후에도 계속되어, 1974년 2월 15일 여러 척의 북한 함정이 백령도 북서쪽 약 30해리 지점 공해상에서 조업 중이던 한국 어선 '수원 32호'와 '수원 33호'를 공격해, 1척을 침몰시키고 1척은 나포한 사건이 발생했다.[19] 이 사건에 대해 미국은 북한 함정이 공격적인 경비 행동을 취한 것이 원인이라고 보았다.[20] 반면, 북한은 한국 어선의 정체가 '간첩선'이며 장산곶의 북서방면의 자국 영해 내를 침입했다고 주장했다.[21] 이 사건과 관련하여, 한국에서는 대규모 항의시위가 발생했고 북한에 대한 반감이 커져 갔다. 또한, 소련이나 루마니아 등 북한의 우호국도 이 사건을 북한이 저지른 '중대한 과오'의 결과라고 간주했다.[22]

---

18) 같은 글, p.43.
19) "Fishing Boat Incident," Joint Embassy/UNC Message from U.S. embassy in Seoul to Secretary of State, February 19, 1974, Electronic Telegrams, 1/1/1974-12/31/1974(ET 1974), Central Foreign Policy Files, created, 7/1973-12/1975, documenting the period 1973?[sic]-12/1975 (CFPF), Record Group 59 (RG 59), Access to Archival Databases(ADD), The U.S. National Archives and Records Administration(NARA); "Conflict & Tension on the Korean Peninsula!" p.42; and *Korea Times*, February 16, 1974, p.1.; 남북회담사무국, 《남북대화》, 제4호(1973.12~1974.2), http://dialogue.unikorea.go.kr/bbs/filedn.asp?file=dialogue/제04호(197312~197402).hwp.
20) "Fishing Boat Incident."
21) 「서해안 어선 피격 및 납북사건, 1974.2.15」, 전3권(1974년, 외교사료관 소장, 분류번호 729·55, 등록번호 7175(11248))에 수록된 「남북직통전화통화보고」, 19쪽. 한국 어선의 위치에 대한 한국과 북한의 주장 차이에 대해서는 「2·15 사건에 대한 북괴주장의 허구성폭로 〈홍보자료〉 I」 국제홍보사 16쪽 참조.
22) "The February 15th Incident," Telegram from Romanian Embassy in Pyongyang to the Romanian Ministry of Foreign Affairs, Bucharest, February 21, 1974, and "The February 15th Incident," Telegram from Romanian Embassy in Pyongyang to the Romanian Ministry of Foreign Affairs, Bucharest, February 25, 1974, in "After Détente: The Korean Peninsula, 1973-1976 — A Critical Oral History Conference,"

같은 해 6월 28일 동해에서 북한 함정 3척이 한국 해양경비대 경비정 863함과 교전 끝에, 이를 격침하여 선원 26명이 사망하고 2명이 구속되는 사건이 발생했다. 한국 경비정은 육상의 군사분계선을 해상에 연장한 선의 북방 6해리 근방을 항행하고 있었던 것으로 보이나, 북한 동해안으로부터 12해리 내인 북한 영해 내에 있었는지는 명확하지 않았다.[23]

3) 한국의 반격

일시적으로 진정되었던 북한의 활동은 1975년에 들어와 다시 활발해졌다. 2월 26일 15시 5분 통상적으로 선박이 활동하지 않는 NLL의 남방 20해리, 소청도 서방 23해리 공해상에서 정체불명의 선박 2척이 발견되었다.[24] 이 해역에 파견된 한국 호위수송함이 17시 30분경 경고사격을 실시했으나 선박 2

---

briefing book prepared for the conference at the Woodrow Wilson Center, October 31~November 1, 2011, pp.157~158.

23) "June 28 ROK Maritime Police Boat Incident," from U.S. embassy in Seoul to Secretary of State, June 28, 2974(ET, 1974), CFPF, RG 59, ADD, NARA; MAC, UNC Component, "Three Hundred and Fifty-Second Meeting of the Military Armistice Commission," July 1, 1974, pp.2~7; "Summary 352d Military Armistice Commission Meeting," Telegram from CINCUNC to JCS, July 1, 1974; "Conflict & Tension on the Korean Peninsula!" p.43; 이문항, 『JSA - 판문점(1953~1994)』(서울: 소화, 2001), 103~104쪽; "최초 공개, '판문점 산증인' 제임스 리 육성증언 ① DMZ는 없다", 《신동아》, 1997년 12월호; 남북회담사무국, 《남북대화》, 제5호(1974.2~1974. 7), http://dialogue.unikorea.go.kr/bbs/filedn.asp?file=dialogue/제05호(197402~197407).hwp.

24) 관계는 명확하지 않지만, 이 사건이 발생하기 전인 2월 15일 한국 동해안의 '린접 해역'을 침범한 북한 함정 1척을 한국 측이 격침하는 사건이 있었다. MAC, UNC Component "Three Hundred and Fifty-Nineth [sic] Meeting of the Military Armistice Commission," February 21, 1975, pp.5~6; and "Summary 359th Military Armistice Commission Meeting" Telegram from CINCUNC to JCS, February 21, 1975.

척은 이를 무시하고 항행을 계속했다. 한국 구축함도 현장에 도착했으나 잠시 후 선박 2척은, 어선으로 보이는 8여 척의 배들로 이루어진 선단에 합류했다. 이들 선박은 NLL 남방에서 조업 중이던 북한 어선을 호위하기 위해 나와 있던 것이었다.[25] 18시 8분에는 한국 공군의 F-5 전투기 2대가 수원에서 긴급발진해 현장으로 향했고, 한국 해군은 19시 33분 예하부대에 발포하지 말고 가능한 한 무력을 쓰지 않으면서 괴선박 2척을 나포하라는 명령을 내렸다. 20시 10분, 북한 전투기가 백령도 남동 10해리 부근 NLL을 넘어 남하하자, 이에 대해 미 공군은 F-4E 전투기 2대를 오산에서 긴급 발진시켜 전투공중초계를 실시했다.[26]

20시 26분, NLL을 넘어 남방에 진입한 200톤급 북한 어선에 3,000톤급 한국 구축함이 충돌해 어선을 침몰시켰다.[27] 이에 대해 북한은 당일 옹진반도

---

25) Telegram from Romanian Embassy in Pyongyang to the Romanian Ministry of Foreign Affairs, Bucharest, "Yellow Sea Incident," March 1, 1975, in "The Origins of the Northern Limit Line Dispute," E-Dossier, No.6, North Korea International Documentation Project, Woodrow Wilson International Center for Scholars, May 2012, p.72.

26) "26-27 February Yellow Sea Incident," Memorandum from Morton Abramowitz, Deputy Assistant Secretary of Defense, to Mr. Richard Smyser, National Security Council, March 14, 1975, in "After Détente," pp.344~345.

27) 「서해상 교전 사태 관련 현안보고」, 《제204회 국회 국방위원회 회의록》, 제2호(국회사무처, 1999년 6월 17일). 장정길 한국 합동참모본부차장은 국회 증언에서 침몰한 배가 '어로지도선'이었다고 증언했다. 「북한의 도발사건, 1973~75」(1975년, 외교사료관 소장, 분류번호 729·55, 등록번호 8359(11265)) 수록의 「북한 선박 서해 침몰 사건, 2·26」에 포함된 자료 「국방부 대변인 발표문」(1975년 2월 26일 19:00), 23쪽. 한국군 간부(예비역)와의 인터뷰(서울: 2007.12.12). 한국군 간부(예비역)와의 인터뷰(서울: 2007.12.18, 2008.1.17). MAC, UNC Component, "Three Hundred and Sixtieth Meeting of the Military Armistice Commission," March 3, 1975, pp.5~6; *Korea Herald*, February 27, 1975, p.1; and "U.S. Sends Up Planes in Korean Clash," *Associated Press*, February 27, 1975. 김성만, 『천안함과 연평도: 서해5도와 NLL을 어떻게 지킬 것인가』(서울: 상지피앤아이, 2011), 46쪽에도 관련 기술이 등장한다. 이

서방 공해상에서 조업 중이던 신의주 수산작업소 소속 어선 12척에 대해, 한국 측이 구축함과 경비정 등 많은 함선을 동원해 포위하고 무차별적으로 포격을 가했으며, 항공기까지 동원해 결국 "저예망선 제2451호를 함선으로 들이받아 침몰시키는" 만행을 벌였다고 비난했다.[28]

이러한 북한 측의 설명에는 과장된 부분이 존재하나 한국 구축함이 공격적인 기동을 실시한 것은 사실이다. 북한 선박은 발견되었을 당시에는 남쪽을 향해 항행하고 있었지만, 한국 구축함과 충돌한 시점에는 유엔군 사령관이 방공식별권으로 지정한 해역에서 서쪽을 향해 이탈하려 하고 있었다.[29] 이 사건에 대해 당시 유엔군 해군 사령관이었던 모건(Henry Morgan, Jr.)은 "한국 해군에게 북한 함정 승선검사를 할 것을 명했으나, 북한 어선이 기동해 버려 결국 충돌하고 침몰했다"라고 설명했다고 한다.[30] 그러나 실제로는 한국 구축함이 모건 사령관의 명령에 따르지 않고, NLL을 넘어온 북한 어선과 의도적으로 격돌해 침몰시킨 것이다.[31]

이 사건과 관련해 북한은 신속하게 대응하여 어뢰정·경비정·미사일정 등 11척을 남방에 파견했다. 또한, 백령도 주변에 전투기를 85회에 걸쳐 파견하는 한편, 옹진반도에 배치된 모든 함정과 SA-2 지대공 미사일이 경계태세에 들어갔다.[32] 2월 26일 23시 41분부터 다음 날인 27일 9시 17분 사이,

---

사건에 관한 북한 측의 설명에 대해서는 《로동신문》, 1975년 3월 5일자, 8면을 참조. 침몰된 북한선박에 대해 한국 측은 배수량 50톤급으로 추정하고, 북한 측은 200톤급 이었다고 주장했다. 최순조, 『서해해전』(서울: 지성의샘, 2007)은 소설이지만, 당시의 한국 해군의 움직임에 대해 흥미롭게 기술하고 있다(특히 48~49쪽 참조).

28) 《로동신문》, 1975년 2월 28일자, 5면.
29) Telegram from the American Embassy in Seoul to the Secretary of State, "Yellow Sea Incident between North and South, February 26-27," February 27, 1975, in "The Origins of the Northern Limit Line Dispute," p.69.
30) Paul M. Cleveland, interview by author(Washington, D.C.: October 31, 2011).
31) 한국군 간부(예비역)와의 인터뷰, 서울: 2007년 12월 12일.
32) 유병현 합동참모본부장의 증언, 대한민국국회사무처, 《제91회 국회 국방위원회 회의

북한 전투기 여러 대가 11회에 걸쳐 정전협정을 위반하며 백령도, 대청도, 소청도 상공을 비행했다. 이에 대해 한국 전투기와 미 공군 F-4 전투기가 출동했고, 북한과 한국 전투기가 17해리까지 접근하는 등 위험한 상황이 발생했다.[33] 긴장이 계속되는 상황에서 한국군과 미군 전투기는 각각 73회와 4회 발진했다.[34] 반면, 북한 전투기의 행동은 기본적으로 '방어적'이었다.[35]

북한 외교부는 28일, 이번 사태에 미 공군이 개입한 것을 비난하면서, "요즘 미제의 부추김밑에 감행되는 남조선괴뢰도당의 무모한 전쟁도발책동으로 말미암아 조선에서는 극도로 긴장된 정세가 조성되고있다"고 비난했다.[36] 이에 대해, 미 국방부는 미 공군 F-4기는 오산 공군기지의 상공에 머물러 있었을 뿐, 서해에 진출해 북한 전투기에 대응하지는 않았다고 주장했다.[37]

이후 3월 3일 제360차 군사정전위원회에서 북한 측은 공해상에서 한국 해군함정이 북한 어선과 충돌해 침몰시켰다고 비난했다. 반면 유엔군 사령부는 "통상 우리 측이 경비하는" 해역에 북한의 "무장선"이 출현했으며, 더욱이 아무런 사전 설명도 없었던 만큼, 한국의 안전보장 및 동 해역의 한국 어선이 위태로운 상태였다고 했다. 또한 유엔군 사령부는 북한 선박이 공해상에 머무른 것과 NLL 남쪽에서 활동한 것 자체는 정전협정 위반이 아니라는 것을 암묵적으로 인정하면서도, 한국이 취한 조치는 괴선박의 선적이나 임무를

록》, 제1호, 3쪽.
33) MAC, UNC Component, "Three Hundred and Sixtieth Meeting," pp.6~7; "U.S. Sends Up Planes in Korean Clash"; *Korea Herald*, February 28, 1975, p.1; 《조선일보》, 1975년 2월 28일.
34) "26-27 February Yellow Sea Incident."
35) Telegram from the American Embassy in Seoul to the Secretary of State, "Yellow Sea Incident between North and South, February 26-27," February 27, 1975.
36) 《로동신문》, 1975년 3월 1일자, 4면.
37) "U.S. Sends Up Planes in Korean Clash."

판단하기 위한 "국제적으로 인정되는 해사상의 절차"로 정당한 행위라 주장했다.[38] 즉, 유엔군 사령부는 한국 해군함정이 북한 선박을 침몰시킨 사건을 NLL이나 국제법, 혹은 정전협정으로 설명하거나 정당화하는 것을 피하고, 어디까지나 '해사상의 관행'이라 표현했다.[39]

반면 한국 국방부는 북한 선박이 NLL 남쪽에 위치한 한국의 '작전해역'을 '침범'했다고 발표했다.[40] 즉 한국 정부는 북한의 함정이 NLL을 넘어 남쪽 작전해역에 진입한 것 자체를 불법행위로 간주한 것이다. 그러나 한국의 주장에는 명확한 국제법상의 근거가 없었기 때문에, 제360차 군사정전위원회 개최 직전 미국은 한국 측에 "이번 사건이 발생한 해역을 어떤 특정 해역으로 호칭하여 유엔군 사령부 측[여기서는 한국 해군을 의미함] 행동을 이에 근거하여 정당화하지는 않을 것"이라고 전했다.[41] 또한 미국은 한국의 '작전해역'을 지키는 것은 유엔군 사령부로서는 월권행위이며, 유엔 총회에서 비판을 받을 경우 한국과 미국의 입장을 명백히 훼손할 수 있다고 인식하고 있었다.[42] 유엔군 사령부와 한국 정부의 입장차는 명백했다. 유엔군 사령부가 북한 선박이 '한국의 작전해역'을 출입한 것 자체를 정전협정 위반 행위라고 여기지

38) MAC, UNC Component, "Three Hundred and Sixtieth Meeting," pp. 3~4, 10, 15, and 23~24.

39) "Summary 360th Military Armistice Commission Meeting," Telegram from CINCUNC to JCS, March 3, 1975. 또한 미국 정부 내부의 논의 중에는, 정체불명선의 국적 확인을 신청하는 것은 합법이지만 정체불명선이 이 요청을 무시해도 된다는 것도 있었다. 실제로 미국 함선은 통상적으로 중국의 국적 확인 요청을 무시해왔다. "Memorandum for Richard Smyser from Morton I. Abramowitz" 26-27 February Yellow Sea incident(U), March 14, 1975, in "The Origins of the Northern Limit Line Dispute," p. 77.

40) 「국방부 대변인 발표문」(1975년 2월 26일 19시), 23쪽.

41) 「북한 선박 서해 침몰 사건, 2·26」에 수록된 「서해사태」(1975년 3월 4일), 37쪽.

42) "Memorandum for Richard Smyser from Morton I. Abramowitz" 26-27 February Yellow Sea incident(U), March 14, 1975, p. 78.

않은 반면, 한국 정부는 이를 협정 위반으로 본 것이다.

미국은 정전협정의 대상이 아닌 공해상에서 한국 어업의 이익을 지키는 것은 자국의 의무가 아니라고 여겼다.[43] 이와 관련, 1975년 2월 사태 발생 후 미국 측은 미 공군기가 작전에 참가한 것을 밝히지 않을 것을 한국 국방부에 요청했고, 국방부도 이를 받아들였다. 그러나 한국 측이 후에 미 공군 F-4기가 작전에 참가한 것을 공표해버렸기 때문에 유엔군 사령관은 한국 측에 '가장 강력한 개인적 항의'를 전달했다. 미국은 한국이 북한에 '미국의 관여 (commitment)에 대한 신뢰성과 일관성'을 과시하기 위해 일부러 미 공군이 관여했다는 사실을 알렸다고 보았다.[44]

4) 공중에서의 도발

이후 서해 5도 부근에서는 북한 공군의 활동이 이어졌다. 1975년 3월 24일 8시부터 13시 사이 MiG 전투기 30대가 서해 상공을 활발하게 비행했다. 북한 전투기는 열다섯 가지의 서로 다른 코스를 비행하고, 몇 번에 걸쳐 NLL 남방 약 50해리 지점까지 내려왔으며, 두 번에 걸쳐 백령도와 소청도 상공을 침범했다. 이에 대항하여 한국 전투기는 긴급발진해 북한 측을 견제했다.[45] 북한은 이전까지 해상에서만 실시했던 작전행동을 공중에서 감행한 것이다.

---

43) "Summary Public Affairs Aspects of North Korea Boat/Aircraft Incident," Joint State/DOD Message, from Secretary of State to U.S. embassy in Seoul, February 28, 1975, Electronic Telegrams, 1/1/1975.12/31/1975(ET 1975), CFPF, RG 59, ADD, NARA.

44) "Press Coverage of Yellow Sea Incident," Telegram from U.S. Embassy in Seoul to Secretary of State, February 28, 1975(ET 1975), CFPF, RG 59, ADD, NARA.

45) 《서울신문》, 1975년 3월 25일자, 1면. MAC, UNC Component, "Three Hundred and Sixty-Second Meeting of the Military Armistice Commission," May 27, 1975, pp.25~26 and 51~52.

북한 전투기는 NLL을 넘어 일시적으로 서해 5도 상공을 침범하기도 했다. 북한은 자신들의 법적 주장을 명확히 하고, NLL의 법적 지위 문제를 둘러싼 유엔군 사령부와 한국 정부의 입장차를 부각시키려고 했다.

한국 국방부는 24일 사태와 관련, 유엔군 사령부가 북한의 행동에 대해 강하게 항의해줄 것을 요구했다. 이 결과, 5월 27일에 개최된 제362차 군사정전위원회에서 유엔군 사령부는 북한 전투기가 백령도와 소청도의 상공을 침범한 것은 중대한 정전협정 위반이라고 북한 측을 비난했다. 그러나 그 외의 북한의 활동에 대해서는 통상 활동지역에서 크게 이탈해 한국 영역 근처에서 '지극히 도발적'으로 행동했다고 지적하는 데 그쳤다. 즉, 유엔군 사령부는 백령도와 소청도 영공 침범 이외의 행동은 정전협정 위반이라 간주하지 않은 것이다.[46)]

게다가 중요한 것은 2월 26일과는 달리 3월 24일에는 미 공군기가 투입되지 않았다는 사실이다.[47)] 또한 같은 해 7월, 미 국방부가 유엔군 사령관에 서해 5도를 방어하기 위한 한미연합 작전계획을 작성하도록 지시했다고 보도되었으나, 이 지시는 미군 전력을 계획에 포함시키지 않을 것을 요구했다.[48)] 즉 미국은 정전협정의 이행이나 한미 상호방위조약에 관한 의무와 직접 관련이 없는 문제에 대해서는 가능한 한 한국의 입장에 구속되는 것을 피하기로 한 것이다.[49)]

46) MAC, UNC Component, "Three Hundred and Sixty-Second Meeting of the Military Armistice Commission," May 27, 1975, pp. 25~26 and 51~52.
47) 미국은 서해에서의 남북 간 분쟁에 휘말리는 것을 우려하고 있었다. "Memorandum of Conversation," White House, March 27, 1975, in "After Détente," p. 352. 이기택, 「한반도의 새로운 군사환경과 해양에서의 안보」, 269쪽.
48) 국토통일원, 「서해5개도서와 그 관련문제에 관한 연구」, 17쪽.
49) Memorandum of Conversation, Minister of Defense Suh Jyong-chul, Secretary of Defense James R. Schlesinger, and others, August 26, 1975, attachment of Memorandum for Brent Scowcroft from Howard D. Graves, September 9, 1975, in "After

3월 사태 이후에도 서해에서 북한의 행동은 이어져, 5월 14일에는 북한 경비정이 백령도 인접해역을 침범했으며,[50] 6월 9일에는 MiG-21 전투기 2대가 백령도 상공을 비행해[51] 한국 공군기가 긴급발진 했다가 귀환했다.[52] 7월 12일에는 북한 어선 3척과 경비정 1척이 백령도 주변 해역에 침입했고,[53] 1976년 1월 23일에는 MiG 전투기 2대가 백령도 상공을 비행했다.[54] 또한 한국 측의 기록에 따르면, 같은 해 3월 7일부터 27일 사이 북한 선박 8척이 18회에 걸쳐 NLL을 넘어왔다.[55]

5) 평화협정 제안

서해에서 긴장이 계속되는 가운데, 1974년 3월 25일 북한은 미국에 양국 간 평화협정 체결을 제안했다.[56] 북한 최고인민회의 제5기 제3차 회의에서 부수상 겸 외교부장이던 허담은 다음과 같이 말했다.

Détente," p.535. 권영기, "서해5도는 『화약고』 한반도의 뇌관", 《월간조선》, 1999년 7월, 650쪽.
50) MAC, UNC Component, "Three Hundred and Sixty-Second Meeting," p.26.
51) MAC, UNC Component, "Three Hundred and Sixty-Third Meeting of the Military Armistice Commission," June 11, 1975, p.4.
52) 《서울신문》, 1975년 6월 11일자, 1면.
53) MAC, UNC Component, "Three Hundred and Sixty-Sixth Meeting of the Military Armistice Commission," July 30, 1975, p.7.
54) MAC, UNC Component, "Three Hundred and Seventy-First Meeting of the Military Armistice Commission," February 26, 1976, p.13. 『합동연감 1977』(서울: 합동연감사, 1997), 91쪽.
55) 국토통일원, 「서해5개도서와 그 관련문제에 관한 연구」, 11쪽.
56) 1973년 12월, 김일성은 이미 로동당 간부에게 북미 평화협정 체결의 의지를 표명했다. 김일성, 「올해사업총화와 다음해사업방향에 대하여」 조선로동당 중앙위원회 정치위원회에서 한 연설(1973년 12월 31일), 『김일성저작집 28』(평양: 조선로동당출판사, 1984), 642쪽.

조선에서 긴장상태를 가시고 나라의 자주적평화통일을 촉진시키기 위한 전제를 마련하기 위하여 미국과 직접 평화협정체결문제를 해결할것을 제기하고있습니다.

조선에서 정전협정을 평화협정으로 바꾸기 위하여서는 그것을 확실히 담보할만한 실권을 가진 당사자들끼리 문제를 해결하는것이 응당합니다. 조선민주주의인민공화국과 미합중국은 조선정전협정의 체약쌍방이며 실제상의 당사자들입니다. 처음에 조선정전협정은 조선인민군 및 중국인민지원군과 《유엔군》사이에 체결되였지만 조선에서 중국인민지원군은 이미 오래전에 철거하였으며 남조선에 있는 이른바 《유엔군》이란 오직 미군이외의 다른 아무것도 아닌것입니다.

…… 조선사람끼리 통일문제를 자주적으로 해결할수 있는 전제를 마련하려면 남조선에 자기의 군대를 주둔시키고 모든 군사통수권을 틀어쥐고있으며 정전협정에 조인한 당사자인 미국과 직접 평화협정체결에 관한 문제를 해결하여야 한다고 인정합니다.

구경 우리가 미국과 평화협정을 체결하자는것은 어디까지나 우리 나라에서 항시적인 긴장상태의 근원으로 되고있는 외국의 내정간섭을 하루빨리 종식시키고 민족의 내부문제를 조선사람들자신의 손으로 해결하는데 유리한 국면을 열어놓자는것입니다.[57]

허담은 한국이 "평화협정을 맺을데 대한 공화국정부의 제안에 대해서도 처음부터…… 거부하였으며 도리여…… 전쟁준비를 더욱 강화하여왔습니다"라고 지적하고, 또한 미국 정부야말로 "조선에서 긴장상태를 다시 격화시키고있는 남조선당국자들의 모든 행동을 부추긴 장본인"이라며 이 제안을 정당화했다.[58] 허담은 이러한 인식하에서 평화협정에는 다음과 같은 내용이

---

57) 《로동신문》, 1974년 3월 26일자, 2면.
58) 같은 글.

포함되어야 한다고 언급했다.

① 쌍방은 서로 상대방을 침범하지 않을것을 서약하고 직접적무력충돌의 모든 위험성을 제거한다. 미국은 남조선당국자들의 전쟁도발책동과 남조선인민들에 대한 파쑈적탄압행위를 사촉하지 않고…… 조선의 내정에 일체 간섭하지 않을데 대한 의무를 질것.
② 쌍방은 무력증강과 군비경쟁을 그만두며 조선경외로부터의 일체 무기와 작전 장비, 군수물자의 반입을 중지할것.
③ 남조선에 있는 외국군대는 《유엔군》의 모자를 벗어야 하며 가장 빠른 기간내 에 일체 무기를 가지고 모두 철거하도록 할것.
④ 남조선에서 모든 외국군대가 철거한후 조선은 그 어떤 외국의 군사기지나 작 전기지로 되지 않을것.[59]

또한 허담은 "해결해야 할 문제의 중대성으로 보아 토의에 참가할 쌍방대 표단은 조선군사정전위원회 보다 한 급 높은 대표들로 구성하는것이 좋을 것"이라 말했다. 이것은 북한과 미국 간의 직접협의에, 한국 대표가 참가하 는 군사정전위원회보다 중요한 의미를 부여하기 위함이다.[60]

이 제안은 '평화협정은 남북 간이 체결해야 한다'는 북한의 기존 입장에서 크게 변화한 것이다. 또한, 외국 군대는 "가능한 빠른 시간 안에" 철수해야 한 다는 조항이 있는데, 이 조항은 북한이 평화협정 체결 이후에 주한미군이 철 수해도 된다는 입장을 표명한 것이므로 주목해야 한다. 북한의 새로운 제안 에는 베트남에서 미군이 철수하게 된 1973년 파리평화협정이 영향을 준 것 으로 보이며[61] 북한은 비슷한 평화협정을 체결함으로써 장기적으로는 주한

---

59) 같은 글.
60) 같은 글.

미군이 철수하는 결과를 낳을 것이라고 기대한 것으로 보인다.

2. 환경요인 분석

1) 서해 5도의 법적 지위 및 전략적 의의

서해 5도는 한국보다 북한에 가까우면서도 유엔군 사령관의 군사통제하에 있다는 특수성 때문에 한국과 미국에게 전략적으로 중요한 의미가 있었다. 서해 5도는 북한 측 옹진반도를 둘러싼 형상으로 서울에서부터 약 45~110해리 서쪽에 위치하고 있다. 서해 5도 중 최북단에 위치한 백령도는 북한 측 서해안에서 약 7해리, 인천에서 약 93해리 떨어져 있으며, 남쪽에 위치한 연평도는 옹진반도로부터 약 6해리, 인천에서 약 44해리에 있다.[62]

정전협정 제13항 (ㄴ)은 서해 5도에 대해서 다음과 같이 정의하고 있다.

…… 황해도와 경기도의 도 계선 북쪽과 서쪽에 있는 모든 섬중에서 백령도(북위 37도 58분 동경 124도 40분), 대청도(북위37도 50분 동경 124도 42분) 소청도(북위 37도 46분 동경 124도 46분), 연평도(북위37도 38분 동경 125도 40분) 및 우도(북위 37도 36분 동경 125도 58분)의 도서군들을 련합국군 총사령관의 군사통제하에 남겨두는 것을 제외한 기타 모든섬들은 조선 인민군 최고 사령관과 중국 인민지원군 사령원의 군사통제하에 둔다. 조선 서해안에서 상기경계선 이남에 있는 모든 섬들은 련합국군 총사령관의 군사통제하에 남겨둔다.[63]

---

61) "Agreement on Ending the War and Restoring Peace in Vietnam," signed in Paris and entered into force January 27, 1973; 제성호, 『한반도 평화체제의 모색: 법규범적 접근을 중심으로』(지평서원, 2000), 110~111쪽.

62) 국토통일원, 「서해5개도서와 그 관련문제에 관한 연구」, 9쪽.

서해 5도에는 몇 가지 중요한 군사적 의미가 있었다. 먼저, 북한의 대동만과 해주만의 입구를 가로막는 형태이다. 두 번째로, 서해 5도는 한국의 서부전선과 수도지역 방어의 요충지로 ▲바다를 통한 북한의 침입 저지 ▲북한의 한국 서부전선 — 한강하구·강화도·김포반도 — 진출 저지 ▲북한 해군의 남하 방지 ▲북중 간 해상교통로 차단 ▲서해 제해권 확보 등에서 중요한 역할을 할 수 있다. 세 번째로, 서해 5도는 귀중한 정보수집 거점으로서 백령도의 레이더 기지는 중국 심양에 배치된 중국 공군기의 움직임을 탐지할 수 있었다. 마지막으로, 한국군과 미군이 옹진반도에 상륙작전을 실시할 경우 서해 5도를 발판으로 삼는 것이 가능했다.[64] 즉 서해 5도는 북한의 입장에서는 칼끝이 제 목을 겨눈 꼴이었던 것이다.

2) '린접'해역에 대한 해석

정전협정이 규정한 '린접'해역을 유엔군 사령부와 북한이 다르게 해석한 것도 북한의 군사행동에 큰 영향을 주었다. 해역의 관할권을 둘러싼 양자의 입장차는 정전협정을 위한 협상 당시부터 거슬러 올라간다. 당시 유엔군 사령부측이 3해리 영해를 주장한 반면 북한은 12해리 영해를 주장했다. 결국, 쌍방은 영해의 범위에 대해 합의에 이르지 못하고 정전협정 제15항에서 이 점을 다음과 같이 애매하게 표현했다.

---

63) 「조선 인민군 최고 사령관 및 중국 인민 지원군 사령원을 일방으로 하고 련합국군 총 사령관을 다른 일방으로하는 조선 군사 정전에 관한 협정」(이하 「정전협정」), 『조선 중앙년감(1953)』(평양: 조선중앙통신사, 1953), 148쪽. Agreement between the Commander-in-Chief, United Nations Command, on the One Hand, and the Supreme Commander of the Korean People's Army and the Commander of the Chinese People"s Volunteers, on the Other Hand, Concerning a Military Armistice in Korea, July 27, 1953.
64) 국토통일원, 「서해5개도서와 그 관련문제에 관한 연구」, 10, 119, 122~125쪽.

본 정전협정은 적대중의 일체 해상 군사력량[해상전력]에 적용되며 이러한 해상 군사력량은 비무장지대와 상대방의 군사통제하에 있는 **조선륙지에 린접한 면** (the water contiguous to the Demilitarized Zone and to the land area of Korea)을 존중하며 조선에 대하여 어떠한 종류의 봉쇄도 하지 못한다.65) [강조는 저자가 표시]

해역 관할권이 애매하게 설정된 결과, 1970년대 서해 사건 발생 당시 유엔 군 사령부는 서해 5도 주변 3해리를 인접해역라고 간주한 반면 북한은 서해 안으로부터 12해리 범위를 자국의 관할하에 있는 '린접해역'이라 본 것이 다.66) 더욱이 북한 측은 서해 5도 주변해역은 '조선륙지에 린접한 면'이 아니 므로, 서해 5도 주변해역은 모두 조선인민군 최고사령관의 군사통제하에 있 다고 주장했다.67)

NLL을 무효화하려는 북한의 시도는 1970년대 초 12해리 영해가 국제법상 의 규범으로서 정착하기 시작하자 더욱 힘을 얻게 되었다. 1970년대에는 12 해리 영해를 주장하는 국가의 수가, 그 이하의 영해범위를 주장하는 국가의 수를 처음으로 상회하게 되었다.68) 지도상에서 북한 서해안으로부터 12해 리의 선을 그릴 경우 백령도와 연평도는 완전히 그 안에 들어가고 대청도와 소청도도 선상에 위치하게 된다.69)

---

65) 「정전협정」, 149쪽.
66) 유엔군 사령부의 입장에 대해서는 다음 문서에 자세한 기술이 있다. "Questions Regarding Northern Limit Line," Telegram from Secretary of State to U.S. Embassy in Seoul, December 22, 1973, Electronic Telegrams, 1/1/1973.12/31/1973(ET 1973), CFPF, RG 59, ADD, NARA. 북한이 12해리의 '린접수역'에 대한 권리를 명확 하게 주장한 것은 아니었지만, 그 성명이나 행동에서 북한이 그러한 의사가 있다는 점은 분명히 알 수 있었다.
67) 국토통일원, 「서해5개도서와 그 관련문제에 관한 연구」, 133쪽.
68) 김영구, 『한국과 바다의 국제법』(서울: 한국해양전략연구소, 1999), 114쪽.

1973년 12월 개최된 제3차 유엔해양법 회의를 통해 12해리 영해는 국제규범으로서 널리 인정받게 되었다.[69] 12해리 영해를 내세운 개발도상국들 중다수는 북한과 긴밀한 관계를 맺고 북한의 입장을 뒷받침해주려 했다.[71] 같은 달, 북한이 서해 5도 주변해역에 대한 관할권을 주장하기 시작한 것에는이러한 배경이 있었던 것이다. 또한 이 시기 주한 미국 대사관은 북한 함정이NLL을 넘었으나 자국 연안으로부터 12해리의 범위 내에서만 활동했다는 사실을 본국에 알렸다.[72]

영해의 범위를 둘러싼 국제적 움직임은 유엔군 사령부의 입장을 불리하게했다. 유엔군 사령부를 실질적으로 주도하고 있는 미국은 3해리 영해를 지지하는 소수파 중 하나로 국제사회에서는 열세에 서 있었다. 게다가 미 정부 내에서조차 북한의 입장을 존중해야 한다는 견해가 있었는데, 한 예로 1973년12월 22일 미 국무부가 주한 미국 대사관에 전달한 전보에는 다음과 같은 논의가 나와 있었다.

주지한 대로, 정전협정 제15조 [원문대로. 실제로는 제15항]에는 '린접하는 면'의 정의가 언급되지 않았다. 이에 대해 우리 측이 가진 기록과 정보를 종합하면(여러 섬으로의 접근 및 한국 측의 영해 주장 문제를 제외하면) 실제로 우리 측은북한이 주장하는 연안 12해리까지를 의미하는 '린접하는 면'을 존중해온 것으로보인다. 통합해공작전(JSAO)을 따라 정전협정에 관한 임무로서 한국 역시 연안

---

69) 국토통일원, 「서해5개도서와 그 관련문제에 관한 연구」, 100쪽. 12해리의 범위는 기선을 어디에 긋는지에 따라 달라진다.

70) Hugo Caminos, *The Legal Régime of Straits in the 1982 United Nations Convention on the Law of the Sea*(The Hague: Kluwer International, 1987), p.82.

71) 김영구, 『한국과 바다의 국제법』, 15쪽.

72) "Developments along Northern Limit Line," Joint Embassy/UNC Message from U.S. embassy in Seoul to Secretary of State, December 1, 1973(ET 1973), CFPF, RG 59, ADD, NARA, p.2.

에서부터 적어도 12해리를 경비하고 있다. 이러한 상황에서, 제15조[항]에 근거하는 한 여러 섬의 '린접하는 면'의 한계선은 12해리라고 하지 않을 수 없다. (물론이것은 정전협정 제15조[항]의 '린접'을 정의하는 것만을 목적으로 할 때, 즉 정전협정의 당사국 간 권리와 의무를 정의할 경우에만 사용할 수 있는 한계선이며, 영해에 관한 문제나 주장에는 강조해서 되풀이하지만 전혀 영향을 주지 않는다.)

미국은 3해리를 초과하는 영해 주장은 인정하지 않으며 그러한 주장에 대해서 항의하고 있으므로, 북한 측이 주장하는 12해리 영해선을 승인해서는 안 된다. 하지만, 우리는 각 섬으로의 접근과 관계가 없고 한국의 영해와 겹치지 않는 해역에서는 미군에 부여된 현재의 규칙과 권한에 근거하여 조선민주주의인민공화국이 주장하는 '린접하는 면'의 12해리 한계선을 계속해서 존중해야 한다.[73]

결과적으로, 유엔군 사령부는 중간적인 입장을 취했다. 한국이 영해의 범위에 관한 입장을 바꿀 가능성을 배려하여 유엔군 사령부는 '린접하는 면'을 3해리 범위라고 정의하고 있는 것을 표명하지 않으면서, 다른 한편으로 '린접하는 면'을 12해리 범위라 정정하지도 않았다. 이러한 행동이 법적인 선례로 간주될 가능성이 있을 뿐만 아니라, 미국이 남북한 간 영역분쟁에 말려드는 결과를 초래할 것이라 생각했기 때문이다.[74]

한편, 한국 외무부는 3해리 영해 주장이 국제사회에서 지지를 얻을 수 없다고 보고, 북한의 행동을 반영해 12해리 영해를 받아들일 것을 진지하게 검토했지만[75] 결국 한국은 12해리 영해 원칙을 받아들이지 않았다.[76]

---

73) "Questions Regarding Northern Limit Line."
74) "Northern Limit Line: Defining Contiguous Waters," Joint Embassy/UNC Message from Secretary of State to U.S. embassy in Tokyo, January 7, 1974(ET 1974), CFPF, RG 59, ADD, NARA.
75) 『북한의 서해안 5개도서 접속수역 침범 사건』 제1권에 수록된 「서해안 사태에 관한 법적 고찰」, 1973년 12월, 78~80쪽.

마지막으로, 정전협정상의 '린접한다'는 용어가 일반적인 국제법과는 다른 의미로 사용되고 있는 점도 유의할 필요가 있다. 예를 들면 유엔 해양법조약에는 'contiguous zone'이라는 용어가 사용되고 있지만, 이는 '접속수역'이라고 번역되며[77] 정전협정상의 '린접하는 면'과는 전혀 다른 개념이다.[78]

3) 북방한계선의 법적 지위

1953년 7월에 체결된 정전협정은 지상의 남북 분계선은 명확히 규정했지만, 해상의 분계선은 규정하지 않았다. 따라서 정전 후 서해 5도 주변의 해공 영역을 누가 어떻게 관리할 것인가라는 문제가 발생했다. 해상 분계선이 설정되지 않은 이유는, 유엔군 측이 한국전쟁을 조기에 마무리 짓고자 했고, 유엔군이 해상에서 우위를 점하고 있었기 때문에 해상 분계선을 설정할 필요성을 별로 느끼지 못했기 때문이다.[79] 반면, 해상에서 불리했던 북한은 해상 분계선을 설정하자고 주장할 경우 큰 양보를 해야 할지도 모른다고 생각하고 있었다.[80] 이렇게 쌍방의 이해가 일치되어 정전협정에서 해상 분계선은 규

---

[76] 한국이 12해리 영해를 받아들인 것은, 서해에서 북한이 활발히 활동하던 것을 끝낸 1977년 12월이었다. United Nations, "Territorial Sea Law No.3037 of 31 December 1977," http://www.un.org/Depts/los/LEGISLATIONANDTREATIES/PDFFILES/KOR_1977_Law.pdf; and United Nations, "Enforcement Decree of the Territorial Seas Act, promulgated by Presidential Decree No.9162, 20 September 1978," http://www.un.org/Depts/los/LEGISLATIONANDTREATIES/PDFFILES/KOR_1978_Decree.pdf.

[77] "United Nations Convention on the Law of the Sea," http://www.un.org/Depts/los/convention_agreements/texts/unclos/closindx.htm.

[78] Lee, "History of Korea's MDL & Reduction of Tension along the DMZ and Western Sea," p.88; 「정전협정」, 149쪽.

[79] 허만호, 「휴전체제의 등장과 변화」, 한국정치외교학회편, 『한국전쟁과 휴전체제』(서울: 집문당, 1998), 167~168쪽.

정되지 않았다.

그렇지만 현실적으로 해상에 아무런 경계선이 없다면 부자연스럽고, 남북 간 분쟁의 불씨가 될 수 있다고 여겨 1953년 8월 30일 당시 유엔군 사령관이 었던 클라크(Mark Clark) 대장은 서해에 NLL을 설정했다.[81] 당시 영해기준인 3해리선 및 서해 5도와 옹진반도의 중간선을 기준으로 지정된 NLL은, 총연 장 160해리로 백령도에서 서쪽으로 42.5해리 지점까지 설정되어 있었다. 이 선은 '북방한계'라는 명칭대로 원래 한미 양국의 함정이나 항공기가 초계활 동을 실시할 때 북쪽 한계를 나타낸 선이며, 주요목적은 한미 양국군과 북한 군 사이에 충돌이 발생하는 것을 방지하는 것이었다.[82] 즉, NLL은 북한 함정

---

80) 통일부, 「서해 해상경계선 문제」, 보도참고자료(1999년 6월 14일); 임복진 국방위원 회 위원의 발언, 국회사무처, 「북한경비정 서해 NLL 침범사건 등 현안보고」, 《제204 회 국회 국방위원회 회의록》, 제1호(1999년 6월 10일).

81) NLL에 관한 기술은 다음 자료에 의거했다. 국방부, 『국방백서 1999』(서울: 국방부, 1999), 66쪽; 통일부, 「서해 해상경계선 문제」, 보도참고자료. NLL의 좌표는 다음과 같았다. (37°42' 45"N, 126°06' 40"E) (37°39' 30"N, 126°01' 00"E) (37°42' 53"N, 125°45' 00" E) (37°41' 30"N, 125°41' 52"E) (37°41' 25"N, 125°40' 00"E) (37°40' 55"N, 125°31' 00"E) (37°35' 00"N, 125°14' 30"E) (37°38' 15"N, 125°02' 50"E) (37°46' 00"N, 124°51' 00"E) (38°00' 00"N, 124°51' 00"E) (38°03' 00"N, 124°38' 00"E) (38°03' 00"N, 124°25' 00"E). 『북한의 서해안 5개도서 접속수역 침범 사건』, 제1권에 수록된 "Northern Limit Line (NLL)," CINCUNC OPLAN 5027A, February 15, 1973, C-9쪽, 20쪽; 김성만, 『천 안함과 연평도: 서해5도와 NLL을 어떻게 지킬 것인가』, 18쪽. 또한 김성만에 의하면 NLL의 설정 근거는 유엔사에서는 「정전교전규칙 1절 일반지침 9-마 항 북방한계선 (1953.8.30)」이며, 한국 측에서는 「해본기밀 1235호(1953.8.30). 휴전기간 중 한국해 군 함정에 대한 작전지시」였다고 한다. 김성만, 21~22쪽.
그러나 이 문서를 찾을 수 없다는 의견 및 NLL이 설정된 것이 1953년이라는 증거가 없다는 증언도 있다. 이동복과 제임스 리의 증언, "The Korean Peninsula After Détente, 1973-1976 ─ A Critical Oral History Conference," briefing book prepared for the conference at the Woodrow Wilson Center, October 31~November 1, 2011. 한편, 동해에는 지상 군사분계선의 동쪽 끝으로부터 218해리 연장한 북방경계선 (Northern Boundary Line)이 설정되었으나, 1996년 유엔군 사령부/한미연합사의 개 정에 따라 북방한계선(NLL)로 개칭되었다. 김성만, 22쪽.

이나 항공기의 행동을 제한하기 위한 선이 아니어서, 명칭도 '남방한계선'이
아닌 북방한계선인 것이다.

이후, 서해에서 북한의 활동이 활발해지자, 한국이 NLL을 근거로 이를 단
속하기 시작하면서 몇몇 문제가 발생했다. 먼저 NLL은 정전협정에 근거해서
설정된 것이 아니고 지극히 잠정적인 선이며, 어디까지나 '통제선(control
line)'으로, '분계선'도 '국경선'도 아니다.[83] 두 번째로 NLL의 목적을 생각하
면 자연스러운 일이지만, 유엔군 사령부는 NLL을 설정한 것을 북한 측에 통
지하지 않았다.[84] 세 번째로 미국 중앙정보국(CIA)의 분석에 의하면, NLL은
전역에 걸쳐 북한이 주장하는 12해리 영해 내에 위치하고 있으며, 적어도 세
지점이 북한의 '내수'와 겹치고 있다.[85] 마지막으로, 한국조차 NLL을 엄격히
준수하지 않았다. 서해에서 가장 풍부한 어장은 연평도와 우도 부근의 얕은
수역으로 '황금어장'이라 불렸다. 한국 어선들은 NLL, 그리고 완충지대를 마
련하기 위해 NLL 남방에 설정된 어로한계선을 자주 무시하며 활동하고 있었
다.[86]

게다가 한미 간에는 NLL의 지위를 둘러싼 견해에 중대한 차이가 있었는
데, 이는 바로 북한 선박 등이 NLL을 넘어올 경우 정전협정 위반으로 간주할
것인지에 대한 문제다. 유엔군 사령부는 NLL을 넘어오는 것을 정전협정 위
반이라 보지 않았지만, 한국은 위반으로 간주했다. 이 때문에 유엔군 사령부

82) 국방부, "서해교전 관련 우리의 입장", 《국방소식》, 1999년 9월(통권 제107호).

83) 국토통일원, 「서해5개도서와 그 관련문제에 관한 연구」, 131~132쪽.

84) 유재민, 「남북한 불가침경계선 협상과 한계: 서해 해상 불가침경계선을 중심으로」,
     국방대학원, 『'98 안보과정 우수논문집』 제4집(국방대학원, 1998) 12, 15, 37쪽.

85) Central Intelligence Agency(CIA), Korean Fishing Areas in the Yellow Sea -
     Spawning Ground for Maritime Conflict, GCR-RP 75-20, May, 1975, CIA Records
     Search Tool(CREST), Archives II Library, The U.S. National Archives and Records
     Administration, p.2.

86) 같은 글, pp.3~4.

는 북한의 함선이나 항공기가 NLL을 넘기만 했을 경우에는 항의하지 않았고, 서해 5도 주변 3해리 내에 침입했을 경우에만 항의한 것이다.[87] 1973년 12월, 미국은 NLL 월선을 정전협정 위반으로 간주하지 않는다는 것을 한국 측에 명확히 전달했다.[88] 또한, 미 국무부는 내부에서 다음과 같이 논의하고 있었다.

우리는 [한국] 외무부가 NLL을 과거 20년간에 형성되어 '준수되어온' '정전 체제'의 일부라며 효력을 주장하는 것에 대해 태도를 유보한다. 우리는 북한에게 공식적으로 NLL을 통고했다는 증거를 가지고 있지 않으며, 북한 측이 수용도 인정도 하지 않는 선을 넘었다는 이유로 북한을 비난하는 것은 이치에 맞지 않는다. 한국 정부가 NLL을 북한에 강요하는데 우리가 가담할 것이라 생각한다면 이는 오해다.[89]

그럼에도 1974년 2월 15일, 한국 국방부는 "1973년 10월 23일 이후 북한 경비정이 219회에 걸쳐 **정전협정에 위반하여**[강조는 저자가 표기] NLL을 침범했다"고 발표하는 등 여전히 북한이 NLL을 넘어오는 것을 정전협정 위반이라고 간주했다.[90]

---

87) 국토통일원, 「서해5개도서와 그 관련문제에 관한 연구」, 90쪽; Lee, "History of Korea's MDL & Reduction of Tension along the DMZ and Western Sea," pp.96~ 97.
88) "North Korean Activities In Yellow Sea: ROK Request to Convey Firm Message to DPRK," Telegram from U.S. embassy in Seoul to Secretary of State, December 2, 1973(ET 1973), CFPF, RG 59, ADD, NARA.
89) "ROKG Legal Memorandum on Northwest Coastal Incidents," Joint State/Defense Message from Secretary of State to U.S. embassy in Seoul, December 22, 1973(ET 1973), CFPF, RG 59, ADD, NARA.
90) *Korea Times*, February 16, 1974, p.1.

4) 국지적 군사균형

1973년 당시 북한은 백령도에서 31해리(이하 모두 직선거리) 연평도에서 18해리 지점인 사곶에 해군기지를, 백령도에서 26해리와 연평도에서 34해리 지점에 위치한 태탄에 공군기지를 두는 등 서해 5도 부근에서 군사적 우위를 점하고 있었다. 반면 한국 측에서 가장 가까운 해군기지는 백령도에서 93해리, 연평도에서 45해리 떨어진 인천에 있었으며, 공군기지는 백령도에서 115해리, 연평도에서 67해리 떨어진 수원에 위치하고 있었다. 이 때문에 북한 고속정은 백령도까지 약 12분, 항공기로는 약 3분 내에 도달할 수 있었다.[91]

북한은 해군력을 증강시키면서, 1968~1970년 사이 12해리 영해를 물리적으로 확보하려는 움직임을 보였다. 해군력 증강은 1968년 푸에블로호 나포 및 1970년 6월에 발생한 한국 해군 소속 방송선 I-2의 나포로 이어졌다.[92] 당시 북한은 해군과 공군력을 대폭 증강하여 1973년까지 MiG-21 130기와 An-2 60기를 포함하여 총 598기의 작전기를 배치했으며[93] 1968년에는 스틱스 대함미사일을 탑재한 오사 I 급 미사일정 12척, 코마르급 미사일정 10척을 소련에서 도입하고[94] 1973년에는 서해안 월사리에 서해함대사령부를 창설했다.[95] 서해함대사령부의 창설은 북한이 서해안에서 해군력을 증강하고

91) 《중앙일보》, 1996년 10월 6일자, 22면.

92) MAC, UNC Component, "Three Hundred and Second Meeting of the Military Armistice Commission," June 9, 1970, pp.5~6; and Lee, "History of Korea's MDL & Reduction of Tension along the DMZ and Western Sea," p.89.

93) International Institute for Strategic Studies, *The Military Balance, 1973-1974* (London: International Institute for Strategic Studies, 1973), p.53.

94) *Jane's Fighting Ships, 1986-87* (London: Jane's Publishing Company, no publication year indicated), p.328.

95) 남북회담사무국, 《남북대화》, 제5호; 국토통일원, 「서해5개도서와 그 관련문제에 관한 연구」, 65쪽.

있다는 것을 명백히 드러낸 것으로, 같은 해 가을에는 북한 해군이 서해안에서 처음으로 대규모 상륙작전훈련을 실시했다는 것이 전해졌다.[96]

이 중 특히 중요한 역할을 한 것은 MiG-21과 오사 I 급 및 코마르급 미사일정으로, 미사일정은 연해나 온화한 해역에서만 작전행동이 가능하다는 제약이 있지만, 서해 5도 주변해역에서는 충분히 능력을 발휘할 수 있었다.[97] 즉, 북한은 이러한 군사력 증강을 바탕으로 1973년 말 서해 5도 주변에서 활발한 행동을 펼친 것이다. 북한은 1974년 이후에도 군사력을 계속 증강하여 1975년까지 27킬로미터 사정 거리를 가진 130밀리 연안포를 배치하고 옹진·해주·태탄 작전기지를 강화했다.[98]

한편 한국 해군은 127밀리 포를 탑재한 기어링급 구축함 2척을 주요 함정으로 보유하고 있었으나, 기어링급 구축함은 추진 속도가 늦고 1973년 시점에는 미사일도 탑재하지 않았기에[99] 북한 미사일정의 원격(standoff) 공격에 대처할 수 없었다.[100] 한국은 1971~1972년에 걸쳐 엑조세(Exocet) 함대함 미사일을 탑재한 고속 미사일정 2척을 건조했으나, 1970년대 중반 이후에야 스탠더드 함대공 미사일(RGM-66D)과 하푼(Harpoon) 함대함 미사일(RGM-84)을 탑재한 경비정이 본격적으로 조달되기 시작했다.[101]

북한의 행동을 계기로 한국의 서해 5도의 방어태세가 취약하며 군사균형

---

96) Joseph S. Bermudez, Jr., *North Korean Special Forces*, 2d ed.(Annapolis, MD: Naval Institute Press, 1998), p.113; 국토통일원, 「서해5개도서와 그 관련문제에 관한 연구」, 113쪽.

97) Gordon Jacobs, "The Korean People's Navy: Further Perspectives," *Jane's Intelligence Review*(July 1993), p.316.

98) 국토통일원, 「서해5개도서와 그 관련문제에 관한 연구」, 101쪽.

99) 안승범, 『2000 한국군 장비연감』(군사정보, 1999), 127~128쪽; 국토통일원, 「서해5개도서와 그 관련문제에 관한 연구」, 190쪽.

100) 김용삼, "비사: 한국해군의 절치부심 — 56함 침몰 후 32년 만에 북한에 복수한다", 659쪽.

101) 안승범, 『2000 한국군 장비연감』, 138~139쪽.

도 한국에게 불리하다는 것이 밝혀졌고, 이러한 전략적 중요지역이 군사적 공백상태로 방치되었다는 사실은 한국 지도부에게 큰 충격을 주었다. 이 점에 대해 1973년 12월 한국 국회의원은 왜 서해 5도가 연안포조차 없는 무방비 상태로 노출되어 있었는지 추궁하며 국방부에 책임을 물었다.[102] 미국 역시 북한이 본격적인 공격을 강행할 경우, 서해 5도 — 특히 북방 3개 섬 — 방어가 힘들다고 평가했다.[103] 정전협정이 맺어진 뒤 한동안 NLL은 문제없이 기능했으나, 북한이 해공에서의 전력을 증강시키고 해상에서 유엔군의 우위가 무너지자, 해상 분계선의 부재와 NLL의 법적 지위가 쟁점으로 부상한 것이다.[104]

마지막으로, 한국에는 미군 함정이 부재했고, 해상에서의 제한적인 대립에 미군이 개입할 가능성이 낮았던 것도 중요한 요소다. 서해에서의 군사대립은 남북한 간의 문제로만 다루어졌기 때문에[105] 북한은 서해 5도 주변에서 군사행동을 취함으로서 한국과 미국 간 갈등을 유발할 수 있었다. 즉, 북한에게 이 지역은 미국과의 직접 대치를 피하면서도 한국에 압력을 가하는 데 적합한 장소였다.

3. 군사 및 외교행동의 특징

1) 장소와 시기

1960년대 후반부터 1970년대 전반에 걸쳐 한국군과 미군이 DMZ 방어를

---

102) 한영수 국방위원회 위원의 발언. 국회사무처, 《제88회 국회 국방위원회 회의록》, 제 16호, 15쪽.
103) "Reinforcement of Garrisons of ROK-held Islands," Telegram from U.S. embassy in Seoul to Secretary of State, February 13, 1974(ET 1974), CFPF, RG 59, ADD, NARA.
104) "최초 공개 '판문점 산증인' 제임스 리 육성증언 ① DMZ는 없다".
105) 이기택, "서해의 전략적 중요성과 문제점들", 27쪽.

강화한 반면, 북한은 해·공군력을 증강시켰고 지상보다 해상을 중심으로 군사행동을 취하게 되었다.[106] 1973년 10월 이후 북한은 서해 5도 주변에서 활동하기 시작했으며, 이후 2년에 걸쳐 이러한 움직임이 이어졌다. 특히 주목해야 할 것은 1973년 11~12월, 1974년 2월, 1975년 2~3월로, 특히 1973년 12월 제3차 유엔해양법회의 개막 직전에 북한의 행동이 한층 활발해졌다는 사실을 주목할 필요가 있다.

2) 군사력의 종류와 사용 형태

북한은 보통 서해 5도 주변에 소수의 경비정·어뢰정·고속 미사일정·MiG-21 등을 투입하여 NLL을 넘어오거나 유엔군 사령부 관할구역을 침범하는 등 군사력을 제한적으로 행사했으나, 1975년 2~3월에는 예외적으로 많은 함정과 항공기를 동원했다.

북한의 군사행동은 대부분 자국의 법적 혹은 외교적 주장을 뒷받침하기 위한 강제력이었고, 상대방에 물리적인 피해를 입히거나 영토를 점령하려는 목적을 가지고 있지 않았다. 1974년 2월 한국 어선에 대한 공격은 예외이지만, 대부분의 경우 화기는 이용하지 않았고, 1975년 2월에는 북한 어선이 한국의 구축함에 의해 침몰되기까지 했다.

---

106) 1967년 12월 동독 대사관은 이미 이러한 변화를 예측했다. The Extraordinary and Plenipotentiary Ambassador of the GDR in the DPRK, Pyongyang to State Secretary and First Deputy Minister of Foreign Affairs Comrade Hegen, December 8 , 1967, in Bernd Schaefer, "North Korean 'Adventurism' and China's Long Shadow, 1966-72," Working Papers Series #44, Cold War International History Project, Woodrow Wilson International Center for Scholars(October 2004), p.48.

3) 강도와 목표 선정

1973~1975년 동안 서해 사건과 관련해 한국 측에서는 1974년 2월 공격당한 어선의 선원, 북한 측에서는 1975년 2월 침몰한 어선의 선원 등의 사망자가 발생했다. 즉, 1970년대 전반 북한 해·공군의 활동이 활발해졌음에도 직접적인 무력행사는 감소했기 때문에 이에 따른 사상자 수나 물리적 피해도 한정적이었다.

서해 사건이라는 북한 군사행동의 목표는 NLL 및 서해 5도 주변 3해리선이라는 두 가지 선으로, 이 시기 북한 행동의 본질은 군사적인 것이 아니고 주로 법적·외교적인 것이었다.

4) 군사와 외교의 연계

북한 해군함정이 서해 5도 주변해역에 침입하기 시작한 직후, 북한 측은 군사정전위원회에서 서해 5도 주변해역은 조선인민군 최고사령관의 관할 아래에 있다고 주장하는 등 북한의 군사행동과 외교활동은 긴밀하게 연계되어 있었다. 이는 북한이 서해 5도 주변에서 군사행동을 개시한 5개월 뒤, '조선에서의 긴장상태를 해소'하기 위함이라는 명목으로 미국 측에 북미 간 평화협정 체결을 제안한 것에서도 드러났다.

나아가 북한은 군사력을 한정적으로 사용하면서 정전협정의 법적 결함이나 국제법상의 변화를 교묘하게 이용했다. 북한은 정전협정에 해상군사분계선이 규정되지 않은 것, 국제사회에서 12해리 영해를 주장하는 나라가 증가하고 있었던 것 등 이용하는 한편, 능수능란하게 해·공군력을 활용함으로써 북한의 입장을 강화하고, 한국과 미국의 관계를 교란시켜 한미 간 갈등을 유발하는 데 성공했다.

4. 정책목표와 그 달성도

1) 영해주장 공식화 및 북방한계선 무효화

서해 5도에서 북한 행동의 중심목적은 자국의 영해주장을 공식화하고 NLL를 무효화하는 것이었다. 북한의 군사·외교행동은 다음과 같은 세 가지 결과를 낳았다. 먼저, 서해 5도 지역에 군사적 긴장이 존재한다는 것과 관할권에 대한 북한의 주장이 널리 알려지게 되었다.[107] 법적인 측면에서 관할권에 대한 자국의 입장을 대내외에 표명하거나 영역을 실효지배하는 것은 매우 중요하다. 북한은 자신들의 입장을 재차 표명함과 동시에 해당 해·공역에서 행동함으로써 자국 주장을 명확하게 공식화했고, 서해 5도 주변이 '분쟁지역'이라 널리 알려지게 되었다.

두 번째로, 북한은 NLL을 약화시키는 것에 성공했다. 유엔군 사령부나 한국이 NLL을 포기하게 만들지는 못했지만 적어도 그 유효성에 대해 심각한 이의를 제기한 것이다.

세 번째로, 북한의 미사일정 도입으로 한국 측은 서해에서 전술적 수세에 몰렸고, 한국 함선은 이전의 행동반경에 속했던 북위 37도 25분·동경 125도 15분, 북위 37도 30분·동경 125도 00분, 북위 37도 30분·동경 125도 30분을 잇는 해역에 진입하는 것을 자제하게 되었다.[108]

그러나 북한은 NLL을 완전히 무효화하는 것에는 실패했다. 1970년대 전반, 북한군은 해당 해역에서 국지적인 우위를 확보했지만, 한국은 NLL을 포

---

107) 북한의 주장은 한국 언론을 통해 널리 보도되었다. 김태소, 「북한의 서해도발과 그 침략적 저의」, 《북한》, 제3권 제1호, 통권 25호(1974년 1월), 65쪽.

108) "Discussion with ROKs on Northwest Coast Questions," Joint Embassy/UNC Message from U.S. embassy in Seoul to Secretary of State, January 9, 1974(ET 1974), CFPF, RG 59, ADD, NARA.

기하지 않았다. 또한 북한은 한미 측의 선박이 서해 5도를 왕래할 경우 사전 허가를 받아야 한다는 자국의 요구를 실제로 집행하지는 못했고, 한미 측 함정은 이후에도 서해 5도로 운항을 계속했다.

2) 경제적 이득

북한이 서해에서 활동하게 된 배경에는 경제적 이유도 있었다. 먼저, 북한은 한국 어선이 자국 연안지역에서 조업하는 것을 방해하고 자국 어선이 보다 넓은 해역에서 조업할 수 있게 하려 했으며, 일련의 군사행동으로 일정한 성과를 거두었다. 한국 어선은 나포되거나 공격당할 위험이 높아졌다고 판단하여 북한 연안에 접근하는 것을 점점 피하게 된 것이다. 1974년 1월에는 미국 정부가 북한과의 대치를 피하기 위한 조치로서, 한국 어선이 동기(冬期) 어로선 북쪽으로 넘어가지 말 것을 요구했다. 이는 매년 4월 30일 연평도 남쪽 해역의 어로한계선을 북쪽으로 이동시키던 관행을 변경한 것으로, 미국 정부가 한국 해양경찰 및 해군의 능력이 부족해 이 해역에서 조업하는 한국 어선의 안전을 보장할 수 없다고 판단했기 때문이다.[109] 또한 한국은 1974년 2월에 발생한 '수원'호 사건으로 북한과의 충돌을 피하기 위해 같은 해 4월에 어로한계선을 남쪽으로 이동시켰다.[110] 서해에서 북한의 행동이 활발해짐에 따라 NLL 북쪽에서 조업하는 한국의 어선은 점차 감소했다.[111]

---

109) 같은 글.

110) CIA, Korean Fishing Areas in the Yellow Sea, p.4.; "ROK/NK Fishing Pattern in Yellow Sea," Telegram from U.S. Embassy in Seoul to Secretary of State, March 13, 1975(ET 1975), CFPF, RG 59, ADD, NARA. 이 전문은 "북한과 한국의 어선단이 접촉하는 해역은 존재하지 않는다. 이것은 쌍방이 그러한 사태의 발생을 방지하기 위해서, 활발한 경비 조치를 취하고 있기 때문"이라고 지적했다.

111) "최초 공개, '판문점 산증인' 제임스 리 육성 증언 ① DMZ는 없다". 아이러니한 일이지만, 북한은 NLL 무효화를 위한 노력을 기울이면서도 한편으로는 한국 어선들이

두 번째로, 북한은 해상교통로를 보다 편리하게 이용하고자 했다. NLL은 옹진반도를 둘러싼 형태여서 해주항에 출입하는 북한 선박은 NLL을 피해 멀리 우회하는 것이 관행이었다.[112] 즉, 북한 선박이 해주항을 출항하면 우선 옹진반도를 따라 서쪽으로 향한 뒤 북상한 이후에야 공해에 진출할 수 있었다. NLL의 존재는 북한의 해상교통에 큰 시간적·경제적 부담을 강요한 꼴이라 북한이 NLL을 무효화하고자 하는 것은 경제적인 면에서도 근거가 있는 것이었다. 그러나 서해상의 군사행동은 북한에게 바람직한 결과를 가져다주지 못했고, 서해 사건 이후에도 북한 선박은 NLL 월선을 피하기 위해 경제적으로 불리한 우회항로를 계속 유지해야 했다.

3) 평화협정 체결 및 주한미군 철수

북한은 서해에서의 긴장 고조를 배경으로 미국과 평화협정을 체결하고 주한미군의 철수를 모색하려 했다. 1974년 3월, 북한은 미국에 평화협정 체결을 호소하면서, "군사적대결과 전쟁위협만이 날로 커가고있다"며 "사태를 풀기 위한 적절한 조치"를 취해야 한다고 말했다. 그리고 한국이 아닌 미국과 양자 평화협정을 체결하는 것을 정당화하기 위해, 미국인 장성인 유엔군 사령관이 "남조선에서 군사통수권을 가지고있는것"을 지적했다.[113] 1973년 12월, 서해에서의 북한 군사행동에 대해, 판문점 내 중립국감시위원회 스웨덴 대표단장은 다음과 같이 말했다.

NLL 북방에서 조업하지 않도록 한국 정부가 엄격하게 단속해주기를 바란 것 같다.
112) 단, 외국 선박 중 일부는 NLL을 넘어 북한 항구에 들어간 것으로 보인다. 당시 보고에 따르면 1973년 11월 3일부터 12월 1일까지 외국 선박 12척이 연평도 부근을 통해 해주항에 들어갔다고 한다. *Korea Times*, December 2, 1973, p.1.
113) 《로동신문》, 1974년 3월 26일자, 1면.

······ 북한 측은 아측으로서는 유엔군을 중심으로 성립하고 있는 휴전[정전]협정 체제를 와해시킴으로써 새로운 휴전[정전], 평화 협정 체결의 필요성을 부각시키며, 이러한 신협정을 남한 측과 체결함으로써 유엔군 내지 미군의 철수를 초래한다는 전략을 실시하고 있는 것······.[114]

이 분석은 부분적으로 적중해, 발언 3개월 후 북한은 평화협정의 종결을 제안했으나 그 상대는 한국이 아닌 미국이었다. 1971년 미군 제7보병사단이 한국에서 철수하고 1973년에는 미군이 베트남에서 철수하자, 북한은 이러한 움직임에 따라 미국과 직접 대화를 통해 유엔군 사령부의 해체 및 주한미군 잔여부대의 철수를 추진하고자 한 것이다.[115]

북한의 시도는 그렇게 비현실적인 것은 아니어서, 당시 미국 정부 내에도 유엔군 사령부의 해체가 본격적으로 논의되고 있었다.[116] 미국의 방안은 유엔군 사령부를 해체하는 대신 한·미·중국·북한 4개국이 정전협정 준수에 합의하고, 북중 양측이 미군과 한국군 사령관을 유엔군 사령관의 후임으로 인정하게 하는 것이었다.[117] 그리고 같은 해 10월에는 키신저(Henry Kissinger) 미 국무장관이 중국 외교부 부부장에게 현재의 정전체제를 유지하면서 유엔

---

114) 「북한의 서해안 5개도서 접속수역 침범 사건」, 제2권에 수록된 Memorandum from South Korean ambassador in Sweden to the Foreign Minister, December 23, 1973, p.129.
115) 루마니아 정부는 북한의 제안이 단순한 선전이 아니라 북한은 진심으로 미국과의 합의를 바라고 있다고 판단했다. "U.S.-DPRK Talks," Telegram from Romanian Embassy in Pyongyang to the Romanian Ministry of Foreign Affairs, Bucharest, April 22, 1974, in "After Détente," p.176.
116) "346th MAC Meeting: North Korean Territorial Waters Claim," Joint Embassy/UNC Message from U.S. embassy in Seoul to Secretary of State, December 6, 1973(ET 1973), CFPF, RG 59, ADD, NARA, p.2.
117) "Further Response to PRC on UNC Proposal," Telegram from the Secretary of State to Ambassador Habib, August 19, 1974, in "After Détente," p.235.

군 사령부를 해체하고 싶다는 의향을 전달했다.[118]

주한미군 철수도 탁상공론이라고 볼 수 없다. 1971년 7월, 키신저 장관은 저우언라이(周恩來)에게 미중 관계가 진전되면 "닉슨 대통령의 제2기가 끝날 때까지, 전부가 아닐지라도 미군 대부분이 한국에서 철수할 것으로 충분히 예상된다"고 중국 정부에 시사하고 있었다.[119] 미중 간의 이러한 의견교환이 북한 정부에 전달되었을 가능성이 충분히 있었던 것이다.

또한, 1973년 4월 미국 정부는 북한과의 양자 관계를 단계적으로 개선해 나갈 것을 정책 옵션 중 하나로 들고 있었다.[120] 그 후 1974년 8월 북한이 루마니아의 특사를 통해 비밀리에 키신저 장관에게 협의를 제안하고, 관계 정상화에 관한 협의를 실시할 의향을 전했다. 이에 대해 키신저 장관은 전망 가능한 장래에 한국에서 미군을 철수시킬 가능성은 없다고 하면서도, 김일성이 상황을 호전시키겠다고 보증하면 북한 측과 접촉할 의사가 있다고 응답했다.[121] 키신저 장관은 1975년 9월에도, 한국을 고립하는 결과를 초래하지 않

---

118) The White House, "Secretary's Dinner for the Vice Foreign Minister of the People's Republic of China," Memorandum of Conversation, Secretary's Suite, Waldorf Towers(New York City: October 2, 1974), Digital National Security Archive(DNSA), document No.00310.

119) "Memcon of Your Conversations with Chou En-lai," Memorandum for Henry A. Kissinger from Winston Lord, July 29, 1971, in William Burr(ed.), "Henry Kissinger's Secret Trip to China, The Beijing-Washington Back-Channel, September 1970-July 1971," p.38, in National Security Archive Electronic Briefing Book, No.66, February 27, 2002, http://www.gwu.edu/~nsarchiv/NSAEBB/NSAEBB66/ch-34.pdf.

120) Department of State, Memorandum for Mr. Henry A. Kissinger, The White House, "NSSM 154 — United States Policy Concerning the Korean Peninsula," April 3, 1973, DNSA, document No.01071, pp.vii~viii. 키신저의 방침에 대해서는 다음 논문 참조. 倉田秀也 「朝鮮半島平和体制樹立問題と米國」, 山本吉宣編, 『アジア太平洋の安全保障とアメリカ』, 変貌するアメリカ太平洋世界(III)(彩流社, 2005).

121) Department of State, "Secretary's Meeting with Romanian Special Emissary —

는 한 미국은 북한과 관계를 개선할 준비가 되어 있다고 이야기했다.[122]

그러나 결국 서해 사건은 북미 관계에서 구체적인 성과를 내지 못했다. 평화협정 체결을 위한 북미 정부 간 협의는 개최되지 않았고, 주한미군도 철수하지 않았으며, 가장 가능성이 높았던 유엔군 사령부의 해체마저 실현되지 않았다.

4) 한미 간의 불화 유발

북한은 서해 5도와 NLL 등에 대한 한미 간 입장차를 부각시킴으로써 한미 간 불화를 유발하고 양국 관계를 복잡하게 만들려 했다. 전술한 대로 미국이 주도하는 유엔군 사령부와 한국 정부는 NLL의 법적 지위에 대해 서로 견해가 달랐으며, 미국은 한국의 대북 과잉반응으로 인해 자국까지 분쟁에 말려들지 않을지 우려하고 있었다. 반면 한국은 미국의 대북 대응이 불충분하다고 여기고 미국의 방위 커미트먼트(commitment)의 신뢰성에 의문을 갖게 되었다.

1973년 12월 1일 한미 협의 시 한국 국방부장관은 북한의 군사행동에 대항하기 위해서 NLL 부근에서 경비 행동을 취하는 '접근전술'을 제안했지만, 미국 측은 지나치게 도발적이라며 이를 거부했다.[123] 미국 정부의 입장은 다음과 같았다.

US-North Korean Contacts," Memorandum of Conversation, August 26, 1974, DNSA, document No.01310.

122) Memorandum of Conversation, Qiao Guanhua[Ch'iao Kuan-hua] and Henry A. Kissinger, September 28, 1975, in "After Détente," p.553.

123) Corrected Copy, Joint Embassy/UNC Message from U.S. embassy in Seoul to Secretary of State, December 1, 1973(ET 1973), CFPF, RG 59, ADD, NARA, p.2.

앞으로도 한국 정부가 북한의 침입행위를 심각하게 받아들이고, 가능할 경우 먼저 유엔군 사령부를 개입시키고, 그다음 우리[유엔군 사령부]의 작전통제하에 있는 한국 해군부대를 투입시키려는 것이 명백하다. …… 그러나 우리는 유엔군 사령부 및 그 예하 부대를 주어진 임무 이외의 목적으로 이용하는 것을 피해야 한다.124)

더욱이 미국은 한국이 의도적으로 미국을 개입시키고, 서해사태에 '정전 관련 사항'이라는 지위를 부여함으로써 미국이 중심적 역할을 하도록 만들려고 한다고 여겼다. 또한, 한국이 남북 간 직접 대화수단을 이용하지 않는 것은 미국이 이 문제에 대한 책임을 회피하지 않게 하려는 것이 아닌지 의심하고 있었다.125) 이러한 상황에서, 1975년 미국이 NLL에 관한 사태에는 미 공군을 투입하지 않기로 결정하자, 한국의 불만은 더욱 커져 갔다.

그러나 북한의 행동이 한미 관계를 결정적으로 악화시키지는 못했다. 미국이 '분쟁 발생 방지'를 강조하고 있었던 것은 사실이나, 동시에 서해 5도를 '대한민국의 통제하의 섬으로서 유지한다'는 목적은 흔들리지 않았다.126)

5. 벼랑 끝 외교로 인한 중장기적 역효과

1) 한국의 '사수'정책 등장

한국은 서해에서의 북한 군사행동에 대항하기 위하여 일명 '사수'정책을

---

124) 같은 글, p.3.
125) "North Korean Activities In Yellow Sea."
126) "Reinforcement of Garrisons of ROK-held Islands."

추진했다. 이는 NLL의 법적 지위나 북한 입장과는 상관없이, 한국은 국책으로서 NLL을 '사수한다'는 결정이었다.[127] 이에 대해, 한국 해군의 김성만 전 작전사령관은 "북한한테는 우리와 합의한 사항, 국제법 모두 필요가 없습니다. 우리가 서해 5도, NLL 사수 사수정책을 잘 추진했을 때는 북한 도발이 감소되었고"라고 하는 등[128] 사수정책으로 한국의 NLL 방어는 무조건인 정책 방침이 된 것이다.

2) 서해 5도의 요새화

북한의 행동에 대항하기 위해 한국은 서해 5도의 요새화를 진척시키기로 결정했다. 이 방침에 따라 서해 5도에는 군사시설이 건설되고 화포가 배치되었으며, 육군부대보다 먼저 서해 5도에 주둔하던 해병부대에 최신 M-16자동소총이 배포되었다. 이로써 서해 5도는 취약한 낙도에서 전방 전개의 군사요새로 변모하게 되었다.[129]

1970년대 후반에는 서해 5도의 방어태세가 한층 강화되어[130] 제6해병여단이 1977년 1월 창설되어 서해 5도의 방어를 담당하게 되었다.[131] 백령도 방어 책임자가 중령에서 준장으로 승격되었으며, 작전계획도 개정되어 전면

---

127) "국제정치는 선이다. NLL은 사수해야 한다", 이기택 교수의 강연요약, 《월간조선》, 2001년 7월, 169쪽.
128) "분쟁의 뇌관 서해평화협력지대의 문제: '趙甲濟 현대사 강좌' 제55회 '前해군작전사령관의 NLL해설' 全文", 《올인코리아》, 2008년 1월 7일, http://allinkorea.net/newnews/print.php?uid=8454.
129) 김용삼, "비사: 한국해군의 절치부심 — 56함 침몰 후 32년 만에 북한에 복수한다", 660쪽.
130) 한국 해병대 사령부는 1973년 10월 해체되었고, 해병대는 해군 사령부에 예속되었다.
131) 이선호『한번 해병대는 영원한 해병대』(서울: 정우당, 1997), 367쪽; 해병대 포털 네트워크, "해병대역사: 시련도약기 — 부대 개편 및 창설", http://rokmc.com/etc/yuk6.php?PHPSESSID=e646f59925133525754bc8375f35c62a.

전 발생 시에도 서해 5도를 포기하지 않고 사수하도록 했다.[132] 대공(對空)능력 강화로 서해 5도 부근에서 북한의 항공침입이 감소했으며,[133] 백령도에 해병부대를 배치함으로써 북한이 이 지역에 전력을 집중시켜야만 하는 상황을 만드는 데에도 성공했다.[134]

3) 한국의 해군력 증강

마지막으로, 한국은 북한 미사일정 등에 대항하기 위한 해군력 증강을 진척시켰다. 1970년대에 한국 해군은 기러기급 미사일 고속정(PKMM, 만재배수량 140톤), 백구급 초계함(PGM, 동 268톤), 참수리급 고속정(PKM, 동 170톤)등을 도입했다. 특히 1975~1978년 사이 스탠더드 또는 하푼 대함미사일을 탑재한 기러기급 미사일 고속정 8척이 도입되었고, 참수리급 고속정은 1970년대 후반부터 70척 이상 건조되었다.[135] 또한 1975년 8월과 11월에는 한국산 함정이 처음으로 대함미사일 발사실험을 실시했다.[136] 이런 함정과 장비의 도입은 북한이 해상에서 군사행동을 실시하는 데 제약 요인이 되었다.

유재민 해군 대령은 NLL 방어에 대해 다음과 같이 적었다.

…… [NLL의] 국제관습법 효력도 미흡한 것이다. 그러나 이 문제는 남한측의 군사적 역량과 강력한 의지로 북방한계선이 지켜지고 있으며, 현 교전규칙하에서

---

132) 국토통일원, 「서해5개도서와 그 관련문제에 관한 연구」, 119~120쪽.

133) 한국군 간부(예비역)와의 인터뷰, 서울: 2001년 6월 1일.

134) 이기택, 「한반도의 새로운 군사환경과 해양에서의 안보」, 267쪽.

135) 안승범, 『2000 한국군 장비연감』, 138~139쪽; 대한민국해군, "한국해군50년사: 자주국방 ─ 전력정비 및 부대발전(국산함건조)".

136) 대한민국해군, "한국해군50년사: 자주국방 ─ 작전.훈련(유도탄시사)", http://navy. mil.kr/sub_guide/pds_before/navy_history/history05_11.jsp?menu=5.

는 북한의 어떤 함정이라도 북방한계선 이남을 월선하면 그 감시가 계속되고 적대행위를 하거나 의도를 보이면 북한 함정이 어디에 위치하든 간에 무력조치를 취할 수 있도록 되어 있다.[137)

이런 이유로, 1970년대 중반을 경계로 서해 5도에서의 북한 군사행동은 감소하게 되었다.

---

137) 유재민, 「남북한 불가침경계선 협상과 한계」, 32쪽.

제 5 장
판 문 점 도 끼 만 행 사 건
1 9 7 6 년[1)]

1976년 8월 비무장지대(DMZ) 내에 위치한 판문점 공동경비구역(JSA)에서 유엔군 사령부(이하 유엔군) 측이 미루나무 가지치기 작업을 했다는 것을 구

---

1) 특별한 언급이 없는 한, 판문점 도끼만행 사건에 관한 기술은 다음 자료에 의거했다. U.S. Congress, House, Hearing before the Subcommittees on International Political and Military Affairs and on International Organization of the Committee on International Relations, *Deaths of American Military Personnel in the Korean Demilitarized Zone,* 94th Congress, Second Session, September 1, 1976 (Washington, D.C.: U.S. Government Printing Office, 1976); Richard G. Head, Frisco W. Short, and Robert C. McFarlane, *Crisis Resolution: Presidential Decision Making in the Mayaguez and Korean Confrontations* (Boulder: Westview Press, 1978); Wayne A. Kirkbride, *DMZ: A Story of the Panmunjom Axe Murder,* 2d ed. (Seoul: Hollym, 1984). 박희도, 『돌아오지 않는 다리에 서다』(샘터, 1988); 김정렴, 『한국경제정책 30년사: 김정렴 회고록』(중앙일보사, 1995); "8·18 판문점의 살인만행", 《남북대화》, 제11호(1976.3~1976.11), http://dialogue.unikorea.go.kr/bbs/filedn.asp?file=dialogue/제11호(197603~197611).hwp; Tae-Young Yoon, "Crisis Management on the Korean Peninsula: South Korea's Crisis Management towards North Korea within the Context of the South Korea-U.S. Alliance, 1968-1983," Ph.D. Dissertation, Department of Politics and Philosophy, Faculty of Humanities and Social Science(The Manchester Metropolitan University, October 1997).

실로 북한 경비병이 미군 장교 2명을 도끼로 살해하는 사건이 발생했다. 이 사건으로 미국은 대규모의 전력을 한반도에 집결시켰고 한국과 함께 사건의 발단이 된 미루나무를 베기 위한 작전을 실행했다. 이 작전으로 군사적 긴장 상태가 정점에 달했으며, 단 한 발이라도 실수하면 전면전으로 확대될 위험성이 있는 일촉즉발의 상황이 펼쳐졌다.

한편, 북한은 주한미군의 존재가 판문점 도끼만행 사건과 한반도 대립의 근본 원인이라 주장하며 국제무대에서 외교 공세를 강화했다. 그러나 미군 장교 2명을 도끼로 살해한 잔인한 행위는 국제사회의 비판을 불러일으켜 북한의 외교 공세는 무산되었다.

1. 미루나무 가지치기, 도끼살해 사건, 폴 버니언 작전

1) 미루나무 가지치기 작업과 도끼살해 사건

1976년 8월 18일, 유엔군 측 작업반이 JSA의 미루나무 가지치기 작업을 하고 있던 중 북한 경비병 무리가 이들을 습격해 미 육군 장교 2명을 도끼로 살해했다. 당시 직경 약 800미터의 JSA 내에 유엔군은 5곳, 북한인민군 및 중국인민지원군(이하 인민군)은 7곳의 초소를 설치한 상태였으며, JSA 내에 양측 각각 장교 5명과 병사 30명을 한도로 권총 혹은 단발소총으로만 무장한 요원의 배치가 허용되었다.[2]

---

2) 정전협정과 관련해서는 다음 참조. "Agreement on the Military Armistice Commission Headquarters Area, its Security and its Construction," in "Index to Agreements Subsequent to the Signing of the Armistice Agreement," revised on October 1, 1976, obtained from Robert Collins on September 3, 2011.

그림 5-1 도끼만행 사건과 공동경비구역

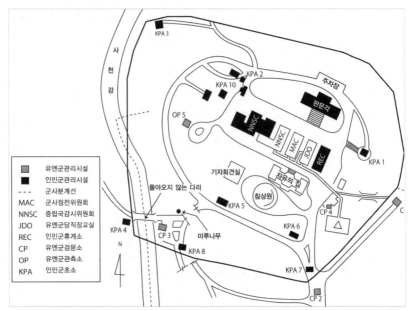

자료: Veterans of Foreign Wars Post 7591 and Eric Sprengle, Lieutenant Colonel,
United States Army Reserve-Retired, Past Post Commander and Webmaster,
Veteran of Foreign Wars Post 7591, http://www.vfwpost7591.org/opn-PB.html을
참조해 저자와 요코야마 사하루가 작성.

문제의 미루나무는 한국전쟁 후 포로 교환이 이루어진 것으로 유명한 '돌
아오지 않는 다리'의 동쪽 끝에 위치한 유엔군 제3검문소(CP3)와, JSA 중앙의
제5관측소(OP5) 사이에 있었고, 여름에 미루나무의 잎이 무성해지면 두 초소
사이의 시야를 가로막았다. 반면, 북한 경비병들은 '돌아오지 않는 다리'를
통해 손쉽게 제3검문소에 접근할 수 있었던 데다 인민군 제8초소(KPA8)와
'돌아오지 않는 다리' 건너편 JSA 외부에 위치한 제4초소(KPA4)가 제3검문소
를 둘러싸고 있었다. 따라서 유엔군 측은 북한군의 도발 행위가 발생할 우려
가 높아지자, 미루나무 가지치기 작업을 실시한 것이다.

8월 18일 오전 10시 30분, 한국인 인부 5명이 미루나무 가지치기를 시작했다. 이 작업은 미국 측 장교 2명과 사병 4명, 한국 측 장교 1명과 사병 3명 등 총 10명의 권총으로 무장한 군인들이 지켜보는 가운데 진행되었다. 유엔군 측이 작업을 시작하자마자 북한군 장교 2명과 병사 9여명이 트럭을 타고 나타나 작업에 대해 따져 묻기 시작했다. 유엔군 측이 나무의 가지를 치는 것이지 베는 것이 아니라고 설명하자, 북한 장교 1명이 "좋다"고 대답했다. 작업은 15~20분 정도 이어졌으며, 그 사이 북측 몇 명이 절단방법 등에 대해 지시를 내리기도 했다.

이후 10시 50분경 북한 장교 1명이 미군 장교에게 작업 중단을 촉구했다. 미군 장교가 이를 거부하자 북한 장교는 '돌아오지 않는 다리' 건너편 북한 영역에 경비병을 보내 증원부대를 소집했다. 몇 분 뒤, 미루나무 주변에 약 30명의 북한 병사가 집합했고, 북한 장교 1명은 시계를 풀고 다른 한 장교는 소매를 걷어붙였다. 누군가가 "죽여라"라고 외치자 보니파스(Arthur Bonifs) 대위를 쓰러트렸고, 북한군 병사 다섯 명이 보니파스 대위에게 발길질하면서 동시에 다른 유엔군 측 군인들도 공격하기 시작했다. 북한군은 자체 반입한 곤봉과 한국 인부들이 사용하던 도끼를 흉기로 사용했다.

몇 분간의 소동 결과, 도끼에 맞은 보니파스 대위와 바렛(Mark Barrett) 중위가 사망하고 미군과 한국군 각 4명이 부상당했다. 미군 장교 2명의 얼굴은 도끼로 심하게 손상되었다.

2) 무력시위

도끼만행 사건 직후, 미국 국가안보회의 워싱턴특별대책반(WSAG)은 대응책을 협의했다. 회의에서는 먼저 북한이 한국을 기습공격을 할 기회는 이미 잃어버렸고, 전면전을 계획하고 있는 것은 아니라는 결론을 내렸다. 따라서 미국 정부는 ▲F-4 전투기 1개 비행단을 오키나와에서 한국으로 이동 ▲주한미군 경계태세 강화 ▲ F-111 전투폭격기 1개 비행단을 미국에서 한국으로 이동 ▲ B-52 전략폭격기를 훈련 임무로 괌에서 한국에 파견 준비 ▲ 항공모함 미드웨이호를 일본에서 한반도 근해에 배치하기 위해 준비 ▲ JSA에서의 사건으로서 유엔 대표 및 유엔 안전보장이사회에 통지 등의 군사·외교 조치를 취하기로 결정했다. 8월 19일에는 한국군 및 미군이 경계태세를 강화하기 위해, 전투준비태세(DEFCON)를 정보수집과 경계태세 강화를 의미하는 4에서 고도의 방어준비태세를 의미하는 3으로 높였고, 정보 감시태세(WATCHCON)도 3으로 올렸다. 한편 이날 김일성은 조선인민군 최고사령관 명의로 인민군 전(全)부대, 로농적위대 및 붉은청년근위대의 모든 대원에게 전투태세에 들어갈 것을 명령했다.[3] 북한이 공개적으로 경계태세를 선포하는 것은 처음 있는 일이었다.[4]

이런 상황에서 한미 양국군은 무력시위를 하며 JSA에 진입해서, 사건의 원인이 된 미루나무를 베기 위한 작전을 수립했다. 또한, 작전을 진행하다가 사태가 고조될 경우를 대비해 긴급대응 계획도 작성했다. 이 계획에는 북한이 미루나무 벌목에 저항할 경우, 개성을 공격해 점령하는 방안도 포함되어 있었다고 한다.[5] 한국과 미국은 긴밀하게 협력하면서 작전을 입안했다. 전략 수립에서는 미 합참과 주한미군이 주도적 역할을 했으나 한국 합동 참모본부의 류병현 중장도 스틸웰(Richard Stilwell) 유엔군 사령관 사무실에 상주하고 있었다. 또한, 한국 국방부 장관과 합동참모의장도 유엔군 사령부와 비교적

---

3) 《로동신문》, 1976년 8월 20일자, 1면.
4) "Panmunjom Incident: Press Guidance," Secretary of State, August 19, 1976, in Korea Information Service on Net(KISON), *DMZ Axe Incident*, 1976, Korean Security Archive, The Special Collections(Washington, D.C.: International Center, 2000).
5) 조성관, "1976년 8월 21일 개성 진격 작전 계획", 《월간조선》, 1992년 10월, 214~228쪽.

긴밀한 협력 관계를 유지하고 있었다.[6]

키신저 국무장관은 미 합동참모본부에게 미루나무를 베는 작전을 실시하면서 동시에 북한군 경비막사를 포격하는 방안을 검토하라고 요청했다. 그러나 미 합참은 북한군이 화력 면에서 우위에 있다며 이 작전에 반대했고, 대신 정밀유도항공 무기와 지대지 미사일 사용, 비정규전부대(해군특수전여단, SEAL)로 북한의 군사시설과 기반시설 및 '돌아오지 않는 다리'를 파괴하는 방안을 검토했다.[7]

8월 19일, 미 합동참모본부는 ▲ F-111 20대를 미국 본토에서 한국에 파견하고 ▲ 항공모함 미드웨이호, 구축함 1척, 프리게이트함 4척 등을 포함한 항공모함 임무부대를 일본 요코스카에서 한반도로 이동시키고 ▲ B-52 여러 대를 괌에서 한국으로 이동시키며 ▲ 오키나와 제3해병사단 1,800명을 한국에 파견하기로 결정했다. 8월 20일, 포드(Gerald Ford) 대통령은 '폴 버니언(PAUL BUNYAN)[8]'이라 명명된 미루나무 벌목작전을 승인했다. 이 계획은 미루나무를 베면서 북한 측이 JSA 내에 설치한 바리케이드를 철거하는 것도 포함하고 있었다.

북한은 미국의 군사행동에 대해 민감하게 반응했다. 평양에서는 8월 20일 오후 8시부터 다음 날 새벽 2시까지 공습 대비훈련이 실시되었고 북한 주민들은 방공호를 들락날락 했다고 전해졌다.[9] 평양의 TV 및 라디오 방송도 호전적이고 공격적인 내용을 담고 있었다.[10] 한국에 망명한 북한 고위급 인사

---

6) Yoon, "Crisis Management on the Korean Peninsula," p.272.

6) Yoon, "Crisis Management on the Korean Peninsula," p.272.
7) "Destruction of Korean Peoples Army Border Guard Barrack Located in Joint Security Area," undated, and "JCS Assessment," undated, and "Addendum," undated, in *DMZ Axe Incident.*
8) 폴 버니언은 미국 민화에 등장하는 몸집이 큰 나무꾼이다.
9) "Panmunjom Incident and Situation in Pyongyang," Telegram from USLO Peking to Secretary of State, August 21, 1976, in *DMZ Axe Incident.*
10) "Situation in Pyongyang," Telegram from USLO Peking to Secretary of State, August

제5장 • 판문점 도끼만행 사건: 1976년 **145**

박병엽(가명 신경완)에 따르면, 판문점 도끼만행 사건 발생 후 북한은 전쟁발발에 대비해 다음과 같이 움직였다고 한다.

> 판문점사건이 나자 북한은 전 국가적인 동원령을 내렸다. 대학생들이 군대에 동원되고 예비병(로농적위대, 교도대 등)들이 군사 동원되었다. 제대장교들도 50대까지 현역으로 다시 복귀했다. 전쟁이 났을 때를 대비해 생산시설들을 후방 예비후보지로 옮길 준비를 진행했다.
> ……
> 8월 말부터 11월 중순까지 평양만 약 20만 명의 주민이 다른 지역으로 이주되었다. 황해도, 강원도 전연지대 지역의 성분불량자[출신이 나쁜 사람], 허약자들로 8,000세대가량을 솎아냈다.
> ……
> 3개월 동안은 완전히 전쟁 준비 상태였다. 8~9월에는 잘 때도 머리맡에 군장을 싸 놓고 잤다. 3달 동안 노동자들도 직장에서 나와 전투위치로 나갔다. 대학도 허약자들만 남아 거의 휴업상태에 들어갔다. 소개는 폭격이 심할 것을 예상, 산골에 이주시키자는 취지였다. 배급이 잘 되니까 식량 사정은 문제되지 않았다.[11]

3) 북한의 선전 공세

외교적 측면에서 보면, 판문점 도끼만행 사건은 북한 선전 공세의 귀결 중 하나라고 할 수 있다. 북한은 1976년 봄부터 미국이 한국에 신형무기를 반입해 도발적인 군사연습을 하고 한국군을 전시태세에 두고 있다고 비난하기 시

22, 1976, in *DMZ Axe Incident*.
11) 정창현, 『곁에서 본 김정일: 전 조선노동당 선전선동부 부부장 신경완과의 대담』, 개정증보판(김영사, 2000), 202~204쪽.

작했다. 북한은 이러한 미국의 행동으로 '긴박한 정세'가 조성되어 언제 전쟁이 발생해도 이상하지 않다고 주장했다.[12]

도끼만행 사건 발생 약 2주 전인 8월 5일, 북한은 '조선민주주의인민공화국 정부' 이름으로 한반도에서 미국의 행동에 대해 다음과 같은 이례적인 성명을 발표했다.

> 모든 사실은 미국이 이와 같은 오랜 전쟁준비끝에 드디여 전쟁을 준비하던 단계로부터 전쟁을 직접 도발하는 단계에로 넘어서고있다는것을 보여주고있다.
> ……
> 미국은 조선민주주의인민공화국을 반대하는 새 전쟁 도발책동과 모든 침략행위를 당장 중지하고 남조선에 반입한 핵무기를 비롯한 대량살륙무기들과 군사장비들을 즉시 철수하여야 한다.
> ……
> 조선민주주의인민공화국 정부와 조선인민은 세계 모든 평화애호나라 정부들과 인민들이 조선에 조성된 긴박한 정세에 응당한 주의를 돌리고 나라의 자주적평화통일을 위한 우리의 공명정대한 립장을 적극 지지하여 주리라고 확신한다.[13]

북한은 1975년 이전에도 매년 유엔 총회에서 외교선전을 실시해왔다. 그러나 1976년 북한은 이전과 달리, 처음으로 미국이 "전쟁 준비를 마치고 직접 전쟁의 도화선에 불을 붙이려하고 있다"고 비난했다.[14] 또한, 8월 5일 정부 성명을 발표하기 몇 시간 전에는 DMZ에서 남북 간 총격전이 발생했다. 이날 오전 9시 45분경 기관총탄 여러 발이 북한 측 초소로부터 군사분계선을

---

12) 《로동신문》, 1976년 3월 7일자, 5면.
13) 《로동신문》, 1976년 8월 6일자, 1면.
14) U.S. Congress, *Deaths of American Military Personnel*, p.28.

넘어 한미 측 관측소 부근으로 날아왔다. 잠시 뒤, 같은 북한군 초소에서 82 밀리 무반동포로 보이는 포탄 일곱 발이 발사되었다.[15)]

도끼만행 사건 발생 당시 북한 고위 지도자들은 8월 18~19일 일정으로 스리랑카의 수도 콜롬보에서 개최된 제5차 '쁠럭불가담운동[비동맹운동]' 정상회의에 참가하고 있었다. 박성철 북한 정무원 총리는 8월 17일 다음과 같이 연설했다.

> 우리 조선은 지금 제국주의자들에 의하여 오래동안 분렬된채로 남아있으며 긴장상태가 날로 격화되여 임의의 시각에 새 전쟁이 터질수 있는 엄중한 정세에 처하여있습니다.
>
> ……
>
> 제국주의자들은 전조선을 지배하고 나아가서 아세아에서 자기들의 식민지체계를 유지 해보려고 조선에서 새로운 침략 전쟁의 불길을 일으키려 하고있습니다.
>
> ……
>
> 조선에서 긴장상태를 가시고 자주적평화통일을 촉진시키자면 무엇보다도먼저 제국주의자들이 남조선에서 감행하고있는 전쟁도발책동이 당장 중지되고 남조선에 반입된 핵무기를 비롯한 모든 전쟁수단들이 제거되여야 하며 남조선으로부터 모든 외국군대가 철거하고 외국군사기지들이 철페되여야 하며 조선정전협정이 평화협정으로 바꾸어져야 합니다.[16)]

또한, 도끼만행 사건 당일인 18일 저녁에는 허담 북한 외교부장이 이 회의

---

15) Military Armistice Commission(MAC), United Nations Command(UNC) Component, "Three Hundred and Seventy-Eighth Meeting of the Military ArmisticeCommission," August 5, 1976, p.10; Central Intelligence Agency, "DMZ Incident: Korea, 18 August 1976," August 18, 1976, in *DMZ Axe Incident*.

16) 《로동신문》, 1976년 8월 19일자, 1면.

에서 성명을 발표해, 도끼만행 사건이 "의도적인 도발 행위"이며 "조선에서 새로운 전쟁을 시작하기 위하여, 체계적으로 준비해온 전쟁의 도화선에 직접 불을 붙이는"것을 목적으로 하고 있다고 비난했다.[17] 19일에는 조선인민군 최고사령부가 이 사건에 대한 북한의 입장을 설명하는 다음 보도를 발표했다.

이미 보도된바와 같이 조선에서 새 전쟁을 도발하기 위하여 미쳐날뛰고있는 미제침략자들은 18일 판문점공동경비구역안에서 우리측을 반대하는 엄중한 도발행위를 감행하였다.

미제침략자들은 이날 아침 10시 45분경 도끼를 가진 14명의 불한당들을 내몰아 공동경비구역안에 있는 나무를 마구 찍으려고 하였다.

적들의 이와 같은 행동과 관련하여 우리측의 4명의 인원들은 현장에 나가 우리가 관리하고있는 공동경비구역안에 있는 나무이므로 찍는것은 쌍방의 합의를 보아야하며 일방적으로는 찍을수 없다고 적들에게 여러번 이야기하였다.

그럼에도 상대방은 우리의 정당한 요구에 응할 대신 저들의 수적우세를 믿고 흉기를 휘두르며 집단적으로 달려들어 우리측 경비인원들에게 폭행을 가하는 란폭한 도발행동을 감행하였다.

우리측 경비인원들은 적들의 이러한 무분별한 도발에 대처하여 부득이하게 자위적조치를 취하지 않을수 없게 되었으며 이로 말미암아 쌍방사이에는 란투극이 벌어져 량쪽에 다 부상자들이 발생 하였다.

엄연한 사실이 이러함에도 미국측은 오히려 우리측이 먼저 도발했다고 하면서 사건을 날조하여 전쟁소동을 대대적으로 일으키고 있다.

판문점공동경비구역내에서 미국측이 일으킨 이와 같이 엄중한 도발행위는 전

---

17) "Statement to NAM Summit by North Korean Foreign Minister," Telegram, August 20, 1976, in *DMZ Axe Incident*.

쟁을 일으키기 위하여 사전에 감행한 계획적인 책동이다.[18]

계속해서 19일에 개최된 제379차 군사정전위원회 본회의에서 유엔군 측 수석대표 프루든(Mark Frudden) 미 해군 소장은 사건의 중대성을 호소하며, 스틸웰 유엔군 사령관이 김일성에게 보낸 공식 항의문을 낭독했다. 이 항의문에는 사건의 재발 방지를 보장해달라는 내용이 담겨 있었다.[19] 한편, 인민군 측 수석대표 한주경 소장은 판문점 사건은 "미제 침략군"이 유발한 것이며 "공화국 북반구를 침략하기 위한 전쟁준비가 완료되자 전쟁의 도화선에 불을 붙이는 모험주의적 단계로서, 새로운 전쟁을 도발하려는 음모의 일환"이라고 비난했다.[20]

그러나 북한은 기본적으로 사태가 확대되는 것을 피하려고 했다. 이는 군사정전위원회가 개최되는 동안 북한 경비병들이 회의장 주변을 배회하는 등 통상 취하던 대응과는 달리, JSA 내 북측 관리구역에 머물러 있었던 것으로부터 알 수 있다.[21] 그러나 당초 양측이 보인 외교적 움직임에는 명확한 방향성이 부족하며 상황을 타개할 수 있는 실마리는 발견되지 않았다.

4) 한미 간 협력과 긴장

스틸웰 유엔군 사령관은 사건 발생 다음 날 박정희 대통령과 회견했을 때, 박 대통령이 "침착하며, 사려 깊고 긍정적"이었다고 했다. 박정희 대통령은

---

18) 《로동신문》, 1976년 8월 20일자, 1면.
19) MAC UNC Component, "Three Hundred and Seventy-Ninth Meeting of the Military ArmisticeCommission," August 19, 1976, p.2.
20) 같은 글, pp.7~12.
21) "August 19 Armistice Commission Meeting-Further Observations," August 20, in *DMZ Axe Incident*.

1968년 청와대 습격사건과 푸에블로호 사건이 발생했을 때보다 훨씬 차분했고, 북한으로부터 사과와 보상·재발방지 보장을 받아내고, 동시에 향후 적절한 대응책을 마련하는 등 두 가지 목표를 함께 추구해야 한다고 주장했다. 또한 박 대통령은 한국과 미국이 북한의 "수중에 놀아나는" 것을 피해야 한다고 강조하고 양국이 "무력 사용은 피하는 형태"로 적절한 대응책을 강구해야 한다고 했다. 스틸웰 사령관은 푸에블로호 사건 이후 무력시위로도 EC-121 격추사건을 막을 수 없었다는 것을 지적하며, 무력시위만으로는 "북한을 충분히 견제할 수 없다"고 말했다. 박 대통령은 화력무기를 사용하지 않는다는 전제로, 미루나무 벌목작전에 태권도 유단자를 참가시킬 것을 제안했다.[22] 스틸웰 사령관은 이 제안을 받아들이면서, 정전협정에서는 소총 혹은 권총을 가지고 JSA에 들어갈 수 있는 인원을 제한하고 있다는 것을 지적하고, JSA에 들어가는 한국 군인들이 무장하지 않을 것을 요구했다.

북한에 대해 강력한 대응 조치를 취하겠다는 미국의 태도에 박정희 대통령은 안도한 것으로 보였고, 8월 20일에는 북한에 대해 다음과 같이 강하게 경고했다.

우리가 참는 데에도 한계가 있습니다.
미친 개한테는 몽둥이가 필요합니다.
우리가 그들로부터 언제나 일방적으로 도발을 당하고만 있어야 할 아무런 이유도 없습니다.
이제부터는 그들이 또다시 불법적인 도발을 자행할 경우, 크고 작고를 막론하고 즉각적인 응징 조치를 취할 것이며, 이에 대한 모든 책임은 전적으로 그들 스스로가 져야 할 것입니다.[23]

---

22) "Meeting with President Park," August 19, 1976, in *DMZ Axe Incident*.
23) 대통령비서실, 『박정희 대통령 연설문집』, 제13집(1976.1~12)(대통령비서실, 1977),

박 대통령은 북한이 자국의 '경제 파탄'과 '심각한 권력 투쟁'을 은폐하기 위해 도끼만행 사건을 벌였다는 견해를 보였다.[24]

한편, 미루나무 벌목작전을 총괄하기 위한 회의에서 박정희 대통령은 신중한 태도를 보였다. 박 대통령은 미국의 단호한 태도를 높이 평가하면서도, 한미 양국의 대응은 "나무를 베는 현재 계획에 한정"되어야 한다는 점과 "북측이 사태를 악화시킬 경우에만 심화된 대응을 한다"는 점을 확인했다. 박 대통령은 미루나무 벌목이 "북한이 이해할 수 있는 형태로, 단호한 결의를 나타내는 방법"이라고 여겼다.[25]

그러나 박정희 대통령이 미국 측에 보여준 신중함은 표면적인 것이었고, 실제로는 한국만의 보복 수단을 비밀리에 준비하고 있었다. 8월 20일, 박 대통령은 한국군 제1공수특전여단에 JSA 내에서 북측이 한국군을 공격할 경우 "공격해오는 적군에 대응하라, 불법 초소를 부셔라"라고 비밀리에 명령했다.[26] 이 임무를 수행하기 위해 특전여단은 품안에 수류탄과 함께 권총을 넣고, M-16 소총만은 따로 가져가기로 했다.[27] 이러한 한국의 행위는 스틸웰 사령관의 명령을 거역하고 정전협정을 위반하는 것이었다.[28]

150쪽.

24) 같은 책.

25) Situational Report as of 0600 hours, August 20, and "Approach to President Park," August 20, in *DMZ Axe Incident.*

26) 박희도, 『돌아오지 않는 다리에 서다』, 187쪽.

27) 같은 책, 149쪽. 한편, 박희도의 증언에 따르면 무기를 숨겨간 이유는 ▲한국 군인의 운명을 북한군의 자제력에 맡길 수 없고 ▲포로가 되었을 경우 자살을 택할 수 있도록 고려하기 위해서라고 한다. "The Korean Peninsula after Détente, 1973-1976: A Critical Oral History"(Woodrow Wilson International Center for Scholars, October 31~November 1, 2011).

28) 박희도의 증언에 따르면, 한국군이 북한 측 감시초소를 파괴하고 있을 때, 미군이 들어와 이를 제지하다가 한국 병사가 무기를 소지하고 있다는 것을 알게 되었고, 그 결과 한국군 소령이 처벌받고 다른 부대로 이동하게 되었다고 한다.

5) 폴 버니언 작전

폴 버니언 작전이 실행된 8월 21일, 전기톱과 도끼를 든 미군 공병 16명 외에 휴대 무기·도끼 등을 소지한 미군 경비병 30명, 그리고 한국군 특수 부대원 64명 등 총 110명의 요원이 투입되었다. 또한 미루나무와 떨어진 지점에 JSA 경비 소대·한국군·미군 부대가 배치되었고, DMZ 남방에는 범용 헬기 20대와 공격 헬기 7대에 나누어 탄 보병 1개 부대가 공중에서 대기했으며, 한미 양국 포병과 미군 전투기와 B-52 폭격기도 대기 태세를 유지하고 있었다.

오전 7시, 한국과 미국 요원 110명이 JSA에 진입하기 시작해 7시 5분에는 미루나무를 벌채를 시작했다고 인민군 측에 통보했다. 트럭 한 대가 '돌아오지 않는 다리' 동쪽을 봉쇄한 가운데 한미 양국군인들은 미루나무 벌목을 시작했고, 그동안 북한 측이 불법으로 설치한 노상 바리케이드를 철거하는 작업도 진행되었다. 작업이 진행되는 동안 북측이 극도의 긴장상태에 빠졌다는 것이 뒤에 전해졌다.[29]

작전 종료 후 북한은 "조선에서 새 전쟁의 불집을 일으키려고 미쳐날뛰고 있는 미제국주의자들이 판문점에서 우리측을 반대하는 엄중한 도발행동을 또다시 감행하였다"고 전했다.[30] 그러나 8월 21일 비공식 회의에서 인민군 측 수석대표는, 조선인민군 최고사령관 명의로 김일성이 유엔군 사령관에게 보낸 다음 메시지를 전달했다.

오랫동안 판문점에서는 큰 사건이 발생하지 않았다. 이것은 다행한 일이었다. 그러나 이번 판문점 공동경비구역내에서 일어난 사건은 유감스럽다. 이러한 사건

29) Don Oberdorfer, *The Two Koreas: A Contemporary History*(Reading, MA: Addison-Wesley, 1997), p.81.
30) 《로동신문》, 1976년 8월 22일자, 4면.

은 다시는 일어나지 않도록 노력해야 한다. 이를 위해서는 쌍방이 노력해야 한다. 우리는 귀측에 도발을 하지 않도록 촉구한다. 우리측은 먼저 도발하지 않겠다. 그러나 도발이 발생하면 우리는 자위조치를 취하겠다. 이것은 우리의 일관된 입장이다.[31]

이에 대한 한국과 미국의 첫 반응은 부정적이었다. 22일 미 국무부는 김일성의 성명이 유엔군 장교 2명을 의도적이고 계획적으로 살해한데 대한 책임을 인정하지 않았으므로 받아들일 수 없다고 밝히고, 미국은 경계를 느슨히 하지 않고 어떠한 선전 술책에도 넘어가지 않겠다고 밝혔다. 한국 정부도 23일, 김일성의 성명은 책임을 회피하고 있으며 수용가능한 해결책도 제시하지 않았기 때문에 불충분하다는 견해를 나타냈다.

미 국무부는 23일 좀 더 유화적인 메시지를 보내, 북한의 성명이 사건에 대한 유감을 표명한 점을 "긍정적인 한 걸음"으로 인식하고 있다고 지적했다.[32] 한국 정부는 미 정부의 입장 변화에 대해, 미국이 북한의 성명을 받아들인 것이 아니며 "긍정적인 한 걸음"이라는 표현은 북한에 대한 단계적 대응 중 하나일 뿐 문제가 해결되었다는 것을 의미하는 것은 아니라고 지적하며 신중한 자세를 취했다.

한국 언론은 미국이 충분한 대응을 하지 못했다고 비판했고 한국 정부도 이 같은 견해를 표명하자, 미국 정부는 25일 한국 정부에 항의하며 미국은 미루나무 벌채 작전이라는 높은 위험을 감수했고 한국의 조언대로 행동했다는 것을 지적했다.[33]

---

31) 남북회담본부, 《남북대화》, 제11호(1976.3~1976.11), 31~32쪽. http://dialogue.
    unikorea.go.kr/home/data/kdialogue/list?viewCode=11#
32) Head, et al., *Crisis Resolution*, pp.200~201.
33) "ROK Criticism of U.S. Actions," August 25, 1976, in *DMZ Axe Incident*.

6) 공동경비구역에 관한 협정 수정

8월 25일 제380차 군사정전위원회에서 인민군 측은 군사 분계선을 따라 JSA를 분할하여 유엔군 측과 인민군 측 인원을 분리시켜 추후 충돌의 여지를 없애야 한다고 제안했다. 반면 유엔군 측은 북한이 논의의 초점을 도끼만행에서 JSA 관련 보안 협정 문제로 옮겨, 도끼만행 사건이 북한군의 만행이 아닌 JSA 보안 협정상의 문제 때문이라고 선전할 것을 우려해 신중한 태도를 취했다. 그러나 유엔군 역시 이 제안에 긍정적 측면을 인식하고 있었다. 유엔군도 1953년과 1970년에 유사한 JSA 분할안을 제안한바 있어, 판문점 사건 후 북측이 이를 제안한 것은 유엔군 측에 양보의 신호를 보인다는 측면도 있었던 것이다.[34]

이 문제에 대한 논의가 시작되자, 한국에서는 협상의 향방에 대한 우려의 목소리가 등장하기 시작했다. 한국은 북한이 책임을 회피하기 위해 이 같은 제안을 했고, 북한이 미국과 양자협의를 시작해 한국을 고립시키려는 것이 아닐지 우려했다. 8월 30일 북한이 1972년 남북 간 설치된 핫라인의 연결을 차단하자, 이러한 우려는 한층 더 심각해졌다.

키신저 국무장관은 한국을 배려하여, 스나이더(Richard Sneider) 주한 미국 대사에게 북한의 제안에 긍정적으로 대응할 경우 한국 정부와 '긴밀히 조율' 할 것을 지시했다.[35] 또한 미국은 한국을 안심시키기 위해, 만약 북측의 제안이 미국과의 양자협의를 실현하기 위한 수단인 것으로 드러날 경우, 즉각 북한의 제안을 거부할 것이라는 입장을 표명했다.[36]

---

34) "North Korean August 25 Proposal Re[garding] JSA SecurityProcedures," August 25, 1976, and "Tentative Analysis KPA Proposal 380th MAC Meeting 25 August," August 25, 1976, in *DMZ Axe Incident.*

35) "North Korean August 25 Proposal Re[garding] JSA Security Procedures," August 25, 1976.

미국은 협상의 진전에 만족했으며, 8월 28일 제381차 군사정전위원회에서는 미국이 희망하던 대로 북한으로부터 미국 측 인력의 안전에 관해서 "필요한 모든 보장(all the assurance)"을 받아내는 데 성공했다.[37] 또한, 9월 6일에는 양측은 JSA 내 군사분계선에 의해 분할된 상대방 측 지역에서는 활동하지 못하게 되었다. 9월 7일 한국군과 미군은 경계태세를 정상 수준으로 되돌렸고, 미 해군 임무부대는 일본으로 복귀했으며, 9월 중순에는 F-4와 F-111 2개 비행대도 한반도를 떠났고 B-52의 훈련 비행은 9월 말까지 완료했다.

2. 환경요인 분석

1) 흔들리는 미국의 對 한국 커미트먼트와 카터의 등장

1976년 8월 당시 미국이 아시아에서의 방위 커미트먼트(commitment)를 재검토함에 따라 한미 관계에는 극심한 긴장감이 감돌게 되었다. 미국의 커미트먼트 약화는 박정희 대통령에게 큰 관심사였으며, 비민주적인 유신헌법을 도입하고 자주국방계획을 수립하여 핵 개발에 착수하게 한 원인이 되었다.

그러나 결과적으로 이러한 행동은 미국 지도부를 자극하는 결과를 초래했고, 한국에 대한 부정적인 견해가 미국 내에 급속하게 퍼지게 되었다. 한국중앙정보부가 야당지도자 김대중을 일본에서 납치하고 미국 의원들에게 뇌물을 돌렸다는 '코리아게이트 사건'이 발생하자 상황은 더욱 악화되었다. 한국 내 정치적 탄압과 인권 문제가 미국 외교관계자 사이에서 중요한 문제로 부각되었다. 닉슨 행정부는 한국에 대해 실무적인 태도로 임했고 한국도 미

---

36)   Yoon, "Crisis Management on the Korean Peninsula," p. 290.

37)   "381st MAC Meeting," August 28, in *DMZ Axe Incident*.

국의 압력으로 핵 개발을 포기했으나, 1976년까지 한미 간에는 불만이 서서히 차오르고 있었다.[38]

미국 민주당 대통령 후보 선거에 출마한 카터(Jimmy Carter)가 1975년 1월부터 공공연히 주한미군 전면 철수를 주장하기 시작하자, 한국의 입지는 더욱 위태롭게 되었다. 이후 카터는 전면 철수를 철회하고 지상군의 부분 철수로 입장을 바꿨지만, 그의 주장은 북한이 환영할 만한 것이자 한국에게는 악몽과 같은 것이었다.[39] 이런 카터가 1976년 7월 민주당의 공식 대통령 후보가 되었다.

미국 의회도 한국 관련 정책에 대한 비판의 수위를 높여갔다. 1976년 4월 미 의회 양원의원 11명이 백악관에 비망록을 보내, 미국의 한국 군사원조가 한국 내 정치탄압을 조장하고 있다고 비난했다.

2) 유엔에서의 한반도 문제 논의[40]

1948년 대한민국과 조선민주주의인민공화국이 건국된 이후, 유엔에서는

---

38) William H. Gleysteen Jr., *Massive Entanglement, Marginal Influence: Carter and Korea in Crisis*(Washington, D.C.: Brookings Institution Press, 1999), pp.12~15.

39) Oberdorfer, *The Two Koreas*, pp.84~86.

40) 특별한 언급이 없는 한 한반도 문제에 관한 기술은 다음 자료에 의거했다. 외무부, 『한국외교 30년 1948-1978』(1979), 220~224쪽; 외교통상부, 『한국외교 50년 1948-1998』(1999) 205~217쪽; 「유엔의 한국문제 토의와 한국의 기본입장」, 《남북대화》, 제9호 (1975.3~1975.12), http://dialogue.unikorea.go.kr/bbs/filedn.asp?file= dialogue/제 09호(197503~197512).hwp; Se-Jin Kim(ed.), *Korean Unification: Source Materials with an Introduction* (Seoul: Research Center for Peace and Unification, 1976); B. K. Gills, *Korea Versus Korea: A Case of Contested Legitimacy* (London: Routledge, 1996), pp.121~144 and 190~196; Chi Young Park, "Korea and the United Nations," in Youngnok Koo and Sung-joo Han(eds.), *The Foreign Policy of the Republic of Korea* (New York: Columbia University Press, 1985), pp.262~284.

한반도 문제(Korean Question)가 논의되었다. 유엔 총회 결의에 따라 실시된 총선거를 거쳐 1948년 8월 성립된 한국 정부는 처음부터 유엔과 긴밀한 관계를 맺고 있었지만, 북한은 한반도 문제에 대한 유엔의 참여를 거부하고 1949년 9월에는 유엔에 통일 문제에 간섭하지 않을 것을 요구했으며 동시에 자국이 참여하지 않은 상태에서의 결정은 구속력을 가지지 않는다는 입장을 전달했다.

북한의 요구에도 불구하고, 1950년 6월 한국전쟁이 발발하자 유엔은 한반도 문제에 깊이 개입하게 되었다. 유엔 안전보장이사회는 같은 해 7월 결의 제1588호를 채택하여 회원국들에 한국 방어를 호소했고, 10월에는 유엔 총회 결의 제376호(V)에 따라 "한반도를 대표하는 통일된 독립 민주정부 수립을 실현"하기 위해 유엔 한국통일부흥위원회(UNCURK)가 설치되었다. 한국전쟁 이후 제네바에서 열린 한반도 문제에 대한 정치회의가 실패로 끝나자, 한반도 문제는 유엔 총회로 되돌아왔다. 당시 한국이 북한 대표의 유엔 초대를 방해해서, 유엔에서의 한반도 문제 논의는 한국에 유리한 형태로 진행되었으나 동시에 논의가 형식적으로 진행되었다. 매년 한국을 지지하는 결의가 채택된 반면, 북한의 유엔 초대를 지지하는 북한 지지파의 결의안은 연속해서 부결된 것이다.

이런 상황에서 1973년 6월 23일 큰 전환점이 찾아왔다. 이날 박정희 대통령은 7개 항목의 '평화통일외교정책 선언(6·23 선언)'을 발표하고 한국과 북한이 동시에 유엔에 가입하는 것에 반대하지 않는다고 표명한 것이다. 이어서 7월, 북한은 유엔 대표부를 설치해, 제28차 유엔 총회 한반도 문제 논의의 옵서버로 참석하게 되었다. 10월에는 한국 정부가 정전협정 이행을 감시하기 위한 대체 조직이 설치된다면, 유엔군 사령부의 해체를 논의할 수 있다고 시사했다. 한편, 유엔 총회에서 북한의 입장을 지지하는 비동맹국가들이 대두되면서 남북 간의 경쟁은 격화되었고, 그 결과 유엔 총회는 남북 간 대화를 통한 평화통일과 UNCURK의 해체를 언급한 성명을 채택했다.[41]

1974년 북한은 유엔 총회에서 더 많은 지지를 얻게 되었다. 제29차 유엔 총회에서 한국 지지 결의안이 61 대 43으로 가결되었고 북한 지지 결의안은 48 대 48로 부결되었으나, 양측에 대한 지지의 격차는 이전에 비해 축소되었다.

1975년에 이르러 북한은 한국과 거의 동등한 입장을 구축하는 데 성공했다. 제30차 유엔 총회까지의 3년간, 북한은 40여 개국과 새로 외교관계를 수립했고, 8월에는 비동맹운동의 회원국이 되었다. 한국도 비동맹운동에 참가를 시도했으나 북한을 지지하거나 한국에 반대하는 나라들 때문에 좌절되었다. 이 가운데 개최된 제30차 유엔 총회에서 한국을 지지하는 국가들은 정전협정을 대체하는 신협정에 대해 관계 각국이 협의할 것과, 1976년 1월 1일 유엔군 사령부를 해체할 수 있도록 정전협정을 유지하기 위한 대체 조치에 대한 논의를 빠른 시일 내에 마칠 것을 촉구하는 결의안을 제출했다. 1975년 9월 22일에는 키신저 미 국무장관이 남북한과 미·중 등 4개국이 '한반도 문제'를 논의할 것을 제안했다. 한편, 북한을 지지하는 국가들이 제안한 결의안은 ▲ 유엔군 사령부의 해체 및 산하 한국 주둔 외국군의 전면 철수 ▲ 정전협정을 평화협정으로 전환 ▲ 남북 양측의 군 병력을 같은 수준으로 감축 등의 내용을 담고 있었다.

투표 결과는 놀라웠다. 한국 측 제안은 59 대 51로, 북측 제안은 54 대 43으로 상반된 내용의 두 결의안이 모두 채택되어 각각 총회결의 3390A와 3390B로 성립되었다.[42]

이 시점에서 한국 정부는 서서히 북한에 유리한 환경이 조성되고 있으며 궁지에 몰리고 있다고 생각해, 유엔에서 한반도 문제를 논의하지 않기로 결정했다. 그러나 북한은 한국의 결정에 호응하지 않고, 자국에 유리한 결의안

---

41) 북한에 의한 평가에 대해서는 다음 참조. 《로동신문》, 1973년 11월 24일자, 1면.
42) United Nations General Assembly Resolution, A/RES/3390(XXX) [A-B], November 18, 1975, http://daccess-dds-ny.un.org/doc/rRESOLUTION/GEN/NR0/001/03/IMG/ NR000103.pdf?OpenElement.

을 제출해서 한반도 문제 논의에서의 일방적인 승리를 모색했다. 1976년 1~8월 사이 북한은 69개국 182명의 외국 대표단을 평양에 초대하고 82개국에 147명의 대표단을 파견했는데, 주요 대상은 비동맹운동에 참가하고 있는 아프리카 및 라틴아메리카 국가들이었다. 북한은 미국의 전쟁 준비 때문에, 한반도에 언제 전쟁이 일어나도 이상하지 않은 상황이 조성되었다고 호소했다. 또한, 1976년 8월 북한은 1975년 키신저가 제안했던 4개국 간 논의를 공식적으로 거부하고, 북한 대표단을 8월 16일부터 개최된 제5차 비동맹운동 정상회의에 파견해 자국의 주장을 활발히 선전했다.

판문점 도끼만행 사건 발생 이틀 전인 8월 16일, 북한을 지지하는 국가들이 유엔 총회에 제출한 결의안에는 ▲ 핵무기를 비롯한 신형 무기를 한국에서 철수시키고 ▲ 새로운 전쟁의 위험을 증가시키는 행위를 중지하며 ▲ 유엔군 사령부를 해체하고 ▲ 한국에서 외국군이 철수하며 ▲ 정전협정을 평화협정으로 전환하라는 등의 내용을 담고 있었다.[43] 이렇게 북한은 다가오는 제31차 유엔 총회에서 전면 대결을 준비하고 있었다. 8월 20일에는 한국을 지지하는 국가들이 한반도 문제를 유엔에서 논의하지 않겠다는 결정을 번복하고, 북한 측 결의안에 맞선 결의안을 제출했다. 그러나 판문점 도끼만행 사건이 발생할 때까지, 한국은 유엔 총회에서 북한에 대한 지지가 전년에 비해 감소하지는 않을 것이라고 예측하고 있었다.[44]

3) 국지적 군사균형

사건 발생 당시 미루나무 주변 초소 배치를 보면, 북한 측은 미루나무의 북

---

43) 《로동신문》, 1976년 8월 19일자, 1면.
44) 국토통일원, 「서해5개도서와 그 관련문제에 관한 연구」, 남북관계 - 대비방안연구, 국통정77-1-1136(국토통일원, 1977), 52쪽.

동쪽·남쪽·서쪽 방면으로 3개 초소를 설치하고 있던데 비해, 유엔군은 나무 남서쪽에 1개 검문소만 보유하고 있었다. 또한 미루나무 서쪽에 위치한 '돌아오지 않는 다리' 뒤쪽은 JSA 밖인 북한 영토이므로, 북한 측은 '돌아오지 않는 다리'를 통해 추가 병력을 쉽게 JSA에 보낼 수 있었다. JSA 주변 화포 전력도 북한 측이 한미 측에 비해 4 대 1로 우세했기 때문에, 단기적으로는 북측이 미루나무 주변에서 국지적 우위에 설 수 있었다.[45] 판문점 도끼만행 사건 발생 당시 북한이 먼저 공격했고 난투가 지속된 것은 2분 정도에 지나지 않았기 때문에, 북한은 그동안 국지적 우위를 유지할 수 있었던 것이다. 미군의 증원 부대가 현장에 도착했을 때, 사건은 이미 종결된 상태였다.[46]

당시 한미 양군의 억제적인 교전규칙(ROE)도 북한에 유리하게 작용했다. 이 규칙은 JSA 내에서 사건이 발생했을 경우 무력과 화기사용에 대해, 한국군과 미군은 '이탈을 위해 필요한 최소한의 무력'만을 사용해야 하며 '모든 물리적 충돌을 가능한 빨리 종결'하기 위한 행동을 취해야 한다고 규정했다.[47] 사건 발생 시 한미 양국군인들이 흩어져 사건 현장에서 신속하게 이탈한 것도 이에 따른 것으로, 북한의 전략이 성공한 데에는 ROE의 영향도 있었던 것이다.

또한 1960년대 말부터 1970년대 전반에 걸쳐 한미가 육상과 해상방어력을 강화했기 때문에, 1976년 당시 북한에게는 군사행동의 무대로서 JSA의 매력이 상대적으로 높아진 상태였다. 육상에서는 DMZ의 방어태세가 강화되어 북한 특수부대가 남쪽으로 침입하는 것이 어려워졌다. 1971년 북한은 DMZ 지하에 대남침투용 땅굴을 건설하기 시작했는데, 이는 1960년대 후반 DMZ의 방어태세가 강화된 것에 대한 대응책이기도 했다.[48] 1976년 6월에

---

45) "Destruction of Korean Peoples Army Border Guard Barrack Located in Joint Security Area," in *DMZ Axe Incident*.

46) U.S. Congress, *Deaths of American Military Personnel*, p.32.

47) "Update JSA Incident," August 18, 1976, in *DMZ Axe Incident*.

는 북한 공작원 3명이 DMZ 남쪽에 침입했지만 발견 즉시 살해되었다.[49] 마찬가지로 북방한계선의 '사수' 정책 실시, 서해 5도 요새화, 한국 해군력 증강 등으로 북한 측 해상에서 군사행동을 취하는 것도 점차 어려워지고 있었다.

3. 군사 및 외교행동의 특징

1) 장소와 시기

JSA의 상징적 의미는 중요하기에, 북한이 대외선전을 위한 행동을 일으키기에 적절한 지역이었다. 특히 주목해야 할 것은 '판문점'을 중심으로 한 JSA의 역사다. 한국전쟁의 휴전협상은 판문점에서 이루어졌고, 1953년 정전협정 체결에 따라 군사정전위원회 본부지역에 JSA가 설치되었다. 비록 유엔군과 인민군 간의 회의를 통한 간접적인 것일지라도, 1970년대 남북 직접대화가 시작되기 전까지 군사정전위원회는 남북한 사이 유일한 대화 창구였다. 또한 북한과 미국 간에도, 1980년대 후반 비공식 직접 대화 채널이 개설될 때까지 군사정전위원회는 유일한 통로 역할을 담당했다. 이러한 역사와 기능이 JSA에 특별한 의미를 부여했다.

JSA는 DMZ의 서부 지역에 위치한 직경 800미터 정도의 원형 구역으로 한국전쟁 후 군사정전위원회는 항상 이곳에서 개최되었다. 1976년 8월 당시 JSA는 유엔군과 인민군이 공동으로 관리하는 중립지대로, 유엔군 측 감시 초소 5곳과 인민군 측 감시 초소 7곳이 설치되어 있었다. 양측은 JSA 내에 각각

---

48) 대한민국 국방부, 『국방백서 1990』, 1990, 89~94쪽.
49) U.S. Central Intelligence Agency, "DMZ Incident: Korea, 18 August 1976," undated, in *DMZ Axe Incident*.

권총 혹은 단발소총으로만 무장한 장교 5명과 병사 30명 등 총 35명을 배치하는 것을 허용하고 있었다. 비무장 작업요원의 경우 더 많은 인원의 배치도 허용되어 나뭇가지 벌채 등의 작업은 사전 허가 없이 쌍방이 개별적으로 실시하기로 되어 있었다.

1976년 8월 이전에도 JSA에서 난동사건이 발생한 적이 있었다. 특히 1975년 이후 북한은 JSA에서의 긴장을 고조시키는 움직임을 증가시켜, 유엔군 측을 협박하고 소유물을 파괴하고 경비병을 습격했다.[50] 1975년 6월에는 북한 측이 기자라고 주장하는 인물이 헨더슨(William Henderson) 미 육군 소령을 모욕하고 뒤에서 구타해 쓰러뜨리는 사건이 발생했고, 유엔군과 인민군 간 몇 분간의 난투극이 벌어졌다. 그러나 이 사건 당시에는 북한 측 인물이 헨더슨 소령을 발로 차고 있던 남자를 제지하려는 장면이 목격되기도 했다.[51] 또한 판문점 도끼만행 사건 발생 약 2개월 전인 1976년 6월 26일에는 북한 경비병 약 20명이 JSA에서 경비 중이던 유엔군 측의 지프를 방해해 멈춘 뒤, 유엔군 경비병 2명을 판재·삽·곤봉 등으로 습격하는 사건이 발생했다.[52] 이 사건은 프루든 군사정전위원회 수석대표가 임명된 직후에 일어난 것으로, 프루든 대표는 이 사건에 대해 다음과 같이 말했다.[53]

---

50) MAC, UNC Component, "Three Hundred and Seventy-Seventh Meeting of the Military Armistice Commission," June 28, 1976, pp.11~12.
51) U.S. Congress, *Deaths of American Military Personnel*, p.26; and MAC, UNC Component, "Three Hundred and Sixty-Fifth Meeting of the Military Armistice Commission," July 12, 1975, pp.2~4 and 9~12.
52) MAC, UNC Component, "Three Hundred and Seventy-Seventh Meeting," p.11; and "Conflict & Tension on the Korean Peninsula! A Chronology (28 Jul 53-Aug 98)," obtained from the UNCMAC Secretariat on July 18, 2001.
53) "Summary 377th Meeting of the Military Armistice Commission(MAC)," Telegram from CINCUNC to JSC, June 28, 1976.

북한군[원문에서는 Your side] 경비병의 통제 안 된 제멋대로 행동은 지난해 [1975년] 몇 번이나 문제로 거론되었다. 그쪽 경비병 때문에 매우 심각한 사건으로 발전했을지도 모르는 직접적인 도발 행위가 몇 번이나 되풀이되었다. 이런 도발 행위가 매우 자주 발생하고 있기 때문에, 당신들이 바로 그런 [심각한] 사건을 일으키려는 것처럼 보인다. 또한 우리가 항의를 했는데도 당신들은 경비병 통제를 위해 필요한 조치를 취하지 않는 것 같다.[54]

즉, 판문점 도끼만행 사건이 발생하기 이전에도 이미 JSA에서는 북한의 도발 행위가 활발해질 조짐이 나타났던 것이다. 이러한 의미에서, 도끼만행 사건은 아무 예고 없이 돌발적으로 일어난 우발적 사건이 아니었다.

또한 도끼만행 사건이 발생하기 12일 전인 8월 6일 유엔군 측은 가지치기가 아니라 미루나무를 베려고 경비요원과 4명의 한국인 인부를 현지에 파견했다. 그러나 당시 북측 경비요원이 미루나무를 건드리지 말라고 요구해 작업이 중단되었고, 추후 나무를 베는 것이 아닌 가지를 치기로 결정한 것에는 이러한 북한 측의 요구가 있었다. 이와 같은 사정이 있었기 때문에, 미루나무는 유엔군 측은 물론 인민군 측에도 잘 알려진 문제였으며, 북한은 이 문제를 군사·외교적으로 이용하기 위해 계획을 세울 수 있는 시간적 여유가 있었다고 할 수 있다.[55] 마지막으로, 사건과 직접 연관이 있는지는 분명치 않지만, 판문점 도끼만행 사건은 카터가 민주당 대통령 후보로 선출된 지 약 한 달 뒤에 발생한 것이었다.

---

54) MAC, UNC Component, "Three Hundred and Seventy-Seventh Meeting," pp. 11~12.
55) 북한 측도 8월 19일 MAC 본회의에서 8월 6일 사건을 언급했다. "Three Hundred and Seventy-Ninth Meeting of the Military Armistice Commission," p. 6.; 《로동신문》, 1976년 8월 20일자, 4면.

2) 군사력의 종류와 사용형태

판문점 도끼만행 사건에 개입한 것은 양측 경비요원들로서 상대적으로 소수였고, 북한 측 경비요원이 사용한 것은 자기가 가지고 있던 곤봉과 한국 측 인부가 현장에 남긴 도끼였다. 즉, 한국인 노동자가 현장에서 도주할 때 도끼를 가져갔다면, 북한 군인들이 도끼로 유엔군 요원을 살해하지는 못했을 것이다. 그런 의미에서 이 사건은 우발적 측면이 있다고 할 수 있다. 또한, 망명한 북한의 전 고위 간부에 따르면, 김정일은 북한군 병사에게 미군 장교를 구타할 것을 명령했지만 총은 사용하지 않도록 지시했다.[56] 따라서 북한 지도부의 의도는 총을 사용하지 않으면서 미군 장교들에게 본때를 보여주려는 것이었고, 꼭 도끼로 잔인하게 살해하려는 목적이 없었을 가능성이 높다.

북한 행동의 목적은 공공연한 시위를 통해 국제 여론이나 미국 내 여론에 영향을 주려는 것이었다. 판문점 사건을 통해 국제무대에서 우방들에게 자국의 입장을 지지해줄 것을 호소함과 동시에 미국에게 주한미군 철수를 촉구하려고 시도한 것이다. 당시 국제사회에서 북한의 입장이 강화되고 있었고, 미국 내에서도 주한미군 철수론에 대한 목소리가 높아지고 있었다. 따라서 북한은 미군 주둔 지지자들을 밀어내려고 하기보다는 주한미군 철수론자들을 정치적으로 지지하려고 한 것이 아닐까 생각된다. 이러한 의미에서, 판문점 사건에서 북한의 군사 행동은 '협조적인 강요'라고 말할 수 있을 것이다.

3) 강도와 목표 선정

판문점 도끼만행 사건은 당시의 남북 간 심각한 대립을 생각하면 반드시 큰 사건이라고 할 수는 없었다. 남북 간 저강도 분쟁으로 인한 희생자 수는

---

56) 정창현, 『곁에서 본 김정일』, 202쪽.

1960년대 후반부터 1970년대 초에 걸쳐 이보다 훨씬 많았다. 판문점 도끼만행 사건이 충격적이었던 것은 이 사건이 JSA에서 발생한 최초의 살상사건이었기 때문이다.

당시 유엔군 사령관은 이에 대해 "특별한 점은 정전협정 체결 이후 23년간 발생한 남북 간의 충돌 중 최초로 [JSA의] 경비요원이 사망한 것과 그 잔인성, 그리고 인민군의 공격이 명백한 계획을 가지고 실행되었다는 것이다"라고 적었다.[57] 미군 장교 2명은 매우 잔인한 방법으로 살해되었다. 그들의 몸은 난타당해 피투성이가 되었고 보니파스 대위는 도끼머리에 타격당해 얼굴조차 알아볼 수 없었다.[58] 이러한 잔인성이 판문점 도끼만행 사건의 특징이자, 이 사건이 세계의 이목을 모으게 된 이유였다.

이 사건의 주요 공격목표는 미군 장교로, 다른 목표는 부차적인 것에 지나지 않았다.[59] 한국에 망명한 북한 전 고위 간부에 따르면, 김정일은 한국인 노동자가 아닌 미국인만을 공격하도록 명령했던 것이다.[60]

4) 군사와 외교의 연계

판문점 도끼만행 사건에서 북한의 군사행동과 외교활동은 밀접하게 연계되어 있었다. 북한은 상호 방문과 언론을 통한 외교 선전을 전개하며 비동맹 국가를 중심으로 자국을 지지해줄 것을 호소했다. 북한의 선전활동은 8월 초

---

57) "Summary 379th Meeting of the Military Armistice Commission(MAC)," Telegram from CINCUNC to JSC, August 19, 1976.

58) Oberdorfer, *The Two Koreas*, p.83.

59) United Nations Command(UNC)/United States Forces Korea(USFK)/Eighth United States Army(EUSA), *The 1976 Annual Historical Report*, p.15, in file 350.018-3, "Axe Murder, 1976 (assorted)," United Nations Command, Combined Forces Command and United States Forces Korea, Command History Office.

60) 정창현, 『곁에서 본 김정일』, 201~202쪽.

에 본격화되었고 판문점 사건은 비동맹운동 정상회담이 개최되고 북한 측을 지지하는 결의안이 유엔 총회에 제출되는 시기에 발생했다. 9월 말 유엔 총회가 개막될 예정이었으므로, 북한은 8월 초에 군사·외교 공세를 시작해 2개월 뒤 성과를 낼 것을 기대하고 있던 것으로 보인다.

4. 정책목표와 그 달성도

판문점 도끼만행 사건 결과에 대한 평가에는 전제조건이 필요하다. 다양한 상황 증거를 통해 북한이 의도적으로 행동한 것이라 볼 수 있는 반면, 몇 가지 중요한 요소는 분명 우연의 산물이었다. 예를 들어 미루나무의 가지치기를 실시하기로 결정한 것은 북한이 아닌 한미 측이며, 그 타이밍도 북한 측이 조작할 수 있는 종류의 것이 아니었다. 극단적으로 말하자면, 한미 측이 미루나무 가지치기를 실시하지 않았을 경우 이 사건이 발생하지 않았을 가능성도 있는 것이다. 그리고 미군 장교의 살해에 사용된 도끼도 유엔군 측이 JSA에 들여온 것으로, 북한 측이 준비한 것이 아니었다. 만약 도끼가 없었다면 북한은 곤봉과 맨손으로만 공격했을 가능성이 높고 미군 장교를 살해하는 결과를 낳지는 못했을지도 모른다.

또한 도끼만행 사건은 북한 최고지도부의 명령이 아닌 현지에서 근무하던 북한군 장교 박철에 의해 발생했을 가능성도 완전히 배제할 수 없다.[61] 망명

---

61) 박철은 1974년 3월 3일에도 유엔군 측 경비원과 난투 소동을 일으킨 바 있다. UNC/USFK/EUSA, *The 1976 Annual Historical Report*, p.12, footnote 4. 박철은 판문점 도끼만행 사건 직후에 JSA에서 종적을 감추고, 1주일 후에 현장에 복귀했다. 그러나 그 후 다시 종적을 감추고, 9월 말 일시적으로 재복귀 했지만, 그 후에는 모습을 보이지 않았다. Head, et al., *Crisis Resolution*, p.204. 망명한 조선인민군 장교에 의하면 박철의 본명은 박정남이었다. 심신복과의 인터뷰(서울: 2002.5.14.).

한 전 북한군 장교에 따르면 박철은 보니파스 대위에게 개인적인 적대심을 가지고 있어서 싸움을 지휘했다. 이후 북한 정치지도부는 박철을 칭송하고 군사훈장도 수여한 것이다.[62]

하지만 정황증거로 판단해 볼 때, 세세한 계획 및 실제 행동은 현지 지휘관에게 맡겼다고 해도 미군 장교를 공격하는 것은 북한의 최고정치지도부가 결정했을 가능성이 높다. 이에 대해, 소련 지도부는 판문점 사건을 "제3세계에서 정치적 지지를 얻기 위한 캠페인의 일환으로 김일성이 의도적으로 실행한 것"이지만 이것이 군사위기를 야기하리라고 예상하지는 않았다고 보았다.[63] 한편, 김정일과 같은 사무실에서 일한 경험이 있고, 조선로동당에서 10년 이상 근무한 후, 1980년대에 한국에 망명한 박병엽은 다음과 같이 말했다.

1976년의 판문점사건은 미군과 한국이 북쪽 관측에 방해된다는 이유로 북한과 사전 동의 없이 미류나무를 가지치기하려는 과정에서 문제가 발생했다. 미군 헌병과 한국인 노무자들이 나무를 베려 하자 이를 저지하려는 북쪽 경비원들과 시비가 붙었다. 이렇게 되자 경비병들이 김정일에게 직접 당시 상황을 직보했다.

……

직보를 받자 김정일은 '조선사람의 본때를 보여줘라. 한국 노동자들은 놔두고 미군놈만 골라서 본때를 보여줘라. 총은 쏘지 마라'고 지시했다. 그래서 옥신각신하다가 격투가 벌어지고 노무자들이 들고 온 도끼를 빼앗아 죽여버렸다. 사람이 막상 죽으니까 북한 측도 당황해 다시 상황을 보고하자 김정일이 '철수하라'고 지시했다.

사건이 커지자 김일성에게도 보고되었다. '아니 왜 이런 짓거리 했냐'고 추궁했

62) 심신복과의 인터뷰(서울: 2002.5.14).

63) Defense Intelligence Agency, *National Intelligence Situation Report*(Korea), NISR 7-76, August 26, 1976(1000 hours), CIA Records Search Tool(CREST), Archives II Library, The U.S. National Archives and Records Administration.

다. 김정일은 '미군의 의식적인 도발이다. 저들이 전쟁을 일으키려고 도발했다'고 보고하라고 지시했다. 당비서들은 김정일이 했다고 못하고 무력부 사람들이 했다고 둘러댔다. 그래서 당시 인민무력부장 최현[1976년 7월 교체로 당시 인민무력부장은 최현이 아니었으나 박병엽이 착각해서 이 같이 기술한 것으로 보인다. 박병엽이 최현을 의미한 것인지 그 후임자 오진우를 의미한 것인지 확실하지는 않다]이 되싸게 욕을 먹었다. 최현이 욕을 먹은 후 작전국장을 불러 화풀이를 한 후 작전국장만을 경고·책벌(責罰)했다.

당시는 유일지도체제가 강화되었던 때라 사업이 잘되면 김정일의 지시로 한 것으로 보고하고, 못 되면 아래 사람이 책임지던 시절이었다. 미군이 보복한다, 한국이 공격한다 해서 강경하게 나오고, 김일성이 사과하라 해서 유감 표명이 나왔다. 김일성은 '사람이 죽었으니 유감표명하라. 푸에블로호사건 때도 미군이 사과하지 않았는가'라고 지시했다.[64]

이상의 내용을 감안해 보면, 판문점 도끼만행 사건은 북한이 한반도의 긴장격화를 선전하면서 국제무대에서 적극적인 외교 공세를 전개하기 위한 일련의 움직임을 배경으로 한미 측의 미루나무 가지치기를 구실로 북한이 의도적으로 취한 행동이라고 판단된다. 구체적으로는 김정일과 박철 두 사람이 사건을 주도한 것으로 보인다.

1) 국제사회의 지지 획득

판문점 도끼만행 사건이 발생한 시기, 북한 정치지도부는 두 가지 목적을 가지고 외교 활동을 전개하고 있었다. 첫 번째는 제5차 비동맹운동 정상회의에서 자국의 입장에 대한 지지를 얻기 위한 것이고, 두 번째는 제31차 유엔

---

64) 정창현, 『곁에서 본 김정일』, 201~202쪽.

총회에서 한반도 문제를 둘러싼 득표 쟁탈전에서 한국에 승리하는 것이다. 북한 정부는 1976년 봄까지 국제무대에서 한반도 문제에 대한 논의를 고조 시킨다는 방침을 굳혔고, 김일성은 3월 28일 다음과 같이 말했다.

> 조선의 통일문제를 해결하기 위하여서는…… 조선의 통일을 지지하는 국제여론을 더욱 불러일으키며 미제국주의자들이 남조선에서 감행하고있는 부당한 행동들을 세계인민들앞에 널리 폭로하는것이 중요합니다.……
> 조선인민의 통일위업을 지지하는 세계인민들의 여론을 더욱 힘차게 불러일으켜야 조선에서 전쟁을 방지하고 아세아의 평화를 유지할수 있으며 조선의 통일을 평화적인 방법으로 실현할수 있습니다. 우리는 조선문제[한반도 문제]가 아세아 문제에서나 세계문제에서나 초점이 되도록 하기 위하여 적극 노력할것입니다.[65]

1976년 8월 제5차 비동맹운동 정상회의는 1975년 북한이 이 회의의 정회원이 된 이후, 처음 대표단을 파견하는 회의였다. 북한은 이 회의를 중시하여 120명의 대표단을 파견했다. 북한 대표단은 회의에서 주한미군의 존재가 한반도 긴장의 원인이라고 호소하고 한반도 문제에 대한 결의안을 제출했다.

그러나 북한의 주장이 너무 일방적인 데다 회의기간 중 판문점 도끼만행 사건이 발생하자 비교적 온건한 회원국들이 결의안에 대해 반대를 표명했고, 북한이 제출한 결의안의 내용은 대폭 수정되었다. 이때 5개국이 수정안을 제출해 비동맹운동의 리더 격이었던 티토(Josip Tito) 유고슬라비아 대통령 등 여러 국가의 지도자가 북한에 대한 지지를 유보했다. 이러한 상황 속에서 북한은 수정안을 제출하지 않을 수 없는 상황에 몰렸고, 결국 회의의 진행을 우려하던 주최국 스리랑카의 양보로 북한이 주장하던 몇 가지 — 한국에서 모든

---

65) 김일성, 「일본 정치리론잡지 《세까이》 편집국장과 한 담화」, 1976년 3월 28일, 『김일성저작집 31』(조선로동당출판사, 1986), 61~62쪽.

외국군 철수, 외국 군사기지 철폐, 정전협정을 평화협정으로 전환 — 는 정치선언
에 포함되었다.[66] 그러나 이 선언도 25개국이 유보하기로 표명했으며 그 사
실이 의사록에 기록되었다. 이는 북한이 자국 입장에 대한 전면적인 지지를
얻는 데 실패했다는 것을 의미한다. 판문점 도끼만행 사건이 동 회의의 결과
에 미친 영향을 구체적으로 평가하기는 어렵지만 북한에 불리한 결과를 가져
온 것은 분명했다.[67]

　미국의 정책담당자는 도끼만행 사건이 북한의 입장을 악화시켰다는 것을
명확하게 인식하고 있었다. 9월 15일, 스코크롭트(Brent Scowcroft) 미국 대통
령 안보담당 보좌관과 스나이더 주한 미국 대사는 판문점 도끼만행 사건이
"예상보다 좋은 결과를 가져왔고, 전체적으로 분명히 우리에게 유리하게 작
용했다"는 데 동의했고, 스나이더 대사는 판문점 도끼만행 사건의 결과가 유
엔에서도 '유익한 효과'를 가져올 것이라 평가했다.[68] 실제로 북한을 지지하
는 내용을 담은 결의안은 제31차 유엔 총회 개막 직전에 철회되었는데, 이는
북한을 지지하던 국가들이 북한 지지 결의안이 부결되고 한국을 지지하는 결
의안이 채택될 것이라 예상했기 때문인 것으로 보인다. 판문점 도끼만행 사
건은 국제사회에서 북한의 위신에 깊은 상처를 준 것이다.[69]

　한국의 박동진 외무부 장관은 9월 말 키신저 국무장관과의 회담에서, 유엔
총회에서 한반도 문제가 의제화되지 않은 점에 만족의 뜻을 표하면서, 북한
측이 결의안을 철회한 것은 전년에 비해 각국의 지지가 격감하는 것을 두려
워했기 때문이라고 평가했다. 이에 대해 키신저는 비동맹운동 정상회의에서

---

66) 《로동신문》, 1976년 8월 22일자, 1면.
67) 외무부, 『한국외교 30년』, 223~224쪽.
68) "Memorandum of Conversation," The White House, September 15, 1976, in *DMZ Axe Incident*.
69) Central Intelligence Agency, "North Korea Politics," November 16, 1976, CREST, pp.2~3. 외교통상부, 『한국외교 50년』, 217쪽.

북한 지지 결의가 유보되고 판문점 사건에 대한 지지를 얻지 못했던 것도 원인이라는 견해를 나타냈다.[70]

판문점 도끼만행 사건이 한국과 미국에 유리한 결과를 초래한 이유 중 하나는 양국이 과도한 대응을 억제한 것에 있다. 이에 대해 미국의 파셀(Dante Fascell) 의원은 다음과 같이 말했다.

북한은 우리의 보복으로 자국 병사들이 살해되는 것을 기대하고 있었던 것은 아닐까. 그들은 자기 주장의 정당성만 입증된다면 서른 명이 목숨을 잃는다 해도 마다하지 않았을 것이다. 그들이 주장하고자 한 것은 미국은 호전적이며 이 땅[한반도]에 심각한 긴장상태가 존재한다는 것이다.[71]

험멜(Arthur Hummel Jr.) 미 국무부 동아시아·태평양문제담당 차관보는 이에 동의하며 "우리는 그쪽 병사들을 죽이지 않음으로써 우리의 주장을 뒷받침했다", "만약 그쪽에 사상자가 발생했다면 그들에게 더 좋은 상황이 되었을 것"이라고 말했다.[72]

즉, 한국과 미국은 북한 병사에게 피해를 주지 않음으로써 군사적으로는 패배했지만 외교적으로는 승리를 거둔 것이다. 반대로, JSA에서 북측의 행동은 미국인들에게 "본때를 보여준다"는 목적을 달성했지만, 국제무대에서의 선전전에서는 역효과만 초래했다.[73]

70) "Secretary's Meeting with Republic of Korea Foreign Minister Pak Tong-chin," Department of State, Memorandum of Conversation, September 27, 1976, Digital National Security Archive(DNSA), document No.02089, pp.1~2.
71) 같은 글, p.11.
72) 같은 글, p.12.
73) 《남북대화》, 제11호(1976.3~1976.11), 제3부 그 밖의 남북관계 소식, 「북한판 도끼외교의 좌초」. 323쪽.

판문점 도끼만행 사건이 널리 알려지자, 국제사회에서 북한의 입장은 크게 악화되었다. 이러한 상황 속에서 북한은 오로지 침묵하면서 국제적 위신 회복을 기대할 수밖에 없었다. 판문점 도끼만행 사건의 수습 후 DMZ에서의 사건은 감소했고 JSA도 1953년 이래로 '긴 정적의 나날(longest lull)'을 맞았다. JSA에서 1984년 11월 러시아인 망명사건으로 정적이 깨질 때까지 8년간 특별한 사건이 발생하지 않았다.[74]

2) 주한미군 철수

북한은 판문점 도끼만행 사건을 일으켜 미국의 반전(反戰)정서를 자극해 카터를 비롯한 주한미군 철수론자들을 지지하려고 시도했다. 즉, 북한은 미군을 습격함으로써, 한반도의 미군 주둔으로 베트남에 이어 또 다른 아시아에서의 비참한 전쟁에 미국이 말려들게 될 가능성이 있다는 인상을 주려고 한 것이다.[75]

그러나 주한미군의 철수를 재촉하려는 북한의 시도는 미국 내 주한미군 철수 논란에 영향을 주지 못했다는 점에서 실패했다고 볼 수 있다. 미 의회의 관심은 한국의 인권과 전쟁권한법 등의 문제에 집중되었고, 미국 대선에서 미국 국민들의 투표 행동에 판문점 도끼만행 사건이 영향을 주었다는 증거도 없다.[76] 카터의 주한미군 철수에 대한 주장은 그의 신념에 근거한 것으로 판문점 도끼만행 사건에 의해 좌우되는 성격의 것이 아니었다.

---

74) James M. Lee, "History of Korea's MDL [Military Demarcation Line] & Reduction of Tension along the DMZ and Western Sea through Confidence Building Measures between North and South Korea," in Chae-Han Kim(ed.), *The Korean DMZ: Reverting beyond Division*(Seoul: Sowha, 2001), p.111.
75) 김정렴, 『한국경제정책 30년사: 김정렴 회고록』, 347쪽.
76) Head, et al., *Crisis Resolution*, pp.206~208.

판문점 도끼만행 사건이 미국정책에 유일하게 영향을 주었을 가능성이 있다면, JSA 경비를 담당하는 미군 보안중대에 대한 것이다. 9월 15일, 스나이더 대사는 JSA 보안중대의 철수를 제안하고[77] 그 경우에는 "국내에서의 압력으로 철수하는 것보다 자발적으로" 철수를 결정하는 것이 바람직하다고 말했다. 스나이더 대사의 제안은 판문점 도끼만행 사건의 영향을 받은 것임에 틀림없다. 그러나 스코크롭트 보좌관은 적으로부터의 위협에 "노출되어 있다는 사실"이야말로 JSA의 보안중대가 존재해야 할 의의라며 "작고 점진적인 움직임[병력의 철수]을 추진하자는 정부 내의 일부 주장은 개별적으로는 큰 영향이 없을 지라도, 이것이 반복되면 동아시아에서 우리의 군사가 존재하는 의미를 퇴색시키는 실질적인 결과를 가져올 수 있다"는 우려를 표명했다.[78] 이러한 논의를 거쳐 결국 JSA 보안중대는 계속 유지되었다.

또한 북한은 판문점 사건을 배경으로 미국에 북미 간 평화협정 체결을 재촉하려고 했을 가능성도 있으나, 도끼로 미군 장교를 살해하는 것으로 이를 촉진시키지는 못했다. 평화협정 체결 문제에 대한 미국의 입장은 명확했다. 9월 1일 험멜 차관보는 한국의 참가 없이는 미국이 한반도의 미래안보체제에 대해 북한과 협상하지 않겠다고 밝혔다.[79]

3) 김정일의 권력 장악

현시점에서 판문점 사건과 북한 국내정치 간 관계에 대한 직접적인 증거는 없지만, 이 사건이 북한 정부와 군내에서 김정일의 권력 장악과 관계가 있

---

77) 1971년 미 제7보병사단이 철수한 뒤 DMZ 내에 배치되어 있는 미군부대는 JSA를 지원하는 부대뿐이었다.

78) "Memorandum of Conversation," The White House, September 15, 1976, in *DMZ Axe Incident.*

79) U.S. Congress, *Deaths of American Military Personnel*, p.8.

을 가능성은 배제할 수 없다. 1970년 김정일은 군에서의 지위를 구축하는 작업에 본격적으로 착수하고 김일성을 수행한 형태가 아닌 단독으로 자주 군부대를 방문하기 시작했다. 군을 방문할 때 김정일은 브리핑을 받을 뿐만 아니라 병사들과 함께 전차, 어뢰정, 항공기에 탑승하는 등 군과 긴밀한 관계를 쌓으려 했다. 1975년이 되자 군부대와 각 부서에 김정일의 초상화가 걸리게 되었고, 이때부터 김정일은 군의 보고체계를 변경하여 군이 자신을 통하지 않고 김일성에게 보고하지 못하도록 했다.[80]

그러나 군에 대한 김정일의 권력 장악은 순조롭게만 진행된 것이 아니었다. 1976년 6월에는 김정일의 권력 장악을 방해하려는 움직임 중 가장 중요한 사건이 발생했다. 6월 정치위원회에서 김동규 부주석은 김정일이 당 규칙과 명령을 경시할 뿐만 아니라, 고령이지만 경험이 풍부한 당 간부를 외면하고 젊고 경험이 부족한 사람들로 교체시키고 있다고 비판했다. 이어서 리용무 조선인민군 총정치국장, 류장식 당 정치위원회 위원후보, 지경수 당 검열위원회 위원장, 지병학 인민무력부 부부장 등도 김정일 비판을 이어갔다. 그러나 결국 김정일을 비판한 사람들이 숙청되면서 김정일의 권력 장악에 대한 반대는 실패로 끝났다.[81]

박병엽은 판문점 도끼만행 사건의 배경에 대해 다음과 같이 말하고 있다.

당시는 김정일이 후계자로 등장해 유일지도체제가 정착되는 시점이었다. 김정일이 개미 하나 움직이는 상황까지 보고 받을 때였다. 당시 김정일은 누가 출근을 늦게 한 것까지 전국의 모든 정보를 자신에게 집중시킬 때였다.[82]

---

80) 최주활, "김정일 30년 노력 끝에 군부 완전장악", 《월간 WIN》(1996년 6월), 163~164쪽.
81) 신경완, "곁에서 본 김정일", 《월간중앙》, 1991년 6월, 404~405쪽; 鐸木昌之『北朝鮮―社會主義と伝統の共鳴』(東京大學出版會, 1992년) pp.111~112.
82) 정창현, 『곁에서 본 김정일』, 201쪽.

또한 김일성의 후처였던 김성애 친족들의 가정교사로 약20년간 일했던 김현식은 판문점 도끼만행 사건의 배경에 대해 다음과 같이 말했다.

도끼만행 사건은 김정일이 직접 지휘하고 일으킨 것으로, 그가 놓여있던 상황이 원인이다. …… 김정일에게는 따르는 사람도, 친구도 없었다. 그래서 김정일은 '어떻게 하면 상황이 나아질 수 있을까'라 고민했다. 김정일은 늘 미래를 고민하는 편이었다. …… 도끼만행 사건은 김정일이 테러를 일으켜 상황을 전환하려고 한 것이다. 도끼만행 사건이 일어나자 평양은 요새가 되어 전쟁 준비가 진행되었다. 모두가 '평양을 지키자', '전국을 지키자'는 분위기였다. …… 김정일은 도끼만행 사건을 일으켜 자신과 가깝지 않던 많은 사람들을 피난 보내 버렸다. 나도 [김일성의 후처로 김정일의 계모인] 김성애의 집에서 가르치고 있어서 쫓겨날 뻔했다. 김정일은 이를 계기로 상황을 바꿔 놓았다. 1974년 권력을 승계받고 2년 후에 자신의 권력을 다지기 위해 도끼만행 사건을 일으킨 것이다 …… 김정일은 상식적인 사람이 아니다. 김정일의 지시가 없으면 군은 움직일 수 없다. 김정일의 지시가 있었기 때문에, 그와 같은 사건이 일어났다. 김일성이 사건의 배경을 알고 있었는지 여부는 알 수 없다.[83]

사건 발생 한 달 뒤, 평양주재 헝가리 대사관은 본국에 다음과 같이 보고했다.

8월 19일 포고된 준전시상태를 북한의 지도자들은 다른 많은 것에도 이용을 했다. 우선 소위 주민 조직화를 강화했고, 있[을]지도 모를 전쟁 상황에서 해야 될 일들

---

83) 김현식의 증언 및 저자와의 인터뷰, "The Korean Peninsula after Détente, 1973-1976: A Critical Oral History"(Woodrow Wilson International Center for Scholars, October 31~November 1, 2011).

을 연습하게 했다.

두 번째로, 평양에서 약 5~6만 명을 이동시켰다. 트럭 행렬은 몇 주에 걸쳐 수천 가족을 이주시켰다. 마침내 북한인들에게서 사실을 알게 되었는데, 이는 피난 연습이 아니라 주민강제이주로서 그들을 옮긴 것이었다. …… 다른 정보에 따르면 평양 지식인층의 일부와 장관 부서의 근무자 일부도 이주시켰다. 외무성과 대외무역성에도 엄청난 간부교체가 일어났으며, 짐작건대 교체된 간부들도 시골로 이동시켰을 것이다. 동시에 평양의 교화소(와 하나의 큰 강제수용소) 거주인도 시골로 옮겼다.

세 번째로, 준전시상태를 경제적 건설과업 추진에 이용했다. …… 루마니아를 출처로 얻은 정보에 따르면 전쟁수행의 외부 조건이 미비하고, 북한 그 자신도 전쟁수행에 적합한 배경을 가지고 있지 않은 것으로 볼 때, 아마도 내부 문제들, 최고 위층에서 관찰되는 의견충돌 또한 준전시상태 선포와 전쟁 분위기로 몰아가는 데 기여를 했다.[84]

이처럼, 김정일은 판문점 사건으로 군을 직접 지휘하고 군사·외교 면에서 공을 세워 군에 대한 영향력을 강화하는 한편 국내의 반대세력을 제거하려고 했다고 볼 수 있다. 그 의미 면에서도 판문점 도끼만행 사건이 김동규 사건부터 겨우 2개월 뒤에 발생했다는 사실은 주목할 만하다.

---

84) 「판문점 도발과 관련해서 북한이 요구한 지원」. 헝가리 대사 보고(평양: 1976년 9월 20일). 헝가리 문서보관소 표식번호 81-4(신종대 북한대학원대학교 교수를 통해 입수).

제 6 장
제 1 차 핵 외 교
1 9 9 3 ~ 1 9 9 4 년

1993년 3월 12일, 북한은 핵확산금지조약(NPT) 탈퇴를 선언했다.[1] 또한, 북한은 미국이 냉전 후 핵무기 등 대량파괴무기(WMD) 확산을 국제안보의 새로운 위협이라 평가해 비확산 정책에 힘을 실으려던 점을 역이용하여, 핵 개발 동결 등에 응하는 대신 경제지원과 북미 관계를 정상화할 것을 요구했다.[2] 그 결과 1994년 10월 북미 간에는 북한이 핵시설 가동 및 건설을 동결

---

1) 《로동신문》, 1993년 3월 13일자, 1면.
2) 특별한 언급이 없는 한, 핵 외교에 관한 기술은 다음 자료에 의거했다. Joel S. Wit, Daniel B. Poneman, and Robert L. Gallucci, G*oing Critical: The First North Korean Nuclear Crisis* (Washington, D.C.: Brookings Institution Press, 2004); Center for Strategic and International Studies(CSIS), "Nuclear Confrontation with North Korea: Lessons of the 1994 Crisis for Today"(Seoul: March 20, 2003), http://www.csis. org/isp/crisis_peninsula/seoulRTtranscript.pdf; Leon V. Sigal, *Disarming Strangers: Nuclear Diplomacy with North Korea*(Princeton: Princeton University Press, 1998); Don Oberdorfer, *The Two Koreas: A Contemporary History* (Reading, MA: Addison-Wesley, 1997); Michael J. Mazarr, N*orth Korea and the Bomb: A Case Study in Nonproliferation* (New York: St. Martin's Press, 1995); Mitchell Reiss, *Bridled Ambition: Why Countries Constrain Their Nuclear Capabilities*(Washington, D.C.: Woodrow Wilson Center Press, 1995); 케네스 퀴노네스, 『2평 빵집에서 결정

하는 대신 미국이 북한에 중유와 경수로를 제공하기 위한 조치를 취한다는 내용의 「조선민주주의인민공화국과 미합중국사이의 기본합의문」(이하 제네바 합의)이 체결되었다.

1. 핵 개발, 위기 그리고 제네바 합의

1) 핵확산금지조약 탈퇴 선언

1993년 2월 9일 국제원자력기구(IAEA)는 북한이 IAEA에 보고하지 않은 핵 관련 시설 몇 곳에 대한 특별사찰을 요구했다. 또한 같은 달 25일 IAEA이사회는 북한이 NPT를 준수하고 있는지 여부를 한 달 이내에 블릭스(Hans Blix) IAEA 사무총장에게 보고하도록 요구하는 결의안을 채택하고, 북한에 IAEA의 사찰을 받아들일 것을 요구했으나 북한은 이를 거부했다.

한편, 3월 9일 시작된 한미합동군사훈련 '팀 스피리트 93'은 이전에 비해 규모는 축소되었지만 한미 각각 7만과 5만 명의 병력을 전개하고 동시에 B-2 스텔스 폭격기를 한반도에 처음으로 반입했다.[3] 이에 대해 김정일은 '팀 스피리트' 시작 전날 "전국, 전민, 전군이 1993년 3월9일부터 준전시상태로 넘어갈것"을 지시하는 조선인민군 최고사령관 명령을 선포했다.[4] 1983년 이후 처음인 준전시상태 선포[5]에 대해 오버도퍼(Don Oberdorfer) 존스홉킨스

된 한반도 운명: 전 미 국무부 북한 데스크 퀴노네스 박사의 영변 핵 프로젝트 보고서』, 노순옥 옮김(중앙M&B, 2000).

3) 『防衛ハンドブック』, 平成12年版(朝雲新聞社, 2000), p.47; Oberdorfer, *The Two Koreas*, p.279.

4) 《로동신문》, 1993년 3월 9일자, 1면.

5) 《RP北朝鮮政策動向》, 1993.4.30. p.32.

대 교수는 다음과 같이 언급했다.

공격이 임박한 것으로 알려지자 군 간부는 지하 요새로 대피하도록 지시했다. 군인의 휴가는 모두 중지되었고, 병사들은 머리를 삭발하고 철모를 썼으며, 군대에는 소총 탄약이 배부되었다. 평양의 보안본부 근처에는 장갑차가 줄줄이 늘어섰고 무장경찰이 군대의 통과를 체크했다. 지방에서는 집 근처에서 공습이 발생했을 경우 숨을 수 있는 참호를 파기 위해 시민들이 동원되었다.[6]

이런 상황에서 북한이 3월 12일 NPT 탈퇴를 선언하고, 위기 고조를 선전했다. 북한은 NPT 탈퇴를 선포하는 정부 성명을 통해 "미국은 우리가 군사기지에 대한 〈특별사찰〉을 거부하면 〈특별사찰 불이행〉이라고 딱지를 붙여 우리 문제를 유엔안전보장리사회에 끌고가 우리에 대한 〈집단적인 제재〉를 가해보려 하고 있다", "만일 우리가 미국과 그 추종자들의 이러한 음모를 저지시키지 못하면 온 민족을 대결과 전쟁에 몰아넣고 대국들의 희생물로 내맡기는 결과만을 초래하게 될것이다"라고 했다.[7] 또한 북한이 ▲ 자국에 주재 중인 외교관을 추방하기로 결정하고 ▲ 정부에 접근하는 것을 거부하며 ▲ 해외 대표단을 본국으로 소환하고 ▲ 평양과 베이징 간 전화회선을 중지했다는 것도 알려졌다.

북한의 NPT 탈퇴 선언 직후, 한국과 미국은 비교적 차분히 대응했다. 한국 정부는 강한 우려를 표명하며 북한이 결정을 번복해줄 것을 강력히 촉구했고, 군의 경계태세를 강화하고 모든 남북 경제협력을 중단했다. 그러나 한편으로 김영삼 대통령은 "우리는 북한이 결코 국제적으로 고립되거나 고통을

---

6) Oberdorfer, *The Two Koreas*, p. 279. 그러나 북한이 실제로 군사행동을 위한 움직임을 취한 것은 아니었다고 한다. Wit, Poneman, and Gallucci, *Going Critical*, p. 29.
7) 《로동신문》, 1993년 3월 13일자, 1면.

받는 것을 원치 않는다"[8]며 4월 중으로 핵 문제가 외교적으로 해결할 수 있기를 호소했다. 또한 "우리는 무력으로 대응하는 대신 온건한 자세로 대응할 것"[9]이라며 북한 체제가 하루아침에 붕괴될 경우 대단히 불행한 결과가 초래될 것이라는 생각을 나타냈다.[10] 미국 정부도 북한에게 NPT 탈퇴 결정을 번복할 것을 촉구했지만, 강한 압력을 가하는 것은 피했다.

중국은 북한에 더욱 동정적인 태도를 취했다. 중국은 핵 문제의 외교적 해결을 호소하며, 4월 1일 IAEA 이사회가 북한 핵 문제를 유엔 안보리에 회부한다는 결의안을 채택한 이후에도, 문제의 해결을 위해 북한을 제재하는 것에 대해 강하게 반대했다.

NPT 탈퇴 선언 2주 뒤인 3월 24일, 김정일은 준전시상태 해제 성명을 발표하고 긴장을 완화시켰으며[11] 29일에는 북한 외교부가 북미 양자회담을 통해 핵 문제를 해결하자고 제안했다.[12] 이에 대해, 미국은 4월 22일 핵 문제는 "국제사회와 북한 간의 문제"라는 기본입장을 재차 표명하면서도 북미 협의에 응하겠다고 발표했다.[13] 북핵 문제가 유엔에서 논의되는 가운데 북미 간 실무레벨은 3회에 걸쳐 접촉했다.

5월 11일 유엔 안보리는, 북한에게 NPT 탈퇴를 재고하고 NPT 준수를 재확인해줄 것을 요구하는 결의를 채택했다.[14] 이에 대해 북한 외교부는 "문제를 해결하는 데서 협상의 방법으로가 아니라 압력의 방법에 매여달린"다고 미국을 비난하며, 유엔 안보리가 북한을 제재한다면 이를 "〈선전포고〉와 같

---

8) 《경향신문》, 1993년 3월 16일자, 1면.
9) 《동아일보》, 1993년 4월 7일자, 1면.
10) 《서울신문》, 1993년 4월 24일자, 2면.
11) 《로동신문》, 1993년 3월 25일자, 1면.
12) 《로동신문》, 1993년 3월 30일자, 5면.
13) Department of State, Daily Press Briefing, April 22, 1993.
14) United Nations Security Council, "Resolution 825," S/RES/825, May 11, 1993.

은것"으로 간주한다고 표명하고 끝까지 미국과의 양자회담을 요구했다.[15]

이러한 움직임 뒤, 25일 북한과 미국은 6월 2일부터 뉴욕에서 양자회담을 개최한다고 발표했다. 그러나 다른 한편으로 북한은 5월 말 역대 최대의 미사일 실험을 실시하고 29~30일 양일에 걸쳐 스커드 미사일 3발과 노동 미사일 1발 등 총 4발의 미사일을 동해 쪽으로 발사했다.

2) 북미 고위급 회담

갈루치(Robert Gallucci) 미 국무차관보와 강석주 북한 외교부 제1부부장을 대표로 한 북미 고위급 회담은 북한의 NPT 탈퇴효력이 발생하기 10일 전인 6월 2일에 시작되었다. 강석주 대표는 북한은 핵무기를 제조할 능력을 가지고 있지 않다는 김일성의 말을 번복하며, 핵무기를 제조할 능력을 가지고는 있지만 미국이 북한을 위협하는 일이 없어진다면 핵무기를 제조하지 않겠다고 약속했다. 또한 명확히 제안한 것은 아니었지만, 북한이 보유 중인 흑연감속로를 경수로로 교체하는 옵션도 내비추었다.[16] 북한의 NPT 탈퇴가 발효되기 직전인 11일, 북한과 미국은 양자 간 최초의 '공동성명'을 발표하고 다음 세 항목의 원칙에 합의했다고 밝혔다.

(1) 핵병기를 포함한 무력을 사용하지 않으며 이러한 무력으로 위협도 하지 않는다는것을 담보한다.

(2) 전면적인 담보 [안전조치[17]] 적용의 공정성보장을 포함하여 조선반도의 비핵

---

15) 《로동신문》, 1993년 5월 13일자, 4면.

16) Wit, Poneman, and Gallucci, *Going Critical*, pp.53~54.

17) NPT 당사국인 비핵무기 국가는 IAEA와의 안전조치 협정(safeguards agreement)을 체결할 것을 의무화하고 있다. IAEA는 이 협정에 따라, 평화적 목적으로만 사용해야 하는 원자력이 핵무기 제조 등 군사 목적으로 전용되지 않도록 해당국의 원자력 활동

182 북한의 벼랑 끝 외교사

화, 평화와 안전을 보장하며 상대방의 자주권을 호상 존중하고 내정에 간섭하지 않는다.

(3) 조선의 평화적통일을 지지한다.[18]

동시에 북한 정부는 NPT 탈퇴 효력을 "필요하다고 인정하는만큼 일방적으로 림시중지시키기로 하였다"는 입장을 표명했다.[19] 반대로 말하자면, 필요할 경우 언제든지 NPT를 탈퇴하고 핵 개발을 재개한다는 것이다.

강석주 대표는 6월 북미 회담을 '력사적인 회담'이라 말했다.[20] 북미 공동성명은 북한에게 매우 중요한 상징적 의미를 갖고 있는바, 핵 문제가 부상하자 미국은 갑자기 북한을 '중요한 국가'로 여기게 된 것이다.[21] 강석주는 6월 18일 북한의 입장을 한층 명확히 하여 핵 문제는 미국의 대북 '적대시정책'이 발단인 만큼 양국 간 '적대관계라는 근원'을 제거하지 않으면 결코 해결할 수 없는 문제라고 지적했다.[22]

한편, 뉴욕에서 북미 회담이 진전되자 한국은 초조해지기 시작했다. 북미 공동성명 발표 이후 남북 대화 및 북한과 IAEA 간 협의가 재개되었으나, 핵 문제 해결의 주도권이 서서히 북한과 미국으로 이동하기 시작했기 때문이다. 특히 북미 공동성명이 발표된 이후 한미 관계가 삐걱대기 시작했다. 한

에 대한 사찰을 포함한 검증을 실시하기 위한 안전조치를 취한다. 북한은 안전조치를 "담보", 안전조치 협정을 "담보협정"이라 각각 표현하지만, 이 책에서는 통일성을 유지하기 위해 모두 "안전조치" 및 "안전조치 협정"으로 표기한다.

18) "Joint Statement Following U.S.-North Korea Meeting," Text of U.S.-North Korean joint statement released by the Office of the Spokesman, New York City, June 11, , 1993;《로동신문》, 1993년 6월 13일자, 1면.

19) 같은 글.

20) 《로동신문》, 1993년 6월 13일자, 3면.

21) Oberdorfer, *The Two Koreas*, p.286.

22) 《로동신문》, 1993년 6월 19일자, 3면.

국은 협상을 통한 핵 문제의 해결을 바라고는 있었지만, 그 과정에서 한국만 소외되고 북미 관계에만 긍정적인 변화가 찾아온 것을 환영하지는 않았다.

3) 거래조건을 둘러싼 협상

북핵 문제 해결에서 북미 간 양자회담이 중심적인 역할을 했다는 것이 밝혀지자 다음은 거래조건, 즉 무엇을 맞바꾸기로 했는지를 둘러싼 문제로 초점이 옮겨갔다. 북한은 기대하고 있는 것에 대해 매우 솔직히 밝혔다. 1993년 7월, 제네바에서 개최된 제2차 북미 회담에서 강석주 대표는 국제사회가 비용을 부담할 경우 흑연감속로를 경수로로 대체할 수 있다고 표명했다. 경수로는 핵무기 제조에 필요한 플루토늄의 생산이 비교적 어렵고 국제적으로 감시하기 쉽다는 특징이 있었다. 갈루치 대표는 이 제안을 긍정적으로 받아들였으나 경수로 건설자금을 얻는 것이 매우 어렵다고 판단하여[23] 신중한 태도를 보였다. 북한은 이러한 야심찬 정책목표를 협상 초기에 밝혔고, 결국 이를 달성하는 데 성공했다. 제2차 북미 회담 결과 양측은 7월 19일 다음 요지의 성명을 발표했다.

(1) 쌍방은 조선민주주의인민공화국이 현존 흑연감속원자로와 그와 관련된 핵시설들을 경수로로 교체하는것이 바람직하다는데 대하여 인정한다.

(2) 미국은 핵 문제의 최종적해결의 일환으로서 …… 경수로도입을 지지하며 그를 위한 방도를 조선민주주의인민공화국과 함께 탐구할 용의를 표명한다.

(3) 쌍방은 IAEA의 담보[안전조치]를 완전히 그리고 공정하게 적용하는것이 국제적인 핵비확산 체계를 강화하는데서 필수적이라는데 대하여 견해를 같이하였다.

---

23) Wit, Poneman, and Gallucci, *Going Critical*, p.72; Oberdorfer, *The Two Koreas*, p.290. 퀴노네스, 『2평 빵집에서 결정된 한반도 운명』, 195~196쪽.

(4) 이에 기초하여 조선민주주의인민공화국은 안전조치와 관련한 현안 문제와 기타 문제들에 관한 IAEA와의 협상을 가능한 한 빠른 시일 내에 시작할 용의를 표명한다.[24]

제2차 북미 회담 성명은 북한에 IAEA와 협의할 것을 요구했지만, 8월에 접어들자 미국은 북한이 IAEA뿐만 아니라 한국과도 본격적인 협의를 시작해야만 제3차 북미 회담을 개최하겠다는 방침을 굳혔다.[25] 이 조건은 핵 비확산 국제 레짐을 기초로 동맹국 한국과의 관계를 원만하게 유지하면서 핵 문제를 해결하겠다는 미국 측의 의지를 반영한 것이다.

이후 미국은, 북한이 IAEA의 사찰을 충실히 받지 않는다면 제3차 북미 회담 개최가 위태로워질 것이라고 북한에 경고했다. 9월에 개최된 협의에서 IAEA와 북한은 합의를 이끌어내지 못했고, 10월 1일 IAEA 총회는 북한이 재사찰을 수용할 것을 요구하는 결의안을 채택했다. 그리고 11월 1일에는 IAEA 사무총장의 보고를 받은 유엔 총회가, 북한은 안전조치 협정을 완전히 이행할 수 있도록 신속하게 IAEA에 협력하라고 요구하는 결의를 채택했다.[26]

남북 대화도 성과를 내지 못했다. 한국은 핵 문제를 협의의 최우선 과제로 생각한 반면, 북한은 남북정상회담 준비를 위한 특사 교환을 우선 진행할 것을 요구했다. 그 결과 10월 5일부터 25일사이 세 차례 개최된 협의는 진전 없이 끝났다. 11월 2일 한국 국방장관은 북측이 제재에 대해 군사행동을 취할

---

24) "U.S.-North Korea Talks on the Nuclear Issue," Press Statement(text agreed by the D.P.R.K. and U.S. delegations), Text of statement by the U.S. delegation to the U.S.-D.P.R.K. talks on the nuclear issue, released in Geneva, July 19, 1993; 《로동신문》, 1993년 7월 21일자, 1면.

25) Wit, Poneman, and Gallucci, *Going Critical*, p.79.

26) United Nations, General Assembly, "Report of the International Atomic Energy Agency," A/RES/48/14(November 1, 1993).

경우 대응책을 한미안보협의회의에서 협의하겠다고 발언했는데, 이에 대해 북한은 다음 날인 3일 남북 대화를 중지한다고 발표했다.27) 또한 북한은 한국 정부를 맹비난하면서 김광진 인민무력부 부부장이 "대화에는 대화로, 전쟁에는 전쟁으로 대답한다는것이 우리의 립장"이라고 말하는 등 전쟁의 공포를 부추기는 행동을 취하기 시작했다.28)

북한이 요구한 것은 IAEA와의 협의나 남북 대화가 아닌 북미 회담의 재개였다. 9월 22일 북한 외교부는 미국이 제3차 북미 회담 개최에 전제조건을 단 것을 비난하고 철회를 요구했다.29) 그리고 10월 4일 북한 외교부는 앞서 1일 개최되었던 IAEA 총회에서 채택된 결의를 비난하면서 "오늘의 실태는 핵 문제가 오직 조미회담을 통해서만 해결될 수 있다는 것을 다시금 확증해 주고있다"는 담화를 발표했다.30) 북한은 한국 혹은 IAEA와의 형식적인 대화가 북미 회담의 실현으로 이어지지 않는다고 보고, 이 대화채널을 닫아버림으로써 북미 회담의 재개를 촉구하려던 것이었다.

북한은 대화와 군사적 위협이라는 두 수단을 병용하여 자국의 입장을 강화하려 했다. 긴장이 격화되고 제재 가능성이 높아지자 북한은 국제사회의 압력에 적극 대응할 뜻을 나타냈다. 11월 초 북한이 비무장지대(DMZ) 부근의 전력을 증강하고 있다는 것이 전해졌고31) 같은 달 29일에는 북한 외교부가 제재와 전쟁이라는 사태에 대해 "나라의 자주권을 수호할 만단의 준비가 되여있다"고 지적하면서 "미국이 끝내 조미공동성명의 원칙을 백지화하고

---

27) 통일원, 『통일백서 1995』(통일원, 1995), 215~221쪽.
28) 《로동신문》, 1993년 11월 4일자, 3면.
29) 《月刊朝鮮資料》, Vol.33, No.11(1993.11), pp.10~12.
30) 《로동신문》, 1993년 10월 5일자, 5면.
31) R. Jeffrey Smith, "North Korea Bolsters Border Force; Continued Resistance to Nuclear Inspections Increases U.S. Concerns," *Washington Post,* November 6, 1993, p.A19.

회담을 그만두겠다면 우리도 [NPT]조약탈퇴효력발생을 더이상 불편하게 정지시켜놓고있을 필요가 없게 될 것이다"라고 강한 목소리를 냈다.[32]

그러나 대립의 이면에서는 동시에 상황을 타개하려는 새로운 움직임이 나타나고 있었다. 북한은 10월 중순 비공식적으로 새로운 제안을 미국 측에 제시했는데, 이는 북한이 광범위한 IAEA 사찰을 수용하는 대신, 미국은 팀 스피리트 연습을 중지하고 제3차 북미 회담 개최에 동의하며 북한을 핵으로 위협하지 않겠다고 약속하라는 것이었다. 또한 더 높은 차원에서는 북한이 ▲ NPT에 잔류하고 ▲ 안전조치를 전면적으로 이행하고 ▲ 남북 비핵화 공동선언의 이행에 동의하는 대신, 미국은 ▲ 핵무기를 포함한 무력의 사용·위협을 하지 않겠다는 확약을 포함한 평화협정을 체결하고 ▲ 경수로 공급에 책임을 지고 ▲ 외교관계를 정상화하고 ▲ 남북한에 대해 균형 잡힌 정책을 실시할 것을 요구했다.[33]

11월 11일에는 강석주 대표가 미국 측에 다음과 같은 '일괄타결방식'을 명확히 제시했다.

(1) 담보[안전조치]의 련속성 보장과 담보협정[안전조치 협정]의 완전한 리행은 엄연히 구별하여 보아야 한다.[34]

(2) 담보협정[안전조치 협정]의 완전한 리행문제는 어디까지나 앞으로의 조미회담을 통하여 미국의 핵위협과 압살정책의 포기문제와 직접적인 련과[관]속에서 론의해결 되여야 할 문제이다.

(3) 일괄타결방식이 합의되는데 따라 미국이 우리에 대한 핵위협과 적대시정책

---

32) 《로동신문》, 1993년 11월 30일자, 3면.
33) Wit, Poneman, and Gallucci, *Going Critical*, pp.95~96.
34) 북한이 주장하는 '담보의 련속성 보장'이란 안전조치 협정의 완전한 이행에 못 미치는 불완전한 안전조치를 수용하라는 것으로, 북한에게 유리한 조건에서 사찰을 수용하는 것을 의미한다.

을 포기하는 실천적행동을 취하고 우리가 [NPT] 조약에 그대로 남아 담보협정[안

전조치 협정]을 전면적으로 리행하게 되면 핵문제는 원만히 해결될것이다.[35]

한편 한국의 온건파는 9월 중순 미국 측에, 제3차 북미 회담에서 핵 문제가 해결될 경우 북미 관계 정상화를 위한 제4차 회담을 실시한다는 '포괄적 접근 방안'을 제안했다. 미국은 11월 15일 이를 승인하고, 23일에는 '철저하고도 광범위한 접근'을 한미 공동으로 발표했다.[36] 이 안의 골자는 1단계로 북한이 IAEA 사찰을 받고 남북 대화 재개에도 응하는 대신 한미 측은 팀 스피리트 훈련을 중지하고, 2단계로 제3차 북미 회담에서 북한이 녕변[영변]에 위치한 핵 폐기물 시설 두 곳의 IAEA 사찰을 수용하는 문제와 함께 북미 국교정상화와 경제관계 강화 그리고 한미일 3개국의 대북투자 등을 논의한다는 것이다.[37]

새로운 대북정책을 내세우는 한편 미국은 북한 제재와 군사력을 통한 위협 및 무력 행사, 핵시설 공격, 한국에 병력 증파 등 다양한 선택지를 검토했다. 그러나 어떤 선택지에도 문제는 있었다. 제재조치를 취하려면 막대한 수의 함정을 배치해야 할 필요가 있는 데다 효과도 불확실했고, 본격적인 무력 행사에는 비용이 많이 들며, 핵시설을 공격한다 해도 이미 분리된 플루토늄은 파괴할 수 없으며 북한이 본격적으로 보복해 올 가능성도 배제할 수 없었다. 당시 소말리아와 아이티 등에서 미국의 군사작전이 실패로 끝났기 때문에 11월 15일 열린 미 국가안전보장회의 장관급위원회에서는 강경책에 대해

---

35) 《로동신문》, 1993년 11월 12일자, 4면.

36) 외무부, 『외교백서(1994년도판)』(외무부, 1995), 121쪽.

37) R. Jeffrey Smith, "North Korea Deal Urged By State Dept.; Canceling Exercise Linked to Inspections," *Washington Post*, November 15, 1993, p.A15 R. Jeffrey Smith, "U.S. Weighs N. Korean Incentives; New Approach Taken On Nuclear Inspection," *Washington Post*, November 17, 1993, p.A31; R. Jeffrey Smith, "S. Korean Holds Line on North; President Opposes Concessions Until Direct Talks Are Reopened," *Washington Post*, November 23, 1993, p.A32.

부정적인 결론이 나왔다.[38]

12월에 들어 추가적으로 논의한 결과, 12월 29일 북미 양국은 ▲북한은 9월 8일 IAEA가 지정한 7곳의 시설에 대한 사찰을 허용 ▲특사교환을 위한 남북 대화를 재개 ▲한국은 팀 스피리트 훈련 중지를 발표 ▲북한과 미국은 제3차 북미 회담 개최 일정을 발표한다는 네 가지가 '동시에 진행되는 상호적 행동(simultaneous reciprocal action)'을 취하기로 일단 합의했다.[39]

그러나 1994년 1월 IAEA와 북한 간 협의가 진행되자, 북한이 받아들일 사찰내용에 대해 북한과 미국이 완전한 합의에 이르지 못했다는 것이 밝혀졌다.[40] 북한은 '담보[안전조치]의 련속성'을 보장하기 위한 사찰을 제한적으로 해석하려 했다. 미국은 사찰의 범위를 제한적으로 해석할 여지를 북한에 제공했지만, IAEA는 안전조치 협정을 기초로 한 사찰을 실시하려 했다. 북한은 "담보[안전조치]의 련속성"을 보장하기 위한 사찰에만 동의했다며 샘플 채취나 감마 매핑(mapping)을 거부했다.

이 시기 미국은 패트리어트 지대공 미사일의 한국 배치를 발표했고, 한국 국방장관은 북한이 사찰을 받아들이지 않으면 팀 스피리트 훈련을 재개해야 한다고 발언하는 등 한반도의 긴장이 높아지고 있었다. 이에 대해 1월 31일 북한 외교부는 "미국의 강경보수 세력이 우리를 군사적으로 제압하기 위한 시도의 일환으로서 남조선에 대한 〈패트리오트〉미싸일배비[배치]를 본격적으로 서두르고있는것이다", "미국이 조미회담을 하지 않겠다면 우리도 구태어 회담을 할 생각이 없다"며 "미국이 그 어떤 다른 방도를 선택하겠다면 우리도 그에 상응한 대응방도를 선택할것"이라고 말했다.[41] 또한 연례 동계훈련을 실시 중이던 북한군은 평소와 다른 특이한 움직임을 보였고, 미 정보기

---

38) Wit, Poneman, and Gallucci, *Going Critical*, pp.100~107.
39) 같은 글, pp.116~117.
40) C. Kenneth Quinones, e-mail message to author, February 16, 2008.
41) 《로동신문》, 1994년 2월 1일자, 4면.

관에 따르면 북한 내에 장거리 탄도미사일 또는 실물 크기 모형(mock-up)이 배치된 것으로 파악되었다.[42]

그러나 최종적으로 북한은 IAEA의 사찰범위에 양보하는 자세를 취했다. 2월 12일 북한과 미국은 북한이 광범위한 "담보의 련속성"을 보장하기 위한 사찰을 받아들이고 남북 대화를 재개하는 대신, 미국은 '팀 스피리트 94'의 중단을 약속한다는 합의에 도달했다. 이에 따라 15일에는 IAEA와 북한이 안전조치의 연속성 보장을 위해 필요한 사찰의 범위에 대해 합의했고[43] 25일에는 북미가 「합의 결론(Agreed Conclusion)」이라는 합의문을 발표하고 3월 1일을 기해 ▲ 미국은 한국이 '팀 스피리트 94' 중단에 동의한다는 결정을 발표하고 ▲ IAEA와 북한의 합의에 따라 "담보의 련속성"을 보장하기 위한 사찰을 시작해 합의된 기간 내에 완료하며 ▲ 남북 특사교환을 위한 실무접촉을 재개하고 ▲ 제3차 북미 회담을 3월 21일에 시작한다고 발표하는 네 가지 조치를 동시적으로 취할 것을 밝혔다.[44]

이 합의에 따라 3월 1일 IAEA의 사찰팀이 녕변 핵시설을 사찰하기 위해 평양에 도착했다. 또한 이날 한국은 한미 양국이 팀 스피리트 94를 중단하기로 합의했다고 발표하고, 3일에는 특사교환을 위한 남북 실무접촉을 재개했다. 이러한 움직임에 따라 북한과 미국은 제3차 북미 회담을 3월 21일 제네바에서 개최하기로 합의했다.[45] 이제 핵 문제의 해결이 사정권에 들어간 것처럼

---

42) Wit, Poneman, and Gallucci, *Going Critical*, p.127.

43) 같은 글, p.134; 퀴노네스, 『2평 빵집에서 결정된 한반도 운명』, 267쪽.

44) "Resumption of U.S.-North Korea Negotiations on Nuclear and Other Issues," Statement by Department Spokesman Michael McCurry, released by the Office of the Spokesman, U.S. Department of State(Washington, D.C.: March 3, 1994), including the text of the U.S.-North Korea agreed conclusions; 《로동신문》, 1994년 3월 1일자, 3면.

45) "Resumption of U.S.-North Korea Negotiations on Nuclear and Other Issues," Statement by Department Spokesman Michael McCurry, released by the Office of

보였음에도, 이후 긴장이 급속히 고조되었다.

4) '합의 결론'의 파탄

기대와 달리, 남북 대화는 순조롭게 진행되지 못했다. 북한에게 남북 대화
란 미국과의 협의를 실현하기 위한 수단에 지나지 않았다. 김영삼 대통령은
북한과 미국이 한국을 소외시킨 채 협의를 진행하고 있다고 여기고 불쾌해하
고 있었다. 반면, 한국이 미국을 제외하고 물밑에서 추진하려 했던 남북 비밀
접촉도 결과가 좋지 않았다.[46] 결국 3월 19일 남북 실무대표 접촉 시 북측이
특사교환 절차에 대한 한국의 제안을 받아들였음에도, 한국 측은 강경한 태
도로 일관하며 핵 문제를 최우선 의제로 할 것을 갑자기 요구했다.[47] 북한
측은 한국의 태도에 불만을 표명했고, 박영수 대표는 "여기서 서울이 멀지 않
습니다. 전쟁이 일어나면은 불바다가 되고 말아요"라고 한국 측을 위협해[48]
남북회담은 파탄에 직면했다.

IAEA에 대한 북한의 태도도 다르지 않았다. IAEA는 3월 녕변에서 진행된
사찰을 통해 이미 신고된 시설에 대한 상황을 파악할 수는 있었다. 그러나 북
한은 재처리 시설에서 IAEA가 합의된 활동을 하는 것을 거부했다. IAEA는 3
월 21일 사찰 결과를 이사회에 보고했고, 이사회는 북한이 신속하게 모든 사
찰을 받아들일 것을 권고하는 결의안을 채택하는 한편, 이를 유엔 안보리에

---

the Spokesman, U.S. Department of State(Washington, D.C.: March 3, 1994),
including the text of the U.S.-North Korea agreed conclusions.

46) Wit, Poneman, and Gallucci, *Going Critical*, pp.148~149.

47) 통일원, 『통일백서 1995』(통일원, 1995), 227쪽; Reiss, *Bridled Ambition*, p.266; 퀴
노네스, 『2평 빵집에서 결정된 한반도 운명』, 271쪽; Kenneth Quinones, e-mail
correspondence with author, July 5, 2010.

48) "1994년 3월 19일 서울 불바다 선언 및 동영상" 2005년 2월 19일, http://blog.naver.
com/urban_ops?Redirect=Log&logNo=10302497; 통일원, 『통일백서 1995』, 227쪽.

보고하도록 IAEA 사무총장에게 요청했다. 이날 북한 외교부는 제3차 북미 회담에 대표단을 보내지 않을 것이며 안전조치의 연속성을 보장하는 의무를 포기하겠다고 발표했다. 동시에 미국의 "배신행위"를 비난하며 "오늘 조선반도에는 또다시 온 민족을 대결과 전쟁의 국면에 몰아갈수 있는 엄중한 정세가 도래하고있다"고 지적하고, 미국이 대화에 응하지 않는다면 NPT를 탈퇴할 수밖에 없다고 경고했다.[49]

IAEA 사무총장은 3월 22일 유엔 안보리에, IAEA는 핵물질의 전용(轉用)이나 재처리, 기타 활동의 가능성에 대한 판단을 내리는 것이 불가능하다고 보고했다. 이에 대해 북한의 원자력총국은 24일 "현시점에서 우리가 허용해줄 수 있는 것은 다만 담보[안전조치]의 련속성을 보장하기 위한 사찰뿐"인바, 안전조치 협정에 의거한 사찰을 받아들일 의무가 없다고 주장하며 IAEA에 21일 결의를 철회할 것을 요구했다.[50] 또한 31일 북한 외교부는 "담보의 련속성"을 보장하기 위한 사찰의 수용에만 동의한 것이기 때문에 NPT에서 '특수한 지위'를 가진 자국에게는 일반 및 수시 사찰을 받아들일 의무가 없다고 지적했다. 또한 북한은 1993년 12월 북미 회담에서 미국 측이 자국의 '체면을 고려하여' 합의된 사찰이 '제한사찰'이라는 것을 공표하지 않도록 요청했다고 주장했다.[51] 한편, 같은 날 유엔 안보리는 북한에 대한 의장성명을 발표하고, 안전조치 협정의 의무를 이행하기 위한 하나의 단계로서 2월 15일 IAEA와의 합의에 따른 사찰을 받아들일 것을 요구했다.[52]

---

49) 《로동신문》, 1994년 3월 22일자, 4면.
50) 《로동신문》, 1994년 3월 25일자, 6면.
51) 《로동신문》, 1994년 4월 1일자, 6면.
52) United Nations Security Council, "Statement by the President of the Security Council," S/PRST/1994/13, March 31, 1994; and IAEA, "Safeguards," excerpt from the *IAEA Annual Report for 1994*, available at http://www.iaea.org/worldatom/Documents/Anrep/Anrep94/index.html.

미국은 제3차 북미 회담 개최를 거부하고 북한에 대한 제재를 검토하기 시작했다. 한국 정부는 미군이 패트리어트 미사일을 자국에 반입하는 것을 허용했고, 3월 말 한국에 최대 6대까지 패트리어트 부대를 배치하는 명령을 승인했다.

5) 핵 위기

4월에 들어서자 북한은 또다시 긴장을 고조시키기 시작했다. 1일에는 5메가와트(MW) 원자로의 운전을 중지했고, 9일에는 IAEA에 샘플 채취는 허용하지 않지만 작업을 지켜보는 것은 가능하다면서 5메가와트 원자로의 폐연료봉을 꺼내는 작업을 조만간 시작하겠다고 통보했다. IAEA는 샘플 채취가 허용되지 않는다면 사찰관을 파견하지 않겠다는 입장이었고, 그 결과 5월 9일 사찰관이 없는 상태에서 연료봉 인출작업이 시작되었다. IAEA는 북한에 대해 안전조치 절차를 무시하고 연료봉을 꺼내는 것은 안전조치 협정의 중대한 위반에 해당한다고 통보하고, 더는 작업을 진행하지 말 것을 촉구했다. 북한은 이를 거부했으나 논의를 위한 IAEA 담당자의 방북은 허용했다.

연료봉을 꺼낸 것은 중대한 전환점이 되었다. 이때까지 문제의 핵심은 북한이 과거에 핵 개발을 했는지 여부였으나, 이후에는 과거의 핵 개발은 물론 미래의 핵 개발도 문제가 된 것이다. 페리(William Perry) 미국 국방장관은 5메가와트 원자로에서 추출된 연료봉을 재처리하면 핵폭탄 5~6개를 만들 수 있는 플루토늄을 얻을 수 있다고 추정했다.[53]

북한은 1994년에 들어와 군사훈련을 활발히 실시했다. 북한은 공격과 방어 모두에 걸친 군의 훈련을 활성화했고, 위기 시 사용하는 보안이 잘 보장되는 통신 네트워크의 테스트도 실시했다.[54] 3월에는 북한의 군사훈련 규모가

53) Ashton B. Carter and William J. Perry, *Preventive Defense: A New Security Strategy for America*(Washington, D.C.: Brookings Institution Press, 1999), p.126.

전년 대비 전방지역 지상 부대는 40%, 해군 15%, 공군 30%씩 각각 확대되었다고 알려졌다.[55] 또한 4월에는 전년 대비 지상군의 연습 횟수가 80%, 공군은 50% 증가했다고 보도되었다. 특히 기계화 부대의 기동훈련, 해공 협동훈련, 예비전력동원훈련, 주요 도시의 등화통제·피난훈련 등이 큰 폭으로 증가했다.[56] 4월 30일에는 북한이 보유한 작전기의 절반 이상이 동시에 비행하는 일도 있었다.[57]

이런 가운데 북한은 미국과의 회담 재개를 요구하는 움직임도 보였다. 북한 외교부는 5월 3일 꺼낸 연료봉을 IAEA 통제하에 두고, 북미 회담을 통해 핵 문제가 해결된 시점에 측정을 허용하겠다고 밝혔다.[58] 강석주 대표는 12일 비공식적으로, 연료봉을 꺼내는 작업이 진행되고 있지만 중요한 과학적 정보는 저장되어 있다고 미국 측에 전했다. 또한 북한의 한 외교관은 연료봉을 꺼내려면 2개월이 소요되므로, 그 사이 북미가 어떤 합의를 모색할 수 있다고 말했다.[59]

5월 19일 북한을 방문한 IAEA 사찰관은 연료봉을 빼는 작업이 예상보다 빠른 속도로 진행되고 있으며, 장전되어 있던 장소를 알 수 없는 방법으로 연료봉이 보관되어 있어서, 북한의 핵 개발 실태를 정확하게 파악하는 것이 어려워지고 있다는 것을 알게 되었다.[60] 그러나 같은 달 25~27일간 IAEA와 북한의 협의는 부진한 채로 끝났고, IAEA는 연료봉을 빼는 작업이 계속될 경우

54) Wit, Poneman, and Gallucci, *Going Critical*, p.160.
55) 《동아일보》, 1994년 3월 23일자.
56) 《조선일보》, 1994년 4월 20일자; 국방부, 『국방백서 1995-1996』(1995), 64쪽.
57) Joseph S. Bermudez, Jr., *The Armed Forces of North Korea, The Armed Forces of Asia Series*(London: I.B. Tauris, 2001), p.146.
58) 《로동신문》, 1994년 5월 4일자, 6면.
59) Wit, Poneman, and Gallucci, *Going Critical*, p.175.
60) "IAEA Safeguards in the DPRK," IAEA, PR94/21, May 19, 1994 and Wit, Poneman, and Gallucci, *Going Critical,* p.182.

며칠 내에 정해진 기준에 따라 측정하기 위해 연료봉을 선택·분별·확보하는 것이 불가능해진다는 결론을 내렸다. 유엔 안보리는 30일 연료측정을 위한 기술적 가능성을 남기는 형태로 작업을 진행할 것을 북한에 강력히 권고했다.[61] 그러나 6월 2일 IAEA 사무총장은 유엔 안보리에 서한을 보내, 연료봉 제거의 중요한 부분은 돌이킬 수 없고 북한에서 생산된 모든 플루토늄이 신고되었는지 확인하는 것도 매우 어려워졌다고 전했다.

6월 3일, 미국은 북한과 제3차 고위급회담을 개최할 수 없는 상황이라고 인식하고 유엔 안보리에서 후속조치를 모색하는 한편, 북한의 행동에 대해 '제재를 포함한 적절한 후속대응'을 동맹국 및 유엔 안보리와 논의하고 있다고 밝혔다.[62] 한국에서는 8일 김영삼 정권하에서는 처음으로 국가안전보장회의가 개최되었다.

이런 움직임에 대해, 북한은 협박과 호소를 섞은 반응을 보이며, 5월 31일과 6월 2일에는 동해에서 실크웜 지대함 미사일의 발사실험을 실시했고[63] 6월 3일에는 강석주 대표가 다음과 같이 말했다.

만일 미국이 강권의 길을 택한다면 우리가 갈 길도 달라질것이다.

우리는 우리 핵활동의 다음공정으로 넘어갈것이며 지금의 방식대로 자립적핵동력공업을 더욱 확대시켜나가지 않을수 없다.

미국이 조미회담의 기초가 파괴되었다고 하는 경우 우리가 핵무기전파방지조약[NPT] 탈퇴효력발생을 림시 정지시키고있는 기초도 허물어지게 될것이다.

우리는 〈경제 제재〉가 우리에 대한 선전포고로 된다는데 대해서도 이미 유관측들에 통지한바 있다.[64]

---

61) United Nations Security Council, "Statement by the President of the Security Council," S/PRST/1994/28, May 30, 1994.

62) U.S. Department of State, Daily Press Briefing, June 3, 1994.

63) 《한국일보》, 1994년 6월 4일자.

또한 6월 9일에는 김영남 외무상이 북한은 앞으로도 미사일 실험을 계속할 것이라 언급하고, 한반도에서 전쟁이 일어나면 한국은 철저히 파괴될 것이라 경고했다.[65]

그러나 이러한 강한 경고에도 불구하고, 강석주는 3일 성명에서 "우리로서는 과학기술적으로 그 가능성을 보존해놓고있으므로 조미사이에 핵문제만 해결되면 로심연료의 측정은 물론 그것보다 더한 문제도 얼마든지 해결할수 있을것이다"라고 지적하면서 "미국이 이제라도 회담할 용의가 있다면 우리의 일괄타결제안은 아직 유효하다"고 했다.[66] 또한 6일 북한 원자력총국장은 IAEA 사무총장에게 다음과 같은 서한을 보냈다.

지금 우리는 앞으로 우리의 특수지위가 해소될것을 예견하여 로심연료의 차후측정을 위한 기술적가능성을 충분히 보존하면서 연료교체작업을 진행하고 있다.
연료교체는 통로별로, 구역별로, 순차적으로 진행되고있으며 한 상자에 4개 통로에서 나오는 연료봉들을 넣고있다.[67]

그러나 IAEA 이사회는 6월 10일 결의를 통해 북한이 안전조치 협정을 계속 위반하고 있으므로 의료분야 이외의 대북원조를 중단하고, 이 결의를 유엔 안보리와 유엔 총회에 제출할 것을 IAEA 사무총장에게 요청했다.[68] 이에 대해 북한은 더욱 강경한 태도를 보여, 13일 북한 외교부는 ▲IAEA에서 즉시 탈퇴하고 ▲지금까지 받아왔던 안전조치의 연속성 보장을 위한 사찰을 거부

64) 《로동신문》, 1994년 6월 4일자, 4면.
65) 《RP北朝鮮政策動向》, 1994.7.31, p.41.
66) 《로동신문》, 1994년 6월 4일자, 4면.
67) 《로동신문》, 1994년 6월 8일자, 6면. 연료봉의 기술적인 문제에 대해서는 고야마 긴지(小山謹二)의 자문을 얻었다(2011년 9월 6일).
68) IAEA, "Safeguards."

할 것이며 ▲ 유엔의 제재는 선전포고로 간주하겠다는 입장을 강하게 재확인 한다고 밝혔다.[69] 이어서 14일에는 대포동 미사일로 추정되는 엔진의 연소 실험을 실시하는[70] 등 북한은 벼랑 끝으로 또 한 걸음 나아가기 시작했다.

북한의 연료봉 제거작업이 계속되는 가운데, 미국은 북한에 대한 제재 및 군사대응은 물론, 한반도에서의 전쟁 시나리오도 진지하게 검토했다. 북한 이 제재를 선전포고로 간주하겠다고 거듭 밝힌 이상 전쟁 시나리오도 검토할 필요가 있다고 여긴 것이다. 미국은 다양한 군사적 조치도 강구해 4월에는 패트리어트가 한국에 도착해 실전 배치되었으며, 이 외에도 아파치 공격헬 기 대대, M-2 장갑전투차, 최신예 화포 레이더 시스템, 미군 약 1,000명도 한 국에 추가 배치되었다. 또한 북한 핵시설을 공격할 수 있는 능력을 가진 항공 모함 인디펜던스호도 한반도 부근에 배치되었으며[71] 이 시기 미국이 한반도 주변에 또 한 대의 항공모함을 극비리에 파견했다는 보도도 있었다.[72]

6월에 들어서자 미국은 전력증강을 가정해 세 가지의 수준이 다른 군사 방 안을 책정했다. 1단계는 앞으로의 증파를 위한 준비요원으로서 최대 2,000 명의 군인을 비전투 목적으로 한국에 파병한다는 것으로, 제재 발동에 앞서 실시한다. 2단계는 1만 병력 및 복수의 항공군을 한반도 부근에 배치하고, 항 공모함 임무부대를 추가 배치한다. 3단계는 5만 명 이상의 병력, 항공기 400 대, 함정 50척 이상과 함께 다연장 로켓 및 패트리어트를 배치하는 것으로, 이 방안은 예비역 소집과 항공모함 추가배치까지 전제하고 있었다.[73]

또한 6월 14일 장관급 정책결정위원회에서 미국은 녕변 핵시설을 군사적

69) 《로동신문》, 1994년 6월 1일자, 3면.
70) 《조선일보》, 1994년 7월 2일자.
71) 《産経新聞》, 1997.12.2.
72) 《朝日新聞》, 1998.9.22.
73) Wit, Poneman, and Gallucci, *Going Critical*, p.205. 이에 대해서 스노하라는 다소 다 르게 해석하고 있다. 春原, 『米朝對立』, p.154.

으로 파괴하는 계획을 검토했다. 첫 번째 방안은 재처리 시설만 파괴하는 것, 두 번째는 재처리 시설 외에도 녕변의 5메가와트 원자로와 연료봉 저장소를 파괴하는 것, 세 번째 방안은 이들 외에도 중요한 군사시설을 파괴하는 것이었다.[74] 동시에 미국은 2단계의 대북 제재 방안을 마련해, 북한이 IAEA에 충분히 협조하지 않을 경우 유엔 안보리 결의 채택 후 30일째에 1단계 제재를 실시하여 ▲ 핵 개발에 도움이 되는 거래 ▲ 무기 관련 수출입 ▲ 상용 정기항공편과 인도주의 목적을 제외한 북한 출입 항공편 ▲ 경제개발 원조 등을 모두 금지하고, 관계 각국과 북한의 외교관계에 압박을 가한다. 또한 북한이 NPT 탈퇴 및 재처리 활동을 재개할 경우, 자산을 동결하고 송금을 금지하기로 했다. 15일, 일본과 한국이 제재 방안에 동의하자 미국은 유엔에서 제재 관련 논의를 시작했다.[75]

미국 여론도 북한에 대한 강경책을 지지하는 것으로 보였다. 6월 여론조사에 따르면 80%가 경제제재를 지지했으며, 북한이 사찰을 수락하지 않을 경우 핵시설을 공격하는 것에는 51%가 동의했고, 48%는 북한의 핵 개발을 방지하기 위해서라면 '전쟁도 불사하겠다'고 답했다.[76]

그러나 제재 및 군사적 대응에 대한 위험이 크기 때문에, 미군 수뇌부는 5월 18일 워싱턴에서 회의를 열어 한반도 전쟁시나리오를 논의했다. 19일에는 전날의 논의를 토대로, 페리 국방장관, 샬리캐슈빌리(John Shalikashvili) 합참의장, 럭(Gary Luck) 주한미군 사령관이 클린턴(William Clinton) 대통령에게 보고하고, 샬리캐슈빌리 합참의장은 한반도에서 전쟁이 발발할 경우 40만 명의 병력을 투입해야 하고 미군 사상자는 3만 명, 한국군 사상자는 45만 명에 이를 것이라 했다. 또한 미 국방부의 예상에 따르면 한반도에서 전면전

---

74) Wit, Poneman, and Gallucci, *Going Critical*, p.210.
75) 같은 글, pp.211~212
76) Oberdorfer, *The Two Koreas*, p.323.

이 발발할 경우 미국인 8~10만 명을 포함한 100만 명 이상의 민간인이 사상하고, 재정지출이 600억 달러를 넘게 되며, 한국경제에 미칠 피해는 1조 달러를 상회할 것이라 했다.[77] 한편, 제재로 인해 북한에 사찰을 받아들이기는커녕 핵 개발을 가속화시킬 가능성도 높으며 "제재는 선전 포고로 간주한다"는 북한의 말을 단순한 협박으로 생각하는 것도 위험했다.[78]

핵시설에 대한 공격으로 이미 분리된 플루토늄을 파괴할 수는 없으며, 공격이 전쟁으로 이어질 가능성도 배제할 수 없었다.[79] 미국의 정책 담당자들은 북한이 전면전쟁을 호소할 가능성이 높지 않다고 판단했지만, 적어도 DMZ 내에서 무슨 행동을 취하거나, 서울을 폭격한다거나, 특수부대가 공격하거나, 한국 내의 북한 공작원이 활동하는 일 등은 충분히 있을 수 있다고 생각했다. 그리고 그런 사태가 발생할 경우 사태가 확대되는 것을 막는 것이 매우 어려울 것으로 예측했다.[80]

긴장이 고조되자 당시까지 북한에 대해 강경한 태도를 취하던 김영삼 대통령도 무력분쟁을 우려하기 시작했다. 김영삼 대통령은 자신의 회고록을 통해 ▲ 미국은 녕변 지역을 폭격할 계획을 세우고 있었고 ▲ 함정 33척과 항공모함 2척을 한반도 주변에 배치했으며 ▲ 6월 공습작전을 위해 동해안에 전력을 이동시키고 평양과 녕변을 공격할 수 있는 위치까지 접근했다고 적었다. 그리고 미국이 북한을 폭격했을 경우 "그 즉시 북한은 휴전선 가까이 전진 배치되어 있는 엄청난 규모의 화력을 남한을 향해 쏟아부을 것이 불을 보듯 뻔했다"고 회고했다.[81]

77) Wit, Poneman, and Gallucci, *Going Critical*, pp.180~181; Oberdorfer, *The Two Koreas*, p.324.
78) Wit, Poneman, and Gallucci, *Going Critical*, pp.186~187.
79) 같은 글, p.211.
80) 같은 글, p.244.
81) 김영삼, 『김영삼 대통령 회고록: 민주주의를 위한 나의 투쟁』 상권(조선일보사, 2001),

제재를 위한 준비는 외교적으로도 쉽지 않았다. 특히 중국은 처음부터 북한에 대한 제재에 반대했고, 핵 문제 해결 전망에 비교적 낙관적이었다. 실제로 제재가 발동된 경우 중국이 이에 참여할지 여부는 논의의 여지가 있지만, 적어도 북한의 최대무역상대국인 중국의 이런 태도는 북한에 대한 제재 발동이 쉽지 않음을 보여주었다. 북중 간 무역액은 9억 달러로 1993년 북한 총무역액의 34%를 차지하고, 특히 중국은 북한의 체제유지에 필수적인 식량과 연료를 수출하고 있었다.[82]

일본은 제재에 동참할 의사를 표명했으나 그 영향에 대해서도 우려하고 있었다. 당시에는 자민당이 야당으로 전락하고 취약한 연립정권이 국가를 운영하고 있었다. 일본의 군사행동은 정치적·법적 제약을 받고 있으며, 만약 위기발생 시 일본이 미국에 의미 있는 기여를 하지 못한다면 미일 관계는 큰 시련에 노출될 것으로 예상되었다.

러시아도 미국의 계획에 찬성하고는 있었지만, 실제로 계획을 실행하는 것에 대해서는 소극적이었다. 러시아는 3월에 자국과 중국·미국·일본·남북한·유엔·IAEA가 참여하는 핵 문제 해결을 위한 국제회의를 제안했고[83]

315~316쪽; 佐道明廣·小針進 編,『金泳三(元大韓民國大統領) オーラル·ヒストリー 記錄』(科學硏究費補助金, 「口述記錄と文書記錄を基礎とした現代日韓關係史硏究の 再構築」), 2008.3, p.106, 162~163. 그러나 2008년에는 김영삼 대통령도 생각을 바꾸어 당시 주한 미국 대사에게 "1994년 클린턴 전 대통령과 페리 전 국방장관은 북한 공격하려 했다"며 내가 "개입하지 않았다면 공격했을 것"이라고 말했다. 자신이 "미국에 영변 핵시설을 공격하는 것을 허락했다면, 우리가 처해 있는 상황은 지금보다 나았을 것"이라 했다고 한다. "Former President Kim Young-Sam Stays Relevant, Comments on GNP Maelstrom, Current Events," cable from U.S. embassy in Seoul to Secretary of State, April 29, 2008, http://wikileaks.org/cable/2008/04/ 08SEOUL862. html.

82) 통일원,『북한개요』(1995), 239쪽; 당시 중국은 제재에 대한 거부권 행사가 곤란해질 가능성을 북한에 전달하고 신중한 행동을 촉구했다. Oberdorfer, The Two Koreas, pp.320~321.

83) 《RP北朝鮮政策動向》, 1994.4.30, p.99.

북한이 4월 거부했음에도 러시아는 여전히 이를 주장하고 있었다. 6월 1일 옐친 대통령은 김영삼 대통령과의 회담에서, 제재를 피할 수 없는 경우 러시아도 참여하겠다고 했으나 이는 소극적인 찬성이었다.[84]

　한편 북한은 계속 전쟁의 가능성을 선전했다. 6월 5일, 주 중국 북한 대사는 제3차 북미 회담 개최를 호소하면서 경제제재는 선전포고로 간주한다고 했다.[85] 6일에는 조국평화통일위원회가 "〈제재〉는 곧 전쟁이며 전쟁에서는 자비가 없다"고 경고했다.[86] 9일에는 북한 외교부가 일본의 '반(反)공화국' 정책을 비난하고 일본이 제재에 동참하면 이를 전쟁행위로 간주해 일본도 상응하는 처벌을 받게 될 것이라고 말했다.[87] 그러나 치열한 수사와는 달리 북한은 일정한 자제를 유지하고 있었고, 이 시기 북한의 군사적 움직임은 '도발적인 것이 아니라 신중한 것'이었다.[88]

6) 위기 종식과 '합의 성명'

　위기는 뜻밖의 계기로 진정되었다. 사태를 타개하기 위해 비공식적으로 평양을 방문 중이던 카터 미국 전 대통령이 6월 17일, 김일성과 다음과 같이 합의했다.

　(1) 북한은 제3차 북미 회담이 재개될 때까지 핵 개발을 동결한다.
　(2) 북한은 가까운 시일내 추방될 것으로 예상되었던 IAEA 사찰관 2명의 체류를 허용한다.

---

84) 《RP北朝鮮政策動向》, 1994.7.31, p.90.
85) 같은 글, p.54.
86) 《로동신문》, 1994년 6월 6일자, 3면.
87) 《RP北朝鮮政策動向》, 1994.7.31, p.74.
88) Reiss, Bridled Ambition, p.271.

(3) 카터는 미국 정부에 북한에 경수로 제공을 지지할 것을 제의한다.

이에 대해 20일 미국 정부는 북미 회담 재개 조건으로 ▲5메가와트 원자로에 연료봉을 재장전하지 않고 ▲폐연료봉을 재처리하지 않으며 ▲신고된 핵시설의 안전조치의 연속성을 보장하기 위해 IAEA 사찰관의 북한 체류를 인정한다는 세 가지 사항을 요구했다. 22일 북한은 이 조건을 수락한다고 미국 측에 전달했고, 클린턴 대통령은 당분간 미국은 유엔 안보리에 제재결의안 채택을 요구하지 않겠다고 표명했다.[89] 6월 27일, 북한 외교부는 제3차 북미 회담이 7월 8일 제네바에서 개최된다고 발표했다.[90] 이 시기 폐연료봉 8,000개가 어느 정도의 속도로 부식할 것인지가 쟁점이었는데, 미국 정부는 2~6개월 정도의 기간으로 추정했다.[91]

갈루치 대표의 보좌관이었던 위트(Joel Wit)는 당시 상황에 대해, 6월의 위기가 '기회의 창(window of opportunity)'을 열었다고 평가했다. 즉, 북한은 사태가 예상보다 위험해졌다는 것을 고려해 의미 있는 양보를 했다는 것이다. 미국 역시 지나치게 한국과 IAEA의 눈치를 보던 태도를 버리고, 북한과의 직접 협상을 통해 문제의 해결을 모색하기 위해 강력한 리더십을 발휘했다.[92]

6월 30일, 미국은 2단계의 문제해결책을 북한에 제안하기로 결정했다. 1단계로는 북한이 NPT의 의무를 이행하고 새로운 원자로를 건설하는 것을 동결하며 폐연료를 해외로 반출하거나 탄도미사일을 수출하는 것을 중단한다. 이에 대해 미국은 북한에 비핵에너지를 지원하여 부분적으로 제재를 해제하고 북한에 대해 핵무기를 사용하지 않는다는 것을 보증하며, 북미 간 상호연

---

89) Wit, Poneman, and Gallucci, *Going Critical*, pp.238~240; President Clinton, "Opening statement at a news conference"(Washington, D.C.: June 22, 1994).

90) 《로동신문》, 1994년 6월 28일자, 4면.

91) Wit, Poneman, and Gallucci, *Going Critical*, p.248.

92) 같은 글, p.251.

락사무소를 개설한다. 2단계로는 북한이 재래식 전력을 삭감하고, 탄도미사일의 확산방지조치를 존중하며, 화학무기를 포기하고, 자국 인권상황을 개선한다. 이에 대해, 미국은 북한에 경수로를 제공하고 제재를 한층 더 해제하며, 대사를 상호 파견하고 정부 고위급 인사들의 방문을 추진하는 것이다.[93]

그렇지만 제3차 북미 회담 첫날이던 7월 8일, 심장마비로 김일성이 82세로 사망하는 놀라운 일이 발생했다. 미국이 항공모함 한 척을 한반도 주변에 추가 배치해서 긴장이 높아졌지만[94] 이미 후계자로서의 입지를 굳힌 김정일이 즉시 김일성의 뒤를 이었기 때문에 북한의 정책이 변경되지는 않았다. 이후에도 북미 간의 합의에 대한 조건을 두고 논쟁이 계속되었지만, 양국 모두 의욕적으로 협의에 임해 최종 합의를 향해 가고 있었다.

제3차 북미 회담 마지막 날인 8월 12일 북한과 미국은 최종 합의의 기초가되는 '합의 성명(Agreed Statement)'을 발표했다.[95] '합의 성명' 발표에서 최종합의가 성립한 10월 21일 사이에는 기술적인 문제만을 마지막으로 조율했는데 특히 ▲ 북한에 제공할 경수로를 한국제로 할 것인지 ▲ 50메가와트와 200메가와트 원자로 해체 시기 ▲ 사용 후 연료를 어디에 저장할지 ▲ 특별사찰수용 및 시기 ▲ 남북 대화의 지위 등이 주요 과제였다.

7) 마지막 강제 외교와 '제네바 합의'

최종 합의에 이르는 과정에서, 북한과 미국은 다시 한 번 무력을 통한 위협과 치열한 수사학의 응수를 수반한 심리전을 펼쳤다. 먼저, 9월 22일 보도에

93) 같은 글, p.249.
94) 《朝日新聞》, 1995.11.4.
95) "4-Point Joint Statement Reached between the United States and North Korea," Geneva, August 12, 1994, reprinted in *Korea and World Affairs*, Vol.18, No.3(Fall 1994), pp.576~577.

서 즐라토퍼(Ronald Zlatoper) 미 태평양함대 사령관이 "우리는 한반도의 상
황이 외교적으로 해결되는 것을 바라고는 있지만 …… 강력한 군사력은 외교
에 영향을 줄 수 있다", "따라서 우리는 항공모함 임무 부대를 한반도 앞바다
에 배치하고 있다", "이것은 매우 강력한 메시지를 전달하고 있다"고 말한 것
이 밝혀졌다. 당시 미 항공모함 키티호크 및 순양함 3척, 호위함 1척, 보급함
1척으로 구성된 항공모함 임무 부대가 동해에 파견되어 있었다.[96] 24일 북
한 외교부는 미국 항공모함 임무 부대의 동해 배치를 강하게 비난하며 "대화
에는 대화로, 힘에는 힘으로 끝까지 맞서는 것이 우리의 인민과 군대의 기질
이고 의지이다"라고 말하는 동시에, 미국이 군사적 위협을 계속할 경우 "회
담을 위하여 취하였던 핵활동의 일시적인 동결조치를 해제하고 정상적인 평
화적핵활동을 재개하는 길로 나가지 않을수 없게 될것이다"라고 경고했다.[97]
　또한 9월 25일에는 페리 국방장관이 북한이 핵 개발에 관한 약속을 지키지
않는다면 "강제 외교"에 호소할 것이라고 발언했다.[98] 이에 대해 27일에는
북한 인민무력부가 "미국이 무력대결로 나오고있는이상 우리도 언제까지나
회담에만 매달려 있을수 없다", "우리 인민군대는 압력을 동반되는 대화에는
결코 기대를 가지지 않는다" 등의 담화를 발표했다.[99] 그러나 이러한 수사에
도 불구하고 북한의 군사적 움직임은 비교적 억제되었다.
　이러한 심리전 속에서도 북미 간의 남은 문제들은 10월 17일까지 해결되
었고, 21일 미국과 북한은 '제네바 합의(Agreed Framework)'에 서명했다.[100]

---

96)　*Pacific Stars and Stripes*, September 22, 1994, p.1, 6.
97)　《로동신문》, 1994년 9월 25일자, 4면.
98)　*Agence France Presse*, September 27, 1994.
99)　《로동신문》, 1994년 9월 28일자, 4면.
100) Agreed Framework between the United States of America and the Democratic
　　People's Republic of Korea(Geneva, October 21, 1994); 「조선민주주의인민공화국
　　과 미합중국 사이의 기본합의문」(제네바: 1994.10.21).

합의의 핵심은 북한이 핵시설의 운전·건설을 동결하고 최종적으로 이를 해체하는 대신 미국이 중심이 되어 북한에 중유와 경수로를 제공하는 거래에 있었다. 이는 당초 북한이 NPT 회원국이기 때문에 북한의 핵 개발을 전반적인 사찰 아래 두는 것이 당연하다고 주장해왔던 미국의 입장을 생각하면 분명 타협의 산물이었다.

합의 내용은 다음과 같다.

미국은

(1) 2003년을 목표로 총출력 약 2,000메가와트의 경수로 발전소를 북한에 제공하기 위한 조치를 취한다.

(2) 이를 위한 자금과 설비를 확보하기 위해 국제 컨소시엄을 조직한다.

(3) 경수로 1호기가 완성될 때까지 북한에 매년 50만 톤 상당의 중유를 제공한다.

북한은

(1) 한 달 안에 흑연 감속로 및 관련 시설을 동결하고, 이를 위한 IAEA의 감시를 허용하고 협조한다.

(2) 경수로가 완성될 때까지 흑연 감속로 및 관련 시설을 해체한다.

(3) 5메가와트급 실험로에서 추출된 폐연료의 저장·처리에 협력한다.

(4) NPT 당사국으로 남아 안전조치 협정 이행을 허용하며, 경수로 공급 계약이 체결된 후 동결 대상이 아닌 시설에 대한 IAEA의 일반 및 수시 사찰을 받는다.

(5) 경수로 프로젝트의 주요 부분이 완료된 시점, 단 핵심 핵부품이 공급되기 전에, 모든 핵물질에 대한 북한의 사전보고의 정확성과 완전성을 검증하기 위해 IAEA이 필요로 하는 모든 조치를 취할 것을 포함하여 안전조치 협정을 철저히 이행한다.

또한 미국은 북한에 대해 핵무기를 통한 위협 또는 핵무기를 사용하지 않는다는 것을 정식으로 보장하고, 북한은 '한반도의 비핵화에 관한 공동 선언'을 이행하기 위한 조치를 취하는 동시에 남북 대화를 할 것을 약속했다. 이밖에도 양국은 무역·투자의 장벽을 완화하고 쌍방의 수도에 연락사무소를 설치하기 위해 노력하고 최종적으로 대사급 관계를 맺는 것을 목표로 했다.

2. 환경요인 분석

1) 북한의 핵 개발 능력

북한은 경제적으로 어려운 상황임에도 핵 개발에 막대한 자원을 투입했다. 북한의 핵시설은 핵연료 가공 공장 1개, 원자로 3기, 재처리 시설 1개 등 총 5개의 주요 구성 요소로 이루어져 있으며, 이들이 제네바 합의에 따라 동결대상이 되었다.[101]

---

101) 북한의 핵 개발 평가에 대해서는 International Institute for Strategic Studies(IISS), *North Korean Security Challenges: A Net Assessment* (IISS, 2011); International Atomic Energy Agency, "In Focus: IAEA and DPRK," http://www.iaea.org/NewsCenter/Focus/IaeaDprk/index.shtml ; Federation of American Scientists (FAS), "Nuclear Weapons Program," updated on November 16, 2006, http://www.fas.org/nuke/guide/dprk/nuke/index.html ; Larry A. Niksch, *North Korea's Nuclear Weapons Program*, CRS Issue Brief for Congress(updated October 5, 2006), http://fpc.state.gov/documents/organization/74904.pdf ; International Institute for Strategic Studies, *North Korea's Weapons Programmes: A Net Assessment*(London: International Institute for Strategic Studies, 2004); Office of the Secretary of Defense (OSD), *Proliferation: Threat and Response* (Washington, D.C.: U.S. Government Printing Office, January 2001), http://fas.org/irp/threat/prolif00.pdf ; David Albright and Kevin O'Neill, (eds.), *Solving the North Korean Nuclear Puzzle*(Washington, D.C.: The Institute for Science and International Security, 2000); U.S. General Accounting Office(GAO), *Nuclear Nonproliferation: Difficulties in Accomplishing*

먼저, 녕변에 위치한 핵연료 가공 공장은 1980년대 후반 운전을 개시해 원자로 운전에 필요한 연료봉을 생산하고 있었다. 두 번째로, 녕변의 5메가와트급 혹연 감속로는 합의가 성립된 시점 당시 유일하게 실제로 가동된 곳으로 이 원자로의 연료봉에는 연간 7킬로그램 상당의 플루토늄이 축적되는 것으로 추정되었다. 추후 이 시설의 운전이 1989년 약 70일간 중단된 것이 판명되어, 이 사이 플루토늄의 분리작업이 진행된 것이 아니냐는 의혹을 낳았다. 이것이 북한이 1~2개의 핵폭탄을 제조할 수 있는 능력을 가지고 있다는 견해의 근거가 된 것이다. 또한 북한은 1994년 5월 이 원자로에서 약 8,000개의 연료봉을 꺼냈는데 이 연료봉들에는 25~30킬로그램 상당의 플루토늄이 포함된 것으로 보이며, 이를 사용해 5~6개의 핵무기를 만들 수 있는 것으로 추정되었다.[102]

세 번째와 네 번째 시설은 녕변과 태천에 각각 건설되고 있던 50메가와트급 원자로와 200메가와트급 원자로다. 건설이 계속될 경우 각각 1995년과 1996년 가동을 시작하여 50메가와트급 원자로에서는 매년 55킬로그램(핵무기 11개분), 200메가와트급 원자로는 매년 220킬로그램(핵무기 44개분)의 플루토늄을 생산할 수 있을 것으로 예상되었다.[103]

IAEA's Activities in North Korea, Report to the Chairman, Committee on Energy and Natural Resources, U.S. Senate(Washington, D.C.: GAO, July 1998); OSD, *Proliferation: Threat and Response*(Washington, D.C.: U.S. Government Printing Office, November 1997); Joseph S. Bermudez, Jr., "North Korea's Nuclear Infrastructure," *Jane's Intelligence Review*, Vol.6, No.2(February 1994), pp.74~79; and Arms Control Association (ACA), "Background Information on North Korea's Nuclear Program," May 5, 1994 참조.

102) David Albright, "How Much Plutonium Did North Korea Produce?" in Albright and O'Neill(eds.), *Solving the North Korean Nuclear Puzzle*, pp.115~118, 124~125.

103) Carter and Perry, *Preventive Defense*, p.128; and David Albright, "North Korea's Current and Future Plutonium and Nuclear Weapon Stocks," ISIS Issue Brief, January 15, 2003, http://www.isis-online.org/publications/dprk/currentandfutureweaponsstocks.html.

마지막 구성 요소인 녕변 재처리 시설은 두 가지 재처리 공정으로 구성되었는데, 첫 번째 공정은 1992년 당시 이미 실행 중이었고, 유사한 규모의 두 번째 공정은 IAEA가 사찰을 실시한 1994년 3월 당시 완성을 눈앞에 두고 있었다. 이 시설은 각각 연 54~80킬로그램 상당의 플루토늄을 분리할 수 있는 능력을 가진 것으로 추정되었다.[104]

　　미국 정부는 북한의 핵 개발을 심각하게 받아들였고, 당시 국방장관이던 페리는 북한의 핵 개발에 대해 다음과 같이 회상했다.

1989년 북한은 IAEA의 사찰을 받지 않는 상태에서, 실행 중이던 [5메가와트] 원자로로부터 연료봉을 꺼냈다. 원자로 규모로 볼 때, 꺼낸 연료봉이 전부 재처리된 경우 북한은 1개, 어쩌면 2개의 원자폭탄을 제조하기에 충분한 양의 플루토늄을 보유했을 가능성이 있다고 판단했다.

1993년 가을 당시 가동 중이던 원자로는 최초 연료주기의 마지막 단계를 맞이하고 있었고, 2~3달 내에 연료봉 전량이 재처리 가능할 것으로 예상되었는데, 이 경우 5~6발의 핵무기를 제조하기에 충분한 플루토늄을 분리하는 것이다. …… 또한, 보다 큰 [50메가와트와 200메가와트] 원자로가 완공될 경우 매년 수십 발의 폭탄이 제조될 것으로 추정되었다.

우리는 이러한 상황변화를 용인할 수 없는 위협이라 여겼다. …… 이는 한국, 주한미군, 지역 내 더할 나위 없이 중요한 동맹국인 일본, 그리고 다른 세계에 군사적 위협을 극적으로 증가시킬 가능성을 내포하고 있었다. 한반도의 긴박한 군사정세, 과거의 북한의 극단적인 행동, 그리고 북한이 심각한 외화 부족을 보충할 목적으로 불량국가나 테러리스트에 플루토늄을 판매할 우려 등 우리는 확산 문제에 큰 관심을 가지고 있었다.[105]

---

104) Albright, "How Much Plutonium Did North Korea Produce?" pp. 122~123.
105) Carter and Perry, *Preventive Defense*, p. 126.

이처럼 북한의 핵 개발은 발전 단계가 다른, 여러 구성요소로 이루어졌기 때문에, 북한은 장기간 교섭상대에게 지속적이고 단계적인 압력을 가할 수 있었다.

2) 억제력

북한의 군사능력, 특히 미국의 무력행사를 억제할 수 있는 능력은 핵 외교의 전개에 중심적인 역할을 담당했다. 북한은 한편으로는 미국·한국·일본에 대해 핵을 통한 강요(compellence)를 행사하면서, 다른 한편으로는 자국 핵시설에 대한 예방공격을 억제하고 미국의 강제 외교 때문에 아무 대가 없이 핵 개발을 포기해야 하는 상황에 몰리는 것을 방지할 필요가 있었다.

미국의 군사행동에 대한 북한의 우려는 기우가 아니었다. 실제로 미국은 1994년 6월까지 북한의 핵시설을 파괴할 계획을 수립한 적이 있었던 것이다.[106] 당시 전반적인 재래식 전력균형은 서서히 북한에 불리해졌으며, 미국은 전쟁이 발생했을 경우 승리할 수 있다는 자신감을 갖고 있었다. 이에 대해 1994년 6월, 럭 주한미군 사령관은 만일 북한이 핵무기 1~2개를 사용하더라도 결국 북한을 군사적으로 타도할 수 있다고 전망했다.[107]

이런 가운데, 북한은 제재의 발동을 "선전포고로 간주한다"고 선언함으로써 "제재는 즉시 군사적 보복을 부른다"는 구도를 만들어 미국 등의 강제행동을 억제하려 했다. 북한의 억제력은 전적으로 징벌적 억제능력 — 전면전이 발발할 경우 한국을 비롯한 각국에 큰 손상을 초래할 수 있는 능력 — 에 의존하고 있었다. 이런 의미에서, 강석주가 1993년 3월 NPT 탈퇴를 선언함으로써 미국이 국제적 압력과 제재조치를 가할 가능성을 지적하면서 "우리는 위대한

---

106) 같은 글, p.128.
107) 같은 글, p.130.

당을 가지고있고, 수령, 당, 대중의 일심단결된 위력을 가지고있고, 튼튼한 자립적민족경제를 가지고 있고, 막강한 군사력을 가지고있다", "이에 기초하여 우리는 적들의 그 어떤 공세와 〈압력〉에도 대처 할수 있다는것을 확고하게 말할수 있다"고 한 것이 흥미롭다.[108]

실제로 북한은 핵 외교에 나설 때까지, 한국과 미국의 강제조치에 대처하기 위해 준비하고 있었다. 1990년대 초, 북한은 1995년을 목표로 공격능력을 강화하기 위한 5개년계획에 돌입했다.[109] 그 결과 전반적인 재래식 전력의 균형은 북한에 불리해지기 시작했을지라도, 한국 측에 큰 손해를 입힐 수 있는 공격능력은 강화되는 경향을 보였다. 먼저 북한은 DMZ 부근에 장사정 170밀리 자주포를 배치했고, 1993년에는 장사정 240밀리 다연장로켓을 서부전선에 배치하기 시작했다.[110] 서울 북쪽 지역에 배치된 자주포와 다연장로켓은 여러 대의 탄도미사일 등과 함께 서울을 '불바다'로 만들겠다는 북한 측 위협의 신빙성을 높이고 있었다. 두 번째로, 북한은 1990~1995년 사이 화학전 능력을 강화했으며, 그 결과 화학무기가 북한 전쟁 계획의 필수 요소에 포함된 것으로 보인다.[111] 세 번째로, 북한은 핵 외교의 초기 단계에서 노동미사일의 첫 발사실험을 실시했는데, 이는 북한이 한반도에서뿐 아니라 일본을 직접 공격하는 것도 기술적으로 가능하게 되었다는 것을 의미했다. 그리고 1989년부터 축소했던 군사연습의 규모를 1993년 말부터 다시 확대하기

---

108) 《로동신문》, 1993년 3월 13일자, 3면.
109) Defense Intelligence Agency(DIA), *North Korea: The Foundations for Military Strength*, update 1995(Washington, D.C.: U.S. Government Printing Office, 1996), p.13.
110) 유용원, "수도권을 사정거리안에 넣고 있는 북한의 다연장 로켓 및 자주포연구", 《월간조선》, 2001년 3월; 황일도, "북 장사정포, 알려지지 않은 다섯 가지 진실", 《신동아》, 2004년 12월.
111) Office of the Secretary of Defense(OSD), *Proliferation: Threat and Response*, (Washington, D.C.: U.S. Government Printing Office, November 1997), p.6.

시작했다.[112]

북한은 1992년 10월부터 1993년 7월을 전쟁준비기간으로 설정하고, 전쟁 준비 지휘부를 조직하고 전쟁 물자의 생산·비축 확대, 지하 시설 보강을 진행했다. 또한 전시 동원연령을 40세에서 45세로 연장하고, 학생들의 입대와 제대자의 복귀를 호소하는 등 전시동원체제를 강화했다.[113] 북한이 병영국가인 것도 중요한 의미를 가지고 있다. 북한은 1960년대 전반에 채택된 '당의 군사로선'에 따라 전 인민을 무장하고 전국토를 요새화해왔기 때문에, 단기 전에서 북한을 군사적으로 타도하는 것은 힘들어 보였다.[114]

어느 쪽이든, 미국과 한국이 북한과의 전면대결을 피하려는 가장 큰 이유는, 전쟁이 발생했을 경우 한미 측이 군사적으로 패배할 가능성이 있었기 때문이 아니라, 전쟁으로 인한 피해를 피할 수 없기 때문이었다. 한미연합작전계획 5027은 전쟁 발발 시 대(對)북 반격작전 실시를 상정하고 있었지만, 전면전 발생 시 인적·물적 손실은 양국에게 과중한 것이었다.

3) 국제 레짐의 부정적 측면

국제적 핵 비확산 레짐의 존재는 아이러니하게도 여러 면에서 북한의 핵 외교를 돕는 역할을 했다. 먼저, NPT가 존재했기 때문에 북한은 이로부터 탈퇴를 선언함으로써 국제적인 주목을 모을 수 있었다. 과거 20여 년간 비교적 높은 유효성을 보여주었던 NPT는 핵 비확산 체제의 상징적 존재가 되었기에

---

112) 국방부, 『국방백서 1995-1996』(국방부, 1995), 64쪽.
113) 국방부, 『국방백서 1994-1995』(국방부, 1994), 68쪽.
114) 김일성에 의하면 '당의 군사로선'의 내용은 "인민군대의 간부화, 무장의 현대화, 군사 진지의 요새화, 전체 인민의 무장화, 온 나라의 요새화"였다. 김일성, 「조국통일위업을 실현하기 위하여 혁명력량을 백방으로 강화하자」(조선로동당 중앙위원회 제4기 제8차 전원회의에서 한 결론, 1964년 2월 27일), 『김일성 저작집 18』(조선로동당출판사, 1982), 256쪽.

북한의 탈퇴선언이 정치적 무게를 갖게 된 것이다.

둘째, NPT는 북한이 미국에 시간적 압력을 주기 위한 효과적인 수단으로 기능했다. 특히 "비상사태가 자국의 지상이익을 위태롭게 하고 있음을 결정하는 경우에는" NPT 탈퇴 권리가 있으며, 탈퇴 신청 3개월 전에 모든 조약 당사국과 유엔 안전보장이사회에 통고한다고 규정한 NPT 제10조 1항이 중요한 역할을 했다. 또한, 제10조 2항은 협약 발효 25년 뒤 연장에 대한 회의를 개최한다고 규정하고 있었다.[115]

여기서 제10조 1항은 북한이 NPT 탈퇴를 선언하고 3달 동안 미국을 시간적으로 압박하면서 효과적으로 협상할 수 있도록 도왔다. 이 조문이 본래 취지와는 달리, 미국 협상 담당자에게는 협상 기한이 되어버린 것이다. 제10조 2항 역시 미국에 새로운 교섭 시한을 부과한 셈이 되어버렸다. 핵 비확산을 냉전 이후 안전보장상의 주요 과제 중 하나로 인식한 미국은, 1995년으로 예정된 NPT 재검토·연장 회의에서 NPT를 '추가적으로 일정기간 연장'하는 대신 무기한으로 효력을 가지는 것으로 전환하는 것을 목표로 하고 있었다. 북한 핵 문제가 해결되지 않을 경우 이 목표의 달성도 어려워질 것으로 예상되었다. 이런 면에서 NPT 제10조는 북미 회담의 단기·장기적인 두 가지 협상 시한을 설정하게 된 것이다. 물론 핵 비확산 레짐이 과거에 가져온 엄청난 이익을 생각하면 그 존재 자체가 역효과를 낳았다고 폄하할 수 없지만, 북한과 같이 명확한 의도를 가진 무법국가가 등장함으로써 국제 레짐의 존재가 부정적인 효과를 낳은 것이다.

마지막으로, IAEA는 안전조치 협정을 강제로 집행할 수 없었다. NPT 가맹

---

115) "Treaty on the Non-Proliferation of Nuclear Weapons(1968)," INFCIRC/140, U.N. T.S. No.10485, Vol.729, pp.169~175, Entered into Force on March 5, 1970, available at http://www.iaea.org/worldatom/Documents/Legal/npttext.shtml. 小田滋·石本泰雄(編集代表), 『解說條約集』, 第四版(三省堂, 1989), p.471. "핵무기의 비확산에 관한 조약(NPT)," 1968년 7월 1일 체결, 1970년 3월 5일 발효.

국이 비협조적인 태도를 취한 경우, 정보 수집 및 강제적인 법의 집행에 대해 IAEA는 미국에 의존하지 않을 수 없다는 실태가 백일하에 노출되고 말았다. 유엔 석상에서 북한에 대한 제재가 논의될 수는 있으나, 그 과정조차 실질적으로는 미국이 주도하게 되었다.

4) 북한 체제의 특성

북한 정책결정과정의 불투명성은 벼랑 끝 외교를 진행하던 북한에게 유리하게 작용했다. 불확실성이 높기 때문에, 미국을 비롯한 각국은 북한의 위협에 대해 최악의 시나리오를 가정하고 정책 결정을 내리지 않을 수 없는 상황에 몰린 것이다. 페리 미 국방장관은 핵시설을 공격할 경우 북한이 한국에 보복해올 가능성이 매우 높다고 판단했으며, "제재는 선전 포고로 간주"하겠다는 북한의 협박을 흘려 넘기는 것은 무책임하다고 생각했다고 회상했다.[116] 북한의 진의가 불분명한 상황에서 미국 지도부는 안전한 선택을 하지 않을 수 없었던 것이다.

또한 북한은 "불량국가"이고 북한 지도부는 합리적 행위자가 아니라는 인식이 있었기 때문에 북한의 위협은 더욱 심각하게 여겨졌다. 특히 김정일은 1983년 아웅산 테러나 1987년 대한항공기 폭파사건을 주도한 비합리적이고 모험적인 지도자로 인식되고 있었다. 이러한 인식을 바탕으로 북한은 전쟁 발생 가능성을 선전하고, 자국이 비합리적이고 위험한 존재로 보이도록 행동해서, 관계 각국을 수동적 입장에 세워두고 강요와 억제 등의 효과를 높이려고 한 것이다.

---

116) Carter and Perry, *Preventive Defense*, pp.128~129.

3. 군사 및 외교행동의 특징

1) 장소와 시기

북한의 핵 개발은 평양으로부터 단지 약 100킬로미터 북쪽에 위치한 녕변과 태천에서 진행되었다. 다른 장소에 위치한 핵시설도 있었으나 주요 시설은 이 두 지역에 집중되어 있었다.

북한의 핵 외교는 NPT 탈퇴 발표부터 1년 7개월 동안 이어졌다. 북한이 핵 외교를 시작할 당시 국제 정세는 북한에게 매우 불리한 상황이었다. 1990년 소련이 한국과 국교를 수립한 데 이어, 1992년에는 중국도 한국과 수교를 맺었다. 또한 1980년대 말에는 북한과 우호 관계에 있던 동유럽의 공산주의 정권이 차례로 붕괴했고, 1991년에는 소련마저도 붕괴하기에 이르렀다. 1992년 11월에는 1년 전부터 시작된 북일 국교 정상화 교섭이 결렬되는 등 북한의 고립이 심화되고 있었다.

핵 외교는 미국과 한국에서 각각 새 대통령이 취임한 직후 시작되었기 때문에 한국과 미국은 충분한 대비를 할 수 없었던 반면, 북한은 주도권을 잡기 쉬웠다. 대통령의 임기 역시 미국은 4년, 한국에서는 5년인 상황에서 북한은 일관성을 가지고 핵 외교를 추진할 수 있었다.

물론, 핵 외교의 시작 시기가 완전히 북한만의 주도로 정해진 것은 아니었다. 1993년 3월에 북한이 NPT 탈퇴를 선언한 것은, IAEA가 특별사찰을 수용하라고 요구했고 한국과 미국이 팀 스피리트 훈련을 시작한 것으로 촉발된 것이었다.

2) 군사력의 종류와 사용형태

북한은 핵 외교에서 실제로 '무력'을 행사하지는 않았다. 벼랑 끝 외교의 수단으로 이용한 것은 핵 개발 능력과 준전시상태 선포, 미사일 발사 등 '무력시위'뿐이었다. 이는 존재조차 입증되지 않았던 잠재적인 핵 능력만을 통해서도 북한이 상대국의 행동에 큰 영향을 주었다는 점에서, 강제력으로서의 핵무기의 가치가 높다는 것을 증명하는 것이었다.

북한은 이 시기 핵 실험을 하지 않았는데, 그 이유는 ▲ 핵무기를 폭파시킬 수 있는 기술적 능력이 부족했고 ▲ 얼마 없는 플루토늄을 사용하는 것을 주저하고 있었으며 ▲ 핵 실험이 외교적으로 역효과를 낳는지도 모른다고 판단했기 때문이라 보인다.

3) 강도와 목표 선정

1년 반 이상에 걸쳐 긴장상태가 지속되었음에도 북한은 상대국에 물리적 위해를 가하지 않았는데, 이는 1980년대 북한이 수차례에 걸친 테러로 한국에 큰 인적·물적 피해를 주었던 것과 비교해 큰 변화라 할 수 있다. 북한의 행동이 1990년대에 들어와 신중해진 것은 북한이 미국과의 관계개선을 추구하고 있었기 때문에, 미국 나아가 한국에 인적·물적 피해를 주는 것이 좋지 않다고 여겼기 때문이라 생각된다. 북한은 직접적인 무력을 행사하는 대신 반복해서 한국에 격렬한 비난을 퍼부었는데, 1994년 3월 '서울 불바다' 발언이 그 대표적 사례다.

4) 군사와 외교의 연계

북한의 핵 외교는 장기적이고 복잡한 벼랑 끝 외교였다. 1993년 이전에도 북한이 외교 목적으로 무력을 행사한 것은 있었지만, 그 복잡성과 정교함에서 핵 외교와 비교될 만큼은 아니었다. 1993~1994년의 핵 외교가 매우 성공적으로 진행된 것을 고려해볼 때, 북한은 NPT 탈퇴선언 이전부터 매우 명확한 게임을 계획하고 있던 것으로 추정된다.

탈북한 북한의 전 외교관에 따르면, 북한은 한 1991년 무렵 외교부, 인민무력부, 조선로동당, 원자력총국 등에서 파견된 약 20명으로 구성된 태스크포스 '핵상무조'를 조직했다. 김정일 직속 조직인 핵상무조는 강석주의 지휘하에 핵 문제 관련 정책결정의 중심역할을 했으며[117] 이들의 활동은 극비로 취급되어 외교부에서조차 담당 이외의 간부들은 준전시상태 선포와 NPT 탈퇴 선언을 보도를 통해 처음 알게 되었다고 한다.[118]

'핵상무조' 아래에서 군사행동과 외교활동은 긴밀히 연계되었고 강석주는 북미 회담을 포함하여 이를 주도했다. 인민무력부와 인민군은 무력시위 행동이나 성명을 통해 군사적 공갈 협박을 함으로써 강석주가 주도하는 협상을 지원했고, 원자력총국은 핵 개발과 관련된 기술적 측면에서 외교부를 보좌했다.[119] 일련의 행동과 협상을 통해 북한이 핵 개발에 관한 법적·기술적 문제에 대해 높은 식견을 보여준 것을 볼 때, 북한 정부 내의 각 부서가 긴밀하게 협조하면서 핵 외교를 실행했다는 것을 알 수 있다.

또한 핵 개발 계획은 핵상무조와 별도로 '131 지도국'이 관리하고 있었다. 131 지도국은 군수공업부의 지휘 아래, 제2경제위원회와 원자력총국, 대학 및 연구기관의 핵 전문가를 모아 김정일 직속조직으로 운영되고 있었다.[120]

---

117) 탈북한 북한 전 외교관과 저자의 인터뷰(서울: 2002.5.15).
118) 현성일, 『북한의 국가전략과 파워 엘리트: 간부정책을 중심으로』(선인, 2007), 425쪽.
119) 같은 책, 414~415쪽; 현성일과 저자의 인터뷰(서울: 2008.3.19.); 탈북한 북한 전 외교관과 저자의 인터뷰(서울: 2002.5.15).
120) 현성일, 『북한의 국가전략과 파워 엘리트』, 425쪽; 현성일과 저자의 인터뷰(서울: 2008.3.19).

4. 정책목표와 그 달성도

1993년 10월 북한은「핵문제 해결 — 고려되어야 할 요소들」이라는 메모를 미국 측에 전달해 다음과 같이 요구했다.

(1) 핵무기를 포함한 무력을 사용하지 않으며 위협도 하지 않겠다는 법적 구속력이 있는 약속을 포함한 평화협정(혹은 조약)의 체결

(2) 핵문제의 최종적인 해결을 위해 조선민주주의인민공화국에 경수로를 제공하는 책임을 질 것

(3) 자주권과 내정 불간섭을 약속하며 완전히 외교관계를 정상화할 것

(4) 평화적 재통일을 목표로 북남조선에 대해 균형 잡힌 정책을 서약[121]

이 메모의 내용은 제네바 합의와 많은 부분에서 중복된다. 즉 1994년 10월 제네바 합의의 핵심 부분은 서명 1년 전에 이미 제시되었던 것으로, 이는 북한이 초기 단계에서 핵을 이용한 외교 공세의 목적을 구체적인 형태로 인식하고 있었다는 것을 의미하는 것이다. 핵 외교에서 주목해야 할 것은 북미 양국이 제네바 합의라는 본격적이고 실질적인 문서에 정식으로 서명했다는 것이다. 다음에서 1993년 10월의 메모와 1994년 10월 제네바 합의 내용에 기초해 북한 핵 외교의 성과를 평가해보자.

1) 평화협정 체결과 핵 불사용 보장

북한은 1974년 처음으로 미국에 양자 간 평화협정 체결을 제안했고, 1984

---

121) "Resolution of the Nuclear Issue: Elements to be Considered"(October 12, 1993). 이 자료는 2003년 7월 23일에 퀴노네스로부터 저자가 제공받은 것이다.

년에는 미국에 재차 평화협정 체결을 요구하는 한편, 한국에도 불가침협정의 체결을 제안했다. 이후 북한은 1992년 남북 기본합의서를 통해 한반도 평화 문제를 남북 간에 협의하는 데 합의했다. 그러나 1993년에 들어와 북한은 한국과의 사이에는 이미 기본합의서라는 '불가침 협정'이 체결되었다는 일방적인 해석에 입각하여 평화협정은 미국과의 사이에 체결해야 한다고 주장하기 시작했다. 북한이 이런 주장을 했음에도 미국의 입장은 변화하지 않아, 미국은 제네바 합의에서도 '평화협정'이라는 표현을 사용하는 것조차 받아들이지 않았다. 미국과의 양자 간 평화협정을 체결하려는 북한의 세 번의 시도는 모두 실패로 돌아간 것이다.

한편, 제네바 합의에서 미국은 북한에 대해 "핵무기를 사용하지 않으며 핵무기로 위협하지도 않는다는 공식 담보"(negative security assurance)를 제시했다. 북한은 이러한 보장을 매우 중요하게 여겼고, 2002년 10월 북한이 미국에 '불가침조약'을 제안했을 때에도 "미국이 불가침조약을 통해 우리에 대한 핵 불사용을 포함한 불가침을 법적으로 확약한다면 우리도 미국의 안보상 우려를 해소할 용의가 있다"면서 보장을 한층 더 공식화해줄 것을 요구했다.[122]

하지만 이후 미국의 핵 불사용 보장에 대한 신뢰성에는 의문이 있는 것이 밝혀졌다. 2002년 3월, 미국이 지하 관통형 핵무기 개발을 검토하기로 결정했다는 것이 보도되었을 때, 그 사용대상에 북한을 포함한 WMD 보유국이 부각된 것이다.[123] 북한은 구두상의 보장을 얻는 데는 성공했지만, 실질적인 보장을 받는 것까지 성공했다고는 볼 수 없다.

---

122) "조미사이의 불가침조약체결이 핵문제해결의 합리적이고 현실적인 방도: 조선외무성 대변인", 《조선중앙통신》, 2002년 10월 25일.

123) *New York Times*, March 10, 2002.

2) 경수로와 중유 획득

한미일 3개국은 제네바 합의에 따라 1995년 3월 한반도에너지개발기구 (KEDO) 설립협정에 서명했고 KEDO가 출범했다. KEDO는 2003년을 목표로 1,000메가와트급 경수로 2기를 건설하고, 경수로 1기가 완공되기 전까지 대체 에너지로 매년 50만 톤의 중유를 공급하기로 했다. KEDO는 1997년 동해안에 인접한 북한 금호지구에서 경수로 시설 준공식을 가졌으며, 1999년에는 한국전력기술(KEPCO)과 턴키 계약(Turnkey Contract)을 맺고 2001년 경수로 본공사에 착수했다.[124] 1997년에는 유럽연합도 이사회의 멤버가 되었으며, KEDO 사업을 위해 한국은 약 32억 달러, 일본은 약 10억 달러를 융자하기로 했다.

그러나 북한은 경수로 건설과 미사일 문제 등에서 협력적인 태도를 보이지 않았고, 공화당이 우위에 있던 당시 미국 의회가 북한과의 협력에 부정적이었기에, KEDO의 경수로 공급 프로젝트는 예정보다 늦게 실시되었다.[125] 그 결과 2002년에는 제1경수로의 완성 예정시기가 당초 2003년에서 2008년으로, 제2기는 2009년으로 미루어졌다.[126] 북한은 계획지연에 대한 배상을 요구했지만, KEDO는 이에 응하지 않았다.[127] 또한 2002년 북한이 우라늄 농축 계획을 갖고 있는 것이 밝혀지자, 미국을 중심으로 KEDO의 사업을 재검토하려는 움직임이 일어나기 시작했다. 결국 2003년에는 경수로 프로젝트가 일시 중지되고, 2006년에는 폐지가 결정되어 북한은 경수로를 확보하는

---

124) KEDO의 활동에 대해서는 KEDO 공식 웹사이트 참고. http://www.kedo.org.
125) "Interview: Charles Kartman," February 20, 2003, aired in Frontline, http://www. pbs.org/wgbh/pages/frontline/shows/kim/interviews/kartman.html.
126) 外務省, 「朝鮮半島エネルギー開發機構(KEDO)」(2002.8).
127) "전력손실보상문제 해결되지 않는다면 흑연감속로식으로: 외무성대변인", 《조선중앙통신》, 2000년 7월 1일.

데 실패했다.

제네바 합의에서, 미국은 경수로가 완성될 때까지 북한에 대체에너지인 중유를 공급하기로 했고 이에 따라 1995년 10월 21일까지 15만 톤, 이후 매년 50만 톤의 중유를 난방 및 화력발전 목적으로 북한에 공급하고 있었다. 그러나 2002년 북한이 우라늄 농축 계획을 가지고 있는 것이 발각되자 같은 해 11월 중유 공급의 중단이 결정되었고, 결과적으로 북한이 KEDO로부터 공급받은 중유의 총량은 약 352만 톤이었다.[128] 제네바 합의는 경수로가 완성될 때까지 무조건 북한에 중유를 계속 제공하기로 약속했다는 점에서 결함이 있는 합의였다. 북한이 경수로 건설에 비협조적이었던 이유 중에는 도덕적 해이(moral hazard)도 있었던 것으로 보인다.

2005년 말까지 KEDO는 지원국 및 조직에서 총 약 25억 달러를 받아 경수로 프로젝트를 위해 약 16억 달러, 중유 제공을 위해 약 4억 달러를 지출했다. 국가별 지출액은 한국이 약 15억 달러, 일본이 약 5억 달러, 미국은 약 4억 달러였다.[129]

북한은 제네바 합의에 따라 경수로와 중유를 공급받게 되었으나 이러한 이득을 무상으로 얻었던 것은 아니다. 경수로와 중유를 공급받는 대가로 북한은 흑연감속로 및 관련 시설을 동결하고 이후에는 폐기하기로 한 것이다. 즉, 합의가 완전히 이행되면 핵시설에 대한 과거의 인적 · 재정적 투자는 물거품이 되어버리는 셈이었다.[130] 또한 경수로 공급을 위한 자금도 무상원조가 아닌 차관 형식이었다. 북한은 각각의 경수로의 완성된 후 3년간의 유예

---

128) The Korean Peninsula Energy Development Organization(KEDO), *2002 Annual Report*(KEDO, 2002), p.9.

129) KEDO, *2005 Annual Report*(KEDO, 2005), p.13.

130) 한편 합의에는 한계도 있었다. 합의에 따라 동결된 것은 핵 물질의 생산 · 축적뿐이며 기폭장치 개발, 폭탄 소형화 추진, 미사일 등 투사수단 개발 등은 규제되지 않았던 것이다.

기간을 포함해 20년간 무이자로 일정액을 반년마다 분할 상환하는 방식으로 KEDO에 차관을 상환할 의무를 가지고 있었다.[131]

3) 북미 관계의 정상화

제네바 합의에서 북한과 미국은 양국의 '정치 및 경제 관계를 완전히 정상화하는 방향으로 나아간다'고 언급하고, 구체적으로 다음과 같이 조치했다.

(1) 쌍방은 이 합의문이 서명된 후 3개월 안에 통신봉사[서비스]와 금융결제에 대한 제한조치들의 해소를 포함하여 무역과 투자의 장벽을 완화한다.

(2) 쌍방은 전문가협상에서 령사 및 기타 실무적문제들이 해결되는데 따라 서로 상대방의 수도에 련락사무소들을 개설한다.

(3) 조선민주주의인민공화국과 미합중국은 호상관심사로 되는 문제들의 해결에서 진전이 이루어 지는데 따라 쌍무관계를 대사급으로 승격시킨다.

첫 번째 사항과 관련해 미국은 1995년 1월 북한에 대한 제재를 완화하고 직통 전신 서비스, 북한에서 마그네사이트를 수입하는 미국 기업의 계약 행위, 미국 기업의 대북 인도적 지원 공급 라이센스 등을 허용했다.[132] 그러나 동시에 이러한 시책은 북한 경제에 별다른 영향을 주지 않을 것으로 예상되

---

131) "Agreement on Supply of a Light-Water Reactor Project to the Democratic People's Republic of Korea between the Korean Peninsula Energy Development Organization and the Government of the Democratic People's Republic of Korea," December 15, 1995, available at http://www.kedo.org/pdfs/SupplyAgreement.pdf.

132) "U.S. Policy Toward North Korea," Testimony of Mark Minton, Director of the Office of Korean Affairs, before the Senate Foreign Relations Committee, Subcommittee on East Asian and Pacific Affairs(Washington, D.C.: September 12, 1996).

었고, 실제로 2000년 6월까지 추가적인 제재 완화는 실현되지 못했다. 미국은 북한을 '테러지원국'으로 지목했기 때문에 양국의 정치·경제 관계의 정상화에는 장애가 있었으며 결국 제네바 합의에서도 북한은 테러지원국 분류로부터 해제되지 못했다.

두 번째로 북한과 미국은 쌍방의 수도에 연락사무소를 설치하는 데 실패했다. 북한은 보안상의 이유로 연락사무소와 숙소를 같은 건물에 설치하려 했으나 워싱턴 D.C.의 법률은 이를 허락하지 않았다. 또한 워싱턴에 사무실을 임대하려면 막대한 자금이 필요했는데 적성국 교역법(Trading with the Enemy Act)에 따라 조선계 미국인이 북한에 기부하는 것도 금지되었다.[133] 한국에 망명한 전 북한 외교관에 따르면, 이유는 알 수 없지만 김정일은 이 문제에 대해 상당히 고민했다고 한다.[134] 결국 이후 미국은 평양 소재 스웨덴 대사관에, 북한은 뉴욕 소재 자국 유엔 대표부에 각각 연락사무소를 설치하면서 문제가 봉합되었다.[135]

북미 관계 개선이 원만히 진전하지 못했기 때문에 양국 관계를 대사급으로 승격시킨다는 세 번째 항목은 실현되지 못했다.

4) 한미 관계의 악화

북한의 메모에 있던, 미국이 남북에 대해 '균형 잡힌 정책'을 수행한다는 요구는 받아들여지지 않았다. 한미 동맹과 주한미군의 존재를 고려할 때 이러한 요구는 비현실적인 것이었기 때문이다. 하지만 북한은 제한적이긴 했지만 핵 외교를 통해 한미 관계를 크게 악화시키는 데 성공했다. 한미 관계의

---

133) C. Kenneth Quinones, e-mail message to author, February 20, 2008.
134) 현성일, 『북한의 국가전략과 파워 엘리트』, 272, 429쪽.
135) C. Kenneth Quinones, e-mail message to author, February 20, 2008.

악화 배경에는 ▲ 미국하고만 대화를 하고 한국을 소외시키려는 북한의 정책 ▲ 한국이 효과적인 협상 카드를 가지고 있지 못했던 것 ▲ 감정적이며 자주 흔들렸던 김영삼 대통령의 성격 등이 있었다.

북한이 NPT 탈퇴를 선언하고 핵문제가 주로 미국과 북한 간에 논의되게 되자 한국과 IAEA는 무대 밖으로 쫓겨나고 말았다. 미국의 압력으로, 북한이 한국과 IAEA와의 협상에 임하기도 했지만, 이는 어디까지나 미국과의 협상을 진행하기 위한 전술적 움직임일 뿐이었다. KEDO에 대한 자금 제공을 지렛대로 핵 문제의 향방에 제한적이나마 영향력을 행사하게 되기 전까지, 한국은 효과적인 협상카드를 지니고 있지 못했다.

1993년 6월 북한과 미국이 공동성명을 발표하자, 한미 관계는 악화일로를 걷기 시작했다. 한국은 협상을 통한 핵 문제 해결을 바라고 있었으나, 자국 등 너머에서 북미 관계가 너무 진전되는 것은 바라지 않았다. 당시 미 국무부에서 한반도 문제를 담당하던 퀴노네스(Kenneth Quinones)는, 1994년 2월 당시 김영삼 대통령이 북한 핵 문제의 해결보다 북미 관계의 진전을 막는 것이 중요한 것처럼 행동했다고 회상했다.[136] 또한 핵을 둘러싼 협상과정에서 김영삼 대통령은 변덕이 심하고 불안정한 지도자라는 것이 밝혀졌다. 퀴노네스는 핵 문제에 대한 김영삼의 태도에는 일관성이 결여되어 강경책과 유연책 사이에서 우왕좌왕했고, 더 나쁜 점은 한국 여론에 따라 정책과 우선순위를 전환했던 것이라 평했다.[137] 퀴노네스는 "그는 한반도의 긴장이 고조될 때에는 한미 군사동맹의 방패 뒤에 숨으려 했고, 긴장이 완화되면 북미 협상에 대한 한국의 지분을 행사하려 했다"고 말했다.[138]

1994년 군사위기로 인해 한미 관계는 더욱 긴장되었다. 김영삼 대통령은

---

136) 퀴노네스, 『2평 빵집에서 결정된 한반도 운명』, 268쪽.
137) U.S. Department of State, Bureau of Intelligence and Research, "ROK: Kim Hangs On," Brief, April 12, 1996, in "The National Security Archive Korea Project."
138) 퀴노네스, 『2평 빵집에서 결정된 한반도 운명』, 313쪽.

이 당시 클린턴 대통령과 설전을 벌였다고 회고하며, 클린턴 대통령이 북한의 태도를 바꾸기 위해 전쟁도 불사하겠다고 말한 것에 대해 김영삼 대통령은 "당신이 우리나라를 무대로 해서 전쟁을 해서 당신의 목표를 달성하려고 그러는데 …… 당신이 우리 땅을 빌려가지고 폭격하려고 하는데 그것은 절대 안 된다"고 대응했다고 한다.[139] 김영삼 대통령은 미국이 평양을 폭격할 경우 "휴전선에 배치되어 있는 모든 포가 우리를 공격하게 되고, 그러면 서울은 불바다가 되고 부산·광주·제주도까지 불바다가 된다"고 했다.[140]

5) 팀 스피리트 훈련의 중단

북한 핵 외교의 성과 중 하나인 팀 스피리트 훈련의 중단은 북한에 중대한 의미를 가지고 있었다. 북한이 팀 스피리트 훈련을 어떻게 받아들였는지에 대해서는 1984년 6월 동독을 방문한 김일성이 호네커(Erich Honecker) 총리에게 한 다음 발언을 통해 명백히 알 수 있다.

그놈의 팀스피리트 훈련이 한번 열리면 우리는 전국적으로 비상이 걸려 노동자들을 군대로 소집해야 하기 때문에 한 달 반 이상 생산을 못한다. 그 타격 때문에 한 해 농사와 생산에 큰 차질이 빚어지고 있다. 군사적 압력 때문에 우리 인민들이 다 죽어간다.[141]

또한 조선중앙통신은 '팀 스피리트 93' 연습의 재개를 1968년 푸에블로호 사건, 1969년 EC-121 격추 사건, 1976년 판문점 사건, 1993년 '핵사찰 소동'

---

139) 함성득, 『김영삼 정부의 성공과 실패』(나남출판, 2001), 37쪽.
140) 같은 글, 38쪽.
141) 김창희, "북한 80년대 중반 서독에서 핵물질 구입: 김일성 호네커 회담록 원본 등 구 동독 국가 기밀문서 입수", 《신동아》, 1995년 11월, 134쪽.

등과 같은 급으로 논의하기도 했는데,[142) 이는 얼마나 북한이 팀 스피리트 훈련의 중지를 중시했는지 나타내는 것이다.

물론 북한이 팀 스피리트 훈련 중지에 완전히 만족한 것은 아니었다. 1998년 북한은 한미 연합훈련인 '을지 포커스 렌즈'를 "팀스피리트 복제", "제2의 팀스피리트"라고 비난했다.[143) 그러나 팀 스피리트가 대규모 전력을 실제로 투입하여 실시되는 야전훈련인 데 반해 '을지 포커스 렌즈'는 시뮬레이션을 이용한 한미 지휘소 연습이기에 북한이 받는 물리적·심리적 압력 측면에서 팀 스피리트 훈련의 중요성이 훨씬 높았다고 볼 수 있다.[144)

6) 김정일의 권력 장악

북한의 핵 외교는 군사지도자로서의 김정일의 위상 다지기가 진행되는 가운데 시작되어, 이를 확고히 하는 데 이용되었다. 인민군은 1990년대 초반부터 김정일의 지위 공식화를 본격화했다. 김정일은 1990년 5월 국방위원회 제1부위원장으로 선출되었고 1991년 12월에는 조선인민군 최고사령관으로 추대되었으며 1992년 4월 공화국 원수 칭호를 받았다.[145) 1992년 2월에는 조선로동당 중앙위원회 책임일꾼들에게 "인민군대를 강화하며 군사를 중시하는 사회적기풍을 세울데 대하여"라는 제목의 담화를 했다.[146) 이러한 움직

---

142) "불패의 혁명무력 조선인민군: 소개", 《조선중앙통신》, 1998년 4월 24일.

143) "원쑤들의 침략전쟁에는 혁명전쟁으로 대답할 것: 조선인민군 판문점대표부 성명", 《조선중앙통신》, 1998년 8월 20일; "〈을지 포커스 렌즈〉는 제2조선전쟁도발을 위한 전주곡: 로동신문글", 《조선중앙통신》, 1998년 8월 26일.

144) GlobalSecurity.org, "US Forces Korea - Exercises," http://www.globalsecurity.org/military/ops/ex-usfk.htm ; and GlobalSecurity.org; "Ulchi-Focus Lens," http://www.globalsecurity.org/military/ops/ulchi-focus-lens.htm .

145) 《로동신문》, 1992년 4월 21일자, 1면.

146) 김정일, 「인민군대를 강화하며 군사를 중시하는 사회적기풍을 세울데 대하여」, 조선

임을 배경으로, 김정일은 1993년 3월 전국·전민·전군에 준전시상태로 움직이라고 명령한 것이다.

NPT 탈퇴선언 후에도 비슷한 움직임이 이어졌다. NPT 탈퇴선언 약 한 달 뒤인 4월 9일, 김정일은 국방위원회 위원장으로 추대되었으나 1992년 4월 헌법 일부 개정으로, 북한은 국가주석이 아니라 국방위원장이 전군을 지휘·통솔하는 권한을 갖게 되었고, 이에 따라 김정일은 북한군을 완전히 장악하게 되었다.[147] 그리고 같은 해 7월 19일 김정일은 「조선인민군 최고사령관 명령제0040호」에 서명하고 한국전쟁에 참가한 북한군 장성·장교 99명의 군사칭호를 높였다.[148]

북한의 핵 외교는 북한 내 불만을 억제하려는 의도를 가지고 있었을 가능성도 있다. 실제로 북한이 핵 외교를 시작하기 직전, 북한 지도부가 국내 상황에 불안을 느끼고 있었다는 징후가 있다. NPT 탈퇴 선언이 있기 불과 11일 전인 3월 1일, 김정일은 "사회주의에 대한 훼방은 허용될 수 없다"라는 제목의 담화에서 다음과 같이 말했다.

사회주의를 반대하는 제국주의자들과 반동들의 책동이 전례없이 악랄하게 벌어지고 있는 가운데 사회주의를 훼방하는 궤변이 수없이 류포되고 있다. ······

로동당중앙위원회 책임일군들과 한 담화(1992년 2월 4일), 『김정일선집』, 제13권(평양: 조선로동당출판사, 1998), 1~9쪽.

147) 《로동신문》, 1993년 4월 10일자, 1면. 1972년에 제정된 조선민주주의인민공화국 사회주의헌법은 제93조에서 '조선민주주의인민공화국 주석은 조선민주주의인민공화국 전반적무력의 최고사령관, 국방위원회 위원장으로 되며 국가의 일체 무력을 지휘통솔한다'고 규정하고 있었지만, 1992년 4월에 수정된 헌법은 제113조에서 '조선민주주의인민공화국 국방위원회 위원장은 일체 무력을 지휘통솔한다'고 규정했다. 『조선중앙년감(1973)』(평양: 조선중앙통신사, 1973), 5~6쪽; 『조선중앙년감(1993)』(평양: 조선중앙통신사, 1993), 146쪽.

148) 《RP北朝鮮政策動向》, 1994.8.31, p.40.

사회주의에 대한 훼방이 황당무계 한 궤변임에도 사람들 속에서 사상적혼란을 일으키게 된것은 인민대중이 사회주의사상으로 튼튼히 무장하지 못한데 기본원인이 있다. ……

그 어떤 풍파속에서도 우리의 사회주의가 드놀지 않는것은 수령, 당, 대중의 일심단결이 확고히 실현되고 인민대중이 당과 수령의 령도따라 자기의 자주적요구에 맞게 새 생활을 창조해 나가고 있기 때문이다.[149]

이 시기 북한의 경제 상황은 매우 좋지 못했다. 1993년 12월에 열린 조선로동당 중앙위원회 제6기 제21차 전원회의에서 1987~1993년의 제3차 7개년계획의 목표가 달성되지 못해 추후 2~3년간을 완충기(조정기간)로 하는 것이 발표되었다.[150]

핵 외교는 김정일의 권력 장악과 국내의 안정 확보에도 일정 정도 기여한 것으로 보인다. 제네바 합의 성립 후 북한 당국은 핵 외교의 성과를 거론하면서 김정일의 공적을 기려 그의 능력을 찬양하게 되었다. 예를 들어, 2000년에 간행된『김정일장군의 선군정치』는 다음과 같이 언급하고 있다.

사람들은 미국이 1993년 초 이북의 〈핵 개발 의혹〉을 빌미로 하여 〈특별사찰〉과 〈집단제재〉로 위협해 나섰을 때 김정일장군께서 준전시상태선포와 NPT(핵무기전파 방지조약) 탈퇴로 대답하시여 미국을 굴복시키시고 협상탁에 끌어 내시여 북미합의서와 클린톤의 담보서한까지 받아내신 사실을 잊지 않고 있다.[151]

149) 김정일, "사회주의에 대한 훼방은 허용될수 없다", 조선로동당 중앙위원회 기관지《근로자》에 발표한 담화(1993년 3월 1일), 『김정일선집』, 제13권(1992년 2월~1994년 12월)(평양: 조선로동당출판사, 1998), 350, 354, 368쪽.
150)《로동신문》, 1993년 12월 9일자, 2면.
151) 김철우, 『김정일장군의 선군정치: 군사선행, 군을 주력군으로 하는 정치』(평양: 평양출판사, 2000), 287쪽.

제 7 장
미 사 일 외 교
1998~2000년

1990년대 후반 북한은 탄도미사일을 이용한 벼랑 끝 외교를 전개했다. 1998년 대포동 1호의 발사로 시작된 미사일 문제는 북미 회담의 초점이 되었고, 미국은 1999년 대북정책을 전면적으로 재검토했다. 그 결과 작성된 보고서가 북한에 대해 '포괄적 접근'을 해야 한다고 지적함에 따라, 2000년에는 북한과 미국의 고위 관료가 서로의 수도를 방문하는 등 본격적으로 북미 관계가 개선될 것처럼 보였다. 그러나 클린턴 행정부의 임기가 끝나자 북미 관계 개선의 움직임도 중단되고 말았고, 결국 북한의 미사일 외교는 북미 관계 정상화로 이어지지 못했다.

1. 미사일 수출, 발사실험, 북미 미사일 회담

북한의 미사일 문제를 먼저 외교적 과제로 거론한 것은 미국이 아닌 이스라엘이었다. 북한이 시리아나 이란에 미사일을 판매하는 상황을 우려하던 이스라엘은, 북한과 미국이 첫 미사일 협상을 시작하기 4년 전이자 북한이 준중거리 미사일 '노동'을 처음 발사하기 7개월 전에 북한에 미사일을 둘러싼

거래를 제의했던 것이다.[1]

유태계와 한국계 미국인들의 중재를 통해 북한과의 접점을 찾아낸 벤추르 (Eitan Bentzur) 이스라엘 외교부 국장은, 1992년 11월 북한을 처음으로 방문해 시리아와 이란에 미사일 및 관련 기술, 그리고 핵 기술을 제공하지 않을 것을 요청했다. 이에 대해 북한은 금광 개발 등의 프로젝트에 10억 달러를 투자해줄 것을 이스라엘 측에 요구했고, 벤추르 국장과 동행한 이스라엘 지질조사원의 연구원들에게 북한의 금광 조사를 시켰다.[2] 귀국 후, 지질조사원은 북한의 금광은 잠재적인 가치를 가지고 있지만, 더욱 상세한 타당성 조사가 필요하다고 결론 내렸다.

1993년 1월, 북한은 페레스(Shimon Peres) 이스라엘 외교장관을 평양에 초대했으나, 이에 대해 한국과 미국이 부정적 입장을 보인 것 등을 이유로 방북이 보류됐다. 그러나 이스라엘은 북한과 계속 협의해 나갔고, 벤추르 국장은 6월 말 베이징에서 북한 대표를 다시 만났다. 이 자리에서 북한 측은 금광 개발과 10억 달러의 지원을, 벤추르 국장은 미사일 수출 중단을 각각 요구했다. 또한 보도에 따르면 북한 측은 노동 미사일 100발을 10억 달러에 이란에 수출하는 계획을 포기하는 대신, 이스라엘이 현금 5억 달러를 3개월 내에 북한에 제공해줄 것을 요구했다. 이에 대해 이스라엘은 2억 5,000만 달러를 지불하는 한편 경제인 및 서방 국가들이 북한에 투자하거나 관계를 개선하도록 힘쓰겠다고 제안했지만, 북한은 이를 거부했다고 한다.[3]

---

1) 특별히 언급하지 않는 한, 이스라엘과 북한의 접촉과 관련해서는 다음 자료를 참조했다. Moshe Yegar, *The Long Journey to Asia: A Chapter in the Diplomatic History of Israel* (in Hebrew)(Haifa: Haifa University Press, 2004), pp.329~334.
2) *Jerusalem Post,* June 18, 1993. 한편, 이 당시 이스라엘의 비밀정보기관인 모사드의 하레비(Efraim Halevy) 차관도 북한을 방문하고 있었다. 평양으로부터 이스라엘로 돌아오는 길에 양측이 마주치는 해프닝이 있었지만, 자세한 경위는 알려지지 않았다.
3) *Jerusalem Post,* June 18, 1993.

이어서 벤추르 국장은 8월에도 베이징에서 북한 대표와 협의를 가졌다. 그러나 6월부터 북한과 핵 협상을 시작한 미국은, 이스라엘의 원조가 북한에 대한 압력을 약화시키는 결과를 초래할 것을 우려해 이스라엘에게 북한과의 협의를 그만둘 것을 요구했다.[4] 이에 따라 8월 16일, 라빈(Yitzhak Rabin) 이스라엘 총리와 페레스 외교장관은 북한과의 접촉을 중단하기로 결정했다. 나아가 페레스 장관은 미국이 북한의 미사일 수출을 중단시키기 위한 노력을 주도하는 것을 지지한다는 입장을 표명했다.[5]

결국 미사일을 둘러싼 이스라엘과 북한의 협상은 성사되지 못했지만, 북한에게는 외교의 도구로서 미사일이 어느 정도의 가치를 지니는지 알게 된 귀중한 경험이 된 것이다.

2) 핵 외교의 그늘

(1) 노동 미사일과 스커드 미사일 발사실험

북한이 탄도미사일을 외교협상에 의도적으로 이용하려는 첫 번째 징후는 1993년 5월 말에 나타났다. 북한은 단 이틀 사이에 스커드 미사일 3발과 노동 미사일 1발의 발사실험을 실시한 것이다. 이는 당시까지 북한이 실시한 미사일 실험 중 수적으로는 최대 규모다. 특히 노동 미사일은 도쿄 방향으로 발사되었는데, 그 본체는 약 500킬로미터 비상하여 동해상에 낙하했다. 당시 미사일 발사장에서는 이란과 파키스탄의 전문가들이 실험을 견학하고 있었다고 한다.[6]

---

4) *Washington Post*, August 16, 1993, p.A12
5) *New York Times*, August 17, 1993, p.A10.
6) 북한의 미사일 실험에 관한 기술은 다음 자료에 의거했다. Greg Gerardi and Joseph Bermudez, Jr., "An Analysis of North Korean Ballistic Missile Testing," *Jane's Intelligence Review*, Vol.7, No.4(April 1995), pp.184~190; *Aviation Week and*

핵 개발을 둘러싸고 국제사회의 압력을 받던 북한은 1993년 3월 전군에 준전시상태를 선포했고 이어 NPT 탈퇴를 선언했다.[7] 수차례의 미사일 실험은 이러한 상황에서 이루어진 것이다. 또한 실험 직후인 6월 2일에는 북미 고위급 회담이 예정되어 있었고, 회담 결과 6월 12일에는 첫 북미 공동성명을 발표했다. 이 미사일 실험이 북한 외교에 얼마나 유리하게 작용했는지 측정하는 것은 어렵겠지만, 북한이 미사일을 개발한 배경에는 기술적 필요성이나 외화벌이 가능성뿐 아니라 외교적 의도가 있었다는 것이, 실험 시기를 볼 때 명백해 보인다. 이후 북한은 외교적 수단으로 미사일을 자주 활용하게 되었다.

(2) 노동 미사일의 발사실험 준비

1994년 5월, 또 다시 노동 미사일 실험이 준비 중이라는 징후가 보였다. 5월 31일과 6월 2일, 동해에서 지대함 미사일의 발사실험이 있었고[8] 6월 14일에는 대포동 미사일용으로 추정되는 로켓 엔진의 연소 실험이 진행되었다.[9] 6월 9일에는 김영남 북한 외교부장이 북한은 앞으로도 미사일 실험을 계속할 것이라 언급하며 한반도에서 전쟁이 일어날 경우 한국은 철저하게 파괴될 것이라 경고했다.[10]

이 시기는 북한의 핵 개발을 둘러싼 국제적 긴장상태가 정점에 달한 시기였다(자세한 내용은 제6장 참조). 결국 6월 카터 전 대통령의 방북으로 위기가

Space Technology, July 11, 1994, p.55; Joseph S. Bermudez, Jr., "North Korea's Musudan-ri Launch Facility,"Missile News: Special Report, CDISS, available at http://www.cdiss.org/spec99aug.htm, accessed on July 18, 2002.

7) 《로동신문》, 1993년 3월 13일자, 1면; 《로동신문》, 1993년 3월 9일자, 1면.
8) 《한국일보》, 1994년 6월 4일자.
9) 《조선일보》, 1994년 7월 2일자.
10) 《RP北朝鮮政策動向》, 1994.7.31, p.41.

진정되고 북미 회담도 재개되었다. 북한은 미사일 실험을 준비하면서 미국을 압박하는 한편, 최종적으로는 실험을 중단하여 대화를 통해 문제를 해결하겠다는 입장을 전하려던 것으로 생각된다. 이후 10월에는 북한과 미국 간 제네바 합의가 타결되었다.

3) 북미 미사일 협상

제네바 합의에 따라 핵 문제가 일단락되자 미국은 미사일 문제에 더 많은 관심을 기울이기 시작했고, 미사일 문제는 북미 관계의 가장 중요한 과제 중 하나가 되었다. 또한 이 무렵 북한은 미사일 수출을 본격화하여 이란에 노동 미사일 기술을 판매하기 시작했다고 알려졌다.[11] 이런 가운데 1995년 초, 미국은 미사일 협상을 개시할 것을 북한에 제안했다. 이어서 1996년 1월 허바드(Thomas Hubbard) 미 국무부 동아시아 담당 차관보도 미사일 확산 문제를 논의하기 위한 협의를 북한에 재차 제안했다.[12] 이에 대해 북한 측은, 회담 일정과 장소를 결정하기 전에 경제제재가 완화되어야 한다고 요구하며 미사일을 외교카드로 활용하려 했다. 이후 미국이 북한에 대한 긴급 식량지원을 결정하자, 북한은 미사일 협상을 수용했다.[13]

---

11) Gary Samore, "U.S.-DPRK Missile Negotiations," *The Nonproliferation Review*, Vol.9, No.2(Summer 2002), p.17.

12) "Liaison Office Site Survey in Pyongyang, 1/31~2/4," Telegram from U.S. embassy in Beijing to Secretary of State, February 6, 1995, available in the National Security Archive Korea Project, National Security Archive, Washington, D.C.

13) Evan S. Medeiros, "U.S., North Korea May Hold Talks on North's Missile Sales, MTCRStatus," *Arms Control Today*, Vol.26, No.1(February 1996), p.25.

(1) 제1차 북미 미사일 협상

1996년 4월 아인혼(Robert Einhorn) 미 국무부 비확산 담당 부차관보와 리형철 북한 외교부 미주국장을 각각 대표로 한 제1차 북미 미사일 협상이 베를린에서 개최되었다. 미국은 이 협상을 제네바 합의의 연장선상에 놓고 핵문제뿐만 아니라 미사일 문제에 대해서도 북한을 국제적인 비확산 체제에 통합시키겠다는 목표를 가지고 있었다.[14] 회담에서 미국 측은 미사일기술 통제체제(MTCR)의 내용을 북한 대표단에 설명하고 북한이 미사일의 생산과 수출을 중단하는 데 동의한다면 미국은 제재를 해제할 용의가 있다고 전했다.[15] 회담 종료 후, 미국 측은 "협의는 유용했다"고 평가했고, 북한 측도 "앞으로도 협의는 계속된다"고 발표했다.[16]

그러나 북한은 미국과의 협상에 응했음에도 미국을 한층 더 강렬히 비난했다. 미사일 협상 두 달 뒤인 6월 말, 조선중앙통신은 미국을 비롯한 서방 언론이 북한의 미사일이 중동 국가에 수출되고 있다고 떠들고 있다고 비난하면서, 미사일 협상은 미국 측이 제안했고 북한은 그들의 입장을 고려하여 응했을 뿐, 협상을 하지 않아도 손해를 보는 것은 아무것도 없다고 주장했다. 또한 미국 측이 계속 강경한 태도를 취할 경우 미사일 협상을 중단하지 않을 수 없다고 보도하기도 했다.[17]

---

14) U.S. Department of State(DoS), Office of the Spokesman, Daily Press Briefing, April 19, 1996.

15) "Guidance for U.S. Delegation to DPRK Missile Talks," Cable, SecState to USMission USUN, June 10, 1997, available in the National Security Archive Korea Project; and *Washington Times*, June 5, 1996, p.A20.

16) DoS, Daily Press Briefing, April 22, 1996; 《로동신문》, 1996년 4월 24일자, 4면.

17) 《조선중앙통신》, 1996년 6월 28일. 《月刊朝鮮資料》, Vol.36, No.8(1996.8), p.20 재인용.

(2) 노동 미사일의 발사실험 준비

1996년 9월, 공작원 회수를 위해 한국의 동해안에 침투한 북한의 상어급 잠수함이 좌초한 사건(강릉 잠수함 침투사건)이 발생하자 김영삼 대통령은 분노했고, 한반도에너지개발기구(KEDO)의 참여를 중지시켜 경수로 사업의 실시가 연기되었다. 이러한 긴장상태 속에서 북한은 노동 미사일로 추정되는 미사일의 실험 준비를 시작했다. 한편 미국은 지속적으로 북한과 접촉하여[18] 미사일 실험 실시에 대해 "강하게 반대한다"고 전달했다.[19] 북한은 적어도 공식적으로는 강경한 자세를 보였고 23일에는 외교부 대변인이 강한 어조의 성명을 발표했다.[20]

북한은 한국이 강릉 잠수함 침투사건을 빌미로 북미 관계 개선을 방해하려는 것이 아닌지 우려했다. 북한 외교부는, 강릉 잠수함 침투사건을 이유로 경수로 제공을 지연한 한국 측의 입장에 대해 미국이 이해를 표시했다는 것을 지적하며, 미국이 경수로 사업 추진 문제를 한국 담당자의 일방적인 결심에 맡긴다면 이는 제네바 합의 이행에 결정적인 영향을 미칠 것이라 경고했다.[21] 한편, 북한 외교부는 북미 협상에서 제네바 합의를 준수하려는 미국의 입장을 재확인하고, 11월 3일 미국 측이 "어떤 외부적영향에 구애됨이 없이" 중유 공급과 경수로 사업을 계속 추진하겠다고 한 것에 만족을 표명했다.[22] 5일 뒤, 미 국무부는 북한이 미사일 실험을 중단했다고 밝혔다.[23]

---

18) 미 국무부 대변인은 10월 16일, 미국과 북한과 "흥미로운 논의"를 가졌다고 밝혔다. DoS, Daily Press Briefing, October 17, 1996.
19) DoS, Daily Press Briefing, October 18, 1996.
20) 《로동신문》, 1996년 10월 24일자, 5면.
21) 《月刊朝鮮資料》, Vol. 36, No. 12(1996.12), pp. 16~17.
22) 《로동신문》, 1996년 11월 4일자, 4면.
23) DoS, Daily Press Briefing, November 8, 1996.

(3) 제2차 북미 미사일 협상

1997년 6월 11일 열린 제2차 북미 미사일 협상에서 미국은 북한에 노동 미사일의 배치 및 스커드 미사일과 그 부품 등의 수출을 중단할 것을 요구했지만, 북한이 응하지 않아서 회담은 성과 없이 끝났다.[24] 또한 북한은 자국의 이집트 주재 대사가 미국에 망명한 것을 구실로 8월로 예정되었던 제3차 미사일 협상을 취소했다.[25] 같은 달, 미국은 미사일 확산을 이유로 북한의 조선부강무역회사와 조선룡악산무역총회사에 추가적인 제재를 부과해 미사일 협상은 정체 국면에 들어섰다.

4) 미사일 외교의 본격화

1998년 2월 한국에서는 김대중 정권이 출범하고, 3월 북미 양국이 미사일 협상을 계속할 것에 합의하자 북한의 태도에도 변화가 나타났다. 북한이 미사일을 거래용으로 사용할 가능성을 암시하기 시작한 것이다. 6월 16일 조선중앙통신은 다음과 같이 논평했다.

지금 우리가 진행하고있는 미싸일수출도 지금의 상황에서 우리에게 요구되는 외화획득을 목적으로 하고 있는 것이다.

미국이 우리를 반세기이상 경제적으로 고립시키고있는것으로 하여 우리의 외화획득 원천은 극히 제한되여있고 따라서 미싸일수출은 우리가 하는 수없이 택한 길이다.

미국이 진실로 미싸일수출을 막으려면 하루 빨리 경제제재를 해소하고 미싸일수

---

24) Arms Control Association, "Chronology of U.S.-North Korean Nuclear and Missile Diplomacy"(June 2003), http://www.armscontrol.org/factsheets/dprkchron.asp.

25) *Associated Press*, August 27, 1997.

출중지로 인한 경제적보상을 하는 길로 나와야 할것이다.[26]

같은 해 8월, 김계관 북한 외교부 부부장이 방북 중인 미 의회 대표단에게, 매년 5억 달러를 보상으로 지불하면 북한은 미사일 수출을 중단할 것이라 밝힌 것이 보도되었다.[27] 이러한 호소의 배경에는 시리아·이란·파키스탄 등 북한의 주요 무역 상대국 대상 미사일 혹은 플랜트 수출이 일단락되었고, 이후에도 미사일 수출을 통한 수입이 주춤할 것으로 예상되었기 때문이라는 분석이 있다.[28] 또한, 경제난이 심화되자 미사일 수출 등을 빌미로 외화벌이를 노리게 되었다는 해석도 가능할 것이다.

(1) 금창리 비밀 지하시설

미사일이 북미 사이의 새로운 의제가 되고 있던 1998년 8월, 핵 개발 의혹이 다시 불거졌다. 1998년 8월 17일자 《뉴욕타임스》가 미 정보기관이 녕변에서 북서쪽으로 40킬로미터 떨어진 금창리에 핵과 관련이 있을 것으로 추정되는 거대한 비밀 지하시설을 발견했다고 보도한 것이다.[29] 이 시설은 새

---

26) "그 누구도 우리 미싸일정책을 흥정할 권리가 없다: 조선중앙통신 론평", 《조선중앙통신》, 1998년 6월 16일.

27) *Associated Press*, August 19, 1998.

28) 통일부 관계자는, 북한의 무기수출액이 1980년부터 1989년 사이에는 25억 달러에 달했지만, 1990년대에 들어와 격감해 1990년부터 1995년 사이 무기수출액은 3억 달러 정도에 그쳤다고 밝혔다. 또한 북한이 심각한 외화부족으로 미사일 개발 투자에 문제가 생기는 등 큰 난관에 직면했다며, 북한이 최근 미사일 수출 사실을 인정하고 미사일 수출 중지의 대가를 미국에 요구하고 있는 것은 그 결과라고 지적했다. 통일부 관계자는 1990년대에 들어와 북한의 무기수출이 부진해진 것은 ① 경제위기로 인한 원재료와 에너지 부족 ② 세계적인 무기수요 감소 ③ 북한제 무기가 구식이 되어 수요가 감소 ④ 외화부족으로 무기수송용 선박 계약이 곤란해진 것 등이 그 원인이며, 북한이 중동에 무기를 수출하는 대가로 받았던 원유수입이 중단되어 에너지 위기가 더욱 심각해지고 있다고 했다. 《연합통신》, 1998년 8월 29일.

로운 원자로 또는 재처리 시설을 수용하기 위한 것으로 보였다.

금창리 지하시설은 즉시 북미 회담의 과제로 떠올랐고, 8월 20일부터 9월 5일까지 뉴욕에서 개최된 회담에서 카트먼(Charles Kartman) 미 한반도 평화 회담특사와 김계관 북한 외교부 부부장은 금창리 문제를 둘러싸고 대치했다. 미국 측은 북측에 지하 시설에 대한 설명을 요구하며 구두설명만으로는 미국 측의 우려가 해소되지 않을 것이라는 입장을 전했다.[30] 미국 측은 북한이 제네바 합의에 서명했음에도 핵무기 보유를 포기하지 않는 것이 아닌지 의문을 품고 있었다.[31] 금창리 지하시설의 발견으로 미사일 문제와 함께 핵 문제가 다시 북미 회담의 의제가 된 것이다.

(2) 대포동 1호의 발사

1998년 8월 31일 북한은 대포동 1호를 기초로 한 3단식 미사일을 태평양을 향해 발사했다. 이 미사일은 일본 동북지방 상공을 넘어가 일본에 큰 충격을 주었고, 미국 역시 북미 회담이 진행 중임에도 미사일이 발사된 것에 충격을 받았다. 대포동 1호 발사로 북한의 미사일 기술이 미국 정보기관의 예상을 뛰어넘는 것으로 밝혀졌다. 대포동 1호는 고체 연료로 추진되는 제3단을 탑재하고 있어서 이것이 실용화될 경우 미사일의 사정거리가 극적으로 연장될 것으로 예상되었다.[32] 실제로 제3단은 비행 중 폭발했으나 파편 중 일부

---

29) David E. Sanger, "North Korea Site an A-Bomb Plant, U.S. Agencies Say," *New York Times*, August 17, 1998, p.A1.

30) DoS, "U.S.-D.P.R.K. Talks," Press Statement, September 10, 1998.

31) Ashton B. Carter and William J. Perry, *Preventive Defense: A New Security Strategy for America*(Washington, D.C.: Brookings Institution Press, 1999), p.220.

32) Robert D. Walpole, National Intelligence Officer for Strategic and Nuclear Programs, "North Korea's Taepo Dong Launch and Some Implications on the Ballistic Missile Threat to the United States," Center for Strategic and International Studies, December 8, 1998 and National Intelligence Council(NIC), "Foreign

는 발사지점에서 4,000킬로미터 떨어진 지점까지 날아갔다. 이는 사정거리가 더 긴 대포동 2호에 추진력이 있는 제3단을 탑재할 경우, 소량의 생화학무기를 미국 본토로 운반하는 것이 가능해질 것이라는 것을 시사했다.[33] 한편, 한국은 대포동 1호 발사에 대해 가장 냉정한 태도를 보였는데, 한국 전역은 이미 스커드 C 미사일의 사정권에 들어가 있기 때문에 보다 사정거리가 긴 미사일이 등장했다는 것이 반드시 한국에 대한 직접적인 위협이 되는 것은 아니라고 생각했기 때문이다. 대포동 발사가 한국에 미친 영향은 햇볕정책의 타당성에 의문이 제기되는 일 등 정치적인 성질의 것이었다.

일본 정부는 예고 없이 자국 상공에 미사일을 발사한 북한에게 강력히 항의했고 KEDO에 자금을 지원하는 것을 보류하는 등의 조치를 취했다.[34] 한편 한국과 미국은 북한에 항의는 했지만 대북 관여 및 포용정책을 강력하게 추진하기로 합의하고 그 중심에 KEDO 사업을 두고 있었기 때문에, 일본의 움직임을 대북 관여·포용 정책을 동요시키는 부정적인 현상으로 파악했다.[35] 결국 한국과 미국의 압력에 따라 일본은 10월 KEDO 자금지원을 재개하기로 합의했고 사태는 수습되었다.[36]

대포동 미사일 발사는 클린턴 행정부에 두 가지 영향을 주었다. 첫 번째로, 대포동 미사일의 발사로 대북 관여정책에 대한 의회의 지지가 약해졌고, 그 결과 KEDO를 위한 자금조달 및 제네바 합의의 유지가 어려워졌다. 두 번째

Missile Developments and the Ballistic Missile Threat to the United States Through 2015," September, 1999.

33) Bermudez, *A History of Ballistic Missile Development in the DPRK*, p.30.

34) 「北朝鮮によるミサイル發射實驗に關する官房長官コメント」, 小渕内閣官房長官談話, 1998.8.31. 「北朝鮮によるミサイル發射を受けての当面の對応にかかる官房長官發表」, 小渕内閣官房長官談話, 1998.9.1.

35) *Korea Times*, September 5, 1998.

36) 「日本のKEDOへの協力再開にかかる官房長官發表」, 小渕内閣官房長官談話, 1998. 10.21.

그림 7-1 북한 미사일의 비행경로(1984~1999년)

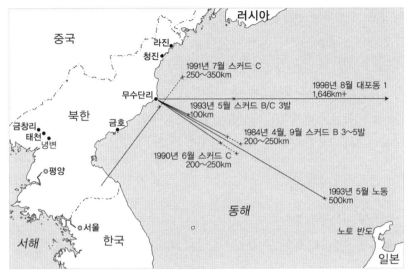

자료: Joseph S. Bermudez, Jr. "Estimated Flight Paths of Known DPRK Ballistic Missile Tests: 1984~1999"를 참조해 저자와 요코야마 사하루가 작성.

로 대포동 미사일 발사로 국가 미사일 방어(NMD)의 조기개발 및 배치에 대한 지지가 높아지면서 이에 반대하는 클린턴 행정부의 입장을 약화시켰다. 그 결과, 클린턴 행정부는 북한 미사일 문제에 대해 더욱 적극적으로 나서지 않을 수 없게 된 것이다.[37]

대포동 미사일 발사를 통해, 북한은 미사일을 협상카드로 활용하려는 태도를 더욱 노골적으로 밝혔다. 9월 8일자 《로동신문》은 "세계여론은 위성을 궤도에 진입시킬수 있는 운반로켓트가 개발되었다는것은 대륙간탄도로켓트를 보유하고있는 것과 같다고 흔히 평가한다"며, 이 '운반로켓트'가 군사적 의의를 가진다는 것을 인정했다.[38] 또한, 9월 17일자 《로동신문》은 "인공지

---

37) Samore, "U.S.-DPRK Missile Negotiations," p.17.

38) 《로동신문》, 1998년 9월 8일자, 3면.

구위성과 운반로켓트 제작에 드는 비용은 내놓고라도 지상의 발사장과 위성의 조종, 위성과의 련계를 가지는데 필요한 설비들을 갖추는데만도 전문가들은 대략 3억딸라이상의 비용이 든다고 추산하고 있다"고 보도했다.39) 또한 《로동신문》은 다른 논평에서 "우리가 이미 천명한바와 같이 우리의 인공지구위성발사가 군사적목적에 쓰이는가 쓰이지 않는가 하는것은 전적으로 미국을 비롯한 적대세력의 태도여하에 달려있다"는 입장을 보였다.40) 이렇게 북한에서 미사일 수출 및 실험은 금전적 거래의 도구로 자리 잡게 되었다.

(3) 북미 회담

대포동 미사일의 발사는 금창리 지하 핵시설 의혹 등에 대한 북미 회담이 뉴욕에서 진행하는 동안 실시되었다. 당시 북한이 미사일 발사를 준비 중이라는 정보는 있었지만, 미국은 회담이 진행되는 동안 미사일이 발사될 리 없다고 생각했기 때문에 미사일이 발사되었을 때 충격이 컸다. 또한 북한은 9월에 들어와서도 동해안에서 미사일 발사 준비를 진행하고 있었다.41) 대포동 미사일의 발사 후에도 북한은 회담을 유리하게 진행하기 위해 계속 압력을 가하고 있었던 것이다.

대포동 미사일 발사에도 불구하고, 북미 회담은 성공적으로 끝났다. 9월 5일까지 계속된 회담에서 양국은 금창리의 시설에 대해 논의하고 제네바 합의의 준수와 4자회담의 개최 등에 합의했다. 미국은 계획대로 경수로 건설을 추진하고 동시에, 약속된 기한까지 중유를 공급하는 것을 확인했다. 또한 양국은 미사일 협상을 재개하고 북한의 테러지원국 해제 문제에 대해 협의하기로 합의했다.42)

---

39) 《로동신문》, 1998년 9월 17일자, 3면.
40) 《로동신문》, 1998년 9월 25일자, 6면.
41) *New York Times*, September 4, 1998, p. A3. 또한 북한이 대포동 1호를 다시 발사할 준비를 진행하고 있다는 보도도 있었다. 《朝日新聞》, 1998.9.5.

이렇게 북한과 미국은 모든 현안을 포괄적으로 협의하기로 합의한바, 북한 외무성[43]은 이에 대해 "쌍무현안문제들에 대해 일괄타결형식으로 합의를 보았다"고 평가했다.[44] 결과적으로, 대포동 발사는 북미 회담을 방해한 것이 아니라 진전의 촉매제로 작용한 것이다.[45] 또한 회담 종료 이후인 9월 21일에는 미국 정부가 세계식량계획(WFP)의 요청에 응하는 형태로 북한에 30만 톤의 밀을 제공하겠다고 발표했다.[46] 이는 공식적으로 '인도적 원조'라 했지만 실제로는 북한의 양보에 대한 외교의 대가라는 측면도 있었다.

(4) 제3차 북미 미사일 협상

1998년 10월 뉴욕에서 개최된 제3차 북미 미사일 협상에서 미국 측은 북한에게 먼저 미사일 발사실험을 중지하고, 수출도 절감하며 이후 서서히 MTCR의 기준을 초과하는 미사일의 생산·개발을 중지하라는 단계적 해결방안을 제시했다. 또한, 북한이 이에 응할 경우 미국은 본격적으로 대북 경제제재를 해제할 것을 제안했다. 그러나 북한은 경제제재 해제는 이미 제네바 합의에서 합의되었다고 주장하고, 미사일 수출을 삭감하는 대가로 거액의 보상금을 요구했다.[47] 또한 미국은 북한이 앞으로 장거리 미사일을 발사하거나 미사일과 관련된 기술을 수출한다면 북미 관계 개선에 "매우 부정적인 결

---

42) DoS, "U.S.-D.P.R.K. Talks," Press Statement, September 10, 1998.

43) 1998년 9월 헌법개정에 따라, 북한은 기존 '외교부' 명칭을 '외무성'으로 변경했다.

44) "핵동력공업 희생시킬수 없다: 조미고위급회담관련 외무성대변인", 《조선중앙통신》, 1998년 9월 10일.

45) Joel Wit, interview by author(Washington, D.C.: July 22, 2002).

46) DoS, "North Korea — Additional Food Assistance," Press Statement, September 21, 1998.

47) DoS, "U.S.-DPRK Missile Talks, "Press Statement, October 2(1998) Howard Diamond, "U.S., North Korea Meet on Missiles; Japan, S. Korea Press on Defense," *Arms Control Today*, October, 1998; 『時事通信 = ュ―ス速報』, 1998.10.2.

과를 가져올 것"이라 경고했다. 반면 미국이 우려하는 북한의 미사일 관련 활동이 중단된다면 북미 관계는 그에 맞는 형태로 개선될 것이라 표명했다.[48]

(5) 대포동 미사일의 발사 준비

1998년 11월이 되자 다시 대포동 미사일의 발사시설과 격납고 건설로 추정되는 곳의 움직임이 포착되었다. 그리고 12월, 북한이 대포동 미사일의 발사실험을 12월 중 실시할 가능성이 있다고 보도되었다.[49] 북한은 이러한 군사적 움직임을 보이는 한편, 미국에 대한 외교적 압박을 강화했다. 먼저 12월 2일 조선인민군 총참모부가 발표한 성명에서 "우리 인민군대의 타격에는 한계가 없으며 그 타격을 피할 자리가 이 행성우에 없다"며 미국의 "강경보수세력들"이 북한의 지하시설에 대한 사찰을 실현하지 않으면 제네바 합의를 파기하겠다고 주장하는 것은 "선전포고와 같다"고 했다.[50] 또한 7일에는 북한 외교부가 외교적 해결의 여지가 줄어들고 있다고 경고했고[51] 9일에는 방미 중인 김계관 북한 외무성 부상[52] 미 의회 직원에게 미사일을 "앞으로도 사전 통보 없이 발사할 것"이라 말했다.[53]

그러나 북한은 강경한 태도를 취하는 한편, 미국에 관계 개선을 요구하는 제스처도 취했다. 12월 18일에는 《로동신문》 논평에서 북한의 지하시설 및 미

---

48) DoS, "U.S.-DPRK Missile Talks," Press Statement, October 2, 1998.
49) *Washington Post,* November 20, 1998, p.A1 and Greg Seigle, "Another N. Korean Missile Launch Near, Says USA," *Jane's Defence Weekly,* December 9, 1998, p.1.; 惠谷治, 『金正日大図鑑』(小學館, 2000), p.11.
50) "미침략군의 도전에 섬멸적인 타격으로 대답: 조선인민군 총참모부 대변인 성명",《조선중앙통신》, 1998년 12월 2일.
51) "조미관계에서 조선외교관들이 더 할일이 없다: 외무성대변인",《조선중앙통신》, 1998년 12월 2일.
52) 북한의 1998년 9월 헌법개정에 따라, 기존 '외교부부부장'의 명칭이 '외무성부상'으로 변경되었다.
53) 《朝日新聞》, 1998.12.11.

사일 문제에 대한 미국의 입장을 비난하면서도 "인공위성을 또다시 발사하려 한다는것과 그것이 군사적목적에 리용되겠는가 하는것은 적대세력들의 태도 여하에 달려있다"며 이 문제에 대해 미국과 협상 여지가 있음을 밝혔다.[54]

이러한 북한의 움직임에 대해 미국은 미사일 발사에 경고하면서도 북한과의 대화를 계속했다.[55] 12월 4일부터 12일까지 금창리 지하시설 의혹을 둘러싸고 열린 북미 회담에서 양측은 최종 합의에는 이르지 못했지만, 북한이 미국의 사찰관이 지하시설을 방문하는 대가로 보상금을 요구하던 것을 철회하고 대신 식량지원을 요구한 것으로 전해졌다.[56] 결국 미사일은 발사되지 않았고 12월 31일에는 대포동 발사가 연기되었다는 미 정보담당자의 코멘트가 보도되었다.[57]

(6) 제4차 북미 미사일 협상

1999년 3월 말 개최된 제4차 북미 미사일 협상에서 북한은 미국 측에 미사일 수출 중단에 대한 보상으로 연 10억 달러씩 3년간 지불할 것을 요구했다.[58] 이에 대해 미국 측은 미사일 수출 중단에 대해 어떠한 보상을 할 수 없다고 전했다.[59] 회담 종료 직후인 31일 북한 외무성은 "우리는 미싸일의 개발, 생산, 시험, 배비문제는 철두철미 우리의 자주권에 속하는 문제로서 그

---

54) 《로동신문》, 1998년 12월 18일자, 6면.
55) DoS, Daily Press Briefing, December 2, 1998.
56) DoS, "Conclusion of Third Round of U.S.-D.P.R.K. Bilateral Talks on Suspect Underground Construction," Press Statement by James B. Foley, Deputy Spokesman, December 11, 1998; and Philip Shenon, "North Korea Said to Drop Demand on Atom Inspection," *New York Times*, December 15, 1998, p.A3.
57) *Washington Times*, December 31, 1998, p.A4.
58) *Korea Herald*, April 1, 1999.
59) DoS, Daily Press Briefing, March 30, 1999. 또한, 다음 자료도 참조할 것. Robert Einhorn, Deputy Assistant Secretary of State for Nonproliferation, "DAS Einhorn 4/2 Remarks on North Korea Missile Talks," April 2, 1999, U.S. Embassy, Tokyo, Japan.

누구와도 절대로 홍정할 문제가 아니라는 일관한 립장을 밝히였다"고 강조하면서 "미국측이 원한다면 우리가 미싸일수출을 중단하는 경우 그로부터 벌어들이지 못하게 되는 해당한 외화를 현금으로 보상하는 조건에서만 미싸일수출중지문제를 론의해볼수 있을것"이라는 입장을 강조했다.[60]

(7) 금창리 시설 방문

1998년 12월까지 계속된 협상을 통해 북한은 금창리 지하시설에 미국 조사단이 방문할 경우 그 대가로 금전적 보상을 요구하는 대신 식량원조를 요청하는 방향으로 전환했다.[61] 1999년 2월 27일부터 3월 15일까지 개최된 북미 협상의 결과 북한은 5월 미 조사단의 금창리 방문을 허용했고 이후에도 시설의 사용상황에 대한 우려를 불식시키기 위해 미국 측이 현지를 방문하는 것을 인정했다. 대신 미국은 양국의 정치·경제 관계를 개선하기 위한 조치를 취하는 데 합의했다.[62] 또한 4월에는 북한과 미국은 북한의 감자 생산 프로젝트에 합의했는데, 이는 북한과 미국 간 최초의 양자 원조협정이라는 역사적인 의미를 가진 것이었다.[63]

이에 따라 5월 중에 미국 조사단이 금창리를 방문했고, 6월 말에는 미 국무부가 금창리 지하시설에는 플루토늄 생산로 및 재처리 시설이 존재하지 않으며 이 시설들을 건설하는 데도 적합하지 않다는 방문결과를 발표했다.[64]

---

60) "미싸일수출중지 대 현금보상제안: 외무성대변인 4차미싸일협상에 언급",《조선중앙통신》, 1999년 3월 31일.
61) DoS, "Conclusion of Third Round of U.S.-D.P.R.K. Bilateral Talks on Suspect Underground Construction" and *New York Times*, December 15, 1998, p.A3.
62) DoS, Statement by Secretary of State Madeleine K. Albright, March 16, 1999; "U.S.-D.P.R.K. Joint Press Statement"(New York: March 16, 1999) and "U.S.-DPRK Joint Statement," U.S. Mission(New York: March 16, 1999).
63) U.S. Agency for International Development(USAID), "Agreement Reached on Bilateral Assistance Project for North Korea," Press Release, April 22, 1999.

(8) 페리 프로세스

1998년 후반 금창리 지하시설 의혹이 부상하고 북한이 미사일을 발사하자 미국의 대북정책은 전면적인 재검토가 요구되었고, 같은 해 11월 페리(William Perry) 전 국방장관이 대북정책조정관에 임명되었다.[65] 페리 조정관은 한국 및 일본과 긴밀한 정책조정을 실시하면서 대북정책의 재검토를 진행해 1999년 9월「미국의 대북정책에 관한 보고서(페리 보고서)」를 대통령 및 미 의회에 제출했다.[66]

페리 보고서는 핵 문제와 미사일 문제를 개별적으로 다룰 것이 아니라 하나로 취급하는 '포괄적이고 통합된 접근'을 도입해야 한다고 말하는 것과 동시에, '평화공존' 혹은 '봉쇄'라는 '양 갈래길'로 구성된 전략을 채택해야 한다고 제창했다. 첫 번째로 '평화공존'의 길은 북한이 ▲ 핵무기 개발계획이 없다는 것을 보증하고 ▲ MTCR 기준을 초과하는 미사일의 실험ㆍ제조ㆍ배치를 중지하고 ▲ 이 같은 미사일과 관련부품ㆍ기술의 수출을 중지한다는 세 가지 최종 목표를 향해 나아가는 동시에 미국이 북한과의 경제ㆍ외교 관계를 본격적으로 정상화시키기 위한 노력을 한다는 것이다. 그러나 북한이 첫 번째 길을 거부할 경우 두 번째 길, 즉 '봉쇄'로 접어들기 때문에 미국이 북한과 새로운 관계를 구축하는 것은 불가능하다고 했다. 스커드ㆍ노동ㆍ대포동 미사일은 투사중량 500킬로그램 이상, 사정거리 300킬로미터 이상이라는 MTCR 기준을 초과했기 때문에 만약 첫 번째 제안이 실현될 경우 이들 미사일의 실험ㆍ

---

64) DoS, "Report on the U.S. Visit to the Site at Kumchang-ni, Democratic People's Republic of Korea," Press Statement, June 25, 1999.

65) DoS, "Dr. William Perry Named North Korea Policy Coordinator," Press Statement, November 12, 1998.

66) William J. Perry, Special Advisor to the President and the Secretary of State, "Review of United States Policy Toward North Korea: Findings and Recommendations," October 12, 1999.

제조·배치·수출 등이 영향을 받게 될 것으로 생각되었다. 또한 페리 보고서는 북한에 핵과 미사일 개발을 중지시키는 것은 중국의 국익에도 부합한다고 지적하고 중국이 북한에 압력을 가해야 한다고 했다.

페리 조정관은 보고서 발표에 앞서 1999년 5월 4일간 북한을 방문해 이 같은 미국의 포괄적 접근안을 북한 측에 제시했다. 당근과 채찍을 모두 포함한 이 제안은 북한에 일방적으로 양보하는 것이 아니었지만, 북한에게도 "매력적"일 것이라 예상한 것이었다.[67] 페리 조정관의 5월 제안에 대해, 6월 베이징에서 개최된 북미 협상에서 북한은 처음으로 미사일 발사 동결(moratorium)을 제안했다.[68]

이렇게 미사일 문제는 북미 관계의 중요한 의제 중 하나로 자리 잡았다.[69] 북한은 미국에 대한 협상카드로 자국의 미사일 문제의 유용성을 높이는 데 성공했고, 미국과 관계 정상화를 추진하는 데 이를 적극적으로 활용하려 했다. 따라서 페리 방북 후에도 미사일 발사 준비 움직임은 계속되었다.

(9) 대포동 2호의 발사 준비[70]

1999년 5월, 북한은 또다시 동해안 실험장에서 대포동 미사일로 보이는 미사일의 발사 준비를 하는 조짐이 나타났고 엔진의 분사와 연료주입 실험을

---

67) DoS, Remarks by Secretary of State Madeleine K. Albright and Hong Soon-Young, Minister of Foreign Affairs and Trade of the Republic of Korea in Joint Press Availability after Their Meeting(Washington, D.C.: May 17, 1999).
68) Joel Wit, interview by author(Washington, D.C.: July 27, 2002); Robert Carlin, e-mail message to author, February 24, 2008.
69) *Korea Times*, August 9, 1999.
70) 미사일 발사에 관한 북한의 움직임에 대해서는 다음 자료를 참조했다. "No-dong: N40-51'17" E129-39'58," maintained by John Pike and Tim Brown, updated January 16, 2000. http://www.fas.org/nuke/guide/dprk/facility/nodong.htm ; Center for Nonproliferation Studies, Monterey Institute of International Studies, "North Korea: A Second Taep'o-dong Test?" http://cns.miis.edu/research/korea/taep2.htm ; Bill

실시했다.[71] 관계 각국이 경고를 보냈음에도 북한의 실험준비는 계속되어, 7월 말에는 발사대가 거의 완성 된 것으로 확인되었다. 발사대의 높이가 약 22미터에서 약 33미터로 연장된 것으로 미루어보아 이번 실험준비가 대포동 2호를 위한 것으로 추정할 수 있었다. 또한 8월 초순에는 대포동 2호의 조립 이 완료되어 발사대 근처에 격납 중인 것으로 판단되었는데, 이런 움직임은 8월로 예정된 제네바에서의 북미 협상에 앞서 취해진 것이었다.

이런 상황에서 북한은 미사일 개발과 수출 등을 둘러싸고 미국과 거래할 용의가 있음을 밝혔다. 북한 외무성은 7월 26일 "미국의 대조선고립압살정 책으로 하여 항시 위협을 느끼고있는 우리로서는 자체방위력을 다지지 않을 수 없으며 그 하나의 수단으로서 미싸일을 개발하지 않을수 없었다"고 미사 일 개발 중인 것을 인정하면서 "미국이 진정으로…… 우리와 〈관계개선〉을 바란다면…… 경제제재를 전면적으로 철회하고 우리를 반대하는 〈공조〉기 도를 그만두며 군사적위협을 하지 않는다는 실천적조치를 먼저 취하여야 할 것이다"라며 "미국이…… 신의를 보이면 우리도 신의있게 대할것이다"라고 지적했다.[72] 북한은 미사일 문제를 지렛대로 미국과의 관계개선을 추진할 용의가 있다는 속내를 밝힌 것이다.

한편 9월, 미국에서는 국가정보회의가 보고서를 발표해 북한은 대포동 1 호가 아닌 보다 고성능의 대포동 2호를 대륙간 탄도미사일(ICBM)로써 무기 화하려고 한다는 견해를 나타냈다.[73]

Gertz, "North Korea Poised to Test Longer-Range Ballistic Missile," *Washington Times*, June 17, 1999; Bermudez, Jr., "North Korea's Musudan-ri Launch Facility"; DoD News Briefing, July 6, 1999; Calvin Sims, "North Korea, Ignoring Warnings, Proceeds With Plans to Test-Fire Missile," *New York Times*, July 22, 1999, A8; 《조 선일보》, 2006년 6월 22일자.

71) 《동아일보》, 1999년 6월 21일자; 《朝日新聞》, 1999.6.24.
72) "미국이 신의를 보이면 신의있게 대할것이다: 외무성대변인", 《조선중앙통신》, 1999 년 7월 26일.

5) 북미 관계 정상화 움직임

이런 가운데 8월 제네바, 9월 베를린에서 각각 핵과 미사일 문제를 둘러싼 북미 협상이 개최되었고 9월 7~12일 개최된 베를린 회담에서 북미 관계에 주목할 만한 진전을 보였다. 북한이 북미 양국 관계 정상화를 향해 나아가고 있는 동안에는 미사일 발사를 동결하겠다고 약속한 것이다.[74] 한편 같은 달 17일, 클린턴 대통령은 적성국 교역법, 국방생산법 및 상무부의 수출관리규칙에 규정된 대북 제재의 일부를 해제하기로 결정했다고 발표했다.[75] 그리고 24일에는 북한이 북미 협상이 진행되는 동안에는 미사일을 발사하지 않겠다고 공식 발표했다.[76] 이러한 움직임은 북한과 미국이 한 걸음씩 상호 양보의 경험을 쌓아간다는 페리 보고서의 방식에 따른 것이었고, 북한은 미사일 개발을 지렛대로 삼아 미국과의 관계개선의 실마리를 잡는 데 이른 것이다.

북미 베를린 합의 후 양국 관계 진전은 정체 국면을 맞았으나, 2000년 중반 이후 다시 움직임이 나타났다. 먼저 6월 19일, 미국이 1999년 9월 표명한 대로 북한에 대한 제재 완화를 실시한다고 발표한 것에 대해[77] 같은 달 20일

---

73) NIC, "Foreign Missile Developments and the Ballistic Missile Threat to the United States Through 2015."
74) The White House, "Easing Sanctions Against North Korea," Statement, September 17, 1999.
75) 같은 글; and The White House, "Fact Sheet: Easing Sanctions Against North Korea," September 17, 1999.
76) "조미회담진행기간에는 미싸일발사를 하지 않을것이다: 외무성 대변인", 《조선중앙통신》, 1999년 9월 24일. 이러한 북한의 태도는 1993년 5월 북한이 핵 문제에 관련해서 미국과 핵협상을 가지는 동안은 NPT탈퇴를 보류하겠다고 한 방식과 비슷하다는 지적도 있다. Scott Snyder, "Pyongyang's Pressure," *The Washington Quarterly*, Vol.23, No.3(Summer 2000), pp.167~168.
77) The White House, Statement by the President, June 19, 2000; and DoS, "Fact Sheet: Implementation of Easing of Sanctions Against North Korea," June 19, 2000.

북한 외교부도 미사일 발사실험을 계속 동결한다고 발표했다.[78] 또한 2000년 7월에는 쿠알라룸푸르에서 제5차 북미 미사일 협상이 개최되었고[79] 협상 종료 후 북한 측은 미사일 수출을 중단하는 보상으로 10억 달러를 요구했다고 밝혔다.[80]

그러나 이러한 움직임은 기본적으로 이미 1999년에 조성된 상황을 재확인하는 단계에 머물러 있어서, 본격적으로 북미 관계를 개선하기 위해서는 더 높은 수준의 접촉이 필수적이었다. 1999년 5월 페리의 방북 이후, 미국은 북한 고위관계자의 방미를 기대했으나 2000년에 들어와서도 북한 측으로부터는 긍정적인 반응이 오지 않았고, 페리 프로세스에 따른 북미 관계개선의 움직임도 둔화된 듯 보였다. 북한 측이 움직이기 시작한 것은 10월에 접어들어서였다.

10월 9~12일 김정일의 특사로서 국방위원회 제1부위원장 조명록 차수가 미국을 방문했고, 이를 계기로 북미 관계에 큰 변화가 시작되었다. 조명록은 북한의 2인자로서는 처음으로 워싱턴을 방문해 클린턴 대통령, 올브라이트(Madeleine Albright) 국무장관, 코언(William Cohen) 국방장관 등과 잇따라 회담을 가졌다. 그 결과 북한과 미국은 '조미 공동콤뮤니케'를 발표해 "미사일 문제의 해결은 양국 관계의 근본적인 개선과 아시아 태평양 지역의 평화와 안정에 중요한 기여가 된다"는 점에 합의하고 북한은 북미 협상이 진행되는 동안에는 미사일을 발사하지 않는다는 것을 재확인했다.[81]

---

78) "미국은 전면적이고 실제적인 제재해제조치를 취해야 한다: 조선외무성 대변인",《조선중앙통신》, 2000년 6월 21일. 북한 측은 이를 "위성발사의 림시중지"라고 표현했다.

79) Transcript of Remarks and Q&A with Assistant Secretary of State for Non-Proliferation Mr. Robert Einhorn at the Conclusion of the U.S.-DPRK Missile Talks, U.S. Embassy, Kuala Lumpur, July 12, 2000.

80) 《每日新聞》, 2000.7.12.

81) "US-DPRK Joint Communiqué"(Washington, D.C.: October 12, 2000); "조선민주주의인민공화국과 미합중국 사이의 공동콤뮤니케"(워싱턴: 2000년 10월 12일).

또한 조명록의 방미에 앞서 10월 6일 북한과 미국은 '국제 테러리즘에 대한 북미 공동성명'을 발표하고 이 가운데 북한은 "모든 국가 혹은 개인에 대한 모든 형태의 테러리즘에 반대"한다고 선언했다. 이에 대해 미국은 북한이 필요조건을 만족시킬 경우, 북한에 대한 테러지원국 지정을 해제하는 노력을 기울이겠다고 약속했다.[82] 금창리 핵시설 의혹이 해결되고 북한이 미사일 발사 동결을 발표하자, 국제테러 지원 문제가 북미 관계 개선의 가장 큰 걸림돌이 되었다. 미국 정부는 북한을 테러지원국으로 규정하고 있어서 이 문제가 해결되지 않는 한 북미 관계의 본격적인 개선이 불가능했던 것이다. '국제 테러리즘에 대한 북미 공동성명'은 북미 관계 정상화의 장애를 제거하는 중요한 한 걸음이었다.

이후 10월 23~24일에는 올브라이트 미 국무장관이 미국의 국무장관으로서는 최초로 북한을 방문했다. 이 방북은 클린턴 대통령의 생각을 직접 김정일에게 전달하고, 클린턴 대통령의 방북 가능성을 타진해보려는 목적을 갖고 있었다.

올브라이트 국무장관은 평양에 체류하는 동안 여러 차례 김정일과 회담했고, 김정일은 1998년 위성발사는 처음이자 마지막이 될 것이라 말했다. 양측은 북한이 미사일 실험을 중지한다면 미국이 북한의 인공위성 발사를 대신해달라는 김정일의 제안에 대해서도 논의했다.[83] 김정일은 ▲ 사정거리 500킬로미터를 넘는 미사일의 생산·실험·추가배치를 하지 않고 ▲ 모든 미사일의 수출을 중단하며 ▲ 지금까지 북한이 미국에 해왔던 금전적 보상의 요구를 포기하는 대신 10억 달러 상당의 식량과 에너지 등 비군사 원조를 요구

---

82) DoS, "Joint U.S.-DPRK Statement on International Terrorism," Statement, October 6, 2000. "미국이 조선을 〈테로지원국〉 명단에서 삭제할 정치적의지 표명: 공동성명 발표",《조선중앙통신》, 2000년 10월 7일.

83) Press Conference by Secretary of State Madeleine K. Albright, Koryo Hotel, Pyongyang, North Korea, October 24, 2000.

하겠다는 입장을 통해 북미 관계 개선을 위해 적극적인 태도를 보였다.[84] 그러나 회담에서 사찰이나 이미 배치된 미사일, 북한에 대한 비군사 원조의 구체적인 액수 등에 대해서는 합의에 이르지 못했고 구체적인 사안에 대해서는 실무협의를 열어 논의하기로 했다.[85]

장관급의 협의를 거쳐 11월에 개최된 제6차 북미 미사일 협상에서 미국은 북한에 ▲ 사정거리 300킬로미터 이상이며 500킬로그램 이상의 탑재능력을 가진 모든 미사일의 제조·실험·배치금지 ▲ 보유 미사일의 수와 종류를 신고하는 것을 포함해 검증조치를 수용할 것 ▲ 현재 보유하고 있는 미사일의 폐기를 약속할 것 등을 요구했다.[86] 또한 미국 측은 북한이 미사일 관련 활동을 억제하는 대신, 미국이 북한을 위해 인공위성을 발사해준다는 거래를 할 수 있는 가능성을 찾았다.[87]

이에 대해 북한 대표는 김정일이 제시한 미사일 생산 동결안은 노동과 대포동 미사일에는 적용되지만 스커드 미사일에는 적용되지 않는다고 말하면서, 비공식적으로는 광범위한 안전보장 논의를 거쳐야만 스커드 미사일의 생산 동결 검토가 가능할 것이라 주장했다. 마찬가지로, 어떤 '보상'이 있을 경우에는 노동과 대포동 미사일의 점진적 철폐를 고려할 용의가 있다고도 말했다. 검증에 대해 북한 측은 협조적 메커니즘을 구축하는 데 동의했지만, 자세한 내용에 대해서는 밝히지 않았다. 마지막으로, 북한은 식량과 에너지를 '보상'으로 받아들였지만, 그 양과 구체적인 내용에 대해서는 북한과 미국은

84) Madeleine Albright with Bill Woodward, *Madam Secretary* (New York: Miramax Books, 2003), p.465; and *New York Times*, March 6, 2001, pp.A1 and A8; 남문희, "인터뷰: 천용택 국회 국방위원장", 《시사저널》, 597호, 2001년 4월 5일.

85) *New York Times*, March 6, 2001, pp.A1 and A8.

86) 같은 글.

87) Press Statement issued by Robert J. Einhorn, Assistant Secretary of State for Nonproliferation in Kuala Lumpur, Malaysia, November 3, 2000.

타협하지 못했다.[88]

장관급 상호방문을 포함해 거듭해서 협상이 진행되었음에도, 결국 협상 기한이 만료되었고 클린턴 행정부에서 북미 관계 정상화는 이루어지지 못했다. 2000년 12월 28일 클린턴 대통령은 "우리의 노력은…… 북한의 미사일 개발과 수출에서 오는 위협을 완전히 제거할 수 없을지라도, 이를 크게 감소시키기 위한 기회를 얻었다"라고 언급하면서 김정일이 "미사일 계획에 대한 진지한 제안"을 했다는 것을 높이 평가했지만, 본인의 임기 중에 북한을 방문하지는 않기로 결정했다고 밝혔다.[89]

2. 환경요인 분석

1) 북한의 미사일 능력[90]

북한은 1970년대 중반부터 탄도미사일 개발에 관심을 보이기 시작했지만

---

88) Samore, "U.S.-DPRK Missile Negotiations," pp.18~19.
89) The White House, Office of the Press Secretary, "Statement by the President," December 28, 2000. 클린턴 대통령 방북 취소와 관련한 내용에 대해서는 Albright, *Madam Secretary*, pp.468~470 참조.
90) 북한의 미사일 성능, 생산, 배치 상황에 대해서는 다음 자료를 참고했다. International Institute for Strategic Studies(IISS), *North Korea's Weapons Programmes: A Net Assessment* (Houndmills, Hampshire: Palgrave MacMillan, 2004); Testimony of General Thomas A. Schwartz, Commander in Chief, United Nations Command/ Combined Forces Command, Command & Commander, United States Forces Korea before the Senate Armed Forces Committee, March 27, 2001, pp.9~10; Office of the Secretary of Defense(OSD), *Proliferation: Threat and Response* (Washington, D.C.: Office of the Secretary of Defense, January 2001); Joseph S. Bermudez, Jr., *A History of Ballistic Missile Development in the DPRK*, Occasional Paper No.2, Monitoring Proliferation Threats Project(Monterey, California: Center

본격적으로 개발을 시작한 것은 1980년대의 일이다. 북한의 탄도미사일은 크게 ▲ 스커드 ▲ 노동 ▲ 대포동의 세 가지로, 사정거리 320킬로미터에 탄두 중량이 1,000킬로그램에 달하는 스커드 B가 1980년대 초 개발되기 시작되어 1986년부터 본격적으로 생산되었다. 1980년대 후반 스커드 B의 사정거리를 연장해 개발하기 시작해 1989년 실전화(實戰化)된 스커드 C는, 탄두 중량을 770킬로그램으로 줄였고 이에 따라 사정거리가 500킬로미터까지 연장되어 한국 전역을 사정권에 두게 되었다. 게다가 스커드 미사일은 이동식 발

for Nonproliferation Studies, Monterey Institute of International Studies, 1999), http://cns.miis.edu/pubs/opapers/op2/op2.pdf; Federation of American Scientists, "Nuclear Forces Guide-Missiles," http://www.fas.org/nuke/ guide/dprk/missile ; Testimony of General John H. Tilelli, Commander-in-Chief of United States Forces in Korea, House Armed Services Committee Hearing, March 3, 1999; Joseph S. Bermudez, Jr., "Taepo-Dong Launch Brings DPRK Missiles Back into the Spotlight," Jane's Intelligence Review, Vol.10, No.10(October 1998), p.30; The Commission to Assess the Ballistic Missile Threat to the United States, "Executive Summary of the Report of the Commission to Assess the Ballistic Missile Threat to the United States"(hereafter referred to as the Rumsfeld Commission Report), July 15, 1998; David C. Wright, "An Analysis of the North Korean Missile Program," in Report of the Commission to Assess the Ballistic Missile Threat to the United States, Appendix III: Unclassified Working Papers, Pursuant to Public Law 201, 104th Congress, July 15, 1998, pp.346~348; Defense Intelligence Agency(DIA), *North Korea: The Foundations for Military Strength-Update 1995* (Washington, D.C.: U.S. Government Printing Office, 1995), pp.11~12 and 21; and Joseph S. Bermudez, Jr. and W. Seth Carus, "The North Korean 'Scud B' Programme," *Jane's Intelligence Review*, Vol.1, No.4(April 1989), pp.177~181. 이시바 시게루(石破茂) 방위청 장관 답변, 第156回 參議員豫算委員會 第6号, 2003.3.5; 防衛廳, 「北朝鮮によるミサイル發射と防衛廳の對応」, 『防衛白書 平成11年版』(大藏省印刷局, 1999), pp.323~332; 秋元千明, "ドキュメント 激震-印パ核實驗の眞相", 《中央公論》, 1998年 8月号, pp.110~119. 한편, 북한 미사일에 관한 자료는 출처에 따라 오차가 있다. 북한의 핵·미사일 능력 및 그 정치·군사적 의의에 대해서는 道下德成, 「第8章 朝鮮半島における大量破壞兵器問題」, 納家政嗣·梅本哲也(編), 『大量破壞兵器不擴散の國際政治學』(有信堂高文社, 2000) 참조.

사대에 실어 운용하는 것이 가능하기 때문에 발사 전 발견해서 파괴하는 것이 어렵다. 2000년 당시 북한은 스커드 B와 C를 500발 이상 보유 중인 것으로 추정되었다.[91]

1980년대 후반에는 북한 지도부가, 목표까지의 거리를 기준으로 탄도미사일의 소요능력을 결정하는 중요한 움직임이 있었고, 이 결정에 기반해 노동과 대포동 미사일 개발이 진행되었다. 도쿄 등 일본의 주요도시를 사정권에 둔 준중거리 노동 미사일은 1988년 무렵 개발이 시작되었다. 투사중량 1,000킬로그램, 사정거리 1,300킬로미터, 원형공산오차(CEP) 2.5킬로미터 정도의 노동 미사일은 통상탄두, 클러스터 폭탄, 화학탄두뿐만 아니라 핵탄두와 생물탄두도 탑재할 수 있을 것으로 추정되었는데, 1993년 5월 발사실험을 거쳐 1998년경 실전화되었다. 노동 미사일 역시 이동식 발사대로 운반할 수 있기 때문에, 발사 전에 발견하거나 파괴하는 것이 어렵다.[92] 1999년 당시 북한은 노동 미사일 50~100발과 이동식 발사대 9개를 보유한 것으로 추정되었다.[93]

1990년대 초에는 2단식 탄도미사일인 대포동의 개발이 시작되었고 1994년에는 그 실물크기 모형(mock-up)이 미국 정보기관에 의해 처음 확인되었다. 대포동 1호는 1단에 노동, 2단에 스커드 미사일을 사용해 1,000킬로그램의 탄두를 탑재했고 사정거리가 1,500킬로미터 이상으로 추정되었다. 대포

---

91) Statement of General Thomas A. Schwartz, Commander in Chief, United Nations Command/Combined Forces Command, and Commander, United States Forces Korea before the Senate Armed Forces Committee, March 7, 2000, p.6.

92) 미사일의 이동식 발사대의 위치를 탐지하는 것이 어렵다는 것은 걸프전에서도 밝혀졌다. Thomas A. Keaney and Eliot A. Cohen, *Gulf War Air Power Survey, Summary Report* (Washington, D.C.: U.S. Government Printing Office, 1993), pp.83~90; and Anthony H. Cordesman and Abraham R. Wagner, *The Lessons of Modern War, Volume IV: The Gulf War* (Boulder, Colorado: Westview Press, 1996), p.856.

93) Bermudez, *A History of Ballistic Missile Development in the DPRK*, pp.22~23. 《每日新聞》, 1998.11.7.

동 1호가 배치될 경우 오키나와를 포함한 일본 영토의 대부분이 사정권에 속하게 된다. 이러한 대포동 1호의 첫 발사실험이 1998년 8월에 있었다.

대포동 2호는 1단에 신형 부스터를 2단에 노동 미사일을 사용해, 탄두 1,000킬로그램을 탑재한다면 사정거리가 3,500~6,000킬로미터에 달할 것으로 추정되었는데, 이 미사일이 완성된다면 알류샨 열도(북한으로부터 4,500킬로미터)와 알래스카(북한으로부터 5,000킬로미터) 등이 사정권에 들어갈 가능성이 있었다.[94] 또한 3단이 추가될 경우 대포동 2호는 북한에서 약 7,000킬로미터 떨어진 하와이를 포함해 미국 본토 전역에 탄두를 운반할 수 있는 것으로 예상되었다.[95] 북한이 1999년 말까지 대포동 1호 1~10발과 대포동 2호 1~2발의 시제품을 생산한 것으로 추정되었고, 미국 국가정보회의는 북한이 2005년까지 대포동 2호를 여러 개 배치할 가능성이 있다고 예측했다.[96]

즉 1990년대를 통해 북한은 노동 및 대포동 1호 미사일의 발사실험을 실시했고, 대포동 2호를 발사가능한 단계에 이르게 하는 등 착실하고 신속하게 미사일 개발을 진행한 것이다.[97] 북한이 연달아 신형 미사일을 개발하고 이를 장거리화해나간 과정은 괄목할 만한 것이었다. 그럼에도 1998년 대포동 1호가 발사되기 전까지 미국 정보기관은 북한의 미사일 능력을 높이 평가하지 않았다. 예를 들어 1997년 당시 미 국방부는 북한이 다단식 탄도미사일 또는 관련 기술을 실험한 경험이 없는 데다, 대포동 미사일의 기술은 이미 입증된 스커드 미사일과 상당히 다르기 때문에 대포동의 개발이 어려울 것이라고 예

94) NIC, "Foreign Missile Developments and the Ballistic Missile Threat to the United States Through 2015."
95) Statement of the Director of Central Intelligence, George J. Tenet, As Prepared for Delivery Before the Senate Armed Services Committee Hearing on Current and Projected National Security Threats, February 2, 1999.
96) NIC, *Global Trends 2015: A Dialogue About the Future With Nongovernment Experts*, NIC 2000-02(December 2000), p.55.
97) Bermudez, *A History of Ballistic Missile Development in the DPRK*, p.1.

상했던 것이다.[98] 북한의 미사일 능력을 과소평가했던 미국이기에 대포동 미사일 발사실험이 준 심리적 충격은 더욱 컸다. 이러한 가운데, 유일하게 북한의 미사일 개발이 눈부신 속도로 진행되고 있다고 지적했던 것은 미 연방의회가 조직한 '미국에 대한 탄도미사일 위협 평가위원회(럼스펠드위원회)'가 1998년 7월 발표한 보고서였는데[99] 이 보고서가 발표된 지 불과 한 달 반 뒤에 대포동 1호가 발사되었다.

2) 미사일 수출

1980년대 말까지 북한은 세계 유수의 미사일 수출국이 되어 미사일뿐만 아니라 관련 기술 및 플랜트를 각국에 제공하게 되었다. 1987년 북한은 이란과 5억 달러에 달하는 미사일 수출 계약을 체결해 이란 - 이라크 전쟁 시 이란에 90~100발의 스커드 B 미사일과 조립공장을 수출했다.[100] 한국 통일부의 추산에 따르면 1987년부터 1992년 사이 북한은 미사일의 완제품을 판매해 약 5억 8,000만 달러의 수입을 얻었으며[101] 매년 100발 상당의 스커드 미사일을 생산해 1996년까지 이란과 시리아에 약 400발을 판매했다. 1980년부터 1993년까지 14년간 북한의 무기 수출은 총수출액인 204억 달러 중 30% 이상을 차지하고 있었다.[102] 한편, 미국 정부는 북한이 스커드 미사일과 그 제조

---

98) Office of the Secretary of Defense, *Proliferation: Threat and Response*, U.S. Government Printing Office, November, 1997, p.8.

99) "The Rumsfeld Commission Report."

100) Joseph S. Bermudez, Jr., "Ballistic Missiles in the Third World: Iran's Medium-Range Missiles," *Jane's Intelligence Review*, Vol.4, No.4(April 1992), p.147; and Joseph S. Bermudez, Jr., "New Developments in North Korean Missile Programme," *Jane's Soviet Intelligence Review*, Vol.2, No.8(August 1990), p.344.

101) 1998년 10월 23일 통일부가 국회에 제출한 국정감사 자료. 《연합뉴스》, 1998년 10월 23일.

기술을 수출함으로써 2000년까지 약 10년간 얻은 대가가 10억 달러 이상일 것으로 보았다.[103] 주한미군에 따르면 북한이 2001년 초까지 적어도 450발의 미사일을 이란·시리아·파키스탄 등에 매각했고[104] 또 다른 소식통은 1985년부터 2000년까지 이란·이라크·리비아·이집트 등 중동 국가들에 미사일을 적어도 540발 수출했는데 특히 리비아에는 노동 미사일 50발이 포함되었다고 했다. 스커드 미사일은 한 발에 200~250만 달러, 노동 미사일은 700만 달러 선에서 판매된 것으로 보인다.[105] 북한의 미사일 수출액을 추산하는 데에는 편차가 큰데, 시기에 따라 수출액이 변동했을 것으로 보이지만 북한이 미사일 수출로 큰 외화수익을 올렸던 것은 분명하다.

북한과의 협력을 통해, 이란과 파키스탄은 노동 미사일을 기초로 한 미사일을 개발해 실험할 수 있었다. 먼저 파키스탄은 1998년 4월 노동 미사일을 기초로 한 '가우리' 발사실험을 실시했고 같은 해 7월에는 이란이 '샤하브 3호' 발사실험을 했다.[106] 북한의 미사일 관련 수출 및 국제기술협력은 매우 광범위하게 이루어졌기 때문에 미국은 이를 국제 안보상의 주요 관심사 중 하나로 간주했다. 페리 미국 전 국방장관은 북한의 미사일 계획이 핵·생물·화학 무기와 결합했을 경우의 위협에 대해 다음과 같이 말했다.

북한은 미사일의 사정거리 연장을 도모하고 있다. 노동이라고 불리는 미사일은

---

102) *Korea Times*, September 26, 1996.
103) "DPRK Missile Program for Michael Rosenthal," Memorandum, Roe to Kaplan, February 10, 2000, available in the National Security Archive Korea Project.
104) Statement of General Thomas A. Schwartz, March 27, 2001, p.7.
105) 《조선일보》, 2001년 4월 6일자. 《연합뉴스》, 2001년 4월 6일자; 이재욱, 「북한의 미사일 위협과 아국의 대응방향」, 《국방정책연구》, 제51호(2001년 동계호), 210쪽. 한편, 버뮤디즈는 스커드가 150~200만 달러 선에서 판매되고 있었다고 지적했다. Bermudez, *A History of Ballistic Missile Development in the DPRK*, p.19.
106) IISS, *North Korea's Weapons Programmes*, p.82.

일본을 사정권에 두고 있으며, 대포동이라고 불리는 것은 아마도 미국의 일부에 도달할 수 있을 것이다. 고성능 폭약(재래) 탄두를 탑재한 것이라면 이 미사일의 군사적 위협은 사소한 것이지만, 핵무기 계획과 결합되었을 경우에는 극심한 위협이 된다.[107]

3. 군사 및 외교행동의 특징

1) 장소와 시기

북한 미사일 개발은 대부분 북한 영토 내에서 진행되었고 1993년부터 2000년 사이 탄도미사일 발사실험도 북한의 동해안에서 실시되었다. 북한은 발사실험과 엔진 연소실험 등 여러 가지 방법으로 자국의 미사일 능력을 과시했다. 특히 발사실험은 미사일 개발에서 가장 중요한 단계 중 하나이기 때문에, 군사기술적으로도 외교적으로도 중요한 의미를 가지고 있었다. 북한의 경우는 발사실험을 1~2회밖에 실시하지 않았음에도 미사일 배치를 결정한 일이 있었기 때문에 그 중요성은 무시할 수 없었다. 이에 대해, 럼스펠드 위원회 보고서는 다음과 같이 언급했다.

유일한 것으로 생각되는 [1993년] 발사실험의 성공을 통해 북한이 노동 미사일 배치를 결정한 것은 [예상하기 어려운 개발 방식의] 좋은 예 중의 하나다. [미국의] 정보기관은 미국과 러시아의 경험을 바탕으로, 어느 나라나 탄도미사일 시스템을 생산·배치하기 전 신뢰성을 확보하는데 필요한 일정 횟수의 실험을 할 것으로 예측했다. 그러나 북한은 [일정 횟수의 실험을 거치지 않고 노동 미사일을

---

107) Carter and Perry, *Preventive Defense*, p.221.

배치한 것이다.[108]

북한의 핵 외교 및 미사일 외교는 시간적으로 연속성을 지니고 있다. 1996년 북한과 미국의 첫 미사일 협상은 북한이 KEDO와 경수로 프로젝트에 대한 공급계약을 체결한 지 겨우 4개월 후의 일이었다. 이러한 연속성의 배경에는 북핵 문제가 일단락되자 미사일 문제까지 해결하려던 미국의 의도가 깔려 있었다.

한편, 북한의 미사일 관련 활동이 외교상의 의도만 가지고 행해진 것은 아니었다. 예를 들어 미사일 발사실험 타이밍은 외교상의 의도 이외에도 군사기술적인 요소와 외화벌이라는 경제적 요구에도 영향을 받았다. 미사일 실험에는 당연히 군사능력을 향상시키고자 하는 목적이 있었고, 1993년 5월 발사실험 이전에도 북한은 1990년 5월과 11월, 1992년 6월 등 세 차례에 걸쳐 노동 미사일 발사를 시도했으나 모두 실패로 끝나고 말았다. 그러나 미사일 실험 준비와 실행 혹은 중지된 타이밍을 생각하면, 외교적 필요성이 북한 미사일 관련 활동의 중요한 결정요인이었던 것은 분명하다.

2) 군사력의 종류와 사용형태

1993년 5월 발사실험에서는 미사일 4발이 발사되었는데, 이는 그 당시 최대 규모로 실시된 실험이었다. 1998년 대포동 1호는 단 1발만 발사되었지만, 또 다른 미사일 실험을 준비하는 징후도 나타났다. 그러나 이들 미사일 실험 당시 북한군이 임전체제에 놓인 적은 없었다. 북한은 1993~1994년 사이의 핵 외교에서 핵무기의 기폭실험을 실시하지 않았던 데 비해, 미사일 외교에서는 실제로 발사실험을 실시함으로써 자국의 미사일 능력을 세계에 과시하

---

108) "The Rumsfeld Commission Report."

고자 했다.

미사일 외교에서 북한의 억제력은 큰 역할을 하지 않았지만, 이는 미사일 발사실험이 군사적으로 그다지 도발적인 것으로 생각되지 않았고, 미국 등이 징벌적인 군사·경제 조치를 채택할 가능성이 높지 않았기 때문이다. 또한 1990년대 핵 위기의 교훈을 통해 관계 각국은 대북 징계조치를 취하는 것이 쉽지 않다는 것을 이해하고 있었다. 그 결과, 북한의 미사일 문제의 해결 수단으로 채찍보다 당근이 우선적으로 이용되었다.

3) 강도와 목표 선정

북한은 미국과 일본에 공격적인 발언을 퍼부어댔으나 미사일 발사실험이나 기타 미사일 관련 활동으로 타국에 물리적 피해를 입히지는 않았다. 발사된 북한 미사일은 모두 공해상에 낙하했다.

노동 미사일은 일본을, 대포동 미사일은 미국을 각각 공격대상으로 설계된 미사일로 보였고, 실제로 1993년 노동 미사일은 도쿄 방향으로, 1998년 대포동 1호는 하와이 방향으로 발사되었다. 대포동 1호는 지구의 자전을 이용하는 형태로 동쪽으로 발사되었는데 이를 인공위성이라 일컬은 북한 측의 주장에 기술적 모순이 없기 때문에, 그 발사 의도가 명확히 밝혀지지는 않았다.

4) 군사와 외교의 연계

1998년 6월까지의 북한 미사일 관련 활동에는 외교와의 연관성이 두드러지지 않았으나, 이후 둘은 매우 긴밀하게 조정되어갔다. 특히 1998년 6월부터 1999년 9월 사이에 나타난 군사행동과 외교행동의 교묘한 연계는 괄목할만한 것이었다. 1998년 6월 조선중앙통신의 성명이 있고, 8월 뉴욕에서 북미회담이 개최되는 와중에 대포동 미사일이 발사되었다. 또한 1998년 말 대포동 미사일의 재발사 준비는 북미 회담 재개를 촉진하기 위한 외교적 수단으로 이용되었고, 1999년 대포동 2호의 발사 준비는 그해 6월, 8월, 9월 개최된 북미 회담 시 북한 측 협상력의 원천이 되었다.

북한의 미사일 관련 활동이 외교적 수단으로 유용하게 작용했던 데에는 몇 가지 이유가 있다. 먼저 미사일 관련 활동은 핵 관련 활동보다 표면화될 가능성이 높다. 미사일 발사실험과 엔진 연소실험 또는 그 준비 활동은 대부분 정찰위성 등의 방법으로 비교적 쉽게 탐지 가능한 것이다. 그리고 북한은 대포동 1호 발사영상을 전 세계에 전달함으로써 벼랑 끝 외교의 추진을 위한 심리적 효과를 얻었다. 또한 미사일 발사실험을 준비하고 실행하는데 시간이 그리 오래 소요되지 않기 때문에, 미사일 실험을 외교와 동기화하는 것은 그리 어렵지 않았다. 이에 대해 럼스펠드위원회는 대포동 2호의 경우 발사실험 결정에서 실시까지 6개월도 걸리지 않을 것이라고 평가했다.[109]

4. 정책목표와 그 달성도

1) 북미 관계 정상화

북한은 미국과의 관계 개선, 나아가 관계 정상화를 외교의 최우선 과제로 삼고 있었다. 이에 대해 대포동 1호의 발사는 북미 관계 개선 등에 대한 양국 간 대화를 촉진하는 역할을 했다. 마찬가지로, 대포동 2호 발사 준비도 북미 대화의 진전을 촉구했다. 그 결과 1999년 9월에는 미국이 북한에 대한 경제제재를 부분적으로 해제할 의향이 있다는 것을, 북한은 미사일 발사실험을 동결할 방침이라는 것을 각각 발표했고, 한국도 햇볕정책에 따라 북한의 외

---

109) 같은 글.

교 노력을 지지했다. 김영삼 대통령과 달리 김대중 대통령은 북미 관계 개선을 지지하는 입장이었다.

그 결과, 클린턴 행정부 말기 북미 관계 정상화 과정은 가속되었다. 북한과 미국은 2000년 10월 '조미 공동콤뮤니케'에서 "두 나라사이의 쌍무관계를 근본적으로 개선하는 조치들을 취하기로 결정"하고 "조선반도에서 긴장상태를 완화하고 1953년의 정전협정을 공고한 평화보장체계로 바꾸어 조선전쟁을 공식 종식시키는데" 합의했다. 미국은 북미 양자 간 평화협정을 체결하자는 북한의 요구는 받아들이지 않았지만, 정전협정을 '평화보장체계'로 전환한다고 천명했다. 또한 쌍방이 "자주권에 대한 호상존중과 내정불간섭의 원칙"에 합의한 것은 미국에 체제 보장을 요구하는 북한에게는 중요한 의미를 가지고 있었다.110)

올브라이트 미 국무장관의 방북 및 제6차 북미 미사일 협상에서 타결을 위한 새로운 논의가 이루어졌다. 클린턴 행정부 당시 대통령 특별 보좌관 및 북한 정책조정관이었던 셔먼(Wendy Sherman)은 훗날 당시를 회상하면서, 합의는 "손에 닿을 수 있는 곳까지 다가와 있었다"고 말했다.111) 이는 과거의 북미 관계를 생각하면 매우 큰 진전이었지만, 결국 양측은 합의에 이르지 못했고 북미 관계 개선 시도는 좌절되고 말았다.

2) 경제적 이득

북한에게 또 다른 중요한 과제는 경제적 이익을 얻는 것이었다. 여기서는 북한 미사일 외교의 효과를 정당하게 평가하기 위해, 미사일 수출 등의 수익

---

110) US-DPRK Joint Communiqué"; "조선민주주의인민공화국과 미합중국 사이의 공동콤뮤니케."

111) *New York Times*, March 6, 2001, pp.A1 and A8.

을 제외하고 벼랑 끝 외교를 통해 얻은 경제적 이익만을 검토해보았다.

첫째, 북한은 미사일 수출과 장거리 미사일 개발 중단의 대가로 금전적 보상을 요구했지만, 미국이 응하지 않았기 때문에 금전적 이익을 획득하는 데는 실패했다. 대신 북한은 식량 등의 지원을 얻었다. 북미 대화 개최시기와 식량 지원의 타이밍 간의 상관관계를 감안하면, 미사일 외교는 미국의 대북 식량지원을 촉진했고 그 타이밍에도 영향을 준 것으로 판단된다.

해거드와 놀랜드의 연구에 따르면, 미사일 문제와 관련해 제공된 식량지원은 1997년 4월 5만 톤, 1998년 9월 30만 톤, 1999년 4~5월 60만 톤 및 1,000톤의 씨토란(種芋) 등이 있었다. 미사일 문제 외에도 4자회담과 핵 문제 등이 영향을 주었으며, 특히 1999년 원조 규모가 급증했던 것은 금창리 지하시설에 출입을 허가한 데 대한 대가라는 요소가 작용한 것으로 보인다.[112] 덧붙여, 미국이 북한에 제공한 식량지원의 총량(총액)은 1996년 1만 9,500톤(830만 달러), 1997년 17만 7,000톤(5,240만 달러), 1998년 20만 톤(7,290만 달러), 1999년 69만 5,194톤(2억 2,210만 달러), 2000년 26만 5,000톤(7,430만 달러)이었다. (1998년 지원량이 전술한 숫자와 차이가 나는 것은 통계 데이터의 집계 방법 및 원조를 약속한 시기와 공급된 시기 간에 차이가 있기 때문으로 보인다).[113] 이러한 사실을 통해 북한의 미사일 외교가 제한적이긴 하지만 식량 획득에 일정한 기여를 했다는 것을 알 수 있다.

둘째, 미국이 대북 경제제재를 부분적으로나마 해제한 것은 분명 미사일 외교의 결과다.[114] 제재 완화에 따라 양국 간 소비재 무역 대부분, 개인 및 상

---

112) ステフアン・ハガード, マーカス・ノーランド, 『北朝鮮飢餓の政治経済學』(中央公論新社, 2009), pp.202~203; 스테판 해거드, 마커스 놀랜드, 『북한의 선택: 위기의 북한 경제와 한반도 미래』(서울: 매일경제신문사, 2007).

113) Mark E. Manyin and Mary Beth Nikitin, "Foreign Assistance to North Korea," CRS Report for Congress, Congressional Research Service, March 12, 2010, p.2.

114) The White House, Statement by the President, June 19, 2000.

업 자금의 송금, 상업 항공 및 해상 운송 등이 가능해졌지만, 이것이 바로 경제활동 증가로 이어지지는 못했다. 예를 들어 북미 간 교역액은 1998년에 450만 달러로 북한의 무역총액 0.0031%, 1999년에는 1,130만 달러로 0.0076%, 2000년 290만 달러로 0.0015%에 지나지 않았다.[115] 또한 미사일 제재와 같은 미국 국내법에 의한 규제와, 양용기술의 수출을 관리하는 바세나르 협정(Wassenaar arrangement) 같은 다자간 레짐에 따른 규제는 해제되지 않았기 때문에,[116] 미국의 제재 완화는 북한 경제에 아무런 이익도 가져오지 못했던 것이다.

3) 한미일 관계의 악화

북한의 미사일 외교는 한미일 관계를 긴장시키는 효과도 낳았다. 1998년 대포동 미사일 발사에 대해 한국과 미국의 반응은 비교적 차분했던 반면, 일본은 강한 반응을 보여 일시적으로 한미 양국과 일본 사이에 마찰이 발생했다. 또한 북한의 미사일 외교는 취임 직후 햇볕정책을 발표한 김대중 대통령에 대한 압력으로도 작용했다. 김대중 대통령은 대포동 미사일의 발사 후에도 햇볕정책을 유지하겠다고 밝혔고[117] 1999년 7월 북한이 재차 미사일 실험을 했다 하더라도 햇볕정책을 지속하겠다고 언급했다.[118] 그 결과 김대중 정권은 북한에 휘둘리고 있다는 국내 대북 강경파의 비판을 받게 되었다.

또한 한국에서는 북한과 미국이 한국을 따돌리고 미사일 협상을 진행했다

---

115) 대한무역투자진흥공사, 『북한의 대외무역동향 1990-2000년』(서울: 대한무역공사, 2001), 174쪽.
116) The White House, "Easing Sanctions Against North Korea," September 17, 1999.
117) *Korea Herald*, September 7, 1998.
118) 청와대, 「특파원 간담회」 보도자료, 1999년 7월 6일; *Washington Post,* June 24, 1999; *Korea Times,* July 7, 1999.

는 불만도 높아졌다. 1996년 4월 미사일 협상이 시작되었을 때 《경향신문》은 한반도 안보에 직결된 미사일 문제가 북미 사이에서 논의되는 것에 대해 한국은 소외감을 느끼고 있으며, 북미 미사일 협상에 따라 1994년 제네바 합의에서처럼 한국이 '엉뚱한 재정적 부담'을 지게 되는 것이 아닐까 우려를 표명했다.[119]

4) 김정일의 위상 강화

미사일 관련 활동과 북한 국내정치의 관계를 보면, 미사일 발사실험이 때로는 김정일의 군 관련 직책 취임과 맞물려 있다는 것을 알 수 있다. 먼저, 1990년 5월 노동 미사일의 첫 발사 시도가 있었을 때 김정일은 최고인민회의 제9기 1차 회의에서 국방위원회 제1부위원장으로 선출되었다. 그다음, 1993년 5월 노동 미사일 발사실험 역시 최고인민회의 제9기 5차 회의에서 김정일이 국방위원회 위원장으로 추대된 지 한 달 반 뒤의 일이었다. 마지막으로, 1998년 8월 대포동 1호가 발사된 직후 김정일은 최고인민회의 제10기 1차 회의에서 국방위원회 위원장에 재선되었다.[120] 이를 통해, 미사일 발사실험은 김정일의 군 관련 직책 취임을 기념하는 수단으로 이용되었을 가능성이 높다는 것을 알 수 있다.

특히 1998년 대포동 미사일 발사는 북한 내부의 선전·선동 목적으로 광범위하게 이용되었다. 대포동 미사일 발사 며칠 뒤인 9월 4일 북한 통신사는 북한이 발사한 '위성'이 "불멸의 혁명 송가 〈김일성장군의 노래〉와 〈김정일장군의 노래〉 선율과 함께 〈주체조선〉이라는 모르스전신부호"를 발신하고 있

119) "사설: 제네바협상 재판은 안 된다", 《경향신문》, 1996년 4월 21일자, 3면; "한반도 새 질서 구축될까 5: 4자회담과 미의 한반도정책", 《서울신문》, 1996년 4월 22일자, 6면.
120) "김정일동지를 국방위원회위원장으로 추대할데 대한 제의", 《조선중앙통신》, 1998년 9월 5일.

다고 전하면서 "우리 나라에서 의 첫 인공지구위성의 성과적인 발사는 위대한 령도자 김정일동지의 현명한 령도밑에 사회주의강성대국을 건설하기 위하여 한사람같이 일떠선 우리인민을 크게 고무하고 있다"고 보도했다.[121] 다음 날 최고인민회의에서 김정일을 국방위원회 위원장에 '추대'하는 것이 제의된 데 대해서는 "우리의 과학자, 기술자들이 다계단운반로케트로 첫 인공지구위성을 성공적으로 쏴올린것"이라 언급했으며[122] 결국 이날 김정일은 국방위원장으로 '추대'되었다.[123]

5. 벼랑 끝 외교로 인한 중장기적 역효과

1) 한미일 정책협조의 제도화

미사일 외교로 북한에게 불리해진 점도 있다. 대포동 미사일 발사의 가장 중요한 외교적 영향 중 하나가 한미일 간 정책협조가 제도화된 것이었기 때문이다. 앞에서 서술한 바와 같이, 북한의 미사일 외교는 당초 한미일 관계를 긴장시켰지만, 그 후 3국이 긴밀히 대북정책을 조정하게 되었다. 페리 대북정책조정관은 당초부터 대북정책을 성공적으로 이끌기 위해서는 한일 양국과의 정책조정이 필수적이라는 것을 인식했고, 일련의 대북정책을 검토하는 과정에서 한국과 일본을 세 차례나 방문해 양국과 긴밀히 조율하면서 페리 보고서를 작성했다. 또한 1999년 4월 한미일 3국조정그룹(TCOG)이 설치되

---

121) "우리 나라에서 첫 인공지구위성 성과적으로 발사: 조선중앙통신사 보도",《조선중앙통신》, 1998년 9월 4일.
122) "김정일동지를 국방위원회위원장으로 추대할데 대한 제의",《조선중앙통신》, 1998년 9월 5일.
123) "김정일동지를 국방위원회위원장으로 추대",《조선중앙통신》, 1998년 9월 5일.

면서 정책공조가 한층 강화되고 제도화되었다. 그 결과, 1999년 북한이 재차 미사일 발사실험을 할 징후가 나타났을 때 한미일 외교장관은 공동성명을 발표하여 북한에 경고의 메시지를 전달했다.[124]

2) 탄도미사일 방어계획 가속화

북한 미사일 외교가 가져온 또 다른 결과는 미국과 일본의 탄도미사일 방어계획을 가속화시킨 것이다. 대포동 미사일 발사는 미국의 국가 미사일 방어(NMD)계획을 촉진시키는 꼴이 되었다. 북한이 ICBM 능력을 가졌을지 모른다는 인식은 NMD에 대한 미국 내의 지지를 강화시켰고 발전을 촉진시켰다. 또한 대포동 미사일 발사는 일본의 미사일 방어 노력도 가속화시켜, 대포동 미사일 발사 후인 1998년 12월 일본 정부는 해상배치형 상층시스템[이후 '이지스 탄도미사일 방어(BMD)'로 개칭]에 대한 미일 공동기술연구를 실시할 것을 정식으로 결정하고, 대포동 미사일에 대한 직접적인 대응조치로 정보수집위성 4기를 발사하기로 결정했다.[125]

이와 같은 움직임에 대해 북한은 외교적으로 대응했다. 2000년 1월 북한 외무성은 미국이 국가 미사일 방어 요격체 실험을 실시했기 때문에 자국도 미사일 발사 동결 해제를 검토하지 않을 수 없게 되었다고 발표했다.[126] 또한 2월에도 조선중앙통신은 "미국이 떠드는 〈북조선 미싸일위협〉론은 저들의 〈국가미싸일방위체계〉와 〈전역미싸일방위체계〉 도입을 위한 하나의 방패막에 지나지 않는다"고 비난했다.[127] 이어서 7월 서명한 북러 공동성명에

---

124) DoS, "Trilateral Meeting Joint Press Statement," Press Statement, July 27, 1999.

125) 防衛廳, 『防衛白書 平成11年版』, p.137, 333.

126) "미싸일발사림시중지문제를 고려하지 않을수 없다: 외무성대변인", 《조선중앙통신》, 2000년 1월 22일.

127) "미국방장관의 〈장거리미싸일공격위협설〉을 비난: 조선중앙통신", 《조선중앙통신》,

서는 미국이 "'미싸일 위협'을 구실로" 1972년 탄도탄 요격 미사일 제한 조약의 수정을 정당화하려 하고 있다고 비난하면서, 아시아 태평양 지역에 전역 미사일 방어 체계가 배치되면 지역적 안정과 안전을 "심각하게 파괴할 수 있다"고 경고했다.[128) 그러나 이러한 북한의 노력에도 불구하고 미국과 일본의 위기감은 이미 고조되어 미사일 방어 시스템 개발은 가속되었다.

2000년 2월 10일.
128) "조로공동선언 전문", 《조선중앙통신》, 2000년 7월 20일.

북한은 핵 외교와 미사일 외교를 진행하던 시기, 공동경비구역(JSA), 비무장지대(DMZ), 서해에서 군사적 긴장을 높여, 한국과 미국에 '새로운 평화보장체계'를 받아들이라고 압박하는 외교적 공세를 전개했다. 북한이 주장하는 '새로운 평화보장체계'란 1953년 체결된 정전협정을 북미 평화협정으로 대체하여, 법적으로 현재 교전상태인 미국과의 관계를 평화 상태로 전환 및 정상화해 자국의 체제유지에 유리한 환경을 조성하려는 것이다.

이러한 일련의 벼랑 끝 외교는 장기간 지속되었다는 점과 교묘한 법적 논의가 전개되었다는 점에서 북한의 벼랑 끝 외교사에서 주목할 만한 것이었다. 그러나 이러한 노력에도 불구하고 '새로운 평화보장체계'의 수립은 끝내 실현되지 못했으며 북한의 시도는 대부분 성공하지 못했다.

1. 정전체제 무효화를 겨냥한 군사·외교적 공세

1) 군사정전위원회 불참

북한이 현재의 정전체제를 무효화하기 위한 군사·외교 공세를 본격화한 것은 핵 문제에 대한 북미 회담이 시작된 지 네 달 뒤인 1993년 10월부터였지만, 준비 작업은 이미 그 이전에 시작되었다.[1]

1991년 3월 유엔군 사령관은 당시까지 미군 소장이 담당하던 군사정전위원회(이하 군사정전위) 수석대표로 황원탁 한국 육군소장을 임명했다.[2] 군사정전위는 정전협정의 이행을 감독하고 위반이 목격되었을 경우에는 필요한 협의를 실시하는 조직이지만, 그 수석대표로 한국인이 임명된 것은 가능한 한 많은 방어임무를 한국 측에 이관함으로써 한반도의 안보를 한국에 맡긴다는 흐름 속에서 결정된 것이었다. 그러나 이 인사는 정전협정의 당사자는 어디까지나 북한과 미국이라는 북한의 주장에 반하는 것이었고, 한국을 소외시키고 북미 관계 개선을 추진하려는 북한의 의도를 좌절시킨 것이었기에 북한에게는 불편한 것이었다.

따라서 황원탁 소장의 수석대표 임명 연락을 받은 군사정전위 조선인민군·중국인민지원군 측(이하 인민군 측) 대표는, 황원탁 소장의 신임장 수여를 거부하고 유엔군 사령부의 대표로 인정하지 않는다는 입장을 취했다.[3] 이후

---

1) 국방부, 「북한의 정전체제 무실화 기도 경과일지」, 『국방백서 1996-1997』, 241~243쪽.
2) 황원탁 소장이 임명되기 전까지, 군사정전위원회의 유엔군 사령부 측 대표는 수석대표인 미군 소장 한명을 비롯하여 한국군 소장과 준장 한명, 영국군 준장 한명, 유엔군 회원국의 대령 한명으로 5명으로 구성되어 있었다. 한편, 조선인민군·중국인민지원군 대표는 수석대표인 조선인민군 소장 한명을 비롯하여 조선인민군 및 중국인민지원군 각각 소장 한명, 조선인민군 상좌 두 명으로 5명이었다. 황원탁 소장의 임명으로 유엔군 사령부는 수석대표를 한국군 소장이 맡고, 미군 소장은 일반대표가 되었다.

인민군 측은 군사정전위 본회의, 수석대표 간의 연락, 군사정전위에 보고하는 것 등을 모두 중단하고, 황원탁을 임명해서 군사정전위가 "마비되어버렸다"는 입장을 표명했다.[4] 이 결과, 1991년 2월 13일 회의를 마지막으로 군사정전위 본회의는 개최되지 않았다.

북한 측은, 한국은 정전협정의 당사국이 아니며 유엔군의 구성국도 아니기 때문에 유엔군 사령부를 대표할 자격이 없다고 주장했다. 미군이 주도하는 유엔군 사령부 측은 이를 반박하며, 유엔군 사령관은 유엔군 구성국들을 대표하여 정전협정에 서명했고 여기에는 한국도 포함된다고 주장했다. 또한 유엔군 사령부는 ▲ 정전협정에 서명 한 것은 특정 회원국 또는 군 사령관이 아니고 ▲ 1953년 이후 한국군 장교는 군사 정전위의 요원으로 지속적으로 일해왔으며 ▲ 쌍방의 사령관은 상대방의 승인 없이도 구성원을 임명할 권한을 가지고 있다는 입장을 표명했다.[5] 이에 대해 북한은 군사정전위를 무효화하기 위해, 1992년 군사정전위 인민군 측 수석대표를 해임하고 그 후임을 임명하지 않는다는 조치를 취했다.[6]

2) '새로운 평화보장체계', 무력시위, 헬리콥터 사건

1993년 6월, 핵 문제에 대한 북미 회담이 시작되자 북한은 현재의 정전체

---

3) United Nations Command(UNC), *Annual Historical Summary, 1 January 1991~31 December 1991*, compiled by the UNCCommand Historical Branch, p.38.

4) UNC, "Report of the Activities of the United Nations Command for 1995," Annex, obtained from the UNC, 2001, p.8 and UNC, *Command Historical Summary, 1 January 1992~31 December 1992*, compiled by the UNC Command Historical Branch, p.37.

5) UNC, "Report of the Activities of the United Nations Command for 1999," Annex, pp.5~6.

6) UNC, *Command Historical Summary, 1 January 1992~31 December 1992*, p.41.

제를 무효화하고 미국과의 협력하에 '새로운 평화보장체계'를 수립하기 위한 노력을 본격화했다. 같은 해 10월 송원호 북한 외교부 부부장은 유엔 총회에서의 연설에서 정전협정은 "낡았으며" 정전체제도 "마비상태에 있다"고 말했다. 이러한 전제하에 송원호 부부장은 정전협정을 평화협정으로 대체해야 비로소 처음으로 핵 문제 해결이 가능해질 것이고 남북 적대관계는 해소되고 한반도의 평화, 나아가 한반도의 평화통일실현에 유리한 국면을 열 수 있을 것이라고 말했다. 또한 송원호는 1975년 제30차 유엔 총회에서 채택된 결의 3390B에 따라 한국에 상주하는 유엔군 사령부를 해체하고 정전협정을 평화협정으로 전환해야 한다고 말했다(결의 3390B에 대해서는 159쪽 참조).[7]

북한은 핵 위기가 다시 최고조에 달한 1994년 4~6월에 걸쳐 흥미로운 외교적 행동을 취했다. 먼저 4월 28일 북한 외교부는 미국에 대해 '새로운 평화보장체계수립'을 호소하는 성명을 발표했다. 성명은 핵 문제를 비롯한 각종 문제가 발생하는 것은 북한과 미국을 "적대쌍방"으로 규정하고 있는 정전체계가 있기 때문인바, 한반도의 평화와 안전을 보장하기 위해 정전협정을 평화협정으로 대체해야 한다고 주장했다.[8] 그러나 이 성명에 이어 송원호 부부장은 '새로운 평화보장체계'가 확립될 때까지 정전협정을 준수하면서 이 문제를 협의하기 위해 미군과 계속 접촉해야 한다고 말했다.[9]

한편, 같은 날 군사정전위 인민군 측 비서장은 유엔군 사령부에, 인민군 측 군사정전위에서 요원을 모두 철수시키고 군사정전위 업무에도 참여하지 않는 등 향후 유엔군 사령부를 대등한 상대(counterpart)로 인정하지 않겠다고 통보했다.[10] 그리고 다음 날인 29일 북한군은 중무장을 한 군인 100여 명을 JSA에 투입시켰는데, 이는 경무장을 한 요원 35명까지만 JSA에 진입이 허용

---

7) 《로동신문》, 1993년 10월 8일자, 6면.
8) 《로동신문》, 1994년 4월 29일자, 2면.
9) 같은 글.
10) UNC, *Command Historical Summary*, 1 January 1995~31 December, 1995, p.27.

된다는 정전협정 추가 합의에 대한 중대한 위반이며, 1976년 판문점 도끼만행 사건 이후 첫 시위 행위였다.[11]

또한 5월 24일 북한은 '조선인민군 판문점대표부'(이하 인민군 판문점대표부)의 설치를 유엔군 측에 통지했는데, 이는 한반도의 긴장완화와 평화 문제, DMZ와 JSA 관리 문제, 미군 유골반환 등 인도적 문제를 **미군 측**[강조는 저자가 표기]과 협의하기 위한 목적이라 했다.[12] 이어서 6월에는 유엔군 사령부가 군사정전위 비서장 회의 개최를 요구했으나, 북한 측은 이를 거부했다.[13]

8월에 들어서자 '합의 성명(Agreed Statement)'이 발표되는 등 핵 문제 관련 북미 회담이 진전을 보인 가운데, 북한은 정전체제를 무효화하고 '새로운 평화보장체계' 수립을 위한 움직임을 가속화시켰다. 북한은 8월 말 중국인민지원군 대표부의 군사정전위에서 철수 결정을 발표했고[14] 9월에는 동 대표부가 북한에서 철수했다.[15]

또한 북한은 이 시기에 우발적으로 발생한 사건을 이용하여 군사정전위의 무효화를 추진하고, 미국과 고위급 대화채널을 개설하려는 목적을 달성하려 했다. 1994년 12월, 방향을 잃은 미 육군소속 헬기가 군사분계선을 넘어 북측에 침입, 북한에 격추당하는 사건이 발생해 승무원 중 한 명은 사망하고 다른 한 명은 구속되었다. 이에 대해, 북한은 군사정전위 대신 소장급 북미 군사접촉을 제안했고 21일 판문점에서 스미스(Ray Smith) 미 해병대 소장과 리

11) UNC, *Command Historical Summary*, 1 January 1994~31 December, 1994, p.56.
12) 《로동신문》, 1994년 5월 25일자, 1면. "List of the Members to the Korean People's Army Panmunjom Mission Entrusted by the Supreme Command of the Korean People's Army." 이 문서는 이문항, 『JSA - 판문점(1953-1994)』(서울: 소화, 2001), 401~402쪽에서 재인용.
13) UNC, *Command Historical Summary, 1 January 1994~31 December 1994*, Appendix G.
14) 《로동신문》, 1994년 9월 3일자, 4면.
15) UNC, "Report of the Activities of the United Nations Command for 1999," p.4.

찬복 조선인민군 소장 간 회의가 열렸다. 회의에서 사망한 승무원의 시신을 반환하는 것에 대해서는 합의에 도달했지만, 이 회의의 정의에 대해서는 쌍방의 견해가 일치하지 않았다. 유엔군 사령부는 이 회의를 유엔군 사령부와 조선인민군의 회의라 정의했으나, 북한 측은 이를 북미 간 장성급 회의로 위치 지으려 했다.16) 유엔군 사령부는 이 회의가 군사정전위의 일부를 구성하는 것이라는 입장을 유지하기 위해, 본회의 직전 스미스 소장을 유엔군 사령부 측 군사정전위 요원으로 임명하는 절차까지 밟았다.17)

　22일 북한 측은 승무원 한 명의 시신을 반환했지만18) 북미 간 장성급 직접 협의를 실현하려는 북한의 노력은 이후에도 이어졌다. 28일 허버드(Thomas Hubbard) 미 국무차관보 대리가 방북해 양측은 생존해 구속된 승무원을 인계하는 데 합의했다. 이에 대한 각서에는 한반도의 긴장 완화를 위해 양측이 "적절한 장소"에서 군 당국 간의 접촉을 계속한다고 적혔는데19) 이는 쌍방의 입장차에서 나온 타협의 산물이었다. 이에 대해, 미 국무부 대변인은 군사정전위야말로 "적절한 장소"라는 입장을 표명한 반면20) 북한은 "조미사이의 군부접촉"의 유지에 동의했다고 보도한 것이다.21) 30일 클린턴 대통령은 김영삼 대통령에게 미국은 정전체제의 유지에 노력하고 있으며 스미스 소장은 정전 체제의 틀 안에서 유엔군 사령부 요원으로 북한 측과의 회의에 참석했다고 전했다.22)

---

16) 《중앙일보》, 1994년 12월 22일자, 5면.
17) UNC, *Command Historical Summary, 1 January 1994~31 December 1994*, pp.32~33 and Appendix F. 《중앙일보》, 1994년 12월 30일자, 5면.
18) UNC, *Command Historical Summary, 1 January 1994~31 December, 1994*, p.57.
19) 《조선일보》, 1994년 12월 31일자, 3면.
20) 《중앙일보》, 1994년 12월 30일자, 5면.
21) 《로동신문》, 1994년 12월 31일자, 4면. 《중앙일보》, 1994년 12월 30일자, 5면.
22) 《조선일보》, 1994년 12월 31일자, 1면.

3) 무력시위, '잠정협정', 한국의 과잉대응

1995년 2월 20일과 22일에 북한은 정전협정을 위반해 탄약, 헬멧, 자동 소총, 박격포, 대전차포 등을 휴대한 약 80명의 요원을 JSA에 투입했다.[23] 이에 대해 미 국무부는 23일 정전협정을 무효화함으로써 미국과 평화협정을 체결할 수 있다고 생각하고 있다면, 이는 심각한 오판이라는 성명을 발표하고 평화체제의 구축은 1991년 남북 간에 서명한 「남북 사이의 화해와 불가침 및 교류·협력에 관한 합의서」(이하 남북 기본합의서)에 준거해 한국과 북한이 노력해야 할 사항이라고 지적했다.[24] 그러나 북한 외교부는 기존 입장을 반복함과 동시에, 미국이 계속 책임을 회피한다면 문제를 해결하기 위해 추가적인 조치를 취할 수밖에 없다고 경고하고, 1950년 유엔 안보리 결의는 '유엔군'을 조직하기로 결정한 것이 아니며, '유엔군 사령부'는 "미국이 저들이 통솔한 추종국 무력에 제멋대로 〈유엔〉이란 이름을 붙여놓은데 불과한 것"이라고 주장했다.[25]

미 국무부의 경고에도 불구하고 북한은 정전협정을 무효화하기 위한 행동을 계속했다. 3월에는 인민군 판문점대표부가 장성급 대화채널의 재구축을 제안하고 유엔군 사령부와 협상을 시작했다.[26] 북한의 목적은 미국과 직접

---

23) UNC, "Report of the Activities of the United Nations Command for 1995," p.14. 정전협정의 추가 합의에 따라, 한 번에 JSA에 들어갈 수 있는 인원은 양측 각각 장교 5명과 군인 30명으로 규정되어 있었고, 1인당 권총 혹은 단발소총 1개만 소지가 가능하였다. Agreement on the Military Armistice Commission Headquarters Area, its Security and its Construction," in "Index to Agreements Subsequent to the Signing of the Armistice Agreement," revised on October 1, 1976, obtained from Robert Collins on September 3, 2011.

24) "Korea: Neutral Nations Supervisory Commission," Statement by Acting Department Spokesman Christine Shelly(Washington, D.C.: February 23, 1995), in *U.S. Department of State Dispatch*, Vol.6, No.11, March 13, 1995.

25) 《로동신문》, 1995년 2월 25일자, 4면.

협의의 장을 마련하는 것이자, 정전협정과 관련해 미국과 협상하는 것이었기 때문에 처음에는 북미 간 직접대화를 요구했다. 이에 대해, 유엔군 사령부 측의 목적은 위기관리를 위한 대화 통로를 재구축하는 것이었기 때문에, 어디까지나 **한국인 구성원을 포함한**[강조는 저자가 표기] 유엔군 사령부로서 대화 통로를 구축하려 했다.

협상이 진행되는 동안, 북한은 정전체제를 무효화하기 위해 또다시 군사공세를 시작했다. 4월 14일 북한 장교 2명과 병사 3명이 군사분계선을 넘어 약 100미터 남쪽을 침입해 30여 분간 머무르다가 유엔군 사령부 측이 경고하자 북으로 귀환한 것이다.[27] 이 사건은 장성급 회담에 대한 협정을 논의하기 위해 JSA에서 회의가 개최된 날 발생했다.[28] 이어서 4월 19일에는 북한 외교부가 담화를 발표해, 평화체제 수립 문제를 제네바 합의의 실행 문제와 연결시키려는 움직임을 보였다.[29]

북한 외교부 성명 이후인 4월 19일과 23일에도 무장한 북한군 병사가 군사분계선을 넘어 남측에 침입하는 사건이 발생했다.[30] 또한 한국 국방부는 4월 2~27일 사이 북한군은 DMZ 전역 18곳에서 40회에 걸쳐 활발한 정찰활동을 전개했다고 발표했다. 한국 국방부는 북한 행동의 대부분이 낮에 발생한 것을 보아, 북한이 도발적인 군사행동을 취함으로써 긴장을 고조시키고 정전체제가 작동하고 있지 않다는 자국의 주장을 뒷받침하려는 의도를 가진 것으로 분석했다.[31]

---

26) UNC, *Command Historical Summary, 1 January 1995~31 December 1995*, Appendix G.

27) UNC, "Report of the Activities of the United Nations Command for 1995," p.12.

28) UNC, *Command Historical Summary, 1 January 1995~31 December, 1995*, Appendix G.

29) 《로동신문》, 1995년 4월 20일자, 4면.

30) UNC, "Report of the Activities of the United Nations Command for 1995," pp.12~13.

5월 9일에는 북한군 장교가 군사분계선을 넘어 남측에 침입하는 사건이 재차 발생했고[32] 12일에는 북한 외교부가 미국이 '새로운 평화보장체계' 수립에 응하지 않을 경우, 더욱 강경한 행동도 불사하겠다는 입장을 표명했다.[33] 이에 대해 유엔군 사령부는 미국·한국·영국·캐나다 장성을 구성원으로 하는 군사정전위의 틀 안에서 장성급 회담을 개최하자는 타협안을 북한 측에 제시했다.[34] 북한은 이를 거부하고 다시 북미 간 장성급 회담을 요구했지만, 유엔군 사령부는 받아들이지 않았다.[35]

유엔군 사령부 측이 원칙을 고수하려는 것을 인지한 북한 외교부는 6월 29일 비망록에서, 주한미군 철수와 평화협정 체결이 어렵다면 당분간은 유엔군 사령부의 해체를 우선시하면 좋겠다는 입장을 보였다. 또한 동 비망록은 1968년 푸에블로호 사건과 1994년 헬리콥터 사건을 언급하면서, 이 사건들이 모두 정전체제의 틀이 아닌 '조미 간의 직접 협상'을 통해 해결되었다고 지적했다.[36]

7월에도 북한의 도발행동은 계속되었다. 7월 5일 인민군 판문점대표부는 북미 간 장성급 회담이 설치되지 않으면 예측할 수 없는 사건이 발생할 수 있다고 경고하면서[37] 소대 규모의 병력을 JSA에 침투시켰는데, 이는 정전협정을 재차 위반한 것이었다. 8월 15일 역시 정전협정을 위반해 무장병력을 JSA에 투입했고[38] 22일에는 북한군 장병들이 군사분계선 경계 표시판을 제멋대로 제거하는 사건이 발생했다.

31) 《세계일보》, 1995년 4월 28일자, 2면.
32) UNC, "Report of the Activities of the United Nations Command for 1995," p.13.
33) 《로동신문》, 1995년 5월 13일자, 4면.
34) 《중앙일보》, 1995년 5월 22일자, 1면.
35) 《한국일보》, 1995년 5월 26일자, 2면.
36) 《로동신문》, 1995년 6월 30일자, 5면.
37) 《로동신문》, 1995년 7월 6일자, 6면.
38) UNC, "Report of the Activities of the United Nations Command for 1995," p.15.

9월에 들어서자 북한 외교부는 북미 간 '새로운 평화보장체계'가 구축되면 남북 기본합의서 이행에도 진전이 있을 것이라고 표명했는데[39] 이는 남북 관계의 진전을 시사함으로써 실제로는 북미 관계의 개선을 촉진시키려는 것이었다. 그러나 같은 달 16일 북한군 장병들이 군사분계선 남쪽에 침입해 아홉 군데에 말뚝을 설치했다.[40] 이처럼 북한은 연속해서 도발행동을 취함으로써 미국이 양자 간 대화의 장을 마련하도록 유도하려 했다.[41]

자국의 제안에 대해 미국이 긍정적인 반응을 보이지 않자, 북한은 상황을 타개하기 위해 한층 더 적극적으로 행동하기 시작했다. 북한 외교부는 12월, 미국이 한국 및 일본과 손잡고 자국에 대한 군사적 도발행동을 취할 준비를 하고 있기 때문에 이에 대한 대응책을 고려하지 않을 수 없다고 발표했다.[42] 그리고 1996년 2월 15일에는 자동소총과 대전차 로켓 등으로 무장한 북한군 병사 6명이 JSA에 침입했다. 이에 대해 유엔군 사령부는 항의문을 전달하려 했으나 북한 측은 수신을 거부했고[43] 22일에는 북한 외교부가 공식적으로 ▲'잠정협정' 체결 ▲'조미공동군사기구'의 조직·운영 ▲관련 논의를 위한 협의 개최 등 세 가지 사안을 제안했다. '잠정협정'은 완전한 평화협정이 체결되기 전까지 정전협정을 대신하기 위한 것으로, 그 내용은 군사분계선과 DMZ의 관리, 무력충돌과 돌발사건 등의 해결 수단, 공동군사조직 구성·임무·권한, 잠정협정의 수정·보충 등 안전과 질서 유지에 관한 것으로 이루어져 있었고, '조미공동군사기구'는 군사정전위를 대신하여 잠정협정을 이행·감독하기 위한 기관으로 제안된 것이었다.[44]

39) 《로동신문》, 1995년 9월 8일자, 4면.
40) UNC, "Report of the Activities of the United Nations Command for 1995," pp.13~14.
41) Stephen Tharp, interview by author(Seoul: October 31, 2001).
42) 《로동신문》, 1995년 12월 12일자, 4면.
43) UNC, "Report of the Activities of the United Nations Command for 1996," p.13.

북한은 '잠정협정'을 제안한 후 정전협정을 무효화하기 위한 공세를 더욱 가속시켰다. 먼저 3월 8일 인민군 판문점대표부가 비망록을 발표하고, 협상 제안에 미국이 응하지 않을 경우 "우리는 낡은 정전체계를 새로운 장치로 바꾸기 위한 최종적이고 주동적인 조치를 취하는데로 나가게 될것"이라고 경고했다.[45) 그리고 같은 달 29일 김광진 북한 인민무력부 제1부부장이 "이제 와서 문제는 조선반도에서 전쟁이 일어나겠는가 말겠는가 하는것이 아니라 그 시점이 언제인가 하는데 있다", "우리의 대응책에는 군사분계선비무장지대의 지위를 더는 유지할 수 없게 된 상황에 따르는 조치들이 포함될것이다", "불은 불로, 몽둥이는 몽둥이로 다스리는것이 우리 군대의 기질이다"라고 한층 강경한 수사를 사용하면서 경고했다.[46) 또한 4월 4일 인민군 판문점대표부는 군사분계선과 DMZ의 유지·관리에 관한 업무를 포기한다고 선언했다.[47)

북한은 4월 4일의 성명을 신속히 실행에 옮겼다. JSA의 북한 경비병은 정전협정에 규정된 기장을 착용하지 않았고, DMZ에서 차량 운행 시에도 필요한 표지를 장착하지 않았다. 이어서 4월 5~7일에는 자동소총, 중기관총, 로켓 유탄발사기, 무반동포 등을 휴대한 200명 이상의 경비병을 JSA에 진입시켰고, 병사들은 JSA 내에 수시간 머물면서 방어진지를 구축하기도 했다.[48) 4월 9일 김광진 제1부부장은 한국이 관리하는 남측의 DMZ는 완충지대로서의 의미를 완전히 상실했다고 주장했다.[49)

---

44) 《로동신문》, 1996년 2월 23일자, 4면.
45) 《로동신문》, 1996년 3월 9일자, 5면.
46) 《로동신문》, 1996년 3월 29일자, 3면.
47) 《로동신문》, 1996년 4월 7일자, 5면. UNC, "Report of the Activities of the United Nations Command for 1999," p.4.
48) UNC, "Report of the Activities of the United Nations Command for 1996," pp.14~15.
49) 《로동신문》, 1996년 4월 10일자, 2면.

이러한 북한의 도발행위가 계속되는 가운데, 예상 외의 사태가 발생했다. JSA에서의 북한의 시위행동에 대해 한국이 과잉대응한 것이다. 한국 측의 요청에 따라 한미연합사(CFC)는 4월 5일 정보감시태세(WATCHCON)을 3에서 2로 격상시켰고[50] 6일에는 한국 정부가 국가안전보장회의를 긴급 소집했으며[51] 7~8일에는 윤용남 육군 참모총장이 전방부대를 방문해 한국 장병들에게 "결전의지"를 굳힐 것을 촉구했다. 또한 한국 육군이 배포한 발표문에 따르면, 윤용남 참모총장은 9일 야전군 지휘관 회의에서 "적이 군사분계선 남쪽으로 한 발짝이라도 들여놓을 경우 전원 사살하라"는 지침을 하달할 예정이라고 밝혔다. 그 후, 육군은 발표문을 회수하고 교전규칙(ROE)에 따라 신속하게 조치를 취한다고 수정했지만, 발표문은 사태의 확대도 불사하겠다는 한국 육군의 의지를 나타내는 증거였다.[52]

이 시기, 미군이 주도하는 유엔군 사령부와 한국 정부 간에는 심각한 인식의 차이가 존재했다. 한국 정부가 JSA 침입사건을 중대한 사태로 파악한 반면 유엔군 사령부는 특별히 심각하다고 생각하지는 않았다.[53] 한국 국방부는 이 사건이 이전과는 근본적으로 다른 것이며, 북한은 전쟁에 대비하여 점차 군사도발의 강도를 높이고 있다는 견해를 나타냈다. 이에 대해, 페리 미

---

50) 《국민일보》, 1996년 4월 8일자, 26면. 김영삼, 『김영삼 대통령 회고록: 민주주의를 위한 나의 투쟁』, 하(조선일보사, 2001), 195쪽.

51) 김영삼 전 대통령은 자신의 회고록에 「북한 공동경비구역 무력시위」라는 단원을 할애하여 1996년의 JSA 사건을 상세히 서술하고 있다. 김영삼, 『김영삼대통령 회고록』 하권, 194~196쪽.

52) 「육군 발표문」 폐기 소동, "북한군 분계선 넘어오면 사살", 《동아일보》, 1996년 4월 10일자, 2면; 《한국일보》, 1996년 4월 10일자 3면; 강인선, "인터뷰 — 유엔군 사령부 대변인 짐 콜스: 한국 국방부가 확대해석하고 한국 언론이 확대재생산한 게 DMZ위기", 《월간조선》, 1996년 6월호, 430~435쪽.

53) *Korea Times*, April 7, 1996; 강인선, "인터뷰 — 유엔군 사령부 대변인 짐 콜스: 한국 국방부가 확대해석하고 한국 언론이 확대재생산한 게 DMZ위기", 《월간조선》, 1996년 6월호 430쪽.

국방장관은 북한의 행동이 군사공격으로 연결되지 않고 '도발적 정치행동'에 그칠 것이라고 말했다. 백악관 고위 관계자도 북한의 행동이 한국의 안보를 위협하는 것이 아니라는 견해를 나타냈다.[54] 실제로, 1995년 2월 유사한 사태가 발생했을 때, 한국 정부는 이를 북한의 벼랑 끝 외교의 일환에 지나지 않는다고 간주해 큰 반응을 보이지 않았다.[55] 이로 인해, 미국은 한국이 북한과 미국이 한국 등 뒤에서 관계개선을 추진하는 것을 막기 위해 과도한 반응을 보이는 것으로 해석했다.[56] 또한 미국은 김영삼 대통령이 4월 11일 실시될 총선을 앞두고 남북 대립의 심각성을 강조함으로써 보수표를 흡수하려는 의도가 있을 것이라 여겼다.[57]

북한의 군사행동은 육상과 마찬가지로 해상에서도 활발히 진행되었다. 북한이 JSA에 200여 명의 경비병을 보낸 지 2주 뒤인 1996년 4월 19일, 북한 고속경비정 2척이 북방한계선(NLL)을 넘어 연평도 남서쪽 9해리 부근에 한 시간 반 동안 머무는 사건이 발생했다. 한국 해군이 함정 여러 척을 현장에 파견하자, 북한 경비정은 NLL을 넘어 북쪽으로 귀환했다.[58] 5월 23일에도 북한 경비정 5척이 연평도 인근 NLL 남쪽 4해리 해역에 진입해 한 시간 반 동안 머물렀고, 한국 해공군이 현지에 고속정과 전투기를 파견하자 북한 함정은 역시 NLL 북방으로 이동했다.[59]

---

54) *Washington Post,* April 9, 1996, p.A1; *Korea Times*, April 10, 1996.

55) 강인선, "인터뷰 — 유엔군사령부 대변인 짐 콜스: 한국 국방부가 확대해석하고 한국 언론이 확대재생산한 게 DMZ위기", 《월간조선》, 1996년 6월호 433쪽.

56) *Korea Times*, April 9, 1996.

57) U.S. Department of State, Bureau of Intelligence and Research, "ROK: Kim Hangs On," Brief, April 12, 1996, in the National Security Archive Korea Project, National Security Archive, Washington, D.C. 또한 2000년 청와대 보고서에 따르면, 당시 한국의 청와대, 국방부, 합동참모본부가 공동으로 판문점의 긴장을 과장·왜곡하여 총선에 영향을 주려 했다. 조성식, "단독 입수, 96년 판문점 북풍사건 '청와대 보고서'", 《신동아》, 2000년 6월호.

58) *Korea Times*, April 22, 1996.

4) 잠수함 사건의 파문

1996년 9월 17일 북한의 상어급 특수작전용 잠수함(300톤급)이 한국에 침입한 공작원을 철수시키기 위해, 강릉시 동해안에서 활동하다가 실수로 좌초되어 움직이지 못하게 되는 사건이 발생했다. 승무원 11명은 집단 자결했으나 동승하고 있던 공작원이 도주했고, 한국 정부는 군대와 경찰을 동원해 소탕작전을 펼친 끝에 13명을 사살하고 한 명을 생포했다(1명은 행방불명되었다).[60]

9월 22일 북한 인민무력부는 좌초한 잠수함이 통상적인 훈련 중에 엔진고장이 발생해 남측에 표류했다는 견해를 보이며, 잠수함 및 승무원(시신 포함)의 반환을 촉구했다.[61] 이어서, 28일 북한은 잠수함과 승무원의 반환과 함께 장성급 회담의 개최도 요구했다.[62] 북한은 잠수함 사고조차도 북미 회담 개최라는 외교적 목적으로 이용하려 한 것이다.

1996년 말까지 이 사건은 마무리되었으나, 사건에 대해 한국 정부가 강경한 태도를 취한 반면 미국은 원만히 사태를 수습하려 했기 때문에, 한때 한미관계가 크게 악화되었다. 사건 발생 당시 김영삼 대통령은 "나는 앞으로 그들의 대남적화전략에 효과적으로 대응하는 데 중점을 두고 모든 대북한 정책을 재정리"할 것이라 밝혔고, 한국 정부는 북한에게 명확한 사과와 재발방지 보장을 요구했다.[63] 동시에 한국은 한반도에너지개발기구(KEDO)의 경수로 건

---

59) *Korea Times*, May 24, 1996.

60) UNC, "Report of the Activities of the United Nations Command for 1996," p.15. 이광수 "잠항지령 — 증언 북한 잠수함 게릴라 사건", 1998년.

61) 「人民武力部スポークスマンの談話」, 《月刊朝鮮資料》, Vol.36, No.11(1996.11), p.25.

62) UNC, *Command Historical Summary, 1 January 1996~31 December 1996*, Appendix G-5.

63) 김영삼, 「확고한 안보는 번영의 토대」, 제48주년 국군의 날 경축연회연설, 『김영삼대

설사업 지원을 동결했다.[64] 보도에 따르면 당시 김영삼 대통령은 원산에 위치한 북한 잠수함 기지에 대한 공습도 검토했다고 한다.[65]

반면 미국은 북한의 핵 개발 재개를 저지하고, 상황의 복잡화를 막는 것을 우선했다.[66] 또한 사건 발생 직후 크리스토퍼(Warren Christopher) 미 국무장관이 '모든 관련국들'에게 자제를 호소한 것도 불에 기름을 부은 셈이었는데, 한국은 이를 북한뿐만 아니라 자국에 대한 경고로 받아들인 것이다.[67] 김영삼 대통령은 격노했고 훗날 자신의 회고록에 크리스토퍼 국무장관의 발언이 "매우 이례적인 것"이었으며 북한과 미국 간 '뒷거래'가 있었던 것은 아닐까 의심이 갈 정도였다고 적었다.[68] 김영삼 대통령의 강경한 태도와 미국 측의 미흡한 대응이 겹치면서 한미 관계는 심각한 위기에 처했다. 이에 대해 당시 《뉴욕타임스》는 "미국 정부 관계자 중에는 한반도의 가장 큰 골칫거리의 원인이 한국 정부라고 생각하는 사람도 있을 것"이라고 보도했다.[69]

최종적으로 미국은 북한에 유감 표명을 요구하고, 한국에게는 이를 받아들일 것을 촉구했다.[70] 그 결과 북한 외교부는 12월 29일 "깊은 유감"을 표명하고 유사한 사고가 다시 발생하지 않도록 노력하겠다고 약속하게 된 것이다.[71]

통령연설문집』, 제4권(1996년 2월 1일~1997년 1월 31일)(대통령비서실, 1997), 475쪽.

64) 함성득, 『김영삼 정부의 성공과 실패』(나남출판, 2001), 95쪽. *Washington Post*, November 9, 1996, p.A19.

65) 《産経新聞》, 1999.11.24.

66) *Washington Times*, October 15, 1996, p.A15.

67) *Associated Press*, October 1, 1996.

68) 김영삼, 『김영삼 대통령 회고록: 민주주의를 위한 나의 투쟁』, 하권(조선일보사, 2001), 255~256쪽.

69) *New York Times*, November 17, 1996, p.12.

70) *New York Times*, December 30, 1996.

71) 《月刊朝鮮資料》, Vol.37, No.2, "북한의 잠수함 침투사건 관련 북한외교부 대변인 성명," 북한외교부 대변인 성명, 1996.12.29(통일부 보도자료).

5) 갈등의 확대

1997년 2월, 북한은 미국과 단독으로 군사회담을 가져야만 한다는 입장을 완화하여, 한국인을 포함한 유엔군 사령부 측 대표는 동등한 발언권을 가진다는 전제를 받아들였다. 또한 북한은 장성급 회담에서는 정전협정에 관한 사항만 의제로 삼을 수 있다는 점과, 회담을 군사정전위 회의실에서 실시한다는 것에도 동의했다.[72] 그러나 이미 북한에 대한 태도를 경화시킨 김영삼 대통령은 장성급 회담 개최에 응하려하지 않았다.[73]

한국 정부의 장성급 회담 개최 거부에 대응하여 북한은 다시 긴장을 고조시키려는 행동을 취하기 시작했다. 북한 군인들은 3월부터 6월에 걸쳐 군사분계선을 넘어 남측으로 침입하는 행동을 반복했다. 4월 10일에는 군사분계선을 사이에 두고 남북이 경고사격을 실시하는 사태가 발생했는데, 이는 코헨(William Cohen) 미 국방장관이 판문점을 방문하기 90분 전의 일이었다.[74] 또한 3월 19일에는 북한 경비병이 JSA에서 유엔군 사령부 측 경비병을 화기로 조준하고 위협하기도 했다.[75]

해상에서의 북한의 도발 수위 역시 점차 고조되어 갔다. 6월 5일에는 북한 어선 9척과 경비정 1척이 연평도 부근에서 NLL을 넘어 와 한국 경비정과 대치했다. 북한 경비정은 한국 고속정 3척이 접근하자 무반동포 3발을 해면을 향해 발사했고, 한국 측이 40밀리 포 2발을 발사하며 대응하자 북한 경비정

---

72) UNC, *Command Historical Summary, 1 January~31 December 1997*, Appendix G. 한국 국방 관계자와 저자의 인터뷰(서울: 2011.8.26).

73) 한국 국방 관계자와 저자의 인터뷰(서울: 2011.8.26). 한국의 안보전문가와 저자의 인터뷰(서울: 2011.11.6). Aaron Trimble, a former UNC officer, interview through e-mail by author, November 11, 2001.

74) *Korea Times*, April 11, 1997.

75) 국방부, 『국방백서 1998』, 214쪽.

은 NLL을 넘어 북쪽으로 귀환했다. 이 경비정이 NLL을 넘어온 뒤 1시간 30분 뒤의 일이었다.[76]

이 같은 도발행위가 반복되던 중, 결국 남북 간 총격전이 발생했다. 1997년 7월 16일 북한 경비대 14명이 강원도 철원의 산악지대의 군사분계선을 넘어 남측으로 약 100미터 침입했고, 한국 측이 감시 초소에서 경고사격을 가했음에도 북측은 활동을 계속한 것이다. 한국 측이 동 경비대 근처에 경고사격을 실시하자, 경비대와 북한 측 감시초소 2곳에서 한국 측 감시초소 2곳을 향해 소총 및 기관총탄 약 80발을 퍼부어댔다. 한국 경비병이 기관총으로 다시 반격하자, 이번에는 북한 측이 82밀리 무반동포 2발과 박격포 20발을 남쪽으로 발사했다. 이에 대해, 한국 측은 소총 수십 발과 57밀리 무반동포 1발로 반격을 이어가 결국 총 포격전은 약 한 시간 동안 이어졌다. 결국 한국 측이 확성기로 휴전을 촉구했고, 북한 측은 이에 따라 북으로 귀환했다. 한국 측 부상자는 없었으나 북한 측에서는 사상자가 발생했던 것으로 보인다.[77]

이 사건은 북한이 1970년대 초반 이후 처음으로 박격포와 무반동포를 사용해 사태를 확대시켰다는 점, 그리고 한국 측이 북한 측 경비병에게 직접 공격을 가했다는 점에서 주목할 만한 사건이었다.[78] 또한 한국 측은 북한의 공격에 강력한 반응을 보여 북한을 놀라게 했다.[79] 이 사건 이후 북한이 DMZ에서의 활동 내용을 사전에 한미 측에 전달하기 시작했고, 이에 대해 한국 합동참모본부는 "북한 측이 우리 측의 공세적 대응에 상당히 충격을 받은 것으

---

76) 《조선일보》, 1997년 6월 6일자; 권영기, "서해5도는'화약고' 한반도의 뇌관", 《월간조선》, 제232호(1999년 7월), 647~648쪽.

77) UNC, "Report of the Activities of the United Nations Command for 1997," Annex, 2001, p.15; Bruce Bechtol, Jr., interview by author, Seongnam-si, ROK, February 24, 2008; and Korea Herald, July 17, 1997.

78) 《조선일보》, 1997년 7월 17일자.

79) Stephen M. Tharp, interview by author(Seoul: March 14, 2001).

로 보인다"는 견해를 나타냈다.[80]

7월 16일 총포격전으로 미국은 사태가 확대되는 것을 더욱 우려하게 되었고, 이를 피하기 위한 신뢰구축 조치와 긴장완화 조치에 대한 관심이 높아졌다.[81] 북한은 군사적으로는 패배했지만, 곧 이 사건을 외교적으로 이용하려 했다. 인민군 판문점대표부는 7월 18일, 지난 16일 한국의 행동을 비난하면서 미국이 잠정협정과 북미 장성급 회담 개최에 응하지 않았을뿐더러, DMZ 관리를 한국에 '일임'해버렸기 때문에 이번 사건이 발생했다고 주장했다.[82]

1998년 김대중 대통령이 취임한 이후, 한국은 적극적인 대북 대화노선을 내세우며 유엔군 사령부와 인민군 판문점대표부가 장성급 회담을 개최하는 것을 용인했고, 유엔군 사령부는 장성급 회담의 절차사항에 대한 문서를 북한 측에 송부했다. 이 문서에 따르면, 유엔군 사령부 측 대표는 한국, 미국, 영국, 기타 유엔군 사령부 회원국 등 총 4개국에서 한 명씩 선정하며 대표 4명은 각각 동등한 발언권을 가진다.[83] 이에 대해 북한 측은 이 문서가 자신들이 마비되었다고 주장하는 '군사정전위원회'를 언급하고 있다는 점과 유엔군 사령부 측 수석대표가 누구인지 정확히 밝혀져 있지 않다는 점을 문제 삼았다. 북한은 장성급 회담이 정전협정과 무관하며, 유엔군 사령부를 대표하는 것은 미국인으로 할 것을 요구했다.[84]

북한은 '새로운 평화보장체계'가 수립되지 않는 한 군사적 위기는 피할 수 없다고 주장하며, 자국의 요구를 관철시키기 위해 재차 군사행동을 시작했다. 3월 12일 북한군 12명이 군사분계선을 넘어 남쪽 40~50미터까지 침입했다. 5월 18일에는 유엔군 사령부 측 헬기가 JSA 상공을 비행하는 것을 불허

---

80) 《경향신문》, 1997년 9월 8일자.
81) Aaron Trimble, interview through e-mail by author, November 11, 2001.
82) 《로동신문》, 1997년 7월 19일자, 6면.
83) *Korea Herald*, February 20, 1998.
84) *Korea Herald*, May 28, 1998.

한다고 전했고, 6월 11일에는 북한 병사가 자동 소총으로 남측 감시초소를 향해 3~4발을 발사해 1발이 감시탑 상단을 가격하는 사건이 발생했다.[85]

결국 6월 8일 유엔군 사령부와 인민군 판문점대표부는 장성급 회담에서 미군 소장이 유엔군 사령부 측 '회담 진행자'를 맡는 한편 한국군 준장을 등 다른 대표 전원이 '동등한 발언권'을 갖는다는 것으로 타협했고 '판문점 장성급회담 절차'에도 합의했다.[86] 따라서 유엔군 사령부 측 대표는 미군 소장 1명, 한국군 준장 1명, 영국군 준장 1명 및 기타 유엔군 참가국 대령 1명 등 총 4명이고, 북한 측 대표는 인민군 중장(소장급) 1명, 소장(준장급) 1명, 대령 1명 등 총 3명으로 구성되었다.[87] 그러나 북한은 장성급 회담의 주체가 인민군과 유엔군 사령부라는 해석을 완전히 받아들이지는 않았고, 북한 언론도 장성급 회담을 "조선인민군장령과 미군장성이 인솔하는 조선인민군측과 국제련합군사이의 장령급회담"이라고 애매하게 표현했다.[88] 또한 북한은 장성급 회담을 군사정전위원회의 틀 안에 있는 것이 아니라 넓은 의미에서 정전협정하의 대화창구라고 정의했다.[89]

제1차 장성급 회담이 개최되기 전날인 6월 22일, 북한 유고급 소형잠수정이 한국 동해에서 나포되는 사건이 발생했다.[90] 한국 대표는 북한 측의 사과

---

85) United Nations Command, "Report of the Activities of the United Nations Command for 1998," Annex, p.13.

86) 《문화일보》, 1998년 6월 9일자. United Nations Command, Military Armistice Commission(UNCMAC), "We own the Zone," a briefing material, obtained from UNC on March 14, 2001, p.68; 국방부, 『국방백서 1999』, 80쪽.

87) UNCMAC, "We own the Zone," p.70.

88) "조선인민군과 국제련합군사이의 장령급회담이 열리게 된다", 《조선중앙통신》, 1998년 6월 19일.

89) 한국 국방 관계자와 저자의 인터뷰(서울: 2002.5.17).

90) 북한은 이 회담을 '조선인민군장령과 미군장성이 인솔하는 조선인민군측과 국제련합군사이의 장령급회담'이라고 해석하고 있었다. "조선인민군과 국제련합군 사이의 장령급회담이 열리게 된다", 《조선중앙통신》, 1998년 6월 19일.

를 요구했으나 북한은 장성급 회담이 '새로운 평화보장체계' 수립을 논의하는 자리하며 이를 거부했다.

10월이 되자 북한은 비공식 장성급 회담에서 북한, 미국, 한국 등 3개국이 군사정전위를 대신하는 공동 군사기구를 설치할 것을 제안했으나, 새로운 제안 역시 유엔군 사령부는 무효이고 실질 당사자는 북한과 미국뿐이라는 북한의 입장에는 변화가 없었다. 북한의 해석에 따르면, 새로운 제안에 한국이 포함된 이유는 한국이 대규모 군대를 보유했기 때문일 뿐이다. 따라서 유엔군 사령부는 이 제안을 유엔군 사령부와의 정전협정을 무효화하려는 정책의 일환으로 인식하고 이를 거부했다.[91]

6) 연평해전과 "서해해상군사분계선"

1996년 4월 이후, 서해 NLL 주변 해역에서 북한의 적대적 행동이 활발해졌으며 결국 1999년 6월 남북 해군 간 교전이 발생했다.[92] 북한은 서해 5도 주변해역과 NLL의 법적지위를 둘러싸고 재차 분쟁을 일으켜 정전협정의 무효화를 촉진하고자 했다.

먼저 1996년 6월 6일 북한 조선중앙통신은 한국이 "우리 측 령해깊이 전투

---

91) UNC, "Report of the Activities of the United Nations Command for 1998," p.18; and UNCMAC, "We own the Zone," p.72.
92) 연평해전과 관련해서는 별도로 명시하지 않는 한 다음 문헌을 참조했다. 국방부, 『국방백서 1999』, 197~199쪽; "북한 경비정 서해 NLL 침범사건 등 현안보고", 《제204회 국회 국방위원회 회의록》, 제1호, 1999년 6월 10일; "서해상 교전사태에 관한 보고", 《제204회 국회 국회본회의 회의록》, 제2호, 1999년 6월 16일; "서해상 교전사태 관련 현안보고", 《제204회 국회 국방위원회 회의록》, 제2호, 1999년 6월 17일; "북한의 북방한계선 무효선언에 대한 대책 등 현안보고", 《제207회 국회 국방위원회 회의록》, 제1호, 1999년 9월 7일. 김병석, "언론이 지지하고 군이 주도한 NLL 사수작전", 《월간조선》, 제232호(1999년 7월); UNC, "Report of the Activities of the United Nations Command for 1999," Annex, p.12. 한국 국방 관계자와 저자의 인터뷰(서울: 2011.8.26).

함선들을 불법 침입시키는 엄중한 군사적도발행위를 감행하였다"고 보도했다.[93] 이는 한국 측이 인정하지 않았음에도 1973년 이후 북한이 주장해온, 12해리 영해 주장에 기초한 것이었다. 같은 날 북한 어선 20여 척과 경비정 3척이 NLL을 넘어 2~3킬로미터 남하했고, 이에 대응해 한국은 고속정을 현지에 파견했다. 북한 어선은 북한 해군의 관할하에 활동하는 등 경비정과 어선은 일체화되어 행동하고 있었다. 이후 북한 경비정이 한국 함정 쪽으로 함포를 겨냥하거나 진로 차단을 시도하자, 한국은 해군 제2함대 모든 함정을 비상소집했고 대기태세를 취했다. 한국 고속정은 선체가 큰 북한 함정에 대해 포위기동하는 등 북한 측의 소모를 유도했다.

일단 철수한 북한 함정은 7일, 다시 NLL을 넘는 작전을 개시했고 8일까지 행동을 계속했다. 6척으로 증가한 북한 함정은 NLL 남방 11킬로미터 지점까지 진입했고, 북한 어선 20여척도 이에 동반해 NLL을 넘었다. 긴장이 고조되자, 한국 측은 8일 11시 45분 동 해역에서 조업하던 한국 어선에 조업 중단지시를 내렸고, 16시 45분에는 합동참모본부가 작전지시 99-5를 하달하여 ROE에 따라 북한의 도발행위에 단호하게 대응할 것을 명령했다.[94]

9일이 되자 남하하는 북한 경비정과 이를 저지하려는 한국 고속정 간 작은 접촉사태가 발생했다. 이에 대해, 유엔군 사령부는 장성급 회담 개최를 제안하고 한국 국방부는 북한 측에 도발적 행동을 중지할 것을 요구하는 성명을 발표했다. 그럼에도 같은 날 밤, 북한 함정 한 척이 NLL 남방 13.7킬로미터 지점까지 남하해 자국이 주장하는 12해리 영해선에 어업용 부표 7개를 묶은 물체를 설치했다.

10일에도 NLL을 넘는 것을 막으려는 한국 고속정과 북한 경비정 간에 가

---

93) "남조선군 서해령해깊이 전투함선을 침입시키는 군사도발 감행", 《조선중앙통신》, 1999년 6월 6일.
94) 국회 사무처, "북한 경비정 서해 NLL 침범 사건 등 현안보고."

벼운 충돌이 있었다. 북한의 행동이 의도적이라고 판단한 한국 정부는 이날 국가안보회의 상임위원회를 개최하여 ▲NLL은 지상의 군사분계선과 같이 확고히 확보하고 ▲서해 해당 해역에 해군력을 증강투입하여 신축적으로 대응하며 ▲북한에 대하여 모든 함정을 즉각 NLL 북방으로 철수할 것을 촉구한다는 세 가지 기본지침을 하달했다.

11일에는 북한 경비정 10척이 동시에 돌진해왔기 때문에, 한국 고속정이 '후미충돌식 밀어내기 작전'으로 대응했다. 후미충돌식 밀어내기 작전이란 상대방의 후방에서 배를 돌려 함미에 충돌시킴으로써 북한 함정을 NLL 북쪽으로 철수하도록 강요하는 실력행사로, 한국 측이 공세로 전환했다는 것을 나타낸다. 이 결과 NLL 남방에서 활동하던 북한 경비정 2척은 함미가 심각하게 파손되었고 다른 2척도 경미한 손상을 입었다. 한국 측에서는 고속정 1척의 선체에 구멍이 났고 3척이 경미한 손상을 입었다. 물론, '밀어내기 작전'이라고 해도 실제로는 한국 함정보다 북한 함정이 더 컸기 때문에, NLL 북쪽으로 밀어내는 것은 불가능했다. 하지만 기동력이 탁월한 한국 함정의 공세전략을 통해, 북한 함정은 일정 부분 손상을 입었고 함정의 엔진에 불이 나기도 했다.

12일, 한국은 선체가 큰 구조함을 파견해 북한 함정을 밀어내려 했으나 속력이 느려 실패하고 말았다. 북한은 구조함에 맞서, 13일 어뢰정 3척을 배치하여 한국에 대한 압박을 강화했다. 북한 어뢰정 3척은 한국 함정에 고속으로 접근하는 등 시위를 한 뒤, 해주 방면의 개머리 기지로 들어갔다. 어뢰정의 등장을 목격한 한국 현지 사령관은 전투가 발생할 가능성이 높아졌다고 판단해 예하 사령관에게 전투 준비를 지시했다.

서해에서의 사태에 대해 김대중 대통령은 ▲NLL을 반드시 확보할 것 ▲선제공격하지 않을 것 ▲북한이 선제공격을 해올 경우 강력하게 응징할 것 ▲교전이 발생하더라도 확대되지 않도록 할 것 등의 작전지침을 제시했다. 그러나 이러한 지침을 제외하고는 모두 군에 일임했으며[95] 합동참모본부도 현지 사령관에게 "슬기롭게 대처하라"는 막연한 지시를 전달한 것으로 알려졌다. 그 결과 경고사격도 허용되지 않은 상태로 NLL을 확보해야 한다는 모순이 담긴 지시를 어떻게 실현할 것인지는 현지 사령관에게 일임된 것이다.[96] 한편, 조성태 국방장관은 한국 해군의 대형 함정을 동원할 것을 제안해, 14일 한국 해군은 76밀리 속사포와 40밀리 기관포를 갖춘 1,200톤 포항급 초계함인 '천안'과 '영주'를 해당지역에 배치했다.[97]

6월 15일 NLL을 둘러싼 움직임은 결국 본격적인 '연평해전'으로 발전했다. 그날 아침, 한국 해군은 고속정 4척과 천안함(23전대)을 서쪽에, 고속정 4척과 영주함(25전대)을 동쪽에 배치했다. 또한 후방에서도 구축함 등 대형 함정이 전투태세를 취한 상태로 대기하며, 대함 미사일과 해안포 공격에 대비하고 있었다. 한편, 북한 측은 서쪽에 경비정 7척, 동쪽에 어뢰정 3척을 배치했다. 이런 가운데, 북한 어선이 NLL을 넘었고 이어서 경비정이 NLL을 넘어 남하하기 시작했다. 이에 대해 한국 해군 23전대가 함정 5척으로 '후미충돌식 밀어내기 작전'을 실시했는데, 한국 고속정 325호 뱃머리[艦首]가 북한 경비정 381호의 함미 위로 올라가며 배 위에 있던 북한 선원이 치여 사망하는 사태가 발생했다. 이에 놀란 북한 측은 325호에 수류탄을 투척했고, 그 후에도 남북의 함정이 떨어지지 못하는 상태가 지속되자 한국 고속정 338호가 북한 경비정의 옆면에 충돌해 둘을 분리시켰다. 그러자 이번에는 북한 측이 소총을 발포했고, 그 결과 한국 측 함정 일부가 파손되었고 338호 정장이 부상을 입었다. 북한 측 발포로 한국 측은 자위권을 발동할 수 있게 되어, 9시 28분부터 고속정과 천안함이 북한 함정에 20밀리 발칸 포, 40밀리 기관포, 76밀리 속사포를 사용해 본격적으로 사격하기 시작했다.

95) 김대중, 『김대중 자서전 2』(서울: 삼인, 2010). 188쪽.
96) 조성식, 「박정성 전 해군 2함대사령관의 연평해전 비화」, 《신동아》, 2008년 6월.
97) 김대중, 『김대중 자서전 2』, 187~189쪽; 김병석, "언론이 지지하고 군이 주도한 NLL 사수작전", 《월간조선》, 제232호(1999년 7월) 671쪽.

한편, 동쪽에 배치된 북한 어뢰정 3척이 남하해 한국 고속정 2척을 향해 정면으로 고속 기동하는 등 도발행동을 취하기 시작했다. 남과 북은 접근하다가 결국 북한이 회항했는데, 이 과정에서 함상(艦上)의 북한 선원 7명이 추락해 바다로 떨어졌다. 또한 양측이 기동전을 전개하던 중 한국 측이 북한 어뢰정 선미에 충돌해 어뢰정에 화재가 발생했다. 교전은 9시 42분까지 14분간 계속되었고 한국 측은 총 4,584발의 총포탄을 발사했다. 처참한 상황 속에서 갑판 위에 있던 북한 병사들은 대부분 전사하거나 중상을 입었고, 원래 모습을 알 수 없을 정도로 토막 난 시신들이 흩어져 있었다. 한국 측은 교전을 계속할 수 있었지만, 북한군을 전멸시키지는 않았다. 이렇게 살아남은 북한 함정은 많은 사상자를 태운 채 막대한 피해를 입은 모습으로 돌아갔다.[98]

이 교전에서 북한 측에서는 어뢰정 1척과 경비정 1척이 침몰하고 다른 3척의 배가 대파하는 등 큰 손해를 입었다.[99] 한국 국방부는 북한 측에서 17~30명 혹은 그 이상의 사망자가 발생한 것으로 추정했지만[100] 관계자 중에서는 실제 사망자 수가 100명 이상에 달했다고 보는 견해도 있었다.[101] 한편, 한국 측은 고속정 1척과 천안함 1척이 경미하게 손상되었으며 11명이 부상(그 중 6명이 총상)을 입었다.[102]

이후 북한은 함정을 모두 귀환시켰고 NLL을 넘는 일도 중지했다. 그 사이 적대행위 재발에 대비하기 위해 이 지역 한국 군부대의 준비태세가 강화되었

---

98) 조성식, "박정성 전 해군2함대 사령관의 연평해전 비화", 《신동아》, 2008년 6월호; 온종림, "훈장 대신 좌천", 《뉴데일리》, 2009년 6월 29일; 한국 국방 관계자와 저자의 인터뷰(서울: 2011.8.26).
99) 조성식, "박정성 전 해군2함대 사령관의 연평해전 비화", 《신동아》, 2008년 6월호.
100) 한국 국방부로부터 입수한 자료 참조(2008년 2월 29일).
101) 한국 국방 관계자와 저자의 인터뷰(서울: 2008.5.5). 또한 당시 해군2함대 사령관 이었던 박정성에 따르면 목격된 전사자만 해도 수십 명이었다고 한다. 《뉴데일리》, 2009년 6월 29일.
102) 조성식, "박정성 전 해군2함대 사령관의 연평해전 비화", 《신동아》, 2008년 6월호.

그림 8-1 북방한계선과 서해 해상 군사분계선

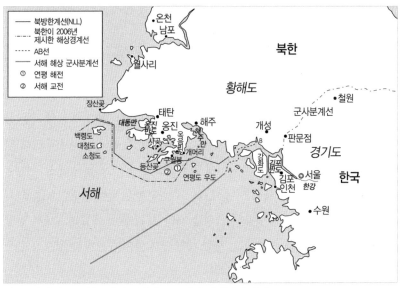

자료: 여러 자료를 참고하여 저자와 요코야마 사하루가 작성.

고, 11시 2분 한미군사위원회 상설회의에서 정보감시태세(WATCHCON)를 3에서 2로 상향 조정했다.[103] 한편, 북한은 전투기를 언제든지 발진 가능하도록 준비태세를 취했다.[104]

연평해전은 집요하게 NLL을 넘어 오던 북한 함정에 대해, 한국 측이 우수한 기동력을 기반으로 공세를 펼쳤고, 궁지에 몰린 북한 측의 발포를 포착해 압도적인 화력으로 제압한 것이다.[105] 이날 북한 조선중앙통신은 자국 해군

103) 한미군사위원회에는 본회의와 상설회의가 존재하며, 상설회의는 한국 합참본부의 장과 주한미군 선임장교(주한미군 사령관)로 구성된다. 국방부, 『국방백서 1996-1997』, 112쪽.
104) 미국 정부 관계자와 저자의 인터뷰(도쿄: 2009.2.19).
105) 윤경원 연평해전 당시 사령관, 박정성 해군 소장 인터뷰 《데일리안》, 2006년 6월 19일자.

선박 1척이 격침당하고 3척이 크게 파손되는 등 큰 손해를 입은 것을 인정하며 "적들의 무장도발이 전면전으로 번져지지 않은것은 전적으로 우리 인민군군인들의 높은 인내력과 자제력의 결과이다"라고 보도했다.106)

연평해전에서의 군사적 패배에도 불구하고 북한은 한미를 상대로, 장성급 회담에서 외교 공세를 펼쳤다. 6월 15일 열린 제6차 장성급 회담에서 북한 대표는 한국 측이 먼저 발포했다고 주장하면서, 북한의 '연해'에 한국 해군 함정이 침입한 것이라 비난했다. 또한 북한은 NLL이 유엔군 사령부에 의해 일방적으로 설정된 것으로, 설정사실에 대해 통보받은 적도 없으며 동의한 적도 없다고 말했다. 이에 대해 미국 대표는 긴장완화를 위해 쌍방이 NLL을 '실용적인 [전력]분리선'으로 이용하는 것을 제안했다. 한국 대표는 NLL의 남방 수역이 자국의 영해라 주장했고, 북한 대표는 자국이 주장하는 경계선의 북방 수역이 북한의 영해라 주장했다.107)

제7차 장성급 회담이 6월 22일 개최되었지만 양측의 대립은 계속되었다. 북한 측은 회담 중에 정전협정 제13항 (ㄴ)에는 서해 5도만이 유엔군 측의 지배하에 있다고 규정하고 있다는 것을 지적하고 "황해도와 경기도의 경계선을 연장한 선의 북쪽 모든 수역"이 북한의 영해라고 주장했다. 또한 NLL의 존재가 분쟁을 야기하는 근본 원인이라며 한미 측이 이를 포기할 것을 요구했다.

이에 대해 한국 대표는 여러 신뢰구축조치를 제안하면서, 관례에 따라 NLL을 준수해야 하며, NLL은 남북기본합의서 제11조에서도 확인되고 해주

---

106) "남조선전투함선 우리측령해에서 인민군함정에 총포사격", 《조선중앙통신》, 1999년 6월 15일.

107) Proceedings of the Sixth General Officers Talks, June 15, 1999, provided by the UNCMAC; UNC, "Report of the Activities of the United Nations Command for 1999," pp.8~9. "판문점조미군부장령급회담 진행", 《조선중앙통신》, 1999년 6월 15일.

항을 출입하는 북한 상선이 NLL 북방을 우회하는 항로를 일부러 사용하는 등 NLL을 준수하고 있다는 사실을 지적했다. 또한 한국 대표는 기본합의서 규정에 따라 NLL을 대체할 새로운 불가침 경계선을 남북 군사공동위원회에서 협의할 수 있다고 말했다.[108]

7월 2일 개최된 제8차 장성급 회담[109]에서 북한 측은 자신들의 논의를 정당화하기 위해 다음과 같은 세부적인 주장을 전개했다. 북한의 논의는 국제법의 해석, 미 정부의 입장, 한국 내의 논의 등을 소개하면서 자국의 입장을 정당화하려는 내용을 교묘하게 담고 있다.

첫째로, 〈북방한계선〉을 주장하는것은 정전협정을 무시하고 포기하는 행위이다.
……
둘째로, 미군 측의 〈북방한계선〉 주장은 국제법에도 심히 배치된다. 국제해양법은 매개 나라들의 령해가 기산선으로부터 12마일이라는데 대하여 명백히 규정하고있다. 국제법은 또한 우리 나라와 같이 정전상태라는 특수한 상황에서 상대국 령해안에 들어가 있는 섬의 수역 문제를 규정하는 경우 쌍방이 이미 체결한 정전협정에 기초하여 합의 할것을 요구하고있다. 따라서 미군측이 정전협정을 무시하고 우리와의 아무런 사전협의도없이 일방적으로 우리 령해권안에 〈북방한계선〉이라는 것을 설정한것은 국제법에 대한 엄중한 위반으로 된다.
셋째로, 미군측이 설정한 〈북방한계선〉이라는것이 법과리치에 어긋나는것이기 때문에…… [한미 측] 내부에서까지 철회되여야 한다는주장이 나오고 있다. 지난 6월 17일 미국무성 대변인은 서해 사건과 관련하여 문제의수역이 저들의 령해라는 괴뢰들의 립장과는 달리 〈〈북방한계선〉이 공식적으로 인정된바 없다〉고 하면

108) Proceedings of the Seventh General Officers Talks, June 22, 1999. "판문점조미군부장령급회담 진행", 《조선중앙통신》, 1999년 6월 15일.
109) Proceedings of the Eighth General Officers Talks, July 2, 1999; UNC, "Report of the Activities of the United Nations Command for 1999."

서 인민군 함선들이 령해를 침범했다고 볼수 없다고 하였다. 괴뢰외교통상부장
관이라는자도 저들이 설정한 서해해상경계선과 관련하여 북과 남사이에 토의하
자고 하였는데 이것은 적들 스스로가 〈북방한계선〉이라는것이 잘못되였다는것
을 인정한것이다.

요즘 남조선의 정계, 학계들에서 서해 〈북방한계선〉이 정전협정과국제법에 위
반되는 것으로서 문제가 있다는 목소리를 높이고 있는것도 결코 우연한 일이 아
니다. 지난 6월 18일 남조선에서 있은 〈서해교전사태의 평화적 해결을 위한 토
론회〉라는데서 남조선의 한교수는 〈북방한계선〉이 일방적이기때문에 〈북의 경
비정〉이 이선을 넘은것은 〈령해침범으로 보기 어렵다〉고 주장했다. 미군 측 자
체가 〈북방한계선〉을 정당화하려고 무진 애를 쓰지만 아무런 법적타당성도 제
시하지 못하고 고작해서 북남 합의서가 어떻소, 〈관례〉가 어떻소 하는데 그것은
사실상 론쟁의 여지도 없는 억지다.

정전협정을 다루는 이 자리에서 북남합의서에 대하여 론하는 자체가 격에 어울
리지 않는 일이지만 구태여 말한다면 북남합의서 어디에 〈북방한계선〉을 용인
하는 문구가 있는가, 북남합의서의 부속합의서 5장 20조에는 〈북과 남은 북남
사이의 공고한 평화 상태가 이룩될 때까지 현 군사정전 협정을 성실히 준수한다〉
고 되여있다. 이것은 북남합의서도 정전협정대로 하여야 한다는것을 요구하는것
이 아닌가.

그 무슨 〈관례〉에 대하여 말한다면 우리는 미군측이 말하는 그런 〈관례〉를 아는
바도 없고 인정한적도 없다. 우리 배가 어떤 항로를 따라 다니는가 하는것은 우리
의 필요에 따라 설정한것이지 미군측이 상관할바가 아니다. 그럼에도 우리가 정
한 배의 항로를 놓고 〈관례〉니뭐니하는 것은 어처구니 없는 소리가 아닐수 없
다.[110]

---

110) Proceedings of the Eighth General Officers Talks. "판문점조미군부장령급회담",《조
선중앙통신》, 1999년 7월 2일.

북한은 이 같은 주장을 배경으로 ▲일방적으로 설정한 '북방한계선'을 철회하고 정전협정과 국제법에 따라 새로운 해상경계선을 확정할 것 ▲북한 영해를 침범하는 행위와 군사적 도발을 즉시 중단할 것 ▲6월 15일 교전을 직접 지휘한 당사자를 처벌할 것 등을 요구했다.[111]

이어서 7월 21일 개최된 제9차 장성급 회담에서 북한 측은 재차 정전협정과 국제법에 따라 남북 경계선 문제를 해결할 것을 요구하며 "정전협정과 국제법에 입각하여 설정한 서해 해상경계선"을 제안했다. 이 선은 황해도와 경기도의 경계선 서쪽 끝에서 남서방면으로 약 90해리를 연장한 것으로 NLL보다 훨씬 남쪽에 위치해 있었다. 유엔군 사령부는 재차 신뢰구축조치의 실시를 제안하면서, 새로운 해상경계선은 남북 군사공동위원회에서 협의되어야 한다는 입장을 보였다. 이에 대해 북한은 새로운 경계선을 검토하기 위한 '실무접촉'을 제안하며 조선인민군, 미군과 함께 한국군도 참가 가능하다고 말했다.[112]

이후 8월 17일 개최된 제10차 장성급 회담에서 북한은 실무접촉의 구체적 방안을 제시했고[113] 9월 1일 제11차 장성급 회담에서 북한은 자국의 제안에 대한 최종 답변을 요구했지만, 유엔군 사령부는 다시 이를 거부했다.[114]

9월 2일 조선인민군 총참모부는 특별보도를 통해 ▲황해도와 경기도의 경

111) 같은 글.

112) Proceedings of the Ninth General Officers Talks, July 21, 1999; UNC, "Ninth General Officer Talks Held," News Release, July 21, 1999; UNC, "Report of the Activities of the United Nations Command for 1999," p.9.; "인민군측 서해해상경계선을 받아들일것을 촉구: 조미군부장령급회담", 《조선중앙통신》, 1999년 7월 21일.

113) Proceedings of the Tenth General Officers Talks, August 17, 1999. "조선측 서해군사분계선설정위한 실무접촉제안제기: 조미군부장령급회담", 《조선중앙통신》, 1999년 8월 17일.

114) Proceedings of the Eleventh General Officers Talks, September 1, 1999. "조미군부장령급회담", 《조선중앙통신》, 1999년 9월 1일.

계를 남서방향으로 연장한 선을 '조선서해해상군사분계선'으로 하며 ▲이 선의 북측 수역을 북한의 '해상 군사통제수역'으로 삼을 것이며 ▲북방한계선은 무효라고 선언했다.115) 이 내용은 장성급 회담에서의 북한 측 주장과 동일하며, 거기에 새로운 이름을 붙인 것이었다. 남북 양측의 입장을 비교하면 '조선서해해상군사분계선'은 한국에게 NLL에 해당하고 '해상 군사통제수역'은 한국이 설정한 '작전해역'에 해당하는 것이었다. 한국 정부는 이 선언의 수락을 거부하며 NLL의 유효성을 강조했고116) 유엔군 사령부는 북한의 발표를 무시하면서 ▲북한의 결정은 법적 근거가 없고 ▲북한은 발표한 내용을 군사적으로 담보할 능력을 가지고 있지 않다는 판단을 내렸다.117)

7) '평화적' 영해 침범과 북방한계선 월선118)

연평해전으로부터 2년 뒤인 2001년 6월, 북한의 화물선과 상선이 한국의 영해를 침범했고 NLL을 넘어 와 한반도 주변 해양질서에 변화를 가져오려고 새롭게 시도했다. 일반적으로 외국 선박은 무해통항권이 인정되어 제주해협을 포함한 한국 영해 통과가 허용된다. 그러나 남북한 간에는 평화협정을 맺지 않았고 정전상태이기 때문에 한국은 북한 선박에 대해서는 무해통항권을 인정하지 않았다. 북한은 화물선과 상선을 이용해 한국이 군사적 대응을 취하기 어렵게 만들고 나아가 북한에 대한 정책변경을 가져오려 했다.

2001년 6월 2일부터 3일에 걸쳐 북한 화물선 3척이 관례를 깨고 잇달아 한

---

115) "〈북방한계선〉은 무효: 총참모부 특별보도", 《조선중앙통신》, 1999년 9월 2일.

116) *Korea Herald*, September 3, 1999.

117) Stephen Tharp, interview by author(Seoul: March 14, 2001).

118) 국방부, "북한 선박의 영해침범과 우리 군의 대응," 2001.6.9; 《국방일보》, 2001년 6월 10일자; 통일부, 국방부, 국정홍보처, "북한선박의 영해침범, 이렇게 대처했습니다," 2001.6.

국 영해에 진입해 제주해협을 통과했다. 북한 화물선은 한국 측의 요구에 따라 솔직하게 목적지, 화물내역, 선원 수 등에 대한 정보를 전달했지만, 한국 함정이 제주해협에서 퇴거할 것을 요구하고 이를 재촉하기 위해 기동하자, 북한 화물선은 "국제선박들이 이용하는 제주 북방항로를 선택하고 있다"고 주장하며 한국 측에 "우리의 무사고 안전 항해를 도와주기 바란다"고 전했다. 한국 측이 재차 영해에서 퇴거할 것을 요구하자 북한 측은 이것은 "국제 통항로이다. 우리는 상부 지시로 운항하고 있다. 이 항로는 김정일 장군께서 개척해주신 것으로 변경이 불가하다"고 답변했다. 또한 다른 한 척은 "제주 해협은 타국 선박이 모두 항해하는 항로"라며 한국 측의 요구는 "부당하며 우리는 이에 응할 수 없다"고 전달했다.[119]

6월 3일, 한국 국방부는 유엔군 사령부를 통해 북한 선박 3척이 한국 영해를 침범했다는 것을 북측에 통보했지만, 북한 측은 그 사실을 부인했다. 또한 이날 한국 정부는 국가안전보장회의(NSC) 상임위원회를 소집하여 이번만은 북한 선박의 영해 통과를 허용하지만, 이후 유사한 사건이 재발했을 경우에는 강력한 대응을 취하기로 결정했다.

그러나 한국 측의 경고에도 불구하고, 이후에도 북한의 행동은 계속되었다. 6월 4일 제주해협을 통과한 북한 화물선 중 1척이 서해의 소청도와 연평도 사이를 남쪽에서부터 진입해 11시 5분에는 NLL을 가로질러 해주항으로 들어갔다. 이 선박은 유엔 세계식량계획(WFP)이 인도적 지원으로서 제공한 쌀을 싣고 있어서 한국 정부는 강력히 대응할 수 없었다.

또한 이날 15시 15분경 서해에서 항해하던 다른 상선 1척이 한반도 남서쪽 방면에서 한국 영해를 침범했다. 한국 해양경찰이 경고하자 이 배는 "본선은 본사 지시에 따라 현 침로로 항해할 것이다", "우리는 순수한 민간 선박"이

---

119) "북 선원 통신응답 내용", 《한겨레》, 2001년 6월 4일자, 3면; 국방부, "북한 선박의 영해침범과 우리 군의 대응", 《국방일보》, 2001년 6월 10일자.

다, "국제적으로 공인된 국제해협을 통과하고 있으며, 자유를 요구한다"고 응답했다. 또한 한국 해양경찰이 "국교가 수립되지 않아 마찰이 있을 수 있다. 국제 해협이라 주장하지만 50년 동안 사용하지 않았다"고 하자 북한 상선은 "지금부터라도 이렇게 하는 게 좋다. 남북으로 오가는 것이 좋지 않은가"라고 대응하며 제주해협으로 향했다.[120] 따라서 한국 해군 및 해경은 구축함 1척, 대형 군수지원함 1척, 초계함 4척, 고속정 3척 총 9척을 동원해 밀어내기 기동, 포위 기동과 함께 군수지원함으로 북한 화물선의 진로를 차단하는 등 북한 선박의 제주해협 통과를 막기 위한 공세적인 작전을 전개했다. 결국 상선은 해협을 통과했지만, 21시 0분에는 앞으로는 절차에 따르겠다는 의사를 표명했고, 6월 5일 1시 0분에는 한국 영해를 벗어나 1시 30분 '영해 침범을 안 하겠다'는 메시지를 한국 측에 전했다.

이러한 사태에 대해 4일 임동원 통일부 장관은 북측에 항의하며 유사한 사태가 재발했을 경우 더욱 강경한 조치를 취할 것이라고 경고했다. 동시에 임 장관은 북한 선박이 한국 영해를 통과할 경우 사전에 허가를 받아야 한다고 지적하고, 조건부로 해협의 항해를 인정한다는 것을 밝히며 남과 북이 해운합의서를 채택할 필요가 있다고 강조했다.[121]

한편, 6월 5일이 되자 북한은 태도를 완화해, 일본으로부터 서해안을 향해 항해하던 북한 화물선 1척과 서해안에서 동해안을 향해 항해하는 다른 1척이 제주도 남방항로를 사용하여 한국의 영해를 통과하지 않겠다고 한국 측에 전달했고, 약속한 대로 항행했다.

---

120) "국방부, 해경–대홍단호 교신내용 공개", 《경향신문》, 2001년 6월 6일자, 3면; 《서울신문》, 2001년 6월 6일자.
121) 통일부, "통일외교통상위 보고자료: 남북관계 현안보고", 2001년 6월 15일.

8) 서해교전[122]

2001년 영해 침범 사건부터 1년 뒤, 남북 간에는 다시 긴장이 높아졌다. 2002년 6월 29일 서해에서는 북한 경비정 2척이 각각 NLL을 넘어 남쪽에 진입했다. 첫 번째 경비정은 9시 54분 연평도 서방 7해리 지점, 다른 한 척은 10시 1분 14해리 지점에서 각각 NLL을 넘어왔고, 이에 대응하여 한국 경비정 4척도 둘로 나뉘어 각 지점으로 향했다. 10시 25분경, 한국 경비정이 북한 경비정 전방에서 차단 기동 중 갑자기 215톤급 북한 경비정 1척이 약 730미터 거리에서 85밀리 포 공격을 시작했다. 포탄이 한국 경비정 함교·조타실에 명중하자 한국 측도 대응해 양측의 교전이 시작되었고, 한국 경비정 4척과 초계함 2척이 현장에 급히 파견되어 반격에 참가했다. 이후 북한 대함미사일의 레이더가 가동을 시작, 충돌이 확대될 위험이 높아졌으나, 결국 공격을 시작한 북한 경비정은 불과 연기에 휩싸인 상태로 견인되어 북상했고, 10시 56분에는 한국 측도 사격을 중단했다. 교전 결과 한국 측은 경비정 1척이 침몰하고 해군 장병 6명이 사망, 18명이 부상을 입었다. 한편, 북한은 경비정 1척이 대파해 약 30명이 사상한 것으로 추정되었다.

교전 당일 한국 국방부 장관은 북한에 항의하며 사과와 책임자 처벌, 재발 방지를 요구했으며, 유엔군사령관은 북한의 행동이 심각한 정전협정 위반이라 말했다. 한편, 조선인민군 해군사령부는 30일 자신들은 NLL을 한 번도 인정한 적이 없고 "남조선군부가 이러한 유령선을 코에 걸고 문제의 수역에 숱한 어선과 전투함선들을 들이밀었다는 그 자체가 저들의 침범행위를 스스로 인정하는것으로 된다"고 주장했다.[123]

---

122) 국방부, 「서해교전 조사결과」, 보도자료, 2002.7.7; 한국해군, "제2연평해전", 해군 홈페이지. http://www.navy.mil.kr/sub_guide/navy_data.jsp?menu=1. 참고로 한국군은 2006년 서해교전의 명칭을 '제2연평해전'으로 변경했으나, 이 책에서는 교전 발생 당시 사용한 '서해교전'으로 통일해 사용했다.

그러나 이후 북한은 당초의 강경한 태도를 바꿔, 7월 25일 "얼마전 서해해상에서 우발적으로 발생한 무력충돌사건에 대해 유감스럽게 생각하면서 북남 쌍방은 앞으로 이러한 사건이 재발되지 않도록 공동의 노력을 기울여야 할 것이라고 간주합니다"는 통지문을 한국 측에 보냈다.[124] 이 통지문은 서해교전을 "우발적"이라고 표현하고 있긴 하지만 1976년 판문점 도끼만행 사건, 1996년 잠수함 사건에 이어 세 번째로 공식적으로 유감을 표명했다는 점에서 뜻깊은 것이었다.

북한은 8월 이 유감 표명에 대해 "남조선과 국제사회계는…… 우리의 전화 통지문에 대해 긍정적으로 평하면서 그것을 북남대화 나아가서 조미, 조일 대화의 문을 열어 나가는데서 중요한 계기점으로 보고 있다"고 논평했다.[125] 이후 9월에는 고이즈미 준이치로(小泉 純一郎) 일본 총리가 방북, 평양에서 북일 정상회담이 개최되었다. 이 회담을 비밀리에 준비했던 일본 외무성 다나카 히토시(田中均) 심의관은 북한의 유감 표명이 북일 정상회담 개최에 대한 북한의 의지를 테스트하기 위해 일본 측이 요청한 것이라고 주장했다.[126] 만약 이 주장이 사실이라면 북한이 한 유감 표명의 진정성을 의심해야 할 것이다.

123) "서해무장충돌사건에 대한 남조선군 당국의 발표는 날조: 조선인민군 해군사령부 대변인",《조선중앙통신》, 2002년 6월 30일.
124) "북측대표단 단장 상급회담대표들의 실무접촉을 남측에 제의",《조선중앙통신》, 2002년 7월 25일.
125) "우리의 유감표명은 정치적 제스츄어가 아니다: 조선중앙통신 론평",《조선중앙통신》, 2002년 8월 2일.
126) 田中均, 田原總一朗,『國家と外交』(講談社, 2005), p.106.

2. 환경요인 분석

1) 한국 방위의 한국화

1990년대 초 냉전종식과 남북 간 역학관계의 변화를 바탕으로 한국과 미국은, 미국에서 한국으로 방위부담을 이양하는 '한국 방위의 한국화'를 추진했다. 1990년 미국은 한국을 포함한 동아시아에 주재하는 미군을 감축하기 위한 3단계 계획을 발표하고, 1991년에는 한국에 배치되어 있던 핵무기를 모두 철수했다고 밝혔다. 1994년에는 당시까지 미 육군대장인 한미 연합군 사령관이 담당하던 한국군 부대에 대한 평시 작전통제권이 한국 합참의장에게 위임되었다.[127] 이러한 변화에 맞추어 한국과 미국은 정전체제의 한국화를 진행시켜[128] 1991년 3월에는 황원탁 한국 육군소장이 군사정전위 유엔군 사령부 측 수석대표로 임명되었고 같은 해 10월에는 한국군이 JSA를 제외한 DMZ 전역에서 단독으로 경비임무를 담당하게 되었다.[129]

한국 방위의 한국화는 한미 및 남북 관계에 중요한 변화를 가져왔다. 첫째, 평시 작전통제권 이양으로 북한의 도발행동에 어떤 대응을 할 것인가에 대해 한미 양국이 대립할 여지가 생겼다. 한미 연합군 사령관이 한미 양군에 대한 작전통제권을 행사하던 시기에는 한미 간 이견이 발생할 가능성이 낮았다. 그러나 작전통제권 이양으로 한국 측의 행동의 자유도가 높아지면서, 결과

---

127) 정전 시 작전통제권이 이관된 후에도, 북한은 한국이 평화보장체계수립 문제의 당사자가 될 수 없다고 주장하기 위해 이 문제를 계속해서 이용했다. 예를 들어 북한 외교부는 "남조선당국은 자기 무력에 대한 완전한 통수권을 행사하지 못하고있으며 더우기 남조선강점 미군에 대해서는 아무런 권한도 행사하지 못하고있는것이 현실이다"라고 주장했다. 《로동신문》, 1995년 2월 25일자, 4면.
128) 국방부, 「북한의 정전체제 무효화 계획경과일지」.
129) UNC, *Annual Historical Summary, 1 January 1991*, pp.51 and 54.

적으로 한국과 미국이 대립할 확률도 높아진 것이다. 둘째, 작전통제권 이양으로 북한 측이 미군과의 충돌을 피하면서 한국군에 대해서만 군사행동을 하는 것이 용이해졌다. 1999년 연평해전과 같은 저강도 분쟁에서 북한은 한국만을 대상으로 군사행동을 취할 수 있게 되었다. 셋째, 작전통제권 이양에 따라 한미 간 의사결정이 복잡한 과정을 거치지 않아도 되었기 때문에 한국은 이전보다 유연하고 신속하게 군사행동을 취할 수 있게 되었다.[130] 마지막으로, DMZ 방위의 한국화로 JSA는 북한과 미국이 직접 대치하는 유일한 장소가 되었다.[131]

2) 북방한계선을 둘러싼 논의

북한 정부가 NLL의 유효성을 부정한 반면 한국 정부는 남북 기본합의서와 1994년 발효된 유엔해양법협약(UNCLOS) 등 국제법을 근거로 정당성을 주장했다. 1999년판 『국방백서』 등에 따르면 한국의 주장은 다음과 같다.[132]

① UNCLOS 제15조는 "역사적 근원 또는 기타 특수사정으로 인한 필요가 있을 경우"에는 영해 확정에 중간선을 적용하지 않는다고 규정하고 있다.
② NLL은 해상전력 철수를 규정한, 정전협정 2조 13항을 충실히 이행하기 위한 조치인바, NLL은 묵시적이기는 하지만 분명한 정전협정상의 해상 군사분계선이라고 할 수 있다.[133]
③ NLL은 과거 46년간 해상경계선으로서의 효력과 기능을 유지해왔고 북한도

130) "곽영달 전공군사관학교장의 코멘트", 《월간조선》, 1999년 7월, 692쪽.
131) Glenn Rice, e-mail message to author, February 5, 2004.
132) NLL에 대한 한국 정부의 공식견해에 대해서는 다음을 참조할 것. 국방부, 『국방백서 1999』, 66쪽; 국방부, 『북방한계선(NLL)에 관한 우리의 입장』(2007).
133) 국방부, "서해교전 관련 우리의 입장", 《국방소식》, 1999년 9월(통권 제107호).

묵시적으로 이를 인정하고 준수해왔다는 점에서 실효성의 원칙과 응고의 원칙에 따라 정당화된다. 또한 과거에 북한이 NLL을 묵시적으로 인정한 구체적인 사례들이 있다.

④ 남북 기본합의서 불가침에 대한 부속합의서 10조에서는 남북의 "해상불가침 구역은 해상불가침 경계선이 확정될 때까지 쌍방이 지금까지 관할하여온 구역으로 한다"고 규정하여 NLL이 실질적으로 해상경계선임을 공식적으로 인정하고 있다.[134]

그러나 이러한 한국의 입장에는 몇 가지 약점이 있었다. 첫째, 한국은 북한이 NLL을 묵시적으로 인정하고 준수해왔다고 주장했지만, 실제로 북한은 1973년 이후 NLL의 유효성을 부정해왔고 이 주장을 실행에 옮겨 함정이나 항공기로 NLL을 넘는 등의 행동을 취했다. 또한 북한이 기본적으로 NLL을 지켜온 것은 사실이지만, 이는 북한이 NLL을 인정했기 때문이라기보다는 NLL을 넘었을 경우 한국 측이 군사적 대응조치를 취했기 때문이다. 북한의 행동이 한국 군사력에 의해 제약을 받고 있었을 경우 국제법상 응고의 원칙이 반드시 적용되는 것은 아니다.[135]

둘째, 유엔군 사령부는 NLL을 설정했을 당시 이를 북한 측에 통보하지 않았다. 이것은 NLL이 한미 함정과 항공기를 통제하기 위해 설치된 선이었던 점을 생각하면 당연한 일이었지만, 상대방에 정식으로 통지하지 않은 채 NLL을 북한 측 함정이나 항공기를 통제하기 위해서도 이용하는 데는 무리가 있었다.[136]

---

134) 「남북 사이의 화해와 불가침 및 교류·협력에 관한 합의서」의 '제2장 남북불가침'의 '이행과 준수를 위한 부속합의서」(1992.9.17 발효).
135) 이장희와 저자의 인터뷰(서울: 2001.6.27).
136) 2011년 8월 당시까지 한국과 미국은 NLL의 좌표를 북한 측에 통지하지 않았다. 한국 국방 관계자와 저자의 인터뷰(서울: 2011.8.26).

셋째, 남북 기본합의서에는 '북방한계선'이라는 명칭 및 그 좌표가 구체적으로 나와 있지 않고, 한국 정부 자신도 NLL과 '해상경계선'을 같은 의미로 사용하지 않았다. 한국의 공식 견해를 자세히 살펴보면 NLL의 존재는 정전협정으로 정당화되며 군의 행동을 통제하기 위해 군대가 운용하고 있다는 것을 알 수 있다. 한편, '해상경계선'은 기본합의서에 규정된, 통일부가 관리하는 개념적인 선이다.[137]

넷째, 당시 한국 정부 내에서도 NLL과 그 남방해역의 법적 위상에 대한 혼란이 있었다. 예를 들어, 1999년 6월 10일 조성태 국방부 장관은 국회에서 서해에서의 북한의 행동에 대해 "어떤 경우에도 NLL[의 남방해역]을 우리의 영해로 확보한다는 것"이 정부의 방침이라 언급했다. 그러나 조부근 합동참모본부 작전기획차장은 NLL 남쪽에 위치한 완충지대는 영해가 아니며 합동참모본부는 이를 단순히 '해역'이라 부르고 있다고 밝혔다.[138] 즉 NLL을 관리하는 국방부 내에서조차 NLL과 그 주변해역의 법적 위상을 정확하게 이해하지 못했던 것이다.

마지막으로, 한국 국방부는 NLL이 1953년 당시의 영해 기준인 3해리선 및 서해 5도와 옹진반도의 중간선을 기준으로 그려졌다는 것을 정당성의 근거로 지적하며 NLL은 국제법에 따른 것이라 주장했다.[139] 그러나 이후 국제사회에서는 12해리선 원칙이 일반화되었고, 이에 따라 영해선을 설정할 경우 소청도와 연평도 사이에 있는 NLL 남방해역 중 일부가 북한의 영해가 된다.

또한 한미 간에는 NLL과 그 주변 해역을 둘러싼 입장 차이가 있었다. 첫째, 미국은 1999년 연평해전 발생 당시, NLL 남방해역은 공해라고 해석하는 동시에[140] 동 해역에서 남북한 간 영해 및 관할권을 둘러싼 분쟁이 존재한다

---

137) 통일부, 「보도참고자료 — 서해 해상경계선 문제」, 1999년 6월 14일;국회사무처, 「북한경비선 서해NLL침범사건 등 현안신고」.
138) 국회사무처, 「북한경비선 서해NLL침범사건 등 현안신고」, 16, 21쪽.
139) 국방부, "서해교전 관련 우리의 입장", 《국방소식》, 1999년 9월(통권 제107호).

는 인식을 나타냈다.[141] 둘째, 한국은 NLL을 정전협정상의 해상 군사분계선이라고 주장했으나 미국은 NLL을 정전체제의 일부로 간주하지 않았다. 따라서 한국이 NLL을 넘는 것을 정전협정 위반으로 간주한 반면, 미국은 그렇게 해석하지 않았던 것이다. 물론 미국도 북한에 NLL을 따를 것을 촉구했지만, 이는 정전협정과 국제법을 기초로 한 것이 아니라, 그 실용성에 기초를 둔 것이었다. 미국 정부는 NLL의 의의를 다음과 같이 설명했다.

····· 유엔군 사령부는 과거부터 현재까지 북방한계선을 전력을 갈라놓는 실용적인 방법으로서 설정했다. 1953년부터 46년간, 이 선은 북한군과 한국군의 군사적 긴장을 방지하는 효과적인 수단으로 작용해왔는데, 이는 쌍방에게 바람직하며, 유익한 목적에 도움이 되는 것이다.

우리는 앞으로도 북한이 그 실용성을 인정하고 함정을 북방한계선의 북쪽에 머물게 할 것을 요청한다. 1953년 당시 이 해역은 분쟁지역으로 교전이 있었고 영역의 관할권을 둘러싸고 오늘날에도 분쟁이 존재한다. 따라서 우리는 NLL을 실용적인 조치 또는 긴장완화를 위한 실제적인 메커니즘으로 간주하고 있다.[142]

마지막으로, 한국은 남북 기본합의서의 당사자인 반면 미국은 아니기 때문에 한미 간에는 NLL의 지위에 대한 해석에 차이가 있었다. 한국은 NLL이야말로 기본합의서에 있는 '해상불가침 구역'의 경계선이라고 주장할 수 있는 반면 유엔군 사령부와 미국은 이와 같은 주장을 할 법적 근거를 갖고 있지 않았다. 장성급 회담에서 유엔군 사령부 측이 NLL을 대체하는 새로운 해상경계선은 남북 군사공동위원회에서 협의해야 한다고 주장한 것은 이 때문이었다.

---

140) U.S. Department of State, Daily Press Briefing, June 16, 1999.
141) U.S. Department of State, Daily Press Briefing, June 17, 1999.
142) 같은 글.

3) 해양법의 변화

해양법의 발전, 특히 UNCLOS의 채택은 북한이 영해에 대해 주장하고 NLL에서 군사·외교 공세를 활성화시키는 배경이 되었다. 1994년에 발효된 UNCLOS는 모든 국가가 "조약이 정하는 바에 따라 결정된 기선에서부터 측정된 12해리를 넘지 않는 범위에서 그 영해의 폭을 정할 권리를 가진다"고 규정했다. 북한은 미국과 한국에 앞서 12해리 영해를 주장했는데 UNCLOS의 공식화로 북한의 주장이 설득력을 갖게 된 셈이었다.[143] 1999년 7월, 북한은 연평해전이 발생한 해역에 대해 "령해가 12마일[해리]로 규정되여있는 국제해양법이나 그들의 〈령해법〉에 비추어보아도 문제의 그 수역은 엄연히 우리 령해이다"라고 보도하는 등 UNCLOS을 언급하며 주장을 강화했다.[144]

그러나 북한의 주장은 자국의 입장을 약화시키는 부분도 있었다. 예를 들어, UNCLOS는 제121조에서 "섬의 영해, 접속 수역, 배타적 경제수역 및 대륙붕은 타국 영토에 적용되는 이 조약의 규정에 따라 결정된다"고 규정하고 있으며, 이 원칙에 따르면 유엔군 사령부의 주장대로 서해 5도 역시 영해를 갖게 된다.[145] 또한 한국은 1996년 UNCLOS를 비준한 반면 2014년 1월 현재 북한은 이를 비준하지 않았다.[146]

---

143) 이장희, 「북방한계선의 국제법적 분석과 재해석」, 《통일경제》, 제56호(1999년 8월), 116~117, 119쪽.

144) "우리는 〈북방한계선〉이란것을 모른다: 로동신문", 《조선중앙통신》, 1999년 7월 11일.

145) Article 121-(2) of the United Nations Convention on the Law of the Sea.

146) Division for Ocean Affairs and the Law of the Sea, Office of Legal Affairs, United Nations, "Chronological lists of ratifications of, accessions and successions to the Convention and the related Agreements as at [sic] 15 November 2010," http://www. un.org/Depts/los/reference_files/chronological_lists_of_ratifications.htm.

4) 서해의 군사력 균형

1999년 당시 서해에서의 군사력 균형을 평가해보면 북한 측에는 ▲ 사곶에 위치한 해군 제8전대 기지에 어뢰정 23척 및 고속 미사일정 4척을 포함한 함정 총 75대 ▲ 연평도 북방 구월봉에 사정거리 21킬로미터의 100밀리 해안포 4대 ▲ 등산곶에 실크웜 대함미사일 ▲ 옥은리와 개머리에 사정거리 13킬로미터 해안포가 각각 4대 ▲ 온천과 태탄 공군기지에 MiG-17/19 전투기 및 An-2 수송기가 배치되어 있었다.

한편 한국 측에는 인천의 해군 제2함대 사령부에 3,500톤급 구축함 3척, 2,200톤급 호위함(프리게이트) 2척, 1,200~1,400톤급 초계함 10여 척, 고속정 등 소형함이 배치되어 있었다. 또한 백령도에는 해병 1개 여단과 해안포와 레이더 사이트가 배치되었고, 대청도에는 해병 1개 연대와 고속정 편대가, 연평도에는 고속정 편대가 배치되어 있었다.[147)

1999년까지 서해 5도 주변에서의 군사력은 한국이 우세한 상태였다. 1970년대 전반 서해 사건을 통해 교훈을 얻은 한국은 1970~1980년대에 걸쳐 전력 증강계획인 '율곡사업'의 일환으로 신식 고속정과 초계함을 조달했으며, 실제로 이 함정들이 1999년 연평해전에서 중심적인 역할을 했다. 연평해전에서 한국이 승리를 거두었던 배경에는 함정의 속도와 조작성, 그리고 화력과 사격통제장치에서의 우위가 있었다. 빠른 속도와 조작성을 가진 한국 경비정이 북한 경비정과 어뢰정에 대해 효과적으로 차단기동, 역포위기동, 밀어내기, 저지충돌 등의 작전을 실시할 수 있었던 것이다. 또한 1999년까지 한국은 대함미사일을 장착한 함정을 다수 도입해 이 부문에서 우위에 있었던

---

147) 권영기, "서해5도는 '화약고' 한반도의 뇌관", 《월간조선》, 제232호(1999년 7월), 649~650쪽; 김용삼, "비사 — 한국해군의 절치부심: 56함 침몰 후 32년 만에 북한에 복수하다", 《월간조선》, 제232호(1999년 7월), 667쪽.

북한을 앞지르는 데에도 성공했다.

1994년 도입한 한국 해군전술자료처리체계(KNTDS)도 연평해전에서 중요한 역할을 수행했다. 이 시스템을 통해 해군 사령부는 전역에서의 선박 및 항공기의 위치, 속도와 방향 등 전술정보를 즉시 입수할 수 있었던 것이다.[148]

3. 군사 및 외교행동의 특징

1) 장소와 시기

북한은 '새로운 평화보장체계'의 수립을 도모하기 위해 주로 JSA, DMZ 및 서해에서 군사행동을 취했으며, 특히 JSA와 서해는 북한 무력시위 활동의 중요한 무대였다. 북한은 연평도 서방해역에서 종종 군사행동을 취했는데 1999년 연평해전은 연평도 서방 6해리 지점, 2002년 서해교전 역시 서방 14해리 지점에서 발생했다. 이는 미국이 이 해역을 공해라고 규정하는 등 이 해역이 NLL의 정당성을 주장하는 한국 측의 약점인 것을 북한이 알고 있었기 때문이다.

'새로운 평화보장체계'를 향한 북한의 벼랑 끝 외교는 북핵 위기가 정점에 달했던 1994년 본격화되었다. JSA에서의 대규모 시위행동이 1994년부터 1996년 사이 반복되었고, 1996년에는 NLL을 넘어오기 시작해 1997년 확대되었고 1999년에는 해전으로 발전했다. 또한 2002년 서해교전은 북한이 연평해전에서 패배한 데 대한 보복이라는 성격을 가지고 있지만, 기습공격이

---

148) 안승범, 『2000 한국군 장비연감』(군사정보, 1999), 121쪽; 방위사업청, "해군전술자료처리체계", http://www.dapa.go.kr/open_content/images/atg/pdf/001/3-5.pdf. A U.S. defense official, interview by author(Seoul: April 18, 2001).

한일 월드컵이 최고조에 달했을 때 감행되었다는 점에서 정치적 상징성이 높은 행동이었다.

2) 군사력의 종류와 사용형태

북한의 군사행동은 전적으로 육해군에 의해 이루어졌다. 한편, 2001년 북한이 벼랑 끝 외교의 일부로 화물선 및 상선을 이용한 것으로부터 북한 정책 결정자의 독창성을 엿볼 수 있다. 대부분 북한의 군사행동은 강요를 목적으로 하는 벼랑 끝 전술의 수단이었다. 또한 JSA와 서해에서의 북한 군사행동은 대부분 낮에 발생해 명확하게 상대방을 의식한 시위라고 볼 수 있다.

북한은 국지적인 군사균형의 우위를 배경으로 군사행동을 취하는 경향이 있지만, 연평해전 당시 북한은 불리한 입장이었다. 교전 발생 전 한국 측의 '밀어내기 작전' 등을 통해 북한 측은 이미 수세에 처해 있었던 것이다. 그럼에도 굳이 군사행동을 계속한 것은, 북한에게 군사적 승리보다 서해에서 영해를 둘러싼 분쟁이 있다는 것을 주지시키는 것 자체가 중요했기 때문일 것이다.

반면, 2002년 서해교전에서는 외교 목표보다 연평해전 패배의 설욕을 갚는다는 군사목표를 중요시하고 있었다고 생각된다. 서해교전 당시 한국 경비정을 격침한 북한 경비정 684호는 1999년 연평해전에도 갑판장으로 참가했던 인물이 함장으로 공격을 지휘하고 있었다고 한다. 결국 함장은 전사했지만 추후 영웅칭호를 받았다.[149]

3) 강도와 목표 선정

북한 군사행동의 물리적 목표는 주로 한국으로, DMZ와 서해에서 북한의

---

149) 유용원, "서해교전 비화… 北 수뇌부의 치밀한 계획", 《조선일보》, 2007년 6월 28일자.

공격목표가 된 것은 모두 한국인이었다. DMZ와 서해에서는 수차례 교전이 있었으나 미군이 배치된 JSA에서 북한이 물리적으로 공격하는 일은 발생하지 않았다. 1994년 미 육군 헬기가 격추된 일이 있었으나 이는 헬기가 북한에 진입했기 때문이며 북한 측이 의도적으로 일으킨 사건이라고 볼 수는 없다.

또한 북한의 보도가 격렬한 수사를 사용하고 있는 반면, 실제행동은 신중하게 통제되고 있었다. 1996년, 1997년, 1999년, 그리고 2002년 교전이 발생했지만 북한은 과도하게 상황을 확대시키는 것을 피했다. 그 결과 1994년부터 2001년 사이, 사고가 원인이었던 잠수함 사건을 제외하고 한미 측 사망자는 발생하지 않았다. 반면 북한은 연평해전에서 다수의 사상자가 발생한바, 한국인 6명이 사망한 2002년 서해교전은 다분히 연평해전에 대한 보복이라는 색채를 띤 것이다.

사실 이 시기 한국은 군사균형에서 우위를 차지하기 시작한 것을 배경으로 북한의 도발행동에 대해 군사적으로 강력하게 대응했으며, 북한은 종종 수세에 처했다. 한국의 강력한 대응은 연평해전에서 정점에 달해 북한 측에 많은 희생자가 발생했고, 군사적으로 불리한 입장에 있던 북한은 그를 극복하기 위해 2002년 한국 경비정에 기습공격을 감행한 것이다.

4) 군사와 외교의 연계

북한의 군사행동과 외교활동은 밀접하게 연계되었는데 주요 패턴은 ▲ 군사행동으로 긴장을 고조시키고 ▲ 위기가 높아지면 한반도에서 언제 전쟁이 일어나도 이상하지 않은 상황이라고 주장하기 시작하며 ▲ 문제를 해결하기 위해서는 북한과 미국 간 '새로운 평화보장체계'를 수립해야 한다고 미국에 제안하는 것이었다.

이러한 벼랑 끝 전술을 전개하는 데 북한 외교부와 조선인민군, 인민군판문점대표부 등이 긴밀하게 정책을 조정했으며, 특히 인민군판문점대표부는

조선로동당 조직지도부, 조선인민군, 외교부 등이 공동으로 관리하고 있었다.150)

4. 정책목표와 그 달성도

1) 미국과의 관계 개선

북한의 행동은 미국과의 관계 개선이라는 고차원의 전략 목표를 달성하기 위해 핵 및 미사일 외교와 함께 이루어졌다. 구체적인 목표는 북미 군 당국자 간 직접 대화통로를 개설하고, 이를 기초로 양국 간 평화협정을 체결하여 '새로운 평화보장체계'를 구축하는 것이었다.

북한은 몇 가지 성과를 거둔바, 먼저 군사정전위를 중심으로 하는 기존의 정전체제의 기능을 저하시켰고 무효화를 진행했다. 두 번째로 중국을 정전체제에서 배제하면서 인민군판문점대표부를 유엔군 사령부의 상대로 인정시켰다. 셋째, 북미 직접 군사회담, 또는 그것에 한국을 더한 삼자 군사회담을 설치하는 데는 실패했으나, 한국인이 수석대표를 맡은 군사정전위 본회의를 유명무실하게 만들고 미국인이 사실상 수석대표인 장성급 회담으로 대체시켰다. 넷째, 남북한을 중심으로 다자간 평화 문제를 협의하기 위한 4자회담을 좌절시켰다. 4자회담은 한국과 미국의 제안으로 1997년 말부터 9개월 동안 개최되었지만, 북한은 평화체제 구축에 대한 독자적 움직임을 강화해서 한국과 미국의 시도를 막았다. 마지막으로, 미국이 평화협정에 대해 유

---

150) A U.S. defense official, interview by author(Seoul: March 25, 2008). 최주활과 저자의 인터뷰(서울: 2001.11.9); 고영환, 『북한 외교정책 결정 기구 및 과정에 관한 연구: 북한의 대중동 아프리카 외교를 중심으로』, 경희대학교 행정대학원 석사학위논문(경희대학교, 2000), 34쪽.

연한 자세를 취하게 만드는 데 성공했다. 연평해전 후인 1999년 7월 미국은 한국에 대해, 북한과 세 개의 개별 평화협정 — 하나는 북미 간, 다른 하나는 남북 간, 마지막 하나는 4자회담 참가국 간 — 을 체결할 것을 비밀리에 제안했다. 이 제안은 한국의 반대로 실현되지 않았으나, 북한은 평화협정에 대한 미국의 태도에 중요한 변화를 가져오는 데 성공한 것이다.[151] 그러나 결국 북한의 벼랑 끝 외교의 성과는 제한적이었다. 1993년 이후 지속적인 노력에도 불구하고 북한은 미국과 평화협정을 맺지 못했고 '새로운 평화보장체계'도 구축되지 않은 것이다.

2) 한미 관계의 복잡화

북한의 또 다른 목적은 한미 관계를 복잡하게 만들고 양국을 이간질해 외교적으로 유리한 입장에 서는 것이었다. 북한은 기회가 허락할 때마다 한국과 미국의 입장 차이를 두드러지게 보이려 하려 했고 실제로 김영삼 정권의 말기에는 이러한 노력이 큰 성과를 올렸다.

미국은 1996년 JSA에서 북한의 시위행동과 잠수함 사건에 대한 한국의 과잉대응을 목격하고, 사태가 고조될 위험성에 더욱 관심을 기울이게 되었다. 레이니(James Laney) 전 주한 미국 대사는 럭 주한미군 사령관과 함께 한국 외교장관 및 국방장관과 회담했을 때를 회상하며 당시 한국군의 분위기에 대해 다음과 같이 언급했다.

한국이 이러한 문제[북한의 도발행동에 대한 반격]에 대해 한층 호전적인 입장을 취하고 있는 것으로 밝혀졌다. 한국은 종종 단순히 반격할 뿐만 아니라 더욱 강력

---

151) 이종석, 「한반도 평화체제 구축 논의, 쟁점과 대안 모색」, 《세종정책연구》, 제4권 1호(2008), 20쪽.

한 반격을 허용했다. 우리[레이니와 럭]는 이에 대한 설명을 요구했는데…… 그들 [한국의 외교·국방장관]은 [한국군에게] 자제하라는 명령을 내릴 권한을 가지고 있지 않다는 것을 부끄럽게 인정했다.152)

따라서 잠수함 사건 이후 개최된 한미 정상회담에서 클린턴 대통령은 김영삼 대통령에게 미국의 동의 없이 북한에 대한 군사행동을 취하지 않을 것을 요구했고 김영삼 대통령은 이에 응하는 자세를 보였다. 나중에 한국 정부 고위관료는 클린턴 대통령이 김영삼 대통령의 대답을 납득한 것 같았다고 술회했지만, 미국 담당자는 김영삼 대통령의 반응에 "아직 의심의 여지가 있다"며 한미 쌍방에 불신이 남아 있었다는 것을 밝히고 있다.153)

이어서 1997년 DMZ에서 발생한 총포격전에서도 한국 측이 강경한 태도를 보인 것은 이미 악화되어가던 한미 간의 상호불신을 더욱 심화시켰다. 그 결과 미국은 북한과의 신뢰 구축과 긴장완화를 위한 메커니즘을 구축할 필요성을 실감하게 된 것이다.

이어서 김대중 정권이 출범한 이후 한미 관계는 크게 개선되었다. NLL의 법적 지위에 대한 입장차이 등 기술적 과제는 남아 있었지만, 대북정책을 둘러싼 한미 간의 갈등은 거의 해소되었다. 또한 한국과 미국은 정책협조를 강화하고 양국 간의 갈들을 조성하려는 북한의 계책에 빠져서는 안 된다는 점에서도 합의했다.

3) 한국에 대한 견제

한국을 견제하여 입장을 약화시키는 것 역시 북한의 중요 목표였고, 이 점

---

152) James M. Lister(ed.), *Ambassadors' Memoir: U.S.-Korea Relations Through the Eyes of the Ambassadors*(Korea Economic Institute, 2009), p.78.

153) Oberdorfer, *The Two Koreas*, p.392 and Lister(ed.), Ambassadors' Memoir, p.78.

에 대해서도 일부 성과를 올렸다. 첫째, 북한은 정전체제의 한국화를 저지하는 데 성공했다. 정전체제의 한국화는, 한국은 미국의 '괴뢰'로, 군사통제권을 갖고 있는 미군과 북한군이 직접 서해 해상경계선 문제를 논의하는 주체가 되어야 한다는 북한의 주장을 무력화시키는 것이었다.[154] 또한 북한에게 한국인이 군사정전위 수석대표가 되는 것을 거부하여, 장성급 회담에서는 한국 대표의 지위를 미국과 북한 대표 아래에 두는 것에는 중요한 의미가 있었다.

둘째, 북한은 NLL에 대한 한국 측 주장의 정당성을 훼손하는 데 성공했다. 북한은 NLL을 둘러싼 문제를 표면화시켜, 서해 해상경계선과 영해에 대한 분쟁이 존재한다는 것을 국제사회에 선전함으로써, NLL의 지위에 대한 한국의 입장에 약점이 있다는 것을 명확히 했다. 연평해전 이후 홍순영 외교통상부 장관은 "만일 북한이 북방한계선과 관련해 평화적인 방법으로 이의를 제기한다면 이 문제를 협의할 용의가 있다"고 했지만 이는 한국이 직면한 딜레마를 명확하게 보여주는 셈이었다.[155] 즉, 한국은 해상경계선에 대해 논의하지 않으면 이 문제를 둘러싼 분쟁이 장기화되고, 반면 해상경계선을 획정하기 위한 논의를 시작하면 NLL의 정당성이 의문시된다는 딜레마에 직면하고 있었던 것이다.[156] 1999, 2001, 2002년에 이어진 북한의 행동으로 NLL의 법적 지위와 북한의 도발에 어떻게 대처해야 하는가를 둘러싼 논의가 국내에서도 등장하여 한국 내 좌우세력의 대립이 격화했다. 한국에 NLL은 이제 몇 년

---

154) "서해상긴장완화는 미측태도에 달려있다: 판문점북측대표", 《조선중앙통신》, 8월 26일.
155) "홍순영 외교, 北과 북방한계선 협의 용의", 《동아일보》, 1999년 6월 19일자, 1면; "洪 외무 발언파문: NLL관련 정부입장 과연 뭔가?" 《동아일보》, 1999년 6월 19일자, 2면; "북방한계선 협의할 수도: 홍외무 발언/국회서 집중포화", 《한겨레》, 1999년 6월 22일자, 4면.
156) 이상면, "시론: '서해교전'이 남긴 법적문제", 《조선일보》, 1999년 6월 21일자, 6면.

전 같은 '신성불가침'의 영역이 아니게 된 것이다.[157)

2006년 5월 개최된 제4차 남북 장성급 군사회담에서 북한 측은 서해 해상 경계선에 대해 "서해 5개 섬에 대한 남측 주권을 인정하고 섬 주변 관할수역 문제도 합리적으로 합의, 가깝게 대치하고 있는 수역의 해상 군사분계선은 반분하고(절반으로 나누고) 그 밖의 수역은 영해권을 존중하는 원칙에서 설정해야 한다"고 새롭게 제안했다.[158) 이에 따라, 북한이 제안한 새로운 경계선은 서해 5도 양쪽 부분에서는 NLL과 유사했지만, 소청도와 연평도의 중간 해역에서는 NLL 남쪽으로 깊숙이 들어가 있었다. 즉, 이 선은 북한의 해안선과 서해 5도의 거리가 24해리에 미치지 못하는 부분에서는 중간선을 이용했고 한국의 섬이 존재하지 않는 구역에서는 북한의 해안선으로부터 12해리의 선을 그은 것이었는데[159) 이 선이야말로 평시를 가정했을 경우 UNCLOS가 규정하는 영해선이었다. 북한은 결국 남북 대화의 장에서 평시 국제법에서 보면 타당하다고 할 수 있는 제안을 해온 것이다.[160) 1999년 연평해전과 2002년 서해교전은 이 선과 NLL 사이 해역에서 발생했다는 것을 보아서도 이 해역이 남북 간의 최대 쟁점이라는 것을 알 수 있다(293쪽 지도 8-1 참조).

157) 조성식, "해군장교 출신 조성식 기자의 NLL 대해부: 합참 작전통제선 근접한 北 새 해상경계선, '50년 바다싸움' 종식 신호탄인가", 《신동아》, 2008.1월 통권 580호, 190~207쪽.
158) 《내일신문》, 2006년 5월 19일자.
159) 《중앙일보》, 2006년 5월 18일자. 남정호·장원근·신철오·최지연·육근형·최희정·이구성·이지선·이원갑, 『서해연안 해양평화공원 지정 및 관리 방안 연구(II)』(한국해양수산개발원, 2006), 76~77쪽.
160) 1974년 미국 중앙정보국은 북한 서해안과 서해 5도 간의 중간선을 이용하는 방법은, 한국의 서해 5도로의 접근과 북한 공해로부터 해주항으로의 접근 모두를 만족시킬 것이라고 지적했다. Central Intelligence Agency, Directorate of Intelligence, "The West Coast Korean Islands," January 1974, in "After Détente: The Korean Peninsula, 1973-1976: A Critical Oral History Conference," briefing book prepared for the conference at the Woodrow Wilson Center(October 31~November 1, 2011), pp.146.

북한의 제안에 대해 한국 측은 "국방장관 회담을 열어 서해상 해상경계선 문제를 논의하자"고 제안하여 NLL 문제에는 협의의 여지가 없다는 당시까지의 입장을 완화했고[161] 2007년 남북 정상회담 이후 노무현 대통령이 NLL에 대해 "그 선은 처음에는 우리 군의 작전금지선이었다", "이것을 지금 '영토선'이라고 하는 사람도 있지만 이런 말은 국민을 오도하는 것"이라고 발언하기에 이르렀다.[162] 이후 NLL에 대해 강경한 입장을 취하는 이명박 정권이 등장해 남북 간 협의는 진전되지 못했고 2014년 1월 현재까지 해상경계선 획정 문제는 미해결인 상태로 남아 있다.

마지막으로, 연평해전으로 한국군은 심리적 부담을 지게 되어 북한의 도발행위에 대해 강력히 반응하기 어렵게 되었다. 당시 제2함대 사령관으로 현지에서 지휘하며 한국을 큰 승리로 이끈 박정성 해군소장은 1999년 11월 해군본부로부터 대기발령을 받아 한직으로 밀려났으며 진급하지 못하고 2004년 전역해, 결국 연평해전의 영웅이 훈장을 받기는커녕 좌천된 것이다. 이에 대해 당사자 박정성 소장은 "해군 제2함대 장병들이 제1차 연평해전에서 승리를 거둔 것은 지난 10년간 큰 자랑임에도 마치 큰 죄라도 지은 것처럼 되어버렸다"고 울분을 토했다.[163] 이 배경에는 남북군사회담에서 북한이 한국 측에 연평해전 책임자를 처벌하라고 요구해 대북 관계를 중시하는 김대중 정권이 이를 배려한 것이 있었던 것으로 보인다. 이후, 한국군 내에는 북한의 행동에 강하게 대응하면 승진에 불리해진다는 전례가 생겼다. 그 결과 북한이 처음부터 의도했던 것은 아닐지 몰라도, 1990년대 후반부터 북한의 도발행위에 강하게 대응했던 한국군의 행동에 일정 부분 영향을 준 것이다.

---

161) 《내일신문》, 2006년 5월 19일자.
162) 《한겨레》, 2007년 10월 12일자.
163) 온종림, "훈장 대신 좌천", 《뉴데일리》, 2009년 6월 29일; 정장열, "연평해전 이긴 뒤 대기발령 끝에 옷 벗어: 박정성 전 제독 "북한이 책임자 처벌하라고 요구했다더군요"" 《주간조선》, 2006년 7월 1일자.

4) 경제적 이득

서해 5도 주변해역은 풍요로운 어장으로 특히 NLL 남쪽은 북쪽에 비해 어획량이 4배나 많기로 유명하다. 따라서 1999년 6월 북한이 NLL을 넘어 온 배경에는 경제적 이유, 특히 외화획득이라는 목적이 있었다는 견해도 있다. 실제로 북한은 1998년 당시 280만 달러 상당의 꽃게를 일본에 수출하고 있었고[164] 꽃게잡이 시즌에 더욱 빈번히 NLL을 넘어 오곤 했다. 조성태 한국 국방부 장관은 북한군이 꽃게잡이에 직접 관여하고 있던 것을 감안하면 NLL을 둘러싼 충돌의 배경에는 외화벌이 할당량을 달성하겠다는 목적이 있었을지도 모른다고 말했다.[165]

또한 1970년대와 마찬가지로 북한은 해상 운송에서의 지름길인 동 해역을 사용하고자 했다. NLL을 가로지를 수 있다면 해주항에 출입하는 북한 선박은 항해 거리를 크게 단축할 수 있었던 것이다. 제주해협 통항 역시 항해 거리 단축과 관련이 있다. 그러나 북한의 화물선과 상선이 NLL을 넘거나 제주해협을 통과한 것은 2001년뿐이며, 벼랑 끝 외교를 통한 해상 운송거리 단축은 실패로 돌아갔다.

그럼에도 북한의 벼랑 끝 외교가 해상 운송거리 단축에 부분적으로 기여했을 가능성은 있다. 서해교전 2년 후인 2004년 6월, 한국과 북한은 남북 해운합의서와 부속합의서에 서명하여 쌍방의 상선이 새로 지정된 항로를 이용해 직접 상대방의 항구에 입항하는 것이 가능해졌고[166] 한국은 2005년 8월 북한 상선의 제주해협 통과를 인정했다.[167] 나아가 2007년 10월 남북정상회

---

164) 통일부, 「북한의 서해안 꽃게잡이 실태」, 보도자료, 1999년 6월 25일.
165) 국회사무처, 「북한경비선 서해NLL침범사건 등 현안신고」.
166) 「남북해운합의서」, 2004년 5월 28일; 「남북해운합의서의 이행과 준수를 위한 부속합의서」, 2004년 5월 28일.
167) 통일부, 「제5차 남북해운협력 실무접촉 공동보도문」 2005년 8월 10일.

담 시에는 남북이 '서해 평화협력특별지대'를 설치하기로 합의했다. 이 합의는 남북 간 공동 어로구역과 평화수역을 설정해 민간 선박이 NLL을 넘어 해주항을 출입할 수 있도록 하자는 것으로 그 내용 중 일부는 북한이 벼랑 끝전술을 통해 얻으려고 했던 것이다.[168] 그러나 2014년 1월 현재까지 이 합의는 실행되지 못했으며, 한국 정부는 2010년 5월 천안함 사건에 대한 제재(5·24 조치)의 일환으로 "북한 선박은 〈남북 해운합의서〉에 의해 허용된 우리 해역의 어떠한 해상 교통로도 이용할 수 없다"고 발표했다.[169]

결론적으로, 1999년 이후 북한은 연속된 행동을 통해 한국에 분쟁방지조치의 필요성을 인식시켰고, 2007년 합의에 이르는 과정을 촉진시켰다.[170] 그러나 이러한 남북합의를 이끌어낸 진정한 원동력은 북한에 관여하여 널리남북교류와 협력을 추진하려는 한국의 정책적 의도였던바, 북한 벼랑 끝 외교의 역할은 어디까지나 부수적인 것이었다.[171]

5) 김정일 정치노선의 정당화

북한이 JSA, DMZ 및 서해에서 군사행동을 취한 배경에는 김정일의 지위를 강화하려는 국내정치적 목적도 있었다. 먼저 연평해전 다음 날인 1999년6월 16일 《로동신문》과 《근로자》는 "우리 당의 선군정치는 필승불패이다"라는 제목의 공동 사설을 게재했다.[172] 서해에서 무력충돌이 발생한 직후 이중요한 논설이 발표된 것은 김정일의 지도력을 칭찬하는 기회이자, 당 지도

---

168) 「남북관계 발전과 평화번영을 위한 선언」(평양: 2007.10.4).

169) 이명박, 「대국민 담화문」, 2010년 5월 24일.

170) 이종석과 저자의 인터뷰(세종연구소, 2008.1.28).

171) 한국 정부 관계자와 저자의 인터뷰(서울: 2008.3.21).

172) "우리 당의 선군정치는 필승불패이다", 《로동신문》·《근로자》 공동론설, 1999년 6월16일자, 1면.

부가 채택한 '선군정치'를 정당화 할 수 있는 기회로 이용하겠다는 북한 정부의 의도를 보여주는 것이다.

또한 북한이 2002년 서해교전을 도발한 배경에는 한국 국가대표팀이 맹활약했던 한일 월드컵의 성공에 찬물을 끼얹으려는 목적이 있었던 것으로 보인다. 북한은 같은 해 4월 29일부터 서해교전이 발생한 6월 29일 사이 김일성의 활동을 기리는 첫 번째 '아리랑 축제'를 평양에서 개최했다. 그러나 '아리랑 축제'의 관객 수는 기대 이하여서 더더욱 월드컵의 성공이 북한 지도부에게 불편해졌다. 서해교전은 서울 올림픽을 저지하기 위해 북한이 일으켰던 KAL기 폭파사건과 유사한 사건이라 볼 수 있으나, 서해교전은 월드컵에 거의 영향을 주지 않았다.[173]

5. 벼랑 끝 외교로 인한 중장기적 역효과

1) 한미 간 정책 조정 강화

북한의 행동은 의도와 달리 대북정책에 대한 한미협력을 강화시켰다. 특히 1999년 연평해전으로 한미 양국은 NLL의 지위에 대한 입장을 긴밀하게 조정하게 되었고, 그 결과 같은 해 11월에 개최된 제31차 한미 안보협의회의 공동성명은 처음으로 NLL을 언급했다.

양국 장관은 지난 6월 연평해전과 관련, 북한에 대해 지난 46년간 남·북한군 간의 군사적 긴장을 예방하기 위한 효율적 수단이었던 북방한계선의 실질적 가치를 인정하고 이를 준수할 것을 촉구하였다.[174]

---

173) *Korea Times*, June 30, 2002; *Korea Times*, July 1, 2002.

이 성명의 내용에서 알 수 있듯이, NLL에 대한 미국의 입장에 본질적인 변화가 있었던 것은 아니지만, 한국과 미국이 장관급 안보협의회의에서 처음으로 NLL 유지의 중요성을 확인했다는 것은 정치적으로 큰 의미가 있다.

2) 한국의 군사적 우위 확인

1997년 7월 DMZ 내 충돌 사건과 1999년 6월 연평해전으로 남북한 군사균형이 한국 측으로 기울었다는 것이 명확해졌다. 1997년 DMZ 총포격전 시한국군 및 군 장비가 북한보다 앞선 것을 보고 북측은 큰 충격을 받았다고 한다. 또한 1999년 연평해전으로 북한의 재래식 전력이 한국보다 크게 낙후되어있는 것이 증명되었다.[175] 군사 균형의 변화에 따라 북한의 군사 공갈의 효과는 저하되고 있었다. 이에 대해, 그레그(Donald Gregg) 전 주한 미국 대사는 연평해전이 북측에 다음과 같은 '교훈'을 주었다고 지적했다.

내가 경험한 1968년 [북한의] 푸에블로호 나포사건으로 거슬러 올라가자면, 당시 CIA에 근무하며 [북한에 대한] 보복수단을 찾는 것이 내 업무의 일부였으나 보복할 수 없었다. 우리는 아무것도 하지 않았다. 청와대 습격, 아웅산 폭파사건, 그리고 KAL기 폭파사건이 일어났어도 우리는 아무것도 하지 않았다. 지난 6월 북한은 처음으로 한 방 먹은 것이다.[176]

연평해전을 계기로 한국은 백령도와 연평도에 40킬로미터 이상의 사정거리를 가진 국산 155밀리 자주포 K-9를 배치했다.[177] 이에 따라 한국의 장거

---

174) 「대한민국과 미합중국 간의 제31차 안보협의회의 공동성명」(워싱턴: 1999.11.23).
175) 국방부, 『국방백서 1999』, 57쪽.
176) "Ex-US Envoy Interviewed by ROK News Agency," *Yonhap* (English), January 12, 2000, in FBIS-EAS-2000-0111.

리 화력이 강화되어 서해에서 한국의 군사적 우위는 더욱 공고해졌다.[178] (2010년 연평도 포격 사건에서 K-9 포격이 별다른 효과를 올리지 못했던 것을 비판하는 목소리가 있었지만, 이는 K-9의 성능에 문제가 있었다기보다는 한국 측이 완전히 허를 찔린 것이 원인이었다.)

또한 2002년 서해교전 발생으로 동년 7월에는 한국 해군의 행동을 규정하는 ROE가 5단계에서 3단계로 간소화되었다. 기존에는 북한 함정이 NLL을 넘어 올 경우 한국 함정은 경고방송 → 시위기동 → 차단기동(밀어내기 작전) → 경고사격 → 조준격파사격 등 5단계로 대응해야 했으나, 수정된 ROE로 '경고방송 및 시위기동 → 경고사격 → 조준격파사격' 순서로 신속하게 대응하게 되었다.[179] 또한 2004년 6월 남북 함정 간 무선통신이 실행됨으로써, 여기에 경고 통신을 더해 '경고통신 및 시위기동 → 경고사격 → 조준격파사격'의 3단계 ROE가 되었고[180] 개정에 따라 한국 경비정이 적의 기습공격에 노출될 위험은 감소했다.

마지막으로, 북한은 서해교전에서 군사적으로는 성공했지만, NLL을 무효화를 하겠다는 목표에는 부정적인 영향을 받았다. 서해교전으로 젊은 한국 장병 6명이 사망하자 국내에는 NLL을 사수해야 한다는 여론이 높아져 버렸고, 이러한 국내 여론 변화에 따라 한국 정부, 특히 보수정권이 NLL에 대해 유연한 입장을 취할 여지는 더욱 좁아진 것이다.[181]

---

177) 《軍事硏究》, 2000.4, p.134.
178) 한국 안보전문가와 저자의 인터뷰(서울: 2001.4.25).
179) 《국민일보》, 2002년 7월 3일자.
180) 김성만, 『천안함과 연평도: 서해5도와 NLL을 어떻게 지킬 것인가』(서울: 상지P&I, 2011), 186쪽; 《세계일보》, 2004년 7월 21일자.
181) 이종석과 저자의 인터뷰, 세종연구소, 2008년 1월 28일.

제 9 장
제 2차 핵 외교
2002~2008년

2002년 12월, 북한은 핵 시설의 운전을 재개한다고 선언했다. 이어서 이듬해 1월에는 핵확산금지조약(NPT) 탈퇴를 표명했던 1993~1994년의 제1차 핵 외교의 연장선상에 있는 제2차 핵 외교를 시작했다. 반면, 미국은 북한과 본격적으로 대화하는 것에 소극적이었을 뿐만 아니라, 2005년에는 북한에 대한 금융제재를 발동했다. 이에 대해, 북한은 2006년 수차례 미사일을 발사하고 핵 실험을 실시해 미국을 압박했다. 북한의 핵 외교는 일정 부분 성공을 거두어, 핵 실험 후 미국은 대북정책을 변경했고 본격적으로 양자 대화에 임했다.

그 결과, 2007년 6자회담에서의 합의에 따라, 북한은 중유 등의 원조를 받게 되었다. 2008년 미국은 대적통상법을 북한에 적용하는 것을 중지하고 테러지원국 지정도 해제하여, 북한은 미국과의 관계 개선에 중요한 발판을 구축하게 되었다. 그러나 결국 북미 국교정상화는 실현되지 못했고, 북한은 핵 실험을 실시함으로써 핵 보유에 대한 전략적 모호성을 상실하게 되었다.

1. 제2차 핵 외교의 전개

1) 새로운 핵 외교의 시작

2002년 10월 3일 평양에서 개최된 북미 대화에서 켈리(James Kelly) 미국 국무차관보는 김계관 북한 외무성 부상에게, 북한이 1994년 제네바 합의 등을 위반해 비밀리에 농축 우라늄을 통한 핵 개발 계획을 추진하고 있다는 정보를 얻었다고 전했다. 다음 날 김정일의 최측근인 강석주 외무성 제1부상은 "우리가 HEU[고농축 우라늄]계획을 갖고 있는게 뭐가 나쁘다는 건가. 우리는 HEU계획을 추진할 권리가 있고, 그보다 더 강력한 무기도 만들게 돼있다"고 반박했다.[1] 강석주 제1부상은 "기본 합의는 미국 측의 부정행위에 의해 무효가 되었다고 간주한다"는 입장을 나타내면서, 핵 문제를 해결하기 위해서는 미국이 ▲ 북한의 자주권(주권)을 인정하고 ▲ 북한에 대한 불가침을 보장하고 ▲ 북한의 경제개발을 방해하지 않고(대북 금수를 해제하고, 일본 및 한국과의 관계 정상화에 대한 움직임을 방해하지 않을 것) ▲ 경수로 건설이 지연된 데 대해 보상해야 한다고 말했다. 또한, 북미 정상회담을 통해 이 문제를 해결하는 것이 가능하다고 지적하는 등 북한은 협상을 통해 미국과 새로운 합의를 이루어내고자 했다. 그러나 켈리 국무차관보는 강석주 제1부상의 제안에 응하지 않았고 미국 대표단은 협상자리에서 일어났다.[2]

미국은 대화에 응하는 대신 북한에 대한 압력을 강화했다. 미 정부는 10월 16일 북미 대화 시 북한 측이 "핵무기 제조를 위한 우라늄 농축계획을 가지고 있다"고 인정했다고 발표하고[3] 고농축 우라늄 문제를 한반도에너지개발기

---

1) 후나바시 요이치, 『김정일 최후의 도박: 북한 핵실험 막전막후 풀 스토리』, 오영환 옮김(서울: 중앙일보시사미디어, 2007), 149쪽.
2) 같은 책, 151쪽; "조미사이의 불가침조약체결이 핵문제해결의 합리적이고 현실적인 방도: 조선외무성 대변인", 《조선중앙통신》, 2002년 10월 25일.

구(KEDO)에 상정했다. 그 결과, 11월 KEDO는 제네바 합의에 따라 북한에 공급하던 중유를 중단하고, 북한의 핵 개발 중단 여부에 따라 앞으로 중유를 공급할지 결정하겠다고 밝혔다.[4] 또한 12월 예멘 앞바다에서는 미국의 요청에 따라, 스페인 함정이 스커드 미사일을 수송하던 북한 화물선에 대해 출입검사를 실시했다.[5]

북한 역시 강경책으로 전환하여, 사태를 더욱 악화시켰다. 12월 12일 북한 외무성은 핵시설 운전과 건설을 재개한다고 발표했고, 같은 달 말 국제원자력기구(IAEA) 사찰관을 추방했다.[6] 2003년 1월 10일에는 NPT 탈퇴를 선언하고 핵시설을 재가동했으며[7] 1월 말에는 녕변의 5메가와트 원자로에서 사용한 연료를 빼냈다. 북한 외무성은 2월 전력공급을 위해 핵시설을 가동시키고 있다고 발표했고[8] 같은 시기 재처리 시설 운전재개를 위한 준비도 시작되었다.[9]

핵시설 재가동과 함께 군사적 시위도 활발히 진행되었다. 2월 17일 조선인민군 판문점대표부는 "미국 측이 지금처럼 정전협정을 마음대로 위반하고 악용한다면 우리만이 불편하게 정전협정에 구속 되어 있을 필요가 없게 될것이다"라는 성명을 발표하고[10] 3일 뒤에는 북한 MiG-19 전투기가 서해에서

---

3) Department of State(DoS), "North Korean Nuclear Program," Press Statement, October 16, 2002. 이후 북한이 고농축 우라늄 계획의 존재를 부정했기 때문에, 이 발표 내용의 정확성에는 의문이 제기되었다.

4) "KEDO Executive Board Meeting Concludes," *KEDO News*, November 14, 2002.

5) *Washington Post*, December 11, 2002, p.A1.

6) "조선외무성 대변인 〈핵시설들의 가동과 건설을 즉시 재개〉", 《조선중앙통신》, 2002년 12월 12일.

7) "조선정부성명 핵무기전파방지조약에서 탈퇴", 《조선중앙통신》, 2003년 1월 10일; *New York Times*, January 31, 2003, p.A1.

8) "조선외무성 대변인 유엔안보리는 미국의 책임도 공정하게 따져야 한다", 《조선중앙통신》, 2003년 2월 5일.

9) *Reuters*, February 27, 2003.

북방한계선(NLL)을 넘어 남하했다.[11] 그로부터 4일 후 북한은 대함 미사일을 동해로 발사했는데, 이는 3년 만에 발생한 일이었다.[12]

또한 3월 2일 MiG-29 2대를 포함해 총 4대의 북한 전투기가 동해 상공을 비행하던 미 공군 탄도미사일 관측기 RC-135S 코브라 볼에 접근, 그중 조종사 1명이 수신호로 북한 영토에 착륙할 것을 요구했다. 결국 미군 관측기는 신호를 무시하고 무사히 귀환했지만, 미 정부관계자에 따르면 북한의 행동은 분명 비행기를 북한에 착륙시켜 승무원을 인질로 삼으려고 한 것으로 보였다.[13] 북한은 3월 10일에도 동해에 재차 대함 미사일을 발사했다.

2) 핵무기 개발 선언

2003년 3월 이라크 전쟁이 시작되자, 북한은 '억제력'으로써 핵무기 보유를 공개적으로 논의하기 시작했다. 북한 외무성은 4월 "물리적인 억제력"과 "막강한 군사적 억제력"만이 전쟁을 방지하고 국가의 안전을 지킬 수 있다는 것이 이라크 전쟁의 교훈이라 지적하며, 유엔 안전보장이사회가 미국의 대북 '적대시 압살정책'에 동조한다면 "전쟁의 억제력을 갖추지 않을 수 없게 될것"이라는 입장을 표명했다.[14] 이어 6월에는 미국이 "핵위협을 계속한다면" 북한도 "핵억제력"을 보유하지 않을 수 없다고 선언하여[15] 긴장을 더욱

---

10) 조선인민군 판문점대표부 대변인 담화: 미국측이 제재를 가해온다면 정전협정의무리행을 포기", 《조선중앙통신》, 2003년 2월 18일.

11) 《연합뉴스》, 2003년 2월 20일.

12) *New York Times*, March 4, 2003, p.A1.

13) *New York Times*, March 8, 2003, p.A1. 이와 관련해 다음 자료의 분석을 참조했다. Joseph S. Bermudez, Jr., "MiG-29 in KPAF Service," *KPA Journal*, Vol.2, No.4 (April 2011), pp.1~11.

14) "조선외무성 대변인성명: 조선반도핵문제를 유엔안보리에서 취급하는 자체가 전쟁전주곡", 《조선중앙통신》, 2003년 4월 6일.

고조시켰다. 북한군은 7월 17일 비무장지대(DMZ)에서 한국 측을 향해 기관 총탄 4발을 발포해 한국 감시초소를 파손했다. 이에 대해 한국은 총탄 17발을 쏘며 대응했으나 그 이상의 군사행동은 하지 않았다.[16]

미국과 일본은 5월, 북한이 도발행동을 계속할 경우 경제제재를 포함한 조치를 취할 것에 합의했다. 7월에는 럼스펠드(Donald Rumsfeld) 미 국방장관이 '작전계획 5030'이라는 새로운 군사 계획을 수립하도록 군 수뇌부에 지시했다는 것이 보도되었는데, 이 계획은 북한이 혼란에 빠지게 만들어서 북한의 한정된 자원을 낭비시키고 군을 긴장시키며, 가능하다면 북한군 지도부가 김정일에게 반란을 일으키게 하는 것이 목적이었다.[17]

3) 다자간 협상의 개시

북한이 NPT 탈퇴를 선언한 이후에도, 관계국들은 문제를 외교적으로 해결해야 한다고 계속 주장해왔다. 켈리 미국 국무차관보는 1월 "핵 문제가 해결될 경우 북한에 에너지를 지원할 수 있게 될 수도 있다"고 말했다.[18] 또한 부시(George W. Bush) 대통령은 이 문제가 평화적 수단을 통해 해결될 것이라 언급하고, 동시에 북한이 핵 개발 계획을 포기한다면 미국은 '대담한 이니셔티브'를 채택하는 것을 고려하겠다고 밝혔다.[19]

15) "조선중앙통신 론평: 우리의 핵억제력은 결코 위협수단이 아니다", 《조선중앙통신》, 2003년 6월 9일.

16) *New York Times*, July 17, 2003, p.A6.

17) Bruce B. Auster, Kevin Whitelaw, and Thomas Omestad, "Upping the Ante for Kim Jong Il: Pentagon Plan 5030, A New Blueprint for Facing Down North Korea," *U.S. News & World Report*, July 21, 2003, p.21.

18) Press Availability by James A. Kelly, Assistant Secretary of State for East Asian and Pacific Affairs, January 13, 2003, Ministry of Foreign Affairs [sic], Seoul, Korea.

19) "President Bush Discusses Iraq,"Remarks by President Bush and Polish President

대화를 통한 해결이라는 방침에 따라, 4월에는 베이징에서 북한·미국·중국 간 3자회담이 개최되었다. 그러나 북한은 3자회담에 대해, 중국은 회담을 주최하는 역할일 뿐이며, 회담 자체는 북한과 미국 간 주로 진행되어야 한다는 입장이었다.[20] 회담 중 리근 북한 측 대표는 켈리 미국 대표에게, 북한은 핵무기를 보유하고 있으며 필요한 경우 그것을 공개할 것이며 판매할 수도 있다고 은밀히 전했다.[21]

관계국들은 외교적 대응과 병행하여 북한에 대한 압박을 강화했다. 미국은 5월 대량파괴무기(WMD)와 관련 물품의 확산을 방지하기 위한 확산방지구상(PSI)을 제안하고 각국에 참가를 호소했다. 또한 일본 경찰은 핵무기 개발을 위해 사용되는 기계의 부품을 불법으로 수출한 혐의에 대해, 조총련계 상사(商社)를 조사하고 니가타(新潟)항에 들어온 북한 화객선 '만경봉 92'를 검사했다.

3자회담 후, 각국은 광범위한 다자회담을 개최하기로 하고 그 가능성을 모색한바[22] 북한·미국·중국·한국·일본·러시아가 구성원으로 참가한 제1차 6자회담이 8월 베이징에서 개최되었다.

이 회담에서 북한은 상호주의적 조치의 4단계를 동시에 취하자고 제안했다. 이에 따르면

1) 미국이 중유제공을 재개하고 인도주의식량지원을 대폭 확대하는 동시에 조선

Kwasniewski in Photo Opportunity, The Oval Office, January 14, 2003.

20) "조선외무성 대변인: 조미회담이 열리게 되는 것과 관련한 문제에 언급", 《조선중앙통신》, 2003년 4월 18일.

21) Charles L. Pritchard, *Failed Diplomacy: The Tragic Story of How North Korea Got the Bomb*(Washington, D.C.: Brookings Institution Press, 2007), p.65; *Washington Post,* April 25, 2003, p.A1.

22) "Joint Statement between the United States of America and the Republic of Korea," The White House, Office of the Press Secretary May 14, 2003.

은 핵계획포기의사를 선포하며

2) 미국이 불가침조약을 체결하고 전력손실을 보상하는 시점에서 조선은 핵시설
과 핵물질동결 및 감시사찰을 허용하며

3) 조미, 조일외교관계가 수립되는 동시에 조선은 미싸일문제를 타결하며(발사
시험을 동결하고 수출을 중지함)

4) 경수로가 완공되는 시점에서 조선은 핵시설을 해체하는 것[23]

으로 되어 있었다.

회담이 끝난 후, 중국 측 대표가 발표한 의장 요약발표문은 "북한이 안고
있는 자국 안전에 대한 합리적인 우려를 고려하고 해결해야 한다"고 지적하
고, 핵 문제는 "단계적으로, 나아가 동시적 또는 병행적으로" 해결되어야 한
다고 언급했다.[24]

그러나 회담 후 교섭이 기대한 만큼 진전되지 않았다고 불만을 가진 북한
은 긴장을 고조시키기 시작했다. 10월 2일 북한 외무성은 핵 개발의 목표를
전력 발전에서 핵 억제력 강화로 변경했다고 발표했다.[25] 그리고 북한은 10
월 말 세 차례에 걸쳐 동해에서 대함 미사일 실험을 실시했다. 이에 따라,
KEDO는 11월 경수로 프로젝트를 1년간 중지하기로 결정했다.[26]

한편, 이 시기에는 긍정적인 신호가 포착되기도 했다. 부시 대통령은 10
월, 6자회담의 틀 속에서 미국이 북한에 서면으로 무력 불사용 보장(security

23) 조미사이의 핵문제에 관한 6자회담 개최: 조선측 일괄타결도식과 동시행동순서 제
    시", 《조선중앙통신》, 2003년 8월 29일.
24) "Host Country Summary by Chinese Vice Foreign Minister Wang Yi," Beijing,
    August 29, 2003, http://www.mofa.go.jp/region/asia-paci/n_korea/6party0308.html.
25) "조선외무성 대변인: 8,000여대의 폐연료봉재처리 성과적으로 끝냈다", 《조선중앙통
    신》, 2003년 10월 2일.
26) KEDO, "KEDO Executive Board Meeting," November 21, 2003.

assurances)을 제공하는 것을 고려하고 있다고 밝혔다.[27] 이에 대해 북한 외무성은 12월에 불가침조약 대신 문서상의 무력 불사용 보장을 받아들일 의사가 있다는 것을 명확히 하고 초기단계 조치로 북한이 핵활동을 동결하는 대신, 미국은 대북 테러지원국 지정을 해제하고 정치·경제·군사적 제재와 봉쇄를 철회하며 중유와 전력 등 에너지 지원을 실시할 것을 제안했다.[28]

그러나 미 정부의 대북정책이 일관된 것은 아니었다. 북한이 제안을 발표한지 3일 뒤 체니(Richard Cheney) 미국 부통령은 "우리는 사악한 상대[북한]와 협상하지 않는다. 우리는 그것을 꺾을 뿐이다"라고 말한 것으로 전해졌다.[29]

그로부터 약 한 달 뒤인 2004년 1월, 북한은 로스 알라모스 국립연구소 헤커(Siegfried Hecker) 선임연구원 등 미국의 핵물리학자와 및 한반도 문제 전문가를 녕변에 초청해 핵시설을 견학시켰다. 그 자리에서 북한은 헤커 연구원에게 "플루토늄"이라며 샘플을 건넸는데, 헤커 연구원은 이를 금속 플루토늄이라 판단했다.[30] 북한은 더욱 명확하게 자국의 핵 능력을 미국 측에 보여준 것이다.

2004년 2월 개최된 제2차 6자회담에서 분과회의를 설치하기로 합의했지만, 북한은 미국이 제시한 '모든 핵 프로그램의 완전하고 검증가능하며 돌이킬 수 없는 폐기(CVID)'를 6자회담의 목적으로 삼는 것을 거부했다.[31] 켈리

---

27) "Background Briefing by a Senior Administration Official on the President's Meeting with the President of China," Bangkok, Thailand, Office of the Press Secretary, The White House, October 19, 2003.

28) 조선외무성대변인 6자회담재개문제에 언급: 최소한 〈말 대 말〉공약, 첫단계행동조치의 합의 제안",《조선중앙통신》, 2003년 12월 9일.

29) Knight Ridder Newspapers, December 20, 2003.

30) Siegfried S. Hecker, Senior Fellow, Los Alamos National Laboratory, Senate Committee on Foreign Relations Hearing on "Visit to the Yongbyon Nuclear Scientific Research Center in North Korea," University of California, January 21, 2004, p.11.

31) CVID에 대해서는 James A. Kelly, "North Korea: Towards a New International

국무차관보는, 핵 문제가 해결된다면 정전협정을 '영구적인 평화 메커니즘'으로 전환하는 것이 가능할지도 모른다는 것을 시사했다.[32]

6월 개최된 제3차 6자회담에서 미국은 CVID라는 용어를 사용하지 않기로 하고, 그 대신 원칙으로서 CVID는 유지하면서도 표현에는 '포괄적 폐기'라는 용어를 사용하기 시작했다. 또한, 북한 문제에 적극적으로 관여해야 한다며 일본이 미국을 설득한 데 따라, 미국은 처음으로 북한에 대해 구체적인 제안을 했다. 이는, 북한이 핵계획을 폐기하는 과정 중에, 당사국들이 북한에 중유와 잠정적인 다자간의 무력 불사용 보장을 제공하기 위한 조치를 취한다는 것이었다.[33] 북한은 미국이 단계적 해결 방안을 제시 한 것에 대해서는 "류의할 만한 일"이라고 평가했지만, 동시에 북한이 핵 개발을 포기한 경우에만 대가를 논의할 용의가 있다고 한 점에 대해 불만을 나타냈다.[34] 한편, 북한은 핵무기 관련 시설 및 운영을 동결하고 핵무기의 생산·양도·실험을 자제하는 대신, 미국은 중유와 전력공급을 위한 2,000메가와트 상당의 에너지를 지원하고 동시에 북한에 대한 테러지원국 지정과 제재 및 봉쇄를 해제하라고 요구했다.[35] 또한 최종 의장보고서는 "말 대 말"과 "행동 대 행동"이라는 단계적이고 상호주의에 기초한 프로세스가 필요하다고 강조했다.[36]

Engagement Framework," Remarks to The Research Conference (Washington, D.C.: February 13, 2004) 참조.

32) "Chairman's Statement for The Second Round of Six-Party Talks," Beijing, February 28, 2004; and DoS, "North Korea — Kelly Remarks," Question Taken at the May 3, 2004 Press Briefing, May 3, 2004.

33) Glenn Kessler, The Confidante: Condoleezza Rice and the Creation of the Bush Legacy (New York: St. Martin's Press, 2007), p.70; James A. Kelly, "Dealing With North Korea's Nuclear Programs," Prepared Statement, Senate Foreign Relations Committee, July 15, 2004.

34) "조선외무성 대변인 제3차 6자회담 진행정형에 언급", 《조선중앙통신》, 2004년 6월 28일.

35) 같은 글; 후나바시, 『김정일 최후의 도박』, 500~501쪽.

한편, 회담 전후에도 북한의 무력시위는 이어졌다. 북한은 6월, 6자회담이 시작되기 며칠 전에 동해에서 미사일을 발사했다. 또한 9월에는 노동 미사일의 발사를 준비하는 징후가 보였다. 그리고 11월 1일에는 북한 경비정 여러 척이 세 차례에 걸쳐 서해 NLL을 넘어 남쪽에 진입했다. 한국 경비정은 위협 사격을 실시했지만, 직접적인 충돌로 발전하지는 않았다.[37]

미국 역시 북한에 압력을 가하려 했다. 미국 의회는 10월, 북한인권법을 제정하고 부시 대통령이 이에 서명했다. 북한인권법은 민간단체가 북한의 인권 문제를 다루는 것과 북한 국내로 정보를 유입하는 것을 장려하고 있다. 그리고 11월에는 KEDO가 다시 경수로 프로젝트를 1년 더 중단하기로 결정했다.[38]

이 시점에서 북한은 2004년 미국 대통령 선거 결과를 기다리는 전략을 취해 외교적 움직임은 주춤해졌다. 이후 12월 부시 대통령의 재선이 결정되자 북한 외무성은 부시 2기 행정부의 대북정책을 알아보기 위해 "좀 더 시간을 두고 그의 정책 정립과정을 인내성을 가지고 지켜 보려한다"는 뜻을 밝혔다.[39] 그러나 한 달 뒤 국무장관으로 지명된 라이스(Condoleezza Rice)는 북한을 "폭정의 전초기지" 중 하나라고 언급했고, 부시 대통령 역시 취임연설에서 미국의 목표는 "세계의 폭정"에 종지부를 찍는 것이라고 선언했다.[40]

---

36) 외무성, "제3차 6자회담 의장 성명," 2004년 6월 26일.
37) *Korea Times*, November 1, 2004.
38) KEDO, "KEDO Extends Suspension of LWR Project," November 26, 2004.
39) "조선외무성 대변인: 2기 부쉬행정부의 정책정립과정을 지켜보려 한다", 《조선중앙통신》, 2004년 12월 4일.
40) "President Bush Sworn-In to Second Term," Inaugural Address(Washington, D.C.: January 20, 2005).

4) 핵 실험 위협과 회담 재개

제2기 부시 행정부 출범 3주 뒤인 2005년 2월 10일, 북한 외무성은 6자회담의 참가를 무기한 중단하겠다고 선언하고 "자위를 위한 핵무기"를 제조하여 핵무기 보유국이 되었다고 주장했다. 동시에 북한은 대화를 통해 문제를 해결하려는 의지를 재확인했는데,[41] 이는 북한이 미국을 더 압박하지 않는다면 부시 대통령의 재선 이후에도 미국의 정책이 변화하지 않을 것이라고 판단했기 때문으로 보인다.

이 시기 미국 정부 내에는 중요한 인사이동이 있었다. 특히 2월에는 힐(Christopher Hill)이 6자회담의 미국 대표로 임명되었고, 4월에는 아시아태평양문제담당 국무차관보로 취임했다. 이후, 라이스 국무장관과 힐 차관보는 북한과 본격적인 직접 협의를 가질 것을 검토하기 시작했다. 그리고 3월 말, 라이스 국무장관은 미국이 북한을 '주권국가'로 인식하고 있으며 북한에 대해 무력행사를 하지 않을 것이라고 밝혔다.[42]

4월에 들어서자 북한은 재차 긴장을 고조시키기 위한 조치를 취하기 시작했다. 먼저, 북한 정부 관계자가 미국 전문가에게 원자로에서 사용한 연료를 꺼낼 계획이 있다고 언급했다.[43] 또한 김영춘 조선인민군 총참모장은 미국이 북한에 대한 "적대시정책"을 취하면 취할수록 "선군의 기치를 높이 들고 우리 혁명대오의 일심단결을 백방으로 튼튼히 다지며 자위적인 핵억제력을 늘여나갈것이다"라고 경고했다.[44] 또한 북한 외무성은 6자회담 재개를 위해

---

41) "조선외무성 2기 부쉬행정부의 대조선적대시정책에 대처한 립장 천명: 6자회담참가를 무기한 중단", 《조선중앙통신》, 2005년 2월 10일.
42) Kessler, *The Confidante*, p.74.
43) *New York Times*, April 18, 2005, p.A4.
44) "김영춘총참모장 자위적인 핵억제력을 늘여나갈 것", 《조선중앙통신》, 2005년 4월 8일.

미국이 '폭정의 전초기지'발언을 철회해야 한다고 주장하는 동시에 유엔 안전보장이사회가 북한을 제재할 경우 이를 "선전포고"로 간주할 것이라 경고했다.[45] 이에 대해 부시 대통령은 김정일을 "폭군"이라고 호칭하는 것으로 대응했다.[46]

북한은 4월 29일 단거리 탄도미사일 KN-02를 발사했으나 실패했고, 5월 1일 다시 발사했다.[47] 또한 5월 5일에는 북한이 지난 2004년 10월부터 길주 부근에서 핵 실험 준비를 진행했고, 최근 몇 주 사이 움직임이 활발해졌다는 미국 측의 분석이 보도되었다.[48] 그리고 5월 11일 북한 외무성은 5메가와트 원자로에서 폐연료봉 8,000개를 꺼내는 작업을 마쳤고, 앞으로 50메가와트와 200메가와트 원자로 건설을 재개한다고 선언했다.[49] 이에 대해, 미국은 5월 말 한국에 F-117 스텔스 폭격기 15대를 배치했다.[50]

한편, 북한 외무성은 5월 8일 미국이 6자회담의 틀 안에서 북미 간 회담을 개최할 의사가 있는지 여부를 확인하고 싶다고 표명했다. 이는 북한이 대화 용의가 있다는 것을 재확인한 것이다.[51]

미 정부는 2005년 봄부터 여름에 걸쳐 대북정책을 재검토한 결과, 외교협상과 '방어조치'라 일컫는 강제 수단을 결합한, 당근과 채찍을 동시에 사용하

---

45) "조선외무성대변인 제재를 곧 선전포고로 간주할 것", 《조선중앙통신》, 2005년 4월 25일.

46) Press Conference of the President, Office of the Press Secretary, The White House, April 28, 2005.

47) Joseph S. Bermudez, Jr., "Proliferation in Pyongyang," *Jane's Defence Weekly*, May 25, 2005, p.21; 《共同通信》, 2005.5.2; 《每日新聞》, 2005.5.5.

48) *New York Times*, May 6, 2005, p.A1.

49) "조선외무성대변인 8,000대의 폐연료봉을 꺼내는 작업이 끝났다고 언명", 《조선중앙통신》, 2005년 5월 11일.

50) *New York Times*, May 30, 2005, p.A7.; 《朝日新聞》, 2005.6.8.

51) "조선외무성대변인 6자회담과 별도의 조미회담을 요구한것이 없다", 《조선중앙통신》, 2005년 5월 8일.

는 정책을 채택했다.52) 라이스 국무장관과 힐 차관보는 북한과 본격적으로 직접 협의를 시작하기로 했다.53) 라이스 국무장관은 5월 9일 북한을 '주권국 가'로 인식하고 있다는 입장을 재차 표명했고54) 5월과 6월에는 디트라니 (Joseph DeTrani) 6자회담 담당 대사가 유엔에서 북한 대표와 면담을 가졌다. 6월 17일 김정일은 미국이 "우리를 인정하고 존중하려는 뜻이 확고하다면" 7 월에는 6자회담으로 돌아갈 용의가 있다고 표명했다. 또한 김정일은 북미 관 계가 정상화된다면 모든 중·장거리 탄도미사일을 폐기할 것이라고 제안했 다고 전해졌다.55) 한편, 6월 말에는 북한이 50메가와트 및 200메가와트 원자 로 건설을 재개했다는 것이 보도되었고56) 김계관 북한 외무성 부상은 7월 힐 미 국무차관보와의 회담에서 6자회담 복귀에 동의했다.57)

5) 녕변, 공동성명, 방어조치

2005년 7월 26일 베이징에서 개최된 제4차 6자회담 1단계 회의에서, 미국 은 교착상태를 타개하기 위해 고농축 우라늄 계획에 대한 태도를 완화했다. 이에 따라, 북한에 경수로를 제공할 것인지 여부가 쟁점이 되었는데58) 북한 핵 개발 담당자는 8월 다시 방북한 핵 전문가 헤커 선임연구원에게 다음과

---

52) 전 미 정부 관계자와 저자의 인터뷰, 워싱턴D. C, 2007년 9월 11일; Philip Zelikow, "The Plan That Moved Pyongyang," *Washington Post,* February 20, 2007, p.A13.

53) Kessler, *The Confidante,* p.75.

54) Interview on CNN With John King, Secretary Condoleezza Rice, U.S. Embassy (Moscow, Russia: May 9, 2005).

55) 《중앙일보》, 2005년 6월 18일자; Ministry of Unification, "Results and Significance of Presidential Special Envoy Chung Dong-young's visit to North Korea," June 19 , 2005; *Financial Times,* June 21, 2005, p.2.

56) 《日本經濟新聞》, 2005.6.30. 夕刊.

57) Kessler, *The Confidante,* pp.76~77.

58) *Financial Times,* July 28, 2005, p.10.

같이 말했다.

- 2003년 2월부터 2005년 3월 사이 5메가와트 원자로를 최대 전력으로 가동시켰다.
- 지난 4월 플루토늄을 분리를 위해 연료봉을 꺼냈다.
- 이 원자로는 1994년 이전 생산된 연료 중 마지막 남은 분량을 재장전하고 6월 중순 가동을 재개했다.
- 폐연료봉 8,000개를 재처리해서 플루토늄을 분리해내는 작업은 6월 말에 시작해 8월 말까지 거의 완료했다.
- 핵 연료봉 제조시설은 추가적으로 연료를 생산하기 위해 수리중이다.[59]

북한은 6자회담 개최를 앞두고 미국을 더욱 압박하려 했다. 중단되었던 제4차 6자회담이 9월에 재개되자, 북한은 재차 경수로를 제공할 것을 요구했으나 미국은 거부했다. 또한 미국은 정부 내 의견 대립을 해소하기 위해 독자적인 타협안을 고안했는데, 이는 공동성명에서는 경수로를 제공한다고 언급하되 성명을 발표한 뒤 유보조건을 붙이자는 것이었다. 그 결과, 9월 19일 6자회담이 채택한 공동성명은 다음과 같은 내용을 담고 있었다.

- 조선민주주의인민공화국은 모든 핵무기와 현존하는 핵 계획을 포기할 것과, 조속한 시일 내에 핵확산금지조약(NPT)과 국제원자력기구(IAEA)의 안전조치에 복귀할 것을 공약하였다.
- 미합중국은 한반도에 핵무기를 갖고 있지 않으며 핵무기 또는 재래식 무기로

---

59) Siegfried S. Hecker, "Technical summary of DPRK nuclear program," Center for International Security and Cooperation, Stanford University, 2005 Carnegie International Non-Proliferation Conference(Washington, D.C.: November 8, 2005), p.5, 7.

조선민주주의인민공화국을 공격 또는 침공할 의사가 없다는 것을 확인하였다.

- 조선민주주의인민공화국은 핵에너지의 평화적 이용에 관한 권리를 가지고 있다고 밝혔다. 여타 당사국들은 이에 대한 존중을 표명하였고, 적절한 시기에 조선민주주의인민공화국에 관한 경수로 제공문제에 대해 논의하는데 동의하였다.

- 조선민주주의인민공화국과 미합중국은 상호 주권을 존중하고, 평화적으로 공존하며 각자의 정책에 따라 관계 정상화를 위한 조치를 취할 것을 약속하였다.

- 조선민주주의인민공화국과 일본은 평양선언에 따라 불미스러운 과거와 현안사항의 해결을 기초로 하여 관계 정상화를 위한 조치를 취할 것을 약속하였다.

- 6자는 에너지, 교역 및 투자 분야에서 경제협력을 양자 및 다자적으로 증진할 것을 약속하였다.

- 직접 관련 당사국들은 적절한 별도 포럼에서 한반도의 영구적 평화 체제에 관한 협상을 가질 것이다.[60]

이 공동성명은 모든 당사국의 요구를 충족시키는 형태로 장기적인 목표를 밝혔다는 점에서 뜻 깊은 것이었다. 그러나 그 해석에 대해서는 당사국들 간에 심각한 차이가 있었다.

공동성명이 채택된 직후, 힐 차관보는 조지프(Robert Joseph) 군비관리·국제안보 담당 국무차관이 중심이 되어 작성한 성명을 발표했다.[61] 이 성명은 북한에 경수로 공급이 가능해지는 "적절한 시기"란 북한이 모든 핵무기와 모든 핵 개발 계획을 폐기하고 NPT와 IAEA의 안전조치 협정을 완전히 준수하게 되는 시점을 의미한다는 미국 정부의 입장을 명확히 제시하고 있으며, 또한 미국이 2005년 말까지 KEDO의 활동 종료 결정을 지지한다고 했다.[62]

---

60) "Joint Statement of the Fourth Round of the Six-Party Talks," Beijing, September 19, 2005. 外務省,「第四回六者會合に關する共同聲明(仮譯)」(北京, 2005.9.19),「[제4차 6자회담 2단계회의] 9·19 공동성명(국문)", 2005.9.19.

61) Pritchard, *Failed Diplomacy*, p.122.

이에 대해 북한은 매우 신속하게 반응했다. 성명 발표 다음 날 북한 외무성은 "신뢰조성의 물리적담보"인 경수로의 제공 없이는 "우리가 이미 보유하고 있는 핵억제력"을 포기하는 것은 절대로 있을 수 없다고 경고한 것이다.[63]

또한 6자회담이 개최 중이던 9월 15일 미국 재무부는 돈세탁 의혹을 이유로 마카오 소재 은행인 방코 델타 아시아(BDA)의 북한 계좌를 동결한다고 발표했다.[64] 이는 미 정부의 당근과 채찍 정책 중 채찍에 해당하는 '방어조치'의 일환으로 실시된 것으로, PSI와 경제·금융 관련 행동을 포함한 '방어조치'는 북한의 WMD 확산 및 기타 불법행위를 억제·교란·저지하는 것이 목적이었다.[65] 9월 15일 BDA의 북한 자산동결조치가 발표되자 각국 은행들은 북한과의 거래를 중단했다. 10월 미 정부는 북한이 정밀하게 위조된 100달러 지폐 '슈퍼노트'를 제조했다고 지적하고, 처음으로 공개적으로 비난했다.[66] 또한, 미 재무부는 WMD 관련 활동을 벌인 혐의로 북한 기업 8개사의 미국 내 자산을 동결한다고 발표했다. 미국은 북한에 대한 협상력을 강화하기 위해 보다 공세적인 조치를 취하기 시작한 것이다.[67]

---

62) Assistant Secretary of State Christopher R. Hill's Statement at the Closing Plenary of the Fourth Round of the Six-Party Talks, Beijing, September 19, 2005.

63) "조선외무성대변인 경수로 제공 즉시 NPT복귀", 《조선중앙통신》, 2005년 9월 20일.

64) U.S. Department of Treasury, "Treasury Designates Banco Delta Asia as Primary Money Laundering Concern under USA PATRIOT Act," JS-2720, September 15 , 2005.

65) 전 미국 정부 관계자와 저자의 인터뷰, 워싱턴 D.C., 2007년 9월 1일. Robert G. Joseph, Under Secretary for Arms Control and International Security, "U.S. Strategy to Combat the Proliferation of Weapons of Mass Destruction," Written Statement to the Senate Armed Services Committee Subcommittee on Emerging Threats and Capabilities(Washington, D.C.: March 29, 2006).

66) *Washington Times*, October 12, 2005, p.A03.

67) *New York Times*, October 24, 2005, p.A7.

2005년 11월에 개최된 제5차 6자회담 1단계 회의에서 북한은 공동성명의 단계적 실시를 요구하고, 금융제재가 해제되지 않는 한 핵 문제에 대한 협의에 응하지 않겠다는 입장을 밝혔다.[68] 이렇게 6자회담은 의미 있는 결과를 도출해내지 못한 채 폐막했고, 같은 달 미 국제개발처(USAID)는 대북 식량원조를 중단한다고 발표했으며 KEDO도 경수로 사업 중단을 협의하기 시작했다. 또한, 미국은 북한 정부의 심각한 인권억압을 비난하는 결의안을 유엔 총회에서 공동 제안했으며, 12월에는 동 결의안이 채택되었다.[69]

북한은 금융제재에 항의하면서도 미국과의 직접 협의를 계속 요구했고, 힐 차관보는 금융제재의 내용에 대한 설명회를 개최할 용의가 있다고 북한 측에 전달했다. 그러나 설명회가 예정대로 열리지 않자, 북한 외무성은 12월 미국을 비난하며 6자회담의 재개는 미국의 태도에 달려 있다는 입장을 표명했다.[70] KEDO는 2006년 1월까지 경수로 프로젝트 현장에서 모든 근로자를 철수시켰고, 부시 대통령은 북한이 달러화의 위조를 그만두지 않는 한 금융제재를 해제하지 않겠다고 밝혔다.

북한 외무성은 2월 미국을 비난하면서도 "금융 분야에서 온갖 비법행위들을 반대하는것은 우리 공화국정부의 일관한 정책이다"라 표명하고 "앞으로도 국제적인 반자금세척 활동에 적극 합류해나갈것이다"라고 선언했다.[71]

---

68) "6자회담 조선대표단단장 1단계 5차 6자회담진행 정형에 언급", 《조선중앙통신》, 2005년 11월 12일; 《오마이뉴스》, 2005년 11월 14일; 《RP北朝鮮政策動向》, No.380, (2005.12.25), p.2.

69) Jane Morse, "U.S. Intensifies Efforts To Promote Human Rights in North Korea: Search continues for 'durable solutions' for North Korean refugees," USINFO, http://usinfo.state.gov/eap/Archive/2006/Apr/06-41288.html〉; and "Situation of Human Rights in the Democratic People's Republic of Korea," United Nations General Assembly, A/RES/60/173, December 16, 2005, GA/10437.

70) "조선외무성 대변인 버쉬보우의 망발을 규탄", 《조선중앙통신》, 2005년 12월 10일.

71) "조선외무성 대변인 금융제재해제가 미국의 정책변화의지 징표", 《조선중앙통신》, 2006년 2월 9일.

북한은 3월 뉴욕에서 개최된 북미 대화에서도 금융제재의 해제가 6자회담 복귀의 전제조건이라고 반복해서 주장했고[72] 그다음 날은 동해에서 대함 미사일 2발을 발사했다.[73] 3월 30일 미 재무부는 북한과의 거래를 이유로 스위스 회사 및 개인을 WMD 확산 지원자 명단에 게재했다.[74]

연이은 '방어조치'의 실시에 대해, 북한은 더욱 강하게 저항했다. 5월에는 북한이 미사일 실험을 준비하고 있다는 징후가 확인되었고[75] 북한 외무성은 6월 1일 KEDO가 경수로 프로젝트의 취소를 결정한 것에 대해 "미국이 우리를 계속 적대시하면서 압박도수를 더욱더 높여나간다면 우리는 자기의 생존권과 자주권을 지키기 위하여 부득불 초강경조치를 취할수밖에 없게 될것이다"라고 경고했다. 이와 동시에 북한은 힐 차관보를 평양에 초청했으나[76] 미정부는 이를 거부했다.

6) 미국 독립기념일의 미사일 발사

미국의 독립기념일인 7월 4일 오후(북한 시각 5일 심야) 국제사회의 강한 경고를 무시한 채 북한은 스커드, 노동, 대포동 2호 미사일을 연달아 발사했다. 미사일은 3시 33분, 4시 4분, 5시 1분, 7시 12분, 7시 31분, 7시 32분, 17시 20분에 각각 한 발씩 발사되었다. 1·4·6번째 미사일은 각각 스커드 D·스커드 C·스커드 ER 미사일이었고, 2·5·7번째는 노동 미사일, 3번째는 대포동 2

72) *Washington Post,* March 9, 2006, p.A16.
73) 《讀賣新聞》, 2006.3.9.
74) U.S. Department of Treasury, "Swiss Company, Individual Designated by Treasury for Supporting North Korean WMD Proliferation," JS-4144, March 30, 2006.
75) *Daily Telegraph,* May 20, 2006, p.12.
76) "조선외무성 6자회담 미국측단장의 평양방문을 초청", 《조선중앙통신》, 2006년 6월 1일.

그림 9-1 북한 미사일의 비행경로(2006년)

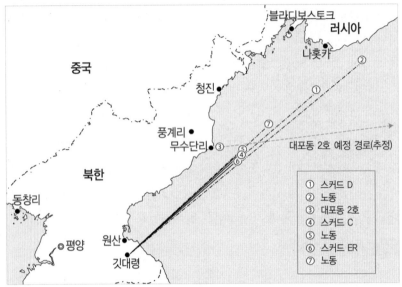

자료: "獨占! 北ミサイル着彈全データ", 《讀賣ウイークリー》, Vol.65, No.34(2006.8.6), p.23을 참조하여 저자 및 요코야마 사하루가 작성.

호라고 추정되었다.[77] 스커드와 노동 미사일은 러시아 극동지방과 홋카이도 사이에 위치하는 공해상에 성공적으로 떨어졌지만 대포동 2호는 발사로부터 수십 초 뒤 공중분해가 되어버렸다.[78]

북한 외무성은 7월 6일 미사일 발사에 대해 "자위적국방력강화를 위해 우리 군대가 정상적으로 진행한 군사훈련의 일환"이며, "앞으로도 자위적억제력강화의 일환으로 미싸일발사훈련을 계속하게 될것이다. 만약 그 누가 이에 대해 시비질하고 압력을 가하려든다면 우리는 부득불 다른 형태의 보다

77) 「獨占! 北ミサイル着彈全データ」, 《讀賣ウイークリー》, Vol.65, No.34(2006.8.6), pp.22~23; Adam Ward(ed.), "North Korea's 5 July Missile Tests," *Strategic Comments*, Vol.12, issue 6(London: Taylor & Francis Ltd., July 2006).

78) 防衛省, 「額賀長官會見槪要」, 2006.9.15.

강경한 물리적행동조치를 취하지 않을수 없을 것이다"라는 성명을 발표했다.[79] 유엔 안전보장이사회는 7월 15일 만장일치로 결의 제1695호를 채택하고 모든 회원국에 대해 북한 미사일·미사일 관련 품목·자재·물품, 기술의 조달 및 북한 미사일과 WMD 계획 관련 자금의 송금을 금지할 것을 요구했다.[80] 이 결의안은 무력행사를 용인하지는 않았지만 중국이 지지했다는 점에서 획기적인 일이었다. 다음 날 북한 외무성은 미국이 "조선 대 미국사이의 문제를 조선 대 유엔사이의 문제로" 바꿔치기하려고 하는 데 대해 "모든 수단과 방법을 다하여 자위적전쟁억제력을 백방으로 강화해나갈것이다"라고 선언해[81] 북한 외교의 대상이 어디까지나 미국이라는 것을 보여주었다. 7월 26일 미 국무부는 중국은행이 마카오 지점의 북한 자산을 동결했다는 것을 확인했다.[82]

7) 핵 실험

8월 중순, 미 정부관계자는 북한이 핵 실험을 준비 중일 가능성이 있다고 지적했고, 핵 실험 장소라 여겨지는 곳에서 의심스러운 차량의 움직임과 지하 실험 모니터에 사용된 것으로 보이는 전선 뭉치가 확인되었다.[83] 9월 21일 힐 차관보는 북한이 6자회담에 복귀할 경우 금융제재를 논의하기 위한 양국 전문가 회의를 개최할 용의가 있다고 밝혔다.[84]

---

79) "외무성대변인, 미싸일발사는 정상 군사훈련의 일환", 《조선중앙통신》, 2006년 7월 6일.

80) United Nations Security Council, Resolution 1695, S/RES/1695, 2006, July 15, 2006.

81) "조선외무성 성명 유엔안보리〈결의〉를 전면배격", 《조선중앙통신》, 2006년 7월 16일.

82) Tom Casey, Deputy Spokesman, Daily Press Briefing, DoS(Washington, D.C.: July 26, 2006).

83) Los Angeles Times, August 18, 2006, p.A10.

84) Christopher Hill, On-the-Record Briefing, 61st UN General Assembly(New York:

그러나 10월 3일 북한 외무성은 성명을 통해 "첫째, 조선민주주의인민공화국 과학연구부문에서는 앞으로 안전성이 철저히 담보된 핵시험을 하게 된다", "둘째, 조선민주주의인민공화국은 절대로 핵무기를 먼저 사용하지 않을 것이며 핵무기를 통한 위협과 핵이전을 철저히 불허할것이다", "셋째, 조선민주주의인민공화국은 조선반도의 비핵화를 실현하고 세계적인 핵군축과 종국적인 핵무기철폐를 추동하기 위하여 백방으로 노력할것이다"라고 밝혔다.[85]

북한은 10월 9일 10시 35분 함경북도 길주군 풍계리 근처에서 핵 실험을 실시했고 북한 외무성은 11일 다음과 같은 성명을 발표했다.

비록 우리는 미국때문에 핵시험을 하였지만 대화와 협상을 통한 조선반도의 비핵화실현의지에는 여전히 변함없다.

……

우리의 핵시험은 핵무기와 현존 핵계획포기를 공약한 9·19공동성명에 모순되지 않으며 그 리행을 위한 적극적인 조치로 된다.

……

만일 미국이 우리를 계속 못살게 굴면서 압력을 가중시킨다면 이를 선전포고로 간주하고 련이어 물리적인 대응조치들을 취해나가게 될것이다.[86]

10월 14일 유엔 안전보장이사회는 만장일치로 결의안 제1718호를 채택해 북한이 ▲ 주요 재래식 무기 체계 ▲ 핵탄도미사일 관련 또는 기타 대량파괴무

September 21, 2006).
85) "조선외무성성명 자위적전쟁억제력 새 조치, 앞으로 핵시험을 하게 된다", 《조선중앙통신》, 2006년 10월 3일.
86) "조선외무성 미국이 압력을 가중시킨다면 선전포고로 간주한다", 《조선중앙통신》, 2006년 10월 11일.

기(WMD) 관련 계획에 도움이 되는 기타 품목·자재·장비·물품 및 기술 ▲
사치품 등을 취득하는 것을 막기 위해 모든 유엔 회원국이 필요한 조치를 취
할 것을 요구했다.[87] 이 결의는 경제 관계 중단과 외교관계 단절 등이 가능한
유엔헌장 제41조를 인용했으나 무력행사를 용인하는 제42조는 언급하지 않
았다.

8) 미국의 정책 전환

북한의 핵 실험을 눈앞에서 목격한 미국은 유엔 결의에 따라 행동할 것이
아니라, 북한과 대화를 진행시키자는 방향으로 정책을 크게 전환했다.[88] 이
결과, 10월 31일 북한과 미국은 베이징에서 회의를 개최했고, 힐 대표는 6자
회담과는 별도로 BDA 문제를 해결할 용의가 있다는 것을 표명했다.[89] 이에
대해 북한 외무성은 11월 1일, 6자회담에 복귀할 것을 발표했다.[90]

11월 말 다시 한 번 북미 대화가 베이징에서 개최되었고, 미국은 먼저 실
행가능한 조치를 우선하는 '조기 수확(early harvest)'안을 김계관 북한 대표에
게 제시했다. 이 제안은 북한이 녕변에서 핵활동을 중단하고, IAEA의 사찰관
을 복귀시켜 핵 프로그램과 시설의 목록을 제출하고, 나아가 2008년까지 핵

---

87) United Nations Security Council, Resolution 1718 , 2006, S/RES/1718, October 14, ,
2006.
88) 미국의 정책 변화 배경에 대해서는 다음을 참조할 것. Philip Zelikow, "The Plan
That Moved Pyongyang," *Washington Post,* February 20, 2007, p.A13 Robert B.
Zoellick, "Long Division," *Wall Street Journal*, February 26, 2007 and Pritchard,
Failed Diplomacy, p.157.
89) Mike Chinoy, Meltdown: *The Inside Story of the North Korean Nuclear Crisis*(New
York: St. Martin's Press, 2008), pp.306~307; 《조선일보》, 2006년 12월 13일자.
90) "조선외무성대변인 6자회담재개, 금융제재해제의 론의해결 전제", 《조선중앙통신》,
2006년 11월 1일.

실험장을 폐쇄할 것을 요구했다. 그리고 북한이 이러한 요구에 응한다면 식량과 에너지 지원을 실시하고, 미국은 BDA에 대한 제재를 중지하는 방법을 논의하는 등 북한과의 관계를 정상화하며 한반도 평화체제를 수립하겠다고 했다. 이에 대해, 북한 측은 무엇보다 먼저 BDA 문제를 해결해야 한다고 주장했다.[91]

12월 18일, 13개월간 중단되었던 제5차 6자회담 2단계 회의가 개최되었다. 여기서 김계관 북한 대표는 BDA 제재가 해제되지 않으면 공동성명의 실시가 불가능하다고 주장했다.[92] 회담이 계속되는 동안 북한과 미국 정부 관계자는 BDA 문제에 대해 별도로 실무자 회의를 가졌다. 6자회담이 끝난 뒤 김계관 대표는 제재를 해제하지 않는 미국을 비난했고, 이 기간 중 미국 정보기관은 북한 핵 실험장에서 새로운 움직임을 확인했다.[93]

이 시기에 미국에서는 중요한 정치적 변화가 있었다. 11월 중간선거에서 민주당의 승리로 상원과 하원에서 다수를 차지하게 되었고, 공화당은 곤경에 빠진 것이다. 또한 부시 2기 행정부 내에서도 중요한 인사이동이 있었는데, 대북 강경파의 대표주자인 볼턴(John Bolton) 유엔 대사, 럼스펠드 국방장관, 조지프 국무차관이 2006년 말부터 2007년 초 사이 잇따라 사임한 것이다. 따라서 미국의 대북정책은 관여하는 방향에 무게가 실리게 되었다.

2007년 1월 베를린에서 개최된 북미 대화에서 힐 차관보와 김계관 대표는 60일 이내에 북한이 녕변 핵시설을 폐쇄하는 대신 중유를 공급한다는 것에 합의했고 이러한 '베를린 합의'의 내용을 다음 6자회담에서 공식화하기로 했다.[94] 그리고 같은 달 북한과 미국 정부관계자들은 금융제재에 대해 논의하는 회의를 가졌다.

---

91) Chinoy, *Meltdown*, pp.310~311; *Korea Times*, December 11, 2006.
92) Chinoy, *Meltdown*, p.315; and Pritchard, *Failed Diplomacy*, p.157.
93) Chinoy, *Meltdown*, p.316.
94) 같은 글, p.320. 《讀賣新聞》, 2007.2.8.

9) 공동성명의 이행

제5차 6자회담 3단계 회의는 2005년 공동성명 실행을 위한 2단계 행동계획을 채택하며 2월 13일 폐막했다. 2단계 행동계획이란 60일 중 1단계로서 북한이 재처리 시설을 포함한 녕변 핵시설을 중지하고 봉인함과 동시에 IAEA 요원을 현지에 복귀시키고, 이에 대해 다른 당사국들은 북한에 중유 5만 톤 상당의 긴급 에너지를 지원한다는 것이다. 그리고 2단계로 북한이 모든 핵 프로그램을 신고하고 흑연감속로 및 재처리 시설을 포함한 기존의 모든 핵시설을 불능화하면, 다른 당사국들이 1단계에서 제공한 5만 톤을 포함해 중유 100만 톤 상당의 경제·에너지·인도적 지원을 실시하기로 했다.[95]

한편 미국은 BDA에 대한 제재를 종료하기 위한 협의를 30일 이내에 시작하기로 북한 측에 약속했다.[96] 3월에 들어와 미 재무부는 BDA에 동결되었던 2,500만 달러 상당의 자금을 북한으로 이전하는 것을 허용하여 사실상 금융제재를 해제했다.[97] 6월 15일에는 마카오 당국이 자금 이동이 완료되었다고 발표했고, 다음 날 북한 원자력총국은 IAEA 실무레벨 대표단을 북한에 초청했다.[98]

북한은 7월 녕변의 5메가와트 및 50메가와트 원자로·재처리 시설·핵 연료봉 제조시설과 태천의 200메가와트 원자로 관련 활동을 중지시켰다.[99] 그리고 한국이 중유를 제공하기 시작한 지 이틀 뒤 북한은 미국에 시설의 운용

95) "Initial Actions for the Implementation of the Joint Statement," Beijing, China, February 13, 2007.

96) Chinoy, *Meltdown*, p.326.

97) U.S. Department of Treasury, "Statement by DAS Glaser on the Disposition of DPRK-Related Funds Frozen at Banco Delta Asia," HP-322, March 19, 2007.

98) "IAEA Working-level Delegation Invited to Visit DPRK," Pyongyang, June 16, 2007.

99) IAEA, "IAEA Team Confirms Shutdown of DPRK Nuclear Facilities," IAEA Press Release 2007/12, July 18, 2007.

을 중단했다고 보고했다.[100]

이후 10월 3일에는 제6차 6자회담 2단계 회의에서의 협의에 따른 '공동성명 이행을 위한 2단계 조치'가 발표되었다. 북한은 2007년 말까지 녕변 5메가와트 원자로·재처리 공장·핵 연료봉 제조시설을 불능화하고, 모든 핵계획을 완전하고 정확히 신고하는 데 동의했고, 다른 6자회담 당사국들은 북한에 원조를 제공하는 것을 재확인했다. 또한 미국은 북한의 테러지원국 지정을 해제하고 대적통상법 적용을 종료할 것을 시사했다.[101]

합의 기간보다는 늦어졌으나 3개 주요 핵시설 불능화 작업은 2008년 2월까지 거의 완료되었고, 북한은 5월 초 1만 8,000장을 넘는 분량의 녕변 활동 기록을 제공했다. 또한 북한은 6월 말 핵 프로그램에 대한 신고서를 중국 정부에 제출했고, 이에 따라 부시 대통령은 대북 대적통상법의 적용을 종료하고 동시에 북한의 테러지원국 지정 해제 의사를 의회에 통보했다.[102] 직후, 녕변 5메가와트 원자로의 냉각탑이 파괴되었으며 7월에는 6자회담의 틀 속에서 검증체제를 설치하는 데 합의하고, 검증조치에는 시설 방문·문서 검토·기술 인력 인터뷰 등을 포함시켰다.[103]

---

100) DoS, "North Korea — Shutdown of Yongbyon Facilities," Press Statement, July 14, , 2007. 또한 "CISAC's Lewis and Hecker visit North Korea, confirm shutdown of nuclear facilities," CISAC Press Release, August 13, 2007도 보라.

101) "Second-Phase Actions for the Implementation of the Joint Statement," October 3 , 2007; *Washington Post,* October 4, 2007, p.A17.

102) Christopher R. Hill, "Status of the Six-Party Talks for the Denuclearization of the Korean Peninsula," Statement Before the Senate Foreign Relations Committee (Washington, D.C.: February 6, 2008), and DoS, "North Korea: Presidential Action on State Sponsor of Terrorism(SST) and the Trading with the Enemy Act(TWEA)," Fact Sheet, June 26, 2008.

103) "Press Communiqué of the Heads of Delegation Meeting of the Sixth Round of the Six-Party Talks," Beijing, July 12, 2008. 제6차 6자회담 수석대표회의 언론 발표문. 2008년 7월 12일.

그러나 검증조치를 구체화하는 것은 쉽지 않았다. 한국과 일본이 검증에 대한 합의서가 필요하다고 주장하자, 7월에는 미국이 엄격한 검증조치를 요구한 「검증조치에 대한 토론서」를 북한에 제시하면서[104] 검증조치에 대한 서면합의 없이는 북한을 테러지원국에서 해제하지 않겠다는 입장을 취했다.[105] 그러자 북한은 8월 핵시설 불능화 작업을 즉시 중단하고, 녕변 핵시설을 조기에 복구하는 것을 고려하게 될 것이라고 발표했다.[106] 또한 북한은 9월 재처리시설에서 IAEA의 봉인 및 감시장비를 제거했고[107] 미사일 발사실험과 대포동 미사일 엔진 연소실험을 실시하면서 다시 핵 실험 준비를 시작했다.[108]

이런 가운데 10월 초 힐 차관보가 검증조치 관련 협의를 위해 방북해, 이전보다 완화된 조건의 검증 합의서를 제시했다. 이에 대해, 북한은 IAEA의 사찰관의 녕변 핵시설 출입을 금지하고 시설 재가동을 위한 준비를 시작했다고 전하는 등 미국 측을 더욱 압박했다.[109]

결국 10월 11일 미국은 사찰조치에 대해 북한과 합의했다고 발표했는데, 그 내용은 ▲6자회담 당사국들은 신고된 모든 시설과 쌍방이 동의한 시설에 접근 가능하며 ▲샘플 채취와 핵 감식활동을 포함한 과학적 수단을 사용할 수 있고

---

104) "Verification Measures Discussion Paper"(July 2008), http://www.washingtonpost.com/wp-srv/politics/documents/kesslerdoc_092608.pdf.

105) Mark Fitzpatrick(ed.), *North Korean Security Challenges: A Net Assessment,* The IISS Strategic Dossier (London: International Institute for Strategic Studies, 2011), p.87.

106) "조선외무성 성명 핵시설무력화작업을 즉시 중단", 《조선중앙통신》, 2008년 8월 26일.

107) "IAEA Removes Seals from Plant in Yongbyon," IAEA Press Release, September 24, 2008.

108) 《조선일보》, 2008년 9월 16일자. *New York Times* on the Web, October 9, 2008; and *Washington Post,* October 12, 2008, p.A01.

109) "IAEA Inspectors No Longer Permitted Access to Yongbyon," IAEA Press Release, October 9, 2008.

▲ 검증조치는 플루토늄 및 우라늄 농축 관련 활동 모두에 적용된다는 것이었다. 이 합의에 따라 미국은 이날 중 북한의 테러지원국 지정을 해제했다.[110] 북한과 미국 간 합의의 중요한 부분은 문서화되지 않고 구두로 체결되었지만, 부시 대통령은 한국과 일본의 반대를 무릅쓰고 테러지원국 지정 해제를 단행했다.[111] 이 결정에는 "부시 대통령 임기 마지막 100일 내에 북한이 핵실험을 실시할 것"에 대한 위기감이 중요한 배경이 되었다고 보도되었다.[112]

북한은 10월 13일 IAEA에 녕변 핵시설에 대한 출입을 허가했지만[113] 12월 개최된 제7차 6자회담에서 한미일은 북한이 검증조치에 대한 합의를 받아들이지 않으면 에너지 공급을 중단한다는 입장을 취했고, 북한과의 관계는 다시 교착상태에 빠졌다.[114]

2. 환경요인 분석

1) 이라크, 미 정부 내 균열과 중간선거

아이러니하게도, 제2차 핵 외교의 전개는 북한의 행동 자체보다 아프가니

---

110) DoS, "U.S.-North Korea Understandings on Verification," Fact Sheet, October 11, 2008; and DoS, "U.S.-DPRK Agreement on Denuclearization Verification Measures," Press Statement, October 11, 2008.

111) 미 정부는 구두로 약속한 부분을 '양해사항(understandings)'이라 표현했다. DoS, Special Briefing by Sean McCormack, Spokesman(Washington, D.C.: October 11, 2008); Fitzpatrick(ed.), *North Korean Security Challenges*, p.88.

112) *Washington Post,* October 12, 2008, p.A01.

113) "DPRK Grants IAEA Access to Yongbyon Facilities," IAEA Press Release, October 13, 2008.

114) Fitzpatrick(ed.), *North Korean Security Challenges*, p.88.

스탄 전쟁, 이라크 전쟁, 미 정부 내의 균열, 미 중간선거 결과와 같은 외부 요인에 큰 영향을 받았다. 첫 번째로, 아프가니스탄과 이라크 전쟁이 미국의 주요 과제가 되자 북한 문제의 중요성이 저하되었다. 당시 미 국무차관이던 아미티지(Richard Armitage)는, 당시 미국 정부에게는 아프가니스탄과 이라크 정책이 우선 과제였기 때문에 북한 문제에 본격적으로 개입하는 데 소극적이었다고 회상했다.[115] 그 결과 미국은 북한의 핵 개발을 "북미 간 문제가 아니라 북한과 국제사회 간의 문제"라 규정하고 이를 다자관계의 틀 속에서 취급하려 했으며[116] 중국이 이 다자관계의 틀을 주도해주기를 기대하고 있었다.[117] 또한 미국 정책담당자들은 이라크 정책을 성공시키는 것이야말로 북한을 가장 효과적으로 압박하는 방안이라 생각하고 있었다.[118]

두 번째로, 부시 행정부는 대북정책을 둘러싸고 내부적으로 분열되어 있었다. 체니 부통령은 북한에 대한 관여정책에 반대했고 이를 계속해서 방해했다. 부시 행정부 내 강경파는 북한의 체제전환을 목표로 삼은 반면, 온건파는 관여와 압력을 병행해 북한에 핵 개발 포기라는 '전략적 결단'을 가져오려 했다. 그 결과 체니 부통령의 영향력이 약화되고 강경파의 주요 인물들이 사임할 때까지, 미 정부는 일관된 북한 정책을 수립하지 못했다. 여기에는 부시 대통령 본인이 명확한 입장을 표명하지 않았고 라이스 국무장관의 발언력이 부족했던 것도 영향을 준 것으로 보인다.[119]

마지막으로, 이라크의 상황이 악화된 것에 대한 영향으로, 2006년 11월에

115) 후나바시, 『김정일 최후의 도박』, 237~238쪽.
116) Under Secretary of State John R. Bolton NHK-TV Interview(2 parts), U.S. Embassy Tokyo, Japan, January 24, 2003.
117) 후나바시, 『김정일 최후의 도박』, 434~440쪽.
118) 같은 책, 239쪽.
119) *Washington Post,* October 5, 2004, p.A01. 후나바시, 『김정일 최후의 도박』, 225~230쪽.

개최된 미 중간선거에서 공화당은 크게 패하고 말았다. 이 이상의 실패는 허용되지 않는 상황 속에서, 부시 행정부는 북한 문제를 통해 외교적 점수를 얻을 수 있도록 정책의 방향을 전환한 것이다.[120]

2) 한국과 중국의 대북정책

북한의 취약성은 역설적으로 북한에게 유리하게 작용했다. 중국에게 북한의 붕괴는 반드시 피해야 할 상황이기에, 북한을 불안정하게 만드는 강압적인 정책에 대해 강하게 반대했다. 또한 당시 한국은 북한을 달래어 점진적인 변화를 유도하기 위한 적극적인 관여정책인 햇볕정책을 추진하고 있었다. 그 결과 남북 간 교역은 2002년 6억 4,200만 달러에서 2006년에는 13억 5,000만 달러로 증가했다. 한국 정부의 대북 공적원조는 2003년에는 9,377만 달러, 2004년에는 1억 2,362만 달러, 2005년 1억 3,588만 달러, 2006년 1억 9,377만 달러에 달했다. 민간지원은 변동이 컸지만, 2002년에는 4,577만 달러, 2003년 6,386만 달러, 2004년 1억 2,362만 달러, 2005년 7,666만 달러, 2006년 8,048만 달러로 높은 수준을 유지했다. 또한 남북 간 철도 및 도로 연결, 금강산 관광사업, 개성공단 개발 등의 공동 프로젝트도 진행되었다.[121]

한국 정치의 지각 변동도 북한에 유리하게 작용했다. 2002년 예상을 뒤엎고 보수정당의 후보가 낙선하고, 진보성향의 노무현 후보가 대통령에 당선되어 북한에 유화적인 햇볕정책을 강력하게 추진했다. 2004년 11월, 노무현 대통령은 핵무기와 미사일은 외부로부터의 위협을 억제하기 위한 안보수단이라는 북한의 주장에 대해 "일리가 있는 측면이 있다"고 말했다.[122] 미 정부

---

120) *New York Times*, March 21, 2007, p.A1.
121) 통일부, 『통일백서 2007』(서울: 통일부), 121~162쪽.
122) 「미국방문 ─ 국제문제협의회(WAC) 주최 오찬연설」, 2004년 11월 12일, 『노무현 대통령 연설문집』, 제2권(2004년 2월 1일~2005년 1월 31일), 430쪽.

고위관계자는 노무현 대통령의 정책 방침 때문에 대북정책 중 군사적 대응이라는 옵션을 상정하는 것이 어려워졌다고 지적했다.[123]

또한 한국 정책결정권자들은 군사적 긴장이 경제에 미치는 악영향을 우려했다. 실제로 핵 위기가 재점화되던 2003년 2월, 미국의 신용평가회사 무디스는 한국의 장기신용등급을 플러스에서 마이너스로 변경한 바 있다.[124] 한국 정부는 이러한 평가의 영향을 강하게 의식하고, 한반도의 불안정성을 최소화하기 위해 노력하고 있었다.

중국 역시 고도성장 중인 경제력을 바탕으로, 북한의 체제유지에 중요한 역할을 담당했다. 중국은 2000년 이후 북한에 매년 2억 달러 상당의 원조를 제공해왔으며, 2005년과 2006년 북중 정상회담시 5,000만~1억 달러 규모의 대북 원조를 약속했다.[125] 또한 2006년 미사일 발사와 핵 실험에도 불구하고 북중 무역은 2000년 5억 달러에서 2005년 13억 달러, 2006년에는 17억 달러까지 증가했으며 2006년 무역액은 북한 무역총액의 약 40%에 달하는 것이었다. 2000년부터 2005년까지 양국 간 무역은 연평균 30%의 성장을 기록했고 이는 연간 북한경제에 약 3.5%의 성장을 가져온 것으로 추정된다.[126] 또한 2005년 4월, 힐 차관보가 북한의 6자회담 복귀를 촉구하기 위해 압력을 가하고자 중국에 대북 석유 파이프라인을 중지할 것을 요구했지만 거절당했는데[127] 이에 대해 프리처드(Charles Pritchard) 한미경제연구소(KEI) 소장은

---

123) 후나바시, 『김정일 최후의 도박』, 238쪽.

124) "Rating Action: Moody's Changes South Korea's Rating Outlook to Negative," Moody's Investers Service, Hong Kong, February 11, 2003.

125) 정형곤, 「북중 경제협력강화의 파급 영향," 《KIEP 세계경제》, 2006년 2월, 27쪽.

126) Dick K. Nanto and Emma Chanlett-Avery, "The North Korean Economy: Overview and Policy Analysis," *CRS Report for Congress*, April 18, 2007, p.32.; 이영훈, 「북·중무역의 현황과 북한경제에 미치는 영향」, 한국은행 금융경제연구원, 2006년 2월 13일; 통일부, 『통일백서 2005』, 87쪽.

127) *Washington Post,* May 7, 2005, A11.

다음과 같이 분석했다.

중국이 북한에 대해 상당한 영향력을 가지고 있는 것은 사실이다. 그러나 중국의 국가 안보에서 북한의 핵 개발은 부차적인 문제에 지나지 않으며 이를 막기 위해 북한에 과도한 영향력을 행사하는 일은 없을 것이다. 왜냐하면 과도한 영향력 행사로 인해 중국의 국가안보 중 가장 중요한 과제인 지역안보에 부정적인 영향을 미칠 것을 우려하고 있기 때문이다.[128]

마지막으로, 북한 경제는 1990~1998년 사이 연평균 4.3%의 마이너스 성장을 기록했으나, 국제사회의 인도적 지원에 힘입어 1999~2005년에는 플러스 성장으로 전환되었다.[129] 곡물 생산량 역시 비록 2006년에는 마이너스 성장을 기록했으나, 2000~2005년간 증가를 거듭했다.[130] 따라서 북한은 비교적 양호한 지역 및 국내 환경을 배경으로 핵 외교를 전개할 수 있었으며 미국으로부터의 압력을 견디는 것도 가능했다.

3) 핵 능력

제2차 핵 외교를 가능하게 한 가장 중요한 요인은 북한 핵 개발 기술의 진전이다. 제네바 합의는 기폭장치 개발, 핵무기의 소형화, 운반수단의 개발 등

---

128) Pritchard, *Failed Diplomacy*, p.91.

129) The Bank of Korea, "Gross Domestic Product of North Korea in 2004," May 31 , 2005, p.1. 한국은행은, 북한의 에너지 공급이 다소 개선되고, 2002년 7월 경제관리 방식 개선 조치를 실시하는 등 생산 능력 강화를 위한 노력을 통해 북한 경제가 순조롭게 성장했다고 평가했다. 또한 통일부 통일교육원, 『북한경제, 어디까지 왔나?』(2005), 212쪽도 참조.

130) 농촌진흥청, 「2005 북한의 곡물 생산량 추정 발표」, 2005년 11월 29일; 한국은행, 「2006년 북한 경제성장률 추정 결과」, 보도자료, 2007년 8월 17일.

을 금지하지 않았기 때문에, 북한은 1994년 이후에도 이러한 능력을 계속 개발해 나갈 수 있었다. 2006년 10월 핵 실험의 폭발규모는 1킬로톤(kt) 미만으로, 북한이 예고했던 4킬로톤에 크게 미달되었다. 즉, 실험결과는 예상과 달랐지만[131] 동시에 북한이 핵무기의 기폭에 성공한 것 자체가 매우 중요한 성과라 볼 수 있다.[132] 같은 해 7월 대포동 2호의 발사가 실패로 끝났다는 것을 생각해보면, 핵 실험 실시를 위해 북한의 핵물리학자와 기술자들이 매우 긴장하고 있었을 것이라는 것을 상상하기 어렵지 않다. 그럼에도 핵 실험을 지시한 김정일과 이를 실행한 과학자 및 기술자들은 기폭실험의 성공으로 나름대로 만족스러운 결과를 만들어낸 것이다.

당시 북한의 플루토늄 보유량에 대해 미국의 정보기관은 핵 실험 이전 시점에서 최대 50킬로그램을 보유했을 가능성이 있고, 이에 따라 적어도 핵무기 6개를 생산할 수 있다고 추정했다.[133] 또한 미국의 싱크탱크인 과학·국제안전보장연구소에 따르면 북한은 1994년 핵 위기 당시 분리된 플루토늄(폭탄 0~2개 제조에 필요한 양)을 0~10킬로그램 가지고 있었지만, 2006년에는 33~55킬로그램(폭탄 6~13개 제조에 필요한 양)을 보유하게 되었다.[134]

---

131) 핵 실험의 상세내용에 대해서는 다음을 참조할 것. Siegfried S. Hecker, "Report on North Korean Nuclear Program," Center for International Security and Cooperation, Stanford University, November 15, 2006, pp.4~6.

132) 중국의 핵 전문가는 "만약 북한이 4킬로톤을 목표로 1킬로톤[의 폭발력]을 얻었다면 첫 실험치고는 나쁘지 않다. 이를 성공이라고 볼 수 있지만 완벽한 것은 아니었다"고 평가했다. Hecker, "Report on North Korean Nuclear Program," p.3.

133) Office of the Director of National Intelligence, "Unclassified Report to Congress on Nuclear and Missile Programs of North Korea," August 8, 2007, as cited in Mary Beth Nikitin, "North Korea's Nuclear Weapons: Technical Issues," *CRS Report for Congress*, January 20, 2011, p.5.

134) David Albright and Paul Brannan, "The North Korean Plutonium Stock, February 2007," Institute for Science and International Security, February 20, 2007. 또한 다음도 참고할 것. Hecker, "Report on North Korean Nuclear Program," p.4.

이에 대해, 북한은 2007년 12월, 동 시점까지 플루토늄 생산량은 약 30킬로그램이며 그중 18킬로그램은 핵 개발에, 약 6킬로그램은 핵 실험에 사용했다고 미국 측에 전했다. 2008년 6월에는 수치를 정정해 총생산 플루토늄은 38.5킬로그램이며 분리된 플루토늄은 약 31킬로그램, 그중 약 26킬로그램을 핵무기 제조용으로 약 2킬로그램을 핵 실험용으로 각각 사용했으며 약 2킬로그램을 폐기했다고 신고했다. 135)

한편, 핵 실험이 실시된 시점에서 연료봉 제조시설의 보수작업은 마무리 단계에 접어들어 2007년에는 새로운 연료봉의 제조가 시작되었고, 작업이 재개될 경우 약 1년 내에 전체 노심에 사용할 수 있는 새로운 연료봉을 제조할 수 있을 것으로 예측되었다. 136)

북한 핵 개발의 또 다른 수단은 우라늄 농축이었다. 137) 북한은 1996년 파키스탄과의 비밀 합의를 통해 파키스탄으로부터 우라늄 농축 기술을 제공받았다. 이를 통해 1990년대 말 북한은 본격적인 우라늄 농축 계획에 착수했으며138) 파키스탄은 제1세대 및 제2세대 원심분리기 약 20대를 설계도 및 농축 우라늄 제조 인프라 건설에 필요한 구매품 목록과 함께 북한에 제공했다. 이를 기반으로, 북한은 2000년 수천 대의 원심분리기를 갖춘 우라늄 농축 시설을 건설하기로 결정했고, 2002년 11월 미국 중앙정보국은 북한이 풀가동 시

---

135) 《中日新聞》, 2008년 7월 4일자. 《朝日新聞》, 2008.7.11. 북한이 핵 실험에 사용한 플루토늄 양을 6킬로그램에서 2킬로그램으로 하향 수정한 것은, 폭발규모가 예상을 밑돌았을 경우 '실패'로 간주되는 것을 피하고자 했던 것은 아니었나 하는 지적이 있다 .

136) Hecker, "Report on North Korean Nuclear Program," p.4, 7.

137) 우라늄 농축계획에 대한 상세 내용은 다음을 참조할 것. Mitchell B. Reiss, Robert Gallucci, et al., "Red-Handed," *Foreign Affairs*, March/April, 2005; and The International Institute for Strategic Studies, *Nuclear Black Markets: Pakistan, A.Q. Khan and the Rise of Proliferation Networks — A Net Assessment*, IISS strategic dossier (London: The International Institute for Strategic Studies, 2007).

138) 후나바시, 『김정일 최후의 도박』, 182~183쪽.

매년 2발 이상의 핵무기용 농축 우라늄을 생산할 수 있는 공장을 건설하고 있으며, 빠르면 2005년 무렵에 완성될 것이라 전망했다.[139] 2003년 4월에는 독일 기업이 구입한 고강도 알루미늄관 22톤이 북한에 수송되는 도중에 적발되었는데, 이 알루미늄관의 치수는 유럽의 우라늄 농축 합작기업인 우렌코(Urenco)사의 원심분리기에 사용되는 것과 같았다. 나중에 알루미늄관 200톤이 추가적으로 북한에 수송될 것이라는 것도 밝혀졌다.

북한의 핵 능력 강화는 두 가지 결과를 낳았다. 먼저, 2006년 핵 실험은 미국의 정책을 전환시키는 계기가 되었다. 이 실험을 통해, 당시 미국의 대북정책은 실패했으며 북한에 적극적으로 관여하지 않으면 북한이 다시 핵 실험을 실시할 위험이 있다는 것이 명확해졌다.[140] 둘째, 북한의 핵 능력은 억제력으로 작용했다. 미 정부 고위관계자는 1994년과 비교해 북한의 핵 개발이 진전되었기 때문에 북한에 대한 무력행사가 어려워졌다고 지적했다.[141]

4) 미사일 능력

제2차 핵 외교가 시작되었을 당시, 북한의 탄도미사일 능력 역시 크게 발전해 있었다. 2003년까지 북한은 일본의 거의 전역을 공격할 수 있는 노동 미사일 약 175~200발을 배치했다.[142] 노동 미사일은 북한이 약 30기 보유하

---

139) CIA estimate provided to Congress, November 19, 2002 http://www.fas.org/nuke/guide/dprk/nuke/cia111902.html. 추후 이 전망의 신빙성에 의문이 제기 되었기 때문에, 2007년 미국의 정보기관은 재차 이 전망을 지지하는 입장을 밝힐 것을 촉구했다. Statement by Joseph DeTrani, North Korea Mission Manager, Office of the Director of National Intelligence news release, March 4, 2007.

140) Don Oberdorfer, interview by author(Washington, D.C.: USA, August 15, 2007); and Charles Pritchard, interview by author(Washington, D.C.: USA, September 4, 2007).

141) 후나바시, 『김정일 최후의 도박』, 238쪽.

고 있던 이동식 발사대로 운반할 수 있기 때문에, 발사 전에 발견하는 것이 어렵고 선제공격을 통해 효과적으로 대항하기도 쉽지 않다.[143) 또한 북한은 2006년까지 장거리미사일인 대포동 2호를 개발했다. 2007년 미 정부는 대포동 2호 2단식은 사정거리가 1만 킬로미터, 3단식은 1만 5,000킬로미터라고 분석했다.[144) 2006년 7월의 발사실험은 실패로 끝났지만, 적어도 이 미사일은 발사실험을 할 수 있는 단계까지는 도달한 것이다.[145)

북한은 미사일의 운용 능력도 강화했다. 1999년 말, 조선인민군은 '미사일지도국'을 조직해 이후에는 모든 탄도미사일 부대를 미사일지도국에 예속시켰다. 또한 2001~2002년 연습부터 탄도미사일 훈련을 포병 중대 수준에서 대대 수준으로 격상시켰고 스커드 및 노동 미사일 부대의 연차 연습을 확대하여 많은 탄도미사일 부대를 재배치했다.[146)

2006년 7월 미사일 실험은 북한이 실전 미사일 운용능력을 향상시키고 있다는 것을 보여주었다. 이 실험은 스커드와 노동 미사일 6발을 단시간 내 연속 발사했고 그중 3발은 각 미사일 간 사정거리에는 차이가 있었지만, 목표로 삼았던 해역 내 비교적 좁은 범위 안에 떨어졌다. 게다가 이들 미사일은 이동식 발사대에서 발사되었고 일부는 야간에 발사된 것이었다.[147) 이에 대

142) 《조선일보》, 2003년 4월 25일자.
143) 《조선일보》, 2007년 4월 28일자.
144) "Missile Defense Program Overview for the Washington Roundtable on Science and Public Policy," presentation prepared by BG Patrick O'Reilly, USA, Deputy Director, Missile Defense Agency, January 29, 2007, p.4, http://www.marshall.org/pdf/materials/495.pdf.
145) 대포동 2호의 기술관련 상세사항은 다음을 참조할 것. Charles P. Vick, "Taep'o-dong 2(TD-2), NKSL-X-2," March 20, 2007, http://www.globalsecurity.org/wmd/world/dprk/td-2.htm.
146) Joseph S. Bermudez, Jr., "Moving Missiles," *Jane's Defence Weekly*, August 3, 2005, p.23.
147) 防衛廳, 『日本の防衛 防衛白書: 危機により强く世界の平和により役立つために』, 平

해, 미 정부 고위관계자는 북한의 미사일 능력이 향상된 것이 북한에 무력을 행사하는 것에 대한 억제력으로서 일정 정도 작용했다고 언급했으나[148] 미사일 실험 때문에 미국이 대북정책의 방향을 전환한 것은 아니었다.[149]

5) '선제공격'과 억제

제2차 핵 위기의 기본적인 억제 구조는 1994년 제1차 핵 위기 당시의 상황과 유사해서, 북한은 주로 재래식 전력에 크게 의존하고 있었다. 한편 미국은 2002년 '선제공격'을 국가안보전략으로 공식 채택했으나,[150] 미국이 선제공격할 경우 북한이 보복공격을 실시해 다수의 피해자가 발생할 것이 예상되었기 때문에 한국과 미국, 특히 한국은 무력행사를 피할 수밖에 없었다. 북한이 보유한 170밀리 장거리포의 배치 대수는 1990년대 초 약 200대에서 2001년 600대로 크게 증가했고, 240밀리 다연장 로켓은 2001년까지 430대에 달했다.[151] 게다가 만약 이 같은 장비에 화학무기가 장착될 경우 피해는 막대하

成19年版(ぎょうせい, 2007), p.37. Ministry of Defense, Defense of Japan 2007 (Tokyo: Inter Group, 2007), pp.38~39.

148) 후나바시, 『김정일 최후의 도박』, 238쪽.

149) Don Oberdorfer, interview by author(Washington, D.C.: August 15, 2007); Charles Pritchard, interview by author(Washington, D.C.: September 4, 2007); and James Foster, interview by author(Tokyo: November 22, 2007.

150) The White House, "National Security Strategy of the United States of America," (September 2002), pp.15~16.

151) 황일도, "北 장사정포, 알려지지 않은 다섯 가지 진실", 《신동아》, 2004년 12월; 유용원, "수도권을 사정거리 안에 넣고 있는 北韓의 다연장 로켓 및 自走砲 연구: 화학탄을 집중 발사하면 대량살상 초래", 《월간조선》, 2001년 3월. 또한 영국 국제전략문제연구소는 북한의 장거리 화력에 대해, 북한이 보유한 대포 700대와 다연장로켓 발사기 중 300대가 서울 북방에 배치되어 있으며, 그중 200대가 사정거리 60킬로미터의 240밀리 다연장로켓 발사기이고 100대가 사정거리 40~54킬로미터의 170밀리 자주포라고 했다. Fitzpatrick(ed.), North Korean Security Challenges, p.52.

게 커질 것으로 예상되었다. 이 결과, 모든 정책 옵션을 검토하겠다는 미 정부의 공식 입장과는 달리, 미 국방부의 정책결정자들은 북한에 대한 무력행사에 매우 소극적이었다.[152]

3. 군사 및 외교행동의 특징

1) 장소와 시기

1990년대와 마찬가지로 북한은 기본적으로 국내에서 핵 개발을 진행했지만, 해외에서 핵 관련 장비를 조달하고 핵무기의 해외매각을 암시하는 등 국제 핵거래 네트워크를 활발하게 이용하게 되었다.

제2차 핵 외교는 2002년부터 2008년까지 6년간 전개되었으나, 북한이 핵 외교의 시작 시점을 선택했다고 보기는 힘들다. 북한이 새로운 핵 외교를 시작한 것은 미국이 비밀 우라늄 농축 계획의 존재에 대해 인식하고 이를 외교적 문제로 삼았기 때문이다. 이에 대해 북한은 어쩔 수 없이 대응한 측면이 있다.

북한 지도부는 100% 성공하리라는 기술적 확신이 없었음에도, 핵 및 미사일 실험이라는 외교적 도박을 벌였다. 사실 핵과 미사일 실험 모두 기술적으로 크게 성공했다고 볼 수는 없으나 이러한 실험이 주변국들에 준 심리적 충격은 컸다. 즉 북한은 2003년 NPT를 탈퇴하고 2006년 미사일 발사 및 핵 실험을 감행하여 세 차례에 걸쳐 국제사회에 충격을 준 것이다.

---

152)《朝日新聞》, 2005.6.8.

2) 군사력의 종류와 사용형태

북한의 전략은 억제(deterrence)와 강요(compellence)라는 두 가지 요소로 구성되어 있었다. 북한은 '억제'를 통해 정권유지라는 가장 기본적인 목적을 달성하고, '강요'를 통해 북미 관계 정상화를 추진하고 경제적 원조를 얻으려 했다. 북한은 '강요'의 효과를 높이기 위해 헤커(Siegfried Hecker) 연구원 등 미국의 전문가를 초청해 핵 능력을 과시했으나, 이 같은 암시가 예상했던 성과를 이끌어내지 못하자 더욱 직접적인 도발 수단으로써 미사일 실험 및 핵 실험을 단행한 것이다.

또한 2003년 북한이 미사일 문제를 6자회담 주요 과제로 다룰 것을 제안했음에도 의제가 되지 못했던 것은 매우 흥미롭다. 이는 미사일 방어계획을 추진하려던 부시 행정부에게 북한의 미사일 문제가 외교적으로 해결되는 것이 반드시 바람직한 것은 아니었기 때문인 것으로 보인다.[153]

3) 강도와 목표 선정

북한이 제2차 핵 외교에서 실제로 핵 실험을 감행했다는 것은 제1차 핵 외교와 비교해 주목할 만한 차이지만 1차뿐만 아니라 2차 핵 외교에서도 북한은 직접적으로 무력을 행사하지는 않았으며 관계 각국의 인적·물적 피해는 발생하지 않았다. 이는 북한의 목적이 미국과의 관계개선 및 경제적 원조를 획득하는 데 있었고, 한국의 햇빛정책도 큰 역할을 한 것으로 보인다.

북한은 확실히 미국을 벼랑 끝 외교의 대상으로 삼았다. 북한의 움직임은 항상 미국의 움직임에 대응하는 형태였고 특히 2006년 미사일 발사가 미국의 독립기념일에, 핵실험 역시 미국의 국경일인 콜럼버스의 날에 실시됐다

---

153) Robert Carlin, e-mail message to author, February 24, 2008.

는 것은 상징적인 의미가 있었다.

4) 군사와 외교의 연계

북한은 제2차 핵 외교의 정책 입안 및 실시를 위해 '6자회담 상무조'라는
태스크 포스를 조직했다고 알려졌다.[154] 북한은 군사행동과 외교행동을 긴
밀하게 연계시켰고, 많은 경우 군사행동을 한 뒤 이를 실리와 연관시키는 외
교행동이 이어졌다.

그러나 제2차 핵 외교가 시작된 시점에는 북한 군과 외교 당국 사이에 의
사소통이 충분하지 못했던 것으로 보인다. 2002년 미국 대표가 고농축 우라
늄 계획의 존재를 북한 측에 물어봤을 때, 강석주 제1부상은 "이 계획은 우리
외무성도 몰랐다", "그 계획에 놀랐다", "그것은 군이 관리하고 있다"고 말하
는 등[155] 외교 담당자가 계획의 존재를 모르는 것처럼 보였다. 1990년대와
마찬가지로 핵무기 제조 계획은 '131 지도국'이 관리하고 있었던 것이다.[156]

4. 정책목표와 그 달성도

핵 실험을 포함한 도발적 행동에도 불구하고, 제2차 핵 외교를 통한 북한
의 정책목표는 과거와 크게 달라지지 않았다. 북한은 미국 및 일본과의 관계
개선을 통한 정권유지가 목표였고, 핵 외교 초기 단계에서 반복해서 이 점을

---

154) 현성일, 『북한의 국가전략과 파워 엘리트: 간부정책을 중심으로』(서울: 선인, 2007),
  425쪽; 현성일과 저자의 인터뷰(서울: 2008.3.19).
155) 후나바시, 『김정일 최후의 도박』, 165쪽.
156) 현성일, 『북한의 국가전략과 파워 엘리트: 간부정책을 중심으로』, 425쪽; 현성일과
  저자의 인터뷰(서울: 2008.3.19).

분명히 했다. 구체적인 내용은 2003년 북한이 제시한 '일괄타결도식과 동시행동순서'에 나와 있듯이 미국에게 "조미불가침조약을 체결하며, 조미외교관계를 수립하며, 조일·북남경제협력실현을 담보하며, 경수로제공지연으로 인한 전력손실을 보상하고 경수로를 완공할" 것을 요구했다.[157] 즉 북한은 미국에게 무력 불사용 보장과 새로운 평화보장체계 수립, 관계 정상화, 에너지 지원, 경제적 이익을 담보해줄 것 등을 기대하고 있었다.

1) 무력 불사용 보장 및 새로운 평화보장 체계

미국은 2005년 6자회담 공동성명을 통해 북한에 대해 "핵무기 또는 재래식 무기로 조선민주주의인민공화국을 공격 또는 침공할 의사가 없다는 것"을 확인했다. 이는 북한에게 매우 큰 의미가 있었는데, 당시 북한의 지도자들은 미국이 '선제공격'을 공식 전략으로 채택한 데다, 북한을 포함한 WMD 보유국에 사용할 것을 염두에 두고 지표관통 핵폭탄(Robust Nuclear Earth Penetrator: RNEP) 개발을 결정한 데 대해 크게 우려하고 있었다.[158] 예를 들어 2005년 6월 북한은 "남조선에 핵공격수단인 스텔스전투폭격기들이 대량 투입되고 지하관통미싸일이 배비되었으며 〈제도전복〉을 위한 별동대인 〈신속기동단〉 창설준비사업이 진척되고있다"고 보도했다.[159] 미국은 이미 1994년 제네바 합의에서 북한에 대해 "핵무기를 사용하지 않을 것이며 핵무기로 위협도 하지 않겠다는 공식 보증", 이른바 공식 보장(negative security assurance)을 약속했으며 2005년 공동성명에서는 재래식 전력에 대한 무력

---

157) "조미사이의 핵문제에 관한 6자회담 개최: 조선측 일괄타결도식과 동시행동순서 제시", 《조선중앙통신》, 2003년 8월 29일.

158) *New York Times*, March 10, 2002.

159) "조선중앙통신사 론평: 〈제도전복〉기도는 허황한 망상", 《조선중앙통신》, 2005년 6월 7일.

불사용 보장까지 제공하게 되었다.

또한 2006년에 들어서자 부시 행정부 내에서 북한과 평화협정을 체결하는 것을 골자로 한 평화체제 구축을 모색하기 시작했다. 동년 봄, 라이스 국무장관과 졸릭(Robert Zoellick) 국무차관은 이러한 구상을 부시 대통령에게 제안했고, 4월에는 부시 대통령이 후진타오(胡錦濤) 중국 주석에게 북한과 평화조약을 체결할 의사가 있다고 전달했다. 그러나 중국으로부터 미국의 구상을 전달받은 북한은 금융제재 해제와 함께, 평화조약 체결과 핵 문제 해결과의 관계를 명확히 할 것을 요구했고 논의는 더 진전되지 못했다.[160] 이후 2007년이 되어서야 공동성명에 대한 행동계획이 합의에 이르렀고, 한반도의 항구적 평화체제에 대해 협의한다는 내용이 담겼다. 또한 같은 해 힐 차관보는 평화조약에 대한 협상을 내년이라도 시작할 수 있다고 밝혔다.[161]

1993년 이후 북한은 거듭해서 정전체제를 평화체제로 전환할 것을 요구했다. 평화체제 수립이 김정일 체제의 유지와 북미 관계 정상화에 기여하는 점을 고려하면, 2005년 이후 나타난 일련의 움직임은 북한에게 매우 유리한 것이었다. 그러나 2006년 미국의 제안은 충분히 가다듬어진 전략이라기보다는 즉흥적이며 임기응변적인 시도였으며, 결국 평화체제 구축에 관한 구체적인 성과를 도출하지는 못했다.

2) 북미 관계 정상화

2008년 6월 미국은 북한에 대한 대적통상법의 적용을 종료했고 같은 해 10월에는 테러지원국 지정을 해제했다. 부시 행정부는 이러한 조치는 상징적인 것이며, 2006년의 핵 실험·확산활동·인권침해 등에 따른 다른 여러 제

---

160) 후나바시, 『김정일 최후의 도박』, 573~576쪽.
161) *Daily Telegraph*, July 17, 2007, p.16.

재는 계속될 것이라는 점을 강조했지만, 대적통상법과 테러지원국 지정에 대한 조치는 북미 관계의 미래에 중요한 의미를 가져올 수 있는 것이었다.[162]

이에 대해 북한은 미국의 조치를 환영하면서도, 검증에 대한 합의가 완전히 이행가능한지 여부는 테러지원국 해제가 '실제적 효력'을 가지고 있는지, 그리고 관계 각국이 경제적인 '보상'을 줄 것인지 여부에 달려 있다고 못 박았다.[163] 어찌되었든 대적통상법의 적용과 테러지원국 지정이 북미 관계 개선의 심각한 장애가 되었던 점을 생각하면, 2008년 6월 및 10월에 채택된 조치가 양국 외교관계 개선을 향한 중요한 진전이라는 것을 알 수 있다.

이러한 미국의 조치는 북한과 미국의 경제관계에서도 중요한 잠재적 의미를 가지고 있었다. 대적통상법의 적용 해제로 미국의 대북 수입에 대한 허가·절차 의무가 간소화되었고[164] 테러지원국 해제로 무기관련 수출·판매 금지, 군과 민간 이중용도품목의 수출관리·경제지원 금지, 미국 국내법으로 부과되었던 기타 금융 규제가 기본적으로 해제된 것이다. 그리고 가장 중요한 변화는 세계은행과 아시아개발은행 등 국제 금융기관의 대북 융자를 미국이 승인하는 것이 법적으로 가능해진 것이다.[165] 그러나 이러한 중요한 변화에도 불구하고 북미 관계는 크게 진전되지 못했다.

---

162) DoS, "North Korea: Presidential Action on State Sponsor of Terrorism(SST) and the Trading with the Enemy Act(TWEA)," Fact Sheet, June 26, 2008; DoS, "Existing Sanctions and Reporting Provisions Related to North Korea," Fact Sheet, October 11, 2008.

163) "조선외무성 〈테로지원국〉삭제 환영, 핵무력화검증협력 강조", 《조선중앙통신》, 2008년 10월 12일.

164) DoS, "North Korea: Presidential Action on State Sponsor of Terrorism(SST) and the Trading with the Enemy Act(TWEA)," Fact Sheet, June 26, 2008.

165) DoS, *Country Reports on Terrorism 2007*, April, 2008, p.171.

3) 경수로와 중유 획득

한국은 2007년 7월 행동계획의 제1단계 조치인 핵시설 동결에 대한 대가로 북한에 중유 5만 톤을 제공했고, 같은 해 10월 6자회담 당사국들이 2단계 조치로 45만 톤의 추가 중유 지원과 중유 50만 톤에 상당하는 물자와 장비를 북한에 제공하는 데 합의했다. [166] 또한 2008년 2월까지 북한의 탄광과 화력·수력 발전소를 복구하기 위한 물자와 장비를 제공하는 데 비공식적으로 합의했다. [167]

이러한 합의에 따라 2007년 7월부터 6자회담이 중단된 2009년 3월 사이 북한은 중유 50만 톤과 중유 24만 5,000톤 상당의 비(非)중유 원조를 받았다. 중유는 미국과 러시아가 각각 20만 톤, 한국과 중국이 각각 5만 톤을 지원했고, 비중유 원조는 중국이 15만 톤, 한국이 9만 5,000톤 상당을 제공했다. 반면 일본은 납치 문제에 진전이 없다는 이유로 북한에 원조를 제공하는 것을 거부했다. 이렇게 북한은 합의된 중유 50만 톤 전량을, 비중유 원조는 합의된 50만 톤의 절반인 24만 5,000톤을 받아내는 데 성공했다. [168]

한국이 SK에너지를 통해 조달한 중유 5만 톤은 2,200만 달러였고[169] 미국은 중유 20만 톤을 제공하기 위해 1억 4,600만 달러를 지출했다. [170] 이를 바탕으로 단순 계산하면 북한에 제공된 74만 5,000톤의 중유에 해당하는 지원 금액은 4억 3,000만 달러 정도라 볼 수 있다.

---

166) 송민순, 장관 내외신 브리핑, 외교통상부, 2007월 10일 31일; 외교부 대변인 일일브리핑, 외교통상부, 2007년 12월 10일.

167) Hill, "Status of the Six-Party Talks for the Denuclearization of the Korean Peninsula."

168) Mark E. Manyin and Mary Beth Nikitin, "Foreign Assistance to North Korea," *CRS Report for Congress*, Congressional Research Service, March 12, 2010, p.8.

169) Lee Jong-Heon, "Analysis: N. Korea's use of oil aid," *UPI*, July 12, 2007.

170) Manyin and Nikitin, "Foreign Assistance to North Korea," p.2.

제2차 핵 외교를 통해 북한이 획득한 물질적 이익은 1차 핵 외교를 크게 밑돌았다. 1994년 제네바 합의는 북한에 연간 중유 50만 톤을 약 8년 동안 제공할 것을 약속한바, 이는 약 400만 톤의 중유 제공을 의미하는 것으로서 2007년 행동계획이 제시한 양은 그 4분의 1에 지나지 않았다. 그러나 석유가격의 상승으로, 중유 공급을 위해 지출한 금액을 지원국 측면에서 보면 제네바 합의하에 제공한 중유 가격(약 4억 달러)과 거의 유사해졌다는 아이러니한 결과를 낳았다.

또한 2005년 공동성명에는 경수로 공급 가능성을 언급했으나, 제네바 합의와 달리 경수로 공급을 약속하지는 않았다. 이 점을 통해서도 2007년 합의에 따른 북한의 이익은 제네바 합의에 비해 제한적이라는 것을 알 수 있다.

4) 일본 및 한국과의 경제협력

북한이 다시 핵 외교를 전개하자 일본과의 관계개선은 어려워졌고, 북일 경제협력의 실현도 멀어져 갔다. 2002년 7월 북한은 경제관리 방식을 개선하기 위한 여러 조치를 시행했고, 같은 해 9월에는 고이즈미 일본 총리를 평양에 초청해 북일 정상회담을 개최했다. 정상회담에서 일본 측은 국교정상화 이후 북한에 대규모 경제 지원을 할 용의가 있다고 표명했다. 양국 정상이 합의한 평양선언은 일본의 대북 무상 자금협력, 저금리 장기차관 제공 및 국제기구를 통한 인도적 지원 등의 경제 협력을 실시하고, 또한 민간 경제활동을 지원하는 차원에서 국제협력은행 등을 통해 융자·신용대출 등을 실시할 것을 강조했고, 그 금액은 수십억 달러에 달할 것으로 추정되었다.[171] 경제개혁을 본격적으로 추진할 경우 엄청난 자금을 해외에서 도입해야하며, 그런 의미에서 북한은 경제관리 방식의 개선 조치와 북일 정상회담을 하나의

171) 「日朝平壤宣言」(平壤: 2002.9.17).

흐름으로 삼은 것으로 보인다.

그러나 우라늄 농축 계획의 발각으로 핵 문제가 재차 부상했고, 북한이 일본인들을 납치했고 피해자 대부분이 사망했다는 정보가 공개되자 북일 국교 정상화 과정은 교착상태에 빠졌다. 또한 2006년 10월 핵 실험 직후에 일본 정부 단독으로 북한에 제재조치를 취함으로써 양국 관계개선은 더욱 어려워졌다.172) 그 결과 일본은 평양선언에 명문화된 경제원조는 물론, 2007년 6자 회담에서 합의된 비교적 소량의 에너지 지원도 거부하기로 한 것이다.

반면 남북 간 경제협력은 핵 위기로 느려지기는 했지만 계속해서 추진되었다. 2003~2006년 사이 한국 정부는 북한에 연평균 1억 3,676만 달러의 공적원조를 제공했고 공동 개발 프로젝트를 진행했다. 그러나 이러한 한국의 대북원조는 북한의 핵 외교로 성사된 것이 아닌, 한국의 적극적인 햇볕정책의 결과였다. 실제로 제2차 핵 외교로 남북 경제협력은 상당히 더뎌졌고, 핵 문제가 없었다면 남북 경제협력은 훨씬 급속히 진전되었을 것으로 보인다.173)

5) 국위선양

북한 지도부는 핵 실험의 성과를 국내에 적극적으로 선전했다. 핵 실험 이후 핵 실험을 축하하는 구호가 전국에 등장했고 핵 실험 몇 주 뒤에는 "력사적인 핵시험성공"을 환영하는 평양시 군민 대회가 김일성 광장에서 개최되어 당과 군대, 국가의 간부들을 비롯한 10만 명이 참가했다고 보도되었다.174) 또한 2007년 1월 1일 발표된 신년 공동 사설은 "우리 군대와 인민은

172) 「北朝鮮による核實驗に係る我が國の当面の對応について」, 官房長官記者 發表, 2006.
     10.11.
173) 이종석과 저자의 인터뷰(세종연구소, 2008.2.19).
174) "력사적인 핵시험성공을 환영 평양시 군민대회", 《조선중앙통신》, 2006년 10월 20일.

선군의 기치높이 반미대결전과 사회주의수호전에서 백전백승을 떨쳐왔으며 나라의 최고리익과 민족의 운명을 굳건히 수호하기 위한 강력한 자위적국방력을 다져왔다"고 지적하고 "우리가 핵억제력을 가지게 된것은 그 누구도 건드릴수 없는 불패의 국력을 갈망하여온 우리 인민의 세기적숙망을 실현한 민족사적경사였다"고 강조했다.[175]

5. 벼랑 끝 외교로 인한 중장기적 역효과

2006년 핵 실험을 통해 북한이 실제로 핵무기를 보유하고 있다는 것이 확실해지자 북한은 핵 보유에 대한 모호성을 잃게 되었다. 실험 전 미국은 북한의 핵 보유를 확신했으나, 중국은 그러한 견해에 의구심을 표명했다. 또한 북한 자신도 핵 보유에 대한 모호성을 종종 외교적으로 이용해왔다.

그러나 실험 후 북한은 이러한 모호성을 잃게 되었고 벼랑 끝 외교의 유연성도 떨어졌다. 북한의 핵 보유가 100% 확실하지 않다면, 관계 각국도 이를 의심하면서도 "북한이 반드시 핵무기를 보유하고 있다고 할 수 없다"는 전제로 협상을 진행하고 정치적 타협을 받아들일 여지가 있었다. 그러나 핵 보유가 명확해짐으로써 관계국들은 북한과의 관계를 개선하고 경제적으로 지원하는 데 국내정치적 반대에도 직면하게 된 것이다.

---

175) "〈승리의 신심드높이 선군조선의 일대 전성기를 열어나가자〉 ―《로동신문》·《조선인민군》·《청년전위》 공동사설", 《조선중앙통신》, 2007년 1월 1일.

벼 랑 끝 외 교 의 **효 과** 와 **한 계**

1. 벼랑 끝 외교의 목적 및 군사행동

1) 정책목표의 변천

북한의 벼랑 끝 외교는 시대에 따라 공격적인 것에서 방어적인 것으로 크게 변화해왔다. 북한은 1960년대부터 1970년대에는 한반도 및 국제정세를 변화시키기 위해 대담하고 공세적인 행동을 취했지만, 1980년대를 경계로 서서히 방어적인 행동이 두드러지게 나타났고, 1990년대 이후에는 오로지 자국의 체제유지만을 목적으로 한 방어적인 벼랑 끝 외교를 전개했다.

1960년대 북한의 정책목표는 공격적이고 야심적인 것이었다. 푸에블로호 사건이나 EC-121기 격추 사건은 미국의 첩보활동을 저지하고 한국과 미국의 베트남 참전을 막으려는 목적이 있었다. 또한 1968년 청와대 습격사건은 한국 대통령을 살해하고 한국 정부를 전복시키기 위해 실시된 것이었다.

1970년대 북한의 정책목표 역시 1960년대만큼 야심이 크지는 않았지만 공세적인 성격을 띠었다. 북한은 서해 사건을 통해 한국과 미국에게 영해 범위를 변경할 것을 요구하고 미국에 평화협정을 체결할 것을 강요하려고 했다. 또한 판문점 도끼만행 사건은 유엔을 비롯한 국제사회에서 자국에 대한 지지를 확대하고, 이를 배경으로 유엔군 사령부 해체와 주한미군 철수를 촉구하려 했다.

그러나 1980년대에 들어서면서 북한의 정책목표는 변화하기 시작했다. 이 시기 북한은 아웅산 테러로 한국 대통령의 암살을 기도했고 서울 올림픽 개최를 저지하기 위해 KAL기 폭파사건을 일으키는 등 매우 공격적으로 행동했으나, 이는 북한의 우려와 조바심을 반영한 것이었다. 당시 한국은 고도성장을 이루어나가고 있었고 북한은 경제적 측면에서 한국보다 낙후되어 있었다. 전두환 대통령의 버마 방문은 한국이 동남아시아에도 영향력을 확장시켜가고 있다는 것을 상징하는 일이었고, 서울 올림픽이 성공하면 국제사회에서 한국의 위상이 강화될 것이 확실해 보였다.

북한은 한국과의 정통성 경쟁에서 어떻게든 버텨내기 위해서라도 이러한 흐름에 제동을 걸지 않을 수 없었다. 즉, 아웅산 테러와 KAL기 폭파 사건은 한국과의 경쟁에서 불리해진 상황을 타개하고 반격을 도모하기 위한 북한의 고육지책이라 볼 수 있다. 그러나 이런 시도는 북한의 입장을 더욱 악화시켰고, 결국 수세에 몰리게 되고 말았다.

1990년대 북한의 정책목표는 한층 방어적이 되어 체제유지와 경제지원의 획득 등이 벼랑 끝 외교의 목표가 되었다. 북한은 수차례 화려한 벼랑 끝 외교를 전개했으나, 그 목표는 단지 '체제유지'라는 지극히 제한된 것이었다.

또한 북한의 정책목표는 당초에는 매우 적대적인 것이었으나, 1970년대를 기점으로 점차 협력적인 요소도 나타났다. 예를 들어, 1974년 북한은 미국에 평화협정 체결을 요구하는 등 관계개선을 모색하기 시작했다. 이러한 경향은 1990년대에 들어와 더욱 강해져 북한은 더욱 명확한 형태로 미국 및 일본과의 관계 정상화를 추구하게 되었다. 그러나 북한은 1970년대에 미국과의 관계개선을 통한 현상돌파, 즉 주한미군 철수 등을 목표로 한 반면, 1990년대에는 미국과의 관계 개선을 통한 현상유지, 즉 자국의 체제유지를 추구했다는 점에 차이가 있다.

한편, 북한 벼랑 끝 외교의 역사를 긴 안목으로 살펴보면, 시간이 지나면서 군사전략적 목표의 중요성이 감소한 반면, 정치·경제적 목표의 중요성이 높아졌다는 것을 알 수 있다. 1960년대 말 푸에블로호 사건이나 EC-121기 격추 사건의 주요 목적은 군사적인 것, 즉 미국의 첩보 활동을 방해하고 북베트남(월맹)을 지원하는 것이었다. 반면, 1990년대 이후 핵·미사일 외교의 주요 목적은 정치·경제적인 것, 즉 미국과의 관계개선 및 경제적 지원을 획득하는 데 있었다.

2) 정책목표와 군사행동의 관계

북한은 정책목표를 달성하는 수단으로 군사행동을 취해왔다. 즉 북한 지도자는 합목적적으로 군사력을 사용했고, 이러한 사실은 북한의 군사행동, 특히 그 강도와 목표선정의 양식이 정책목표의 변화와 궤적을 같이해 변화해 왔다는 것으로부터 알 수 있다. 먼저, 큰 흐름은 북한의 군사행동의 강도와 그에 따른 사상자 수가 시간이 갈수록 줄어들었다는 것이다. 1960년대 북한은 야심찬 목표를 갖고 직접적이고 강도 높은 무력을 행사했고, 이 때문에 많은 한국인과 미국인이 사상했다. 그러나 1970년대 북한에서 협력적인 정책목표가 등장하면서 군사행동으로 인한 사상자 수는 감소했고, 북한은 군사행동과 외교활동을 연계시키면서 제한적이고 간접적인 형태로 군사력을 사용하게 되었다. 1980년대에는 한국의 대내외적인 성공에 초조해진 북한이 잇따라 테러공격을 감행해 사상자 수가 일시적으로 증가했지만, 1990년대에는 북한의 정책목표가 방어적으로 전환되면서 직접적인 무력행사는 자취를 감추고 강요를 목적으로 하는 간접적인 군사행동이 눈에 띄게 되었다. 그 결과 떠들썩한 핵 외교와 미사일 외교가 전개되었음에도, 북한의 군사행동에 다른 사상자 수는 감소했고 특히 미국 및 미국인에 대한 직접적인 무력행사는 완전히 사라지게 되었다(409~410쪽 참고자료 표 1 참조).

북한의 군사행동에 따른 사상자 수는 1960년대 507명을 정점으로 1970년
대에는 94명까지 감소했고, 1980년대에는 일시적으로 140명 이상이 되었으
나 1990년대는 0명, 2000~2008년에는 6명에 그쳤다.[1] 이러한 변화의 두 가
지 원인 중 첫 번째는, 북한이 핵과 장거리 미사일 등 전략적으로 중요한 의
미를 가지는 무기를 개발하게 됨으로써 실제로 군사력을 행사할 필요가 줄어
들었다는 것이다. 핵 및 장거리 미사일은 실제로 사용하지 않아도 강제력으
로서 충분한 효과를 발휘했다. 둘째, 북한의 정책목표가 협력적인 요소를 강
조하게 되었기 때문에, 군사력을 실제로 사용하는 것이 유리하지 않게 되었
다. 특히 미국과의 관계개선을 추구하는 북한으로서는 미국에 인적·물적 피
해를 입히는 것이 외교적으로도 바람직하지 않게 된 것이다. 만약 미국인을
살상하면 북미 관계의 진전이 현저하게 저하될 우려가 있었기 때문이다.

북한이 정책목표에 따라 군사행동을 취했던 것은 그 목표 선정의 양식이
변화한 것을 통해서도 이해할 수 있다. 1960년대 북한은 목표를 구별하지 않
고 한국과 미국을 공격의 대상으로 삼았다. 한국을 주요 목표로 삼았던 청와
대 습격사건과 미국이 주요 목표였던 푸에블로호 사건은 거의 동시에 발생했
다. 그러나 1970년대에 들어서면서 서해 사건에서는 한국에 대해서만 도발
하는 한편, 판문점 도끼만행 사건에서는 미군 장교를 공격 대상으로 삼는 등
북한은 공격 대상을 구별하기 시작했다. 1980년대에 들어와 목표의 구별은
더욱 명확해졌다. 1981년 미 공군 SR-71 전략정찰기 공격을 마지막으로 북
한은 미국이나 미국인을 더는 직접적인 공격의 대상으로 삼지 않았고, 이 방
침은 현재까지 유지되고 있다. 미국은 무력공격의 목표가 아니라 외교적 공
세의 대상이 된 것이다. 또한 1983년 아웅산 테러 이후 현재까지 북한은 한

---

1) 이문항, 『JSA - 판문점: 1953-1994』(서울: 소화, 2001), 373쪽(1953~1992년 사이 자
  료); 한국 국방부로부터 입수한 자료(2002년 8월 29일, 2008년 2월 29일).

국 지도부에 대한 공격을 실시하지 않았다는 사실도 주목할 만하다. 북한은 한국 정부를 전복한다는 목표를 사실상 포기한 것이다.

3) 벼랑 끝 외교의 효과

북한의 벼랑 끝 외교는 성공적이었던 부분도 있지만 실패한 경우도 있으며, 예상치 못했던 역효과를 낳은 것조차 있었다. 푸에블로호 사건과 제1차 핵 외교는 북한의 벼랑 끝 외교의 주목할 만한 성공사례이며, 1960년대 비무장지대(DMZ) 공격, 1970년대 서해 사건, 1990년대 미사일 외교, 그리고 2002년 이후 제2차 핵 외교도 제한적으로나마 성공을 거두었다. 그러나 1990년대 정전체제 무효화 공작은 별다른 성과를 낳지 못했고, 1976년 판문점 도끼만행 사건 및 1987년 KAL기 폭파사건은 북한에게 매우 불리한 결과를 가져왔다.

이 연구를 통해 북한 지도자들은 군사력을 합리적으로 사용해온 것이 밝혀졌으나, 합리적인 지도자라고 해서 실패를 범하지 않는다는 것은 결코 아니다. 예를 들어, 판문점 도끼만행 사건 당시 국제환경은 북한에 매우 유리했으며 북한은 공동경비구역(JSA)에서의 군사적 기회를 외교적으로 이용하려 했다. 그러나 미군 장교 2명을 잔인한 방법으로 살해하는 전술적인 실수로 인해 북한의 시도는 참담한 실패로 끝났다. 1999년 연평해전에서는 북한 지도부가 한국의 대응을 과소평가한 결과, 북한은 군사적으로 크게 패배했고 많은 인명과 함정을 잃었다.

북한이 감행한 비정규전도 대부분 실패로 끝났다. 네 차례에 걸친 한국 대통령 암살기도는 모두 실패했고, 게릴라의 대량 투입도 별다른 결과를 만들어내지 못했다. 그리고 1987년 KAL기 폭파사건으로 국제사회에서 북한의 지위는 결정적으로 몰락하게 되었다.

이러한 점에서 북한의 지도자들이 합리적이었을지라도 그들의 전개한 벼랑 끝 외교가 매우 효과적이었다고는 볼 수 없으며, 김일성이나 김정일을 '군사의 천재'라고도 부를 수 없다는 것을 알 수 있다. 북한의 지도자들이 적극적으로 군사력을 이용해온 것은 사실이나 군사력의 사용에 특별히 뛰어난 능력을 발휘한 것은 아니다.

다음으로 핵 및 미사일 외교에 대한 북한의 벼랑 끝 외교의 효과를 금전적 대차대조표의 관점에서 분석해보았다. 첫째, 핵 외교는 북한에게 그 나름대로 바람직한 결과를 낳았다. 1994년 제네바 합의에 따라 한미일을 중심으로 한 관계국들은 한반도에너지개발기구(KEDO) 사업을 위해 약 25억 달러를 지출했다. 또한 6자회담에서의 합의에 따라 2007년 이후 당사국들은 북한 원조에 약 4억 3,000만 달러를 지출했다. 즉, 단순계산하면 북한은 두 번에 걸친 핵 외교로 관계국들로부터 총 29억 달러 상당의 지원을 이끌어낸 것이다.

그러나 관계국들의 지출액이 곧바로 북한의 이익으로 이어진 것은 아니다. 예를 들어 KEDO는 약 16억 달러를 경수로 프로젝트를 위해 지출했지만 결국 경수로는 완성되지 못하고 건설이 중지되어버렸다. 건설 도중의 경수로는 북한에게 실질적인 이익을 가져오지 못했기 때문에, 북한이 KEDO 사업에서 실질적으로 얻은 이익은 약 4억 달러 상당의 중유뿐이며 핵 외교에서 얻은 이익의 총액은 2007년 이후에 받아낸 중유 등의 지원액을 추가하여 총 8억 달러 정도다.

한편, 북한의 핵 개발에는 일정 비용이 소요되었다. 한국 정부는 북한이 핵시설 건설에 6~7억 달러, 고농축 우라늄(HEU) 개발에 2~4억 달러, 핵무기 제조·핵 실험에 1억 6,000만~2억 3,000만 달러, 핵융합 기초연구에 1~2억 달러 등 총 11~15억 달러를 투입했을 것으로 추정했다.[2] 이 견적에 따라 북한 핵 외교의 비용과 이익을 단순 계산하면, 북한은 최대 7억 달러, 적어도 4억 달러 상당의 경제적 손실을 본 셈이다. 그렇지만 북한이 핵 개발을 포기하

---

2) 《연합뉴스》, 2012년 12월 5일.

지 않고 결국 핵무기를 보유하게 된 것을 고려하면, 전체적인 시각에서 핵 외교는 북한에게 긍정적인 결과를 가져왔다고 할 수도 있다.

두 번째로, 미사일 외교의 대차대조표에 대해서는 구체적인 거래가 성립되지 않았기 때문에 최종적인 결론을 도출할 수 없지만, 북한에게 일정 부분 이익이 남는 거래가 논의되고 있었다. 예를 들어 1990년대 초반 협상에서, 이스라엘은 북한에게 중동에 미사일을 수출하는 것을 중단할 경우 10억 달러 상당을 지불할 것을 검토했다. 또한 김정일은 2000년 올브라이트 미 국무장관에게 사정거리 500킬로미터를 넘는 미사일의 생산·실험·추가 배치 중단과 모든 미사일 수출을 중단하는 데 대해 10억 달러 상당의 식량과 에너지 등 비군사 원조를 해달라고 요청했다. 이를 통해 미사일에 대한 합의가 이루어졌다면, 북한은 10억 달러 상당의 대가를 받을 수도 있었을 것이라고 하겠다.

한편, 한국 정부의 추정에 따르면 북한은 미사일 개발 비용으로 미사일 연구시설에 1억 5,000만 달러, 발사장 건설에 6억 달러, 탄도미사일 개발에 8억 4,000만 달러, 인공위성 개발에 1억 5,000만 달러 등 총 17억 4,000만 달러를 투자했다.[3] 참고로, 1998년 대포동 1호 발사 비용은 북한 스스로 약 3억 달러 이상이었다고 보도한 바 있다.[4]

하지만 핵에 대한 합의가 흑연감속로 및 재처리 시설의 폐기를 전제로 한 것과 비교해, 미사일에 대한 합의는 반드시 미사일의 폐기를 전제로 한 것은 아니었다. 이러한 이유로 미사일 개발 및 실험에 이 정도의 비용이 소요되었다 할지라도 합의가 성립되었을 경우 북한이 얻게 될 이익은 적지 않은 것으로 추정된다. 미국 정부는 북한이 스커드 미사일과 그 제조기술을 수출함으로써 2000년까지 10년간 10억 달러 이상의 대가를 얻었다고 보고 있다.[5] 즉,

---

3) 같은 글.
4) 《로동신문》, 1998년 9월 17일자, 3면.
5) "DPRK Missile Program for Michael Rosenthal," Memorandum, Roe to Kaplan, February 10, 2000, obtained by the National Security Archive Korea Project.

북한은 미사일 외교를 통해 약 10년간의 미사일 수출에 해당하는 대가를 얻으려 한 것이다.

이상으로, 핵 및 미사일 외교의 금전적 대차대조표를 검토해봤지만, 이는 어디까지나 표면적인 비용과 이익을 비교한 것이다. 더욱 종합적으로 대차대조표를 검토하기 위해서는 북한의 벼랑 끝 외교를 배후에서 지원하는 막강한 군사력의 유지비용과 벼랑 끝 외교로 국제사회로부터 고립된 데서 나오는 손실 등을 산정할 필요가 있다. 이러한 종합적 추정은 쉽지 않지만, 그것까지 고려하면 북한이 지불한 비용은 엄청난 것으로 북한이 벼랑 끝 외교를 통해 "이익을 봤다"고 말하기는 힘들 것이다.

2. 군사균형 및 북한의 행동양식

1) 촉진요인으로서의 군사적 우위

북한의 군사행동은 군사적 우위를 기반으로 추진되었기 때문에 군사균형이 변화할 경우 제약을 받았다. 북한은 새로운 장비의 도입 등을 통해 얻게 된 군사적 기회를 적극적으로 활용하여 무력을 행사하거나 또는 군사적인 협박을 가했다. 예를 들어 1960년대 후반의 DMZ 공격, 푸에블로호 사건, EC-121 격추 사건 등은 북한이 1960년대 전반에 채택한 '당의 군사로선'에 따른 대규모 전력증강을 배경으로 하고 있었다.[6] 1970년대 서해 사건은 북한이 1960년대 후반 고속 미사일정을 도입하는 등 해군력을 증강했기에 가능

---

6) '당의 군사로선'의 형성과정에 대해서는 宮本悟, 「朝鮮民主主義人民共和國における國防政策の成立經緯とその目的: 一九五〇年代~一九六〇年代における朝鮮勞働党の軍事路線の成立經緯」, 《國際安全保障》, Vol.40, No.1(2012.6) 참조.

했다. 그리고 1990년대의 핵·미사일 외교는 북한이 1980년대 본격적으로 진행한 핵·미사일 개발의 성과였다.

그런 의미에서 1980년대에는 북한의 군사행동이 정체되었다는 사실이 시사해주는 바가 크다. 한반도의 군사균형이 북한에 불리해지면서 군사행동이 침체된 것으로 보이기 때문이다. 한국은 1986년까지 제2차 전력증강계획을 완료했고, 한국과 미국은 방어계획에 보다 공세적인 요소를 도입하게 되었다.[7] 1976년 이후 한국의 국방비가 북한을 상회하게 되면서, 전반적인 군사균형은 한국과 미국 측에 유리하게 변화했다.[8] 북한은 한정된 자원을 핵 및 미사일 개발에 우선적으로 할당했고, 그 결과 재래식 전력의 근대화는 늦어졌다.

2) 군사적 우위 및 '무대'의 선택

북한이 군사행동을 취하는 '무대' 역시 군사균형의 변화에 따라 변천해왔다. 1960년대에는 DMZ 주변과 동해안에 집중되었던 북한의 군사행동이, DMZ에서 한미 방어태세가 강화되자 1970년대에는 국지적 군사균형의 우위에 있던 서해 5도 주변에서 활발해졌다. 이에 대해, 한국은 서해 5도의 요새화에 착수함과 동시에 해군력을 증강시켰고, 해상에서의 군사균형이 한국에 유리해지자 북한은 무대를 서해 5도로부터 JSA로 옮겨 판문점 도끼만행 사건을 일으킨 바 있다. 1990년대 들어서 북한은 몇 안 되는 '성역'인 자국 영토 내에서 핵과 미사일을 개발하고 활발한 벼랑 끝 외교를 전개했다.

즉, 북한은 자국이 군사적으로 우위에 있는 지역에서 군사력을 적극적으

---

7) 국방군사연구소, 『건군 50년사』(서울: 1998). 354~365쪽.

8) Taik-young Hamm, *Arming the Two Koreas: State, Capital and Military Power* (London: Routledge, 1999), p.80.

로 사용하는 경향을 보였다. 반대로 말하면, 한국과 미국의 방위 노력을 통해 북한이 군사적 우위에 설 자리가 축소되면서, 그 행동범위가 점차 축소되어 간 것이다. 그 결과 1990년대 이후 북한의 군사행동은 자국 영토와 함께 서해 5도나 JSA 등 제한적인 지역 이외에서는 거의 볼 수 없게 되었다.

비정규 작전도 비슷한 양식으로 진행되었다. 1960년대에는 북한의 공작원 다수가 DMZ를 넘어 한국에 침입했지만, DMZ 방어가 강화되자 지하에 땅굴을 파기 시작했고, 지상 대신 해상에서 침입작전을 감행하게 되었다. 한국의 해군력 증강으로 해상에서의 군사균형마저 한국에 유리해지자, 북한은 특수공작용 잠수함 건조에 착수했다. 1996년과 1998년의 잠수함 사건은 모두 북한 특수공작용 잠수함이 작전 수행의 결과 발생한 것으로, 비록 실패로 끝났으나 바다에서 북한의 활동이 활발해졌다는 방증이기도 하다. 또한 1980년대 발생한 3대 주요 테러 공격 중 아웅산 테러와 KAL기 폭파사건은 한반도의 외부에서 발생했는데, 이는 한반도 내 한국의 방어태세가 강화되었기 때문에 취약성이 높았던 해외에서 공격을 감행한 것으로 볼 수 있다.

지금까지 북한은 언제나 군사행동을 취하기 위한 새로운 '무대'를 개척해 왔으며, 이 '무대'는 항상 국지적 군사균형의 변화에 의해 결정된 것이었다.

3) 성공의 열쇠로서의 전략적 군사능력

북한의 벼랑 끝 외교의 성패를 결정하는 가장 중요한 요인 중 하나는 전략적 군사 능력의 존재 여부이며, 그러한 능력을 배경으로 한 벼랑 끝 외교는 성공한 경우가 많았다. 즉, 북한의 벼랑 끝 외교의 성공 여부는 협상술 등 전술적 요소가 아니라 보다 넓은 의미에서의 구조적 요인에 따라 결정되었다고 할 수 있다.

1990년대 이후 북한은 정전협정과 북방한계선(NLL)의 무효화를 목표로 JSA와 서해에서 일련의 벼랑 끝 외교를 전개했고, 활발한 군사·외교행동이나 정교한 법적 논의가 전개되었음에도 특별한 성과를 내지 못했다. 한편, 핵 외교는 제네바 합의를 가져왔고, 미사일 외교는 북미 관계 개선을 촉진했다. 여기서 핵·미사일 외교가 다른 북한의 벼랑 끝 외교와 달랐던 것은 전략적 군사능력이 뒷받침되었다는 것인바, 바로 그 군사능력 때문에 북한의 핵·미사일 외교가 높은 효과를 발휘했다고 볼 수 있다.

군사행동의 강도 면에서 말하자면, JSA에서의 시위나 DMZ 공격, 그리고 서해에서의 행동을 사소하게 여길 수 없다. DMZ와 서해에서는 실제로 양측에 사상자가 발생하는 등 직접적인 무력행사를 수반했지만, 전략적 중요성과 강제력의 측면에서는 핵·미사일 외교에 훨씬 미치지 못한 것이다.

물론, 이것은 전술적 요소가 중요하지 않다는 것을 의미하는 것은 아니다. 핵·미사일 외교에서도 세련된 외교행동과 꾸며낸 심리적 충격을 이용하는 것이 중요했고, 북한은 교묘한 전술로 핵·미사일 능력을 외교·경제적 성과로 연결시키는 데 성공했다. 그러나 교섭 기술 등 전술적인 요소는 어디까지나 2차적인 요인에 지나지 않았다.

4) 과거로부터의 교훈

북한은 많은 경험을 통해 얻은 교훈을 기반으로 벼랑 끝 외교를 점차 다듬어갔다. 1990년대에 이르러 북한의 벼랑 끝 외교는 매우 치밀하게 계산되어 교묘하게 실행되었다. 예를 들어, 북한은 1960년대 푸에블로호 사건의 교훈을 1990년대 핵 외교에도 반영시켰다. 북한은 푸에블로호 사건 당시 미국인 승무원을 인질로 삼아 미국을 협상 테이블로 이끌어내는 데 성공한 바 있다. 이어서 북한은 1990년대에 핵 개발을 구실로 미국을 협상 테이블에 앉혔는데, 두 경우 모두 북한은 미국이 중시하는 것 — 전자의 경우 푸에블로호와 승무원, 후자의 경우 핵 개발 — 을 거래의 재료로 이용한 것이다. 따라서 서장에서 언급했듯이, 북한이 이 두 가지 사건을 각각 미국에 대한 김정일의 '1차 대미

두뇌전', '또 한 차례의 대미지혜전'으로서 하나의 흐름에서 자리매김했다는 점은 시사하는 바가 크다. 푸에블로호 나포로 시작된 북미 협상을 통해, 북한은 군사행동과 외교협상을 적절하게 연계시킴으로써 많은 이익을 얻는 방법을 익힌 것이다.

또한 1990년대 이후 북한은 과거의 재탕으로 여겨지는 행동을 자주 취하기 시작했다. 예를 들어 1990년대 중반의 JSA의 무력시위는 사망자가 발생하지 않은 판문점 도끼만행 사건이라 부를 수 있으며, 1999·2001·2002·2010년 서해에서의 행동은 1970년대 초반 서해 사건과 닮아 있다. 또한 2002년에 시작된 제2차 핵 외교는 우라늄 농축 계획과 핵 실험이라는 새로운 요소를 수반하기는 했지만, 기본적으로 1990년대 핵 외교와 미사일 외교를 혼합해서 재현한 것이다.

군사와 외교의 연계라는 점에서도 북한은 과거로부터 교훈을 얻었다. 1960년대 북한은 군사와 외교가 반드시 긴밀하게 조정되었다고 할 수 없었다. DMZ에서의 한국과 미국군에 대한 공격이, 명확한 형태로 외교적으로 이용되는 일은 없었다. 푸에블로호 사건이나 EC-121 사건에 대해서도 김일성은 들어오니까 공격한다는 식으로 비교적 단순하게 사태를 이해하고 있었던 것이다. 푸에블로호 사건 발생 후의 북미 회담은 계획된 결과라기보다는 요행에 가까웠고, 1969년 EC-121 격추 사건 이후에는 북미 간 어떤 외교협상도 진행되지 않았다.

그러나 1970년대에 들어서면서 북한의 군사와 외교는 긴밀하게 연계되기 시작했다. 서해 사건에서 북한이 취한 일련의 군사행동은 분명히 판문점에 대한 자국의 주장을 뒷받침하기 위한 것이었고, 판문점 도끼만행 사건에서도 외교목표를 달성하기 위해 군사행동을 취한 바 있다.

1980년대 테러공격을 진행시킨 뒤, 1990년대에 들어서자 북한은 장기간 동안 매우 교묘한 벼랑 끝 외교에 나서기 시작했다. 특히 핵·미사일 외교에서 북한은 군사행동과 외교행동을 매우 긴밀하게 연계시키면서, 동시에 기습행동을 통해 벼랑 끝 외교의 효과를 극대화시키는 데 성공했다. 또한 정전체제를 무효화하기 위한 움직임은 군사행동과 외교행동을 긴밀하게 조정한, 매우 정교한 형태로 이루어졌다.

한편, 북한은 자국의 군사행동과 외교행동이 반드시 잘 연계된 것이 아니고, 군과 외교 당국은 대립하고 있다는 인상을 외부에 전달하려 했다. 북한이 이 같은 행동을 취한 것은, 내부적으로 대립하고 있다는 인상을 주는 것이 벼랑 끝 외교가 제대로 기능하는 데 유리하다고 생각했기 때문이다.

3. 벼랑 끝 외교의 특징

1) 억제력의 중요성

북한의 군사전략에 관한 연구는 주로 공격적인 측면에 주목하는 경향이 있다. 그러나 실제로는 북한의 벼랑 끝 외교에서 억제력은 항상 중요한 역할을 담당해온바, '억제력'으로서의 북한 군사력에도 충분히 주의를 기울일 필요가 있다. 북한이 벼랑 끝 외교를 효과적으로 전개하기 위해서는 미국과 한국으로부터의 보복공격을 억제하는 것이 필수적이었다. 청와대 습격사건, 푸에블로호 사건, EC-121 격추 사건, 판문점 도끼만행 사건, 그리고 1994년 제1차 핵 위기 당시 한국과 미국, 혹은 양국 중 하나는 북한에 대한 군사행동을 심각하게 고려한 바 있으며, 2002년 핵 문제가 재발되었을 때에도 미국은 '선제공격'을 국가안보전략 안에 공식적으로 포함시키고 있었다. 그러나 어떤 경우에도 한국과 미국은 무력을 행사하지 않았다.

그렇다면 북한 억제력의 원천은 무엇일까. 가장 중요한 억제력의 원천 중 하나는 1960년대 초반에 형성된 '당의 군사로선'이다. '당의 군사로선'은 종종 북한의 공격적인 군사태세를 상징하는 것으로 이해되지만, 실제로는 억제 또는 방어적인 측면도 가지고 있다. 김일성은 '당의 군사로선'을 설명하면서 특히 '전군간부화', '전군현대화' 등 4개 노선 중 '전민무장화'와 '전국요새화'에 대해 "전체 인민이 무장하고 온 나라를 요새화한다면 어떠한 원쑤도 함부로 우리를 건드리지 못할 것이며 원쑤들이 분별없이 덤벼 든다하더라도 그들은 참패를 면치 못할 것입니다"라고 방어의 관점에서 그 중요성을 지적한 바 있다.9) 1960년대부터 현재까지 북한의 군사행동에 대해 한국과 미국이 본격적인 보복조치를 취하지 않았던 이유 중 하나는, 고도로 무장화·요새화한 북한과의 군사충돌에는 필요한 비용이 매우 큰 반면 뚜렷한 결과를 가져오기는 힘들다는 것을 알기 때문이었다.

'당의 군사로선'을 통해 만들어진 억제력은 1960년대부터 작동했으나 북한의 억제력의 원천은 시대와 함께 변화되었다. 1980년대까지 북한의 억제력은 본격적인 군사충돌이 발생한 경우에도 자국을 방어할 수 있다는 '거부적 억제(deterrence by denial)'에 기초하고 있었다고 볼 수 있다. 그러나 1990년대 초 한국과 미국의 군사적 우위가 명백해지고, 전쟁이 발생한 경우 한미연합군이 평양 점령을 목표로 하고 있다는 것이 알려지자, 거부적 억제 대신 분쟁이 발생했을 경우 한국과 미국에 극심한 손상을 초래할 능력, 즉 '징벌적 억제(deterrence by punishment)'가 북한 억제력의 핵심이 되었다.10) 1990년대 북한은 장거리포와 다연장로켓을 DMZ 부근에 다수 배치했다.11) 북한은 한국과 미국의 보복공격 및 예방공격을 '거부'하는 능력은 상실했지만, '징벌'

9) 김일성, 「조국통일위업을 실현하기 위하여 혁명력량을 백방으로 강화하자」(조선 로동당 중앙위원회 제4기 제8차전원회의에서 한 결론, 1964년 2월 27일),『김일성 저작집 18』(평양: 조선로동당출판사, 1982), 257쪽.
10) 한미연합군의 평양 점령계획에 대해서는 Far Eastern Economic Review, December 3, 1999, p.80 참조.
11) Testimony of General Thomas A. Schwartz, Commander in Chief, United Nations Command/Combined Forces Command, Command & Commander, United States Forces Korea before the Senate Armed Forces Committee, March 27, 2001.

의 위협을 통해 양국을 억제하는 능력을 유지·강화해온 것이다.[12]

2) 법적 요소의 이용

북한의 벼랑 끝 외교에서 법적 요소는 중요한 역할을 담당해왔다. 북한은 종종 국제법과 국제거래에 반하는 행동을 취하지만, 북한의 정책입안자 중에는 풍부한 법률 지식을 갖추고 이를 이용하는데 뛰어난 사람이 적지 않다. 그리고 이들을 배경으로 북한은 벼랑 끝 외교에서 각종 법적 문제를 교묘하게 이용해온 것이다. 예를 들어, 1970년대 서해 사건은 정전협정 중 남북 해상경계선의 규정이 없다는 것을 이용하여 NLL의 합법성을 쟁점화한 것이다. 또한 1990년대 핵 외교 당시에는 핵확산금지조약(NPT)의 탈퇴 선언으로부터 탈퇴가 발효되기까지 3개월의 유보기간이 있다는 것을 이용하여, 미국에 시간적 압력을 가하면서 협상을 유리하게 진행시켰다.

법적 문제는 때로 핵심적 역할을 했다. 1999년 연평해전에서 북한 측이 큰 피해를 입었다는 것으로부터도 알 수 있듯이, 당시 서해에서의 군사균형은 한국에게 유리한 상태였다. 그럼에도 북한 함정이 반복해서 NLL을 넘는 위험한 행동을 했던 배후에는 북한이 그만큼 NLL에 대한 법적 문제의 외교적 유용성을 높이 평가하고 있었기 때문이다. 즉, 북한은 NLL을 둘러싼 법적 논의에서는 우위에 서 있다는 전제하에서, 군사적으로 불리함에도 과감하게 군사력을 사용한 것이다. 또한 NLL을 둘러싼 1970년대 북한의 주장과 비교하면 1990년대에는 상당히 다듬어진 내용의 주장을 펼치고 있다는 것을 알 수 있으며, 2006년 북한이 제안한 서해의 새로운 해상분계선은 유엔 해양법

---

12) Ashton B. Carter and William J. Perry, *Preventive Defense: A New Security Strategy for America* (Washington, D.C.: Brookings Institution Press, 1999), pp. 128~129.

조약을 반영한 것으로 일정 부분 정당성을 가지고 있었다.

북한의 인사제도는 북한이 벼랑 끝 외교에서 교묘한 법적 문제를 이용하는 것을 가능하게 했다. 북한에서는 몇몇 전문가가 장기간에 걸쳐 특정 정책분야를 담당하는 경우가 많기 때문에, 담당자는 법적·기술적인 문제에 대해 심도 있는 지식을 가지게 되기 쉽고, 조직의 기억보존능력도 높다.[13] 이 점에 대해 한국에 망명한 북한의 전직 외교관은, 북한 외무성에는 많은 원로 전문가가 있으며 외무성 직원의 90% 상당이 평생 한 부서에서만 일하고 있다고 증언한 바 있다. 이러한 인사제도는 조직을 경직되게 만들기 쉽다는 단점이 있지만, 전문성·연속성·일관성 측면에서는 유리하게 작용하고 있다.[14]

3) 기습행동

북한의 벼랑 끝 외교에서 기습행동은 상대국들에게 심리적 충격을 주는 기술로써 매우 중요한 역할을 담당해왔다. 푸에블로호 나포, EC-121기 격추, 판문점 도끼만행 사건, NPT 탈퇴선언, 미사일 발사, 핵 실험 등은 종종 대상국이 상상도 하지 못했던 시점에 느닷없이 감행되었다.

또한 최근에는 북한이 한국과 미국의 국내정치 정세를 고려하여 군사행동을 취하는 징후가 나타나고 있다. 1990년대 핵 외교와 미사일 외교는 모두 한국이나 미국에 새로운 정권이 출범한 지 얼마 지나지 않은 시기에 발생했다. 이를 통해 북한은 한국과 미국 정책결정자의 허를 찔러 이후 협상을 유리하게 전개하려고 한 것으로 보이며, 실제로 기습행동은 정교하게 실행에 옮겨져 높은 효과를 발휘했다.

북한이 이러한 기술을 사용할 수 있는 배경에는 ▲ 독재정치체제로 정책의

---

13) 전봉근 전 청와대 외교안보비서관과 저자의 인터뷰(서울: 2002.5.16).
14) 한국에 망명한 전 북한 외교관과 저자의 인터뷰(서울: 2002.5.15).

자유도가 높았던 것 ▲ 기습행동을 수행하는 데 필요한 군사능력을 확보하고 있었던 것 ▲ 이를 실제로 활용하기 위한 외교적 수완을 가지고 있었던 것 등이 있다. 북한이 기습적인 조치를 취한 것 자체는 놀라운 일이 아니지만, 유념해야 할 점은 북한이 대상 국 및 대상자들에게 심리적 충격을 줄 수 있는 기회를 정확하게 판단했고 이를 실행할 수 있는 능력을 갖추고 있었다는 것이다. 그러나 빈번한 기습행동으로 북한의 국제적 신용은 실추되었고 아무도 신뢰하지 않는 무법국가가 되어 버려, 결과적으로 북한은 악수(惡手)를 둔 셈이다.

4) 국내정치

북한의 국내정치는 벼랑 끝 외교의 주요 결정 요인은 아니었지만 일정 부분 영향을 미친 것으로 보인다. 예를 들어, 1960년대 말 김일성은 군사우선정책을 정당화하고, 김창봉 등 정적을 숙청하는데 푸에블로호 사건을 이용했고, 또한 EC-121 정찰기를 격추함으로써 군을 장악하려고 했다. 1976년 판문점 도끼만행 사건은 김정일이 북한 내 비판을 억누르면서 김일성으로부터의 권력승계를 진행하는 가운데 발생했다. 1990년대 핵·미사일 외교는 당과 군이 김정일의 지위를 공식화하던 마지막 단계와 시기적으로 일치하고 있다. 1998년 대포동 미사일은 김정일이 국방위원회 위원장에 '추대'되기 직전에 발사되었고[15] 2006년 핵 실험은 김정일의 지도력을 찬양하는 북한 내 선전수단으로 광범위하게 이용된 바 있다.

그러나 전체적으로 북한이 국내정치적 문제를 해결하기 위해 군사행동을

---

15) "우리 나라에서 첫 인공지구위성 성과적으로 발사", 《조선중앙통신》, 1998년 9월 4일; "김정일동지를 국방위원회위원장으로 추대할데 대한 제의", 《조선중앙통신》, 1998년 9월 5일.

취해왔다는 견해는 타당하지 않다. 실제로 한국전쟁 후 김일성이 정적의 숙청에 쫓기고 있던 시기에는 북한의 대외적 군사행동은 저조했지만, 1960년대 김일성의 권력기반이 강화되자 북한의 군사행동은 활발해졌다.[16] 또한 1980년대 아웅산 사태를 비롯한 테러사건을 차례로 감행한 것은 김정일이 북한의 2인자로 공식적으로 등장하여 대외 공작기관의 책임자가 된 뒤의 일이었다.[17] 즉, 북한은 국내정치상의 문제를 해결하기 위해 군사행동을 한 것이 아니라 국내정치상의 문제가 해결된 다음에 활발히 군사행동을 한 것이라 볼 수 있다.

또한 북한의 군사행동은 종종 실패로 끝나 국내정치적으로 부정적 효과를 가져온 경우도 많았다. 예를 들어, 1976년 판문점 도끼만행 사건은 외교적으로 대실패였고, 1999년 연평해전은 북한 해군의 일방적인 패배로 돌아갔다. 비정규 활동에서도 아웅산 사태나 KAL기 폭파사건은 대실패였고 이 사건으로 인해 국제사회에서 북한의 위상은 완전히 몰락했다. 이러한 사건들이 김일성과 김정일을 정치적으로 이롭게 했다고는 생각하기 어렵다.

그러나 북한의 국내정치에 대한 정보가 제한되어 있기 때문에, 외부에서 알 수 없는 정치적 이유로 인해 북한의 벼랑 끝 외교가 영향을 받았을 가능성도 배제할 수는 없다. 예를 들어, 판문점 도끼만행 사건은 김정일이 자신과 가깝지 않은 사람들을 제거하기 위해 직접 지휘하여 일으킨 것이었다는 김현식의 지적(176쪽 참조)에 주목하면, 도끼만행 사건의 가장 큰 목적은 국내정치적 이유였다는 해석도 가능해진다. 물론, 제5장에서 언급한 바와 같이 현재 도끼만행 사건 전후의 각종 움직임을 통해 외교적인 목적이 가장 중요한

---

16) Dae-Sook Suh, *Kim Il Sung: The North Korean Leader* (New York: Columbia University Press, 1988), pp.137~157, 212~237.

17) 김정일은 1980년 조선로동당 중앙위원회 6기 제1차 전원회의에서 정치국상임위원회 위원, 정치국 위원, 비서국 비서, 군사위원회 위원으로 선출되었다. 《로동신문》, 1980년 10월 15일자, 1면.

역할을 했다고 해석한 바 있으나, 북한 벼랑 끝 외교의 국내정치적 요인의 중요성에 대해서는 앞으로도 검토를 계속할 필요가 있다.

5) 국제적 환경

북한은 국제적 환경이 악화되었을 때 군사행동을 취하는 경향이 있다는 분석도 있으나 여기에는 오류가 존재한다. 북한은 국제적 환경과 관계없이 수시로 군사행동을 취해온 것이다. 1993년과 2002년 핵 외교가 시작되었을 때, 북한이 지극히 어려운 국제적 환경에 직면해 있었던 것은 사실이다. 그러나 1960년대 후반 활발한 군사행동을 감행했을 때, 국제적으로 중소대립이라는 부정적인 요소는 존재했으나 기본적으로 미국이 베트남 전쟁에 발을 빼 북한에게 유리한 국제적 환경이 조성되어 있었다. 1970년대 판문점 도끼만행 사건도 국제사회 특히 유엔에서 북한에 대한 지지가 높아지는 매우 유리한 국제적 환경하에서 발생했다. 또한 1990년대 말 미사일 외교는 한국과 미국이 북한에 대한 관여정책의 추진에 합의한 우호적인 환경 속에서 시작되었고, 1999년 연평해전은 미국의 페리 특사가 평양을 방문해 대북 관여정책의 방침을 전한 직후 발생한 것이다.

또한 국제적 환경의 좋고 나쁨은, 북한의 벼랑 끝 외교의 성공 여부에 영향을 주지도 못했다. 지극히 양호한 국제적 환경하에서 발생한 판문점 도끼만행 사건은 대실패로 끝났으나, 최악의 국제적 분위기 속에서 진행된 제1차 핵 외교는 북한이 자랑스러워할 만한 성과를 낳은 것이다.

6) 벼랑 끝 외교로 인한 중장기적 역효과

북한의 벼랑 끝 외교는 단기적 성과를 낳은 경우라 할지라도, 한국과 미국을 중심으로 하는 주변 국가의 대항조치를 촉진시키는 등 중장기적으로는 북한에 부정적인 결과를 초래하기도 했다. 예를 들어, 1960년대 북한의 군사행동은 한국과 미국의 DMZ 방어 강화를 불러왔고, 1970년대 서해 사건은 서해 5도의 요새화와 한국의 해군력 증강을 촉진했다. 1999년 연평해전에서 한국 해군이 압도적인 승리를 거둔 것은 1970년대 시작된 한국의 해군력 증강으로 인한 성과였다. 또한 1998년 대포동 미사일 발사는 한미일 간의 긴밀한 정책협조로 이어졌고, 탄도미사일 방어에 대한 미일 협력을 촉진시켰다.

이에 따라 북한의 벼랑 끝 외교의 효과를 종합적으로 평가하기 위해서는 단기적 성과뿐만 아니라 중장기적인 성과와 역효과도 고려해야 한다는 것을 알 수 있다. 일부에서는 단기적인 성공이 중장기적인 실패로 이어졌는데, 이러한 의미에서 벼랑 끝 외교의 대상국들이 군사적 또는 비군사적 수단으로 효과적인 대항조치를 취할수 있을지 여부는, 북한의 벼랑 끝 외교의 중장기적인 효과를 예측·평가하는 데 중요한 의미를 가진다고 할 수 있다.

김정은 시대의 벼랑 끝 외교
2009년 ~ 현재

1. 사이비 '벼랑 끝 외교': 2009~2010년

2009년부터 2010년에 걸쳐, 북한은 활시위를 연거푸 당기듯 각종 군사행동을 실시해나갔다. 먼저, 4월 5일 대포동 2호 미사일에서 파생된 로켓 '은하 2호'를 발사했고, 5월 25일에는 제2차 핵 실험을 감행했으며 11월 10일에는 서해 측 북방한계선(NLL)을 둘러싸고 한국과 총격전 ─ 대청해전 ─ 을 벌였다. 이어서 2010년 3월 26일 서해에서 한국 해군소속 포항급 초계함 '천안'을 어뢰로 격침시켰고, 11월 23일에는 연평도에 포격을 실시하는 등 연속해서 위험한 군사행동을 실시했다.

이런 군사행동들은 마치 지금까지와 같은 벼랑 끝 외교가 반복되는 것처럼 보였지만, 자세히 들여다보면 그 배경에는 벼랑 끝 외교 이상의 것이 있었다는 것을 알 수 있다. 최근 2년간, 북한은 근래 보기 드물었던 고강도 군사행동을 연달아 취하면서도, 이를 지렛대 삼아 벼랑 끝 외교를 전개하거나 한국 및 미국으로부터 보상을 얻으려는 움직임을 보이지는 않았다. 이는, 여기에 외교가 아닌, 그러나 그 이상으로 중요한 흐름, 즉 김정일에서 김정은으로 이어지는 권력승계 과정이 존재하기 때문이다.

김정일은 자신이 2008년 여름 뇌졸중으로 쓰러진 것을 계기로 후계 작업을 가속시키기로 결단을 내렸고, 건강이 회복된 2009년부터 김정은을 북한의 새로운 지도자로 만들기 위한 본격적인 교육과 훈련을 실시했다. 김정은은 연이은 군사행동의 정책결정과정에 참가함으로써, 군사력을 행사해보는 경험을 늘리고 각 부문의 담당자와 친분을 쌓을 수 있는 기회도 얻을 수 있었다. 또한 초계함 격침은 많은 희생자를 낳을 수 있는 작전이었기 때문에, 김정은에게는 지도자로서의 담력을 기를 수 있는 기회이기도 했다. 북한은 군사력 외에는 국제경쟁력을 가진 정책자원을 가지고 있지 않으므로, 북한의 지도자가 된 이상 김정은은 군사력을 유용하게 활용하지 않으면 안되는 운명에 처한 것이다. 북한이 가진 핵심적인 군사능력 ─ 핵·미사일·특수전 능력·재래식 전력 ─ 중 김정은은 핵 실험과 미사일 실험, 특수작전용 소형 잠수함을 이용한 천안함 격침, 해군력을 통한 대청해전, 육군력을 사용한 연평도 포격 등의 정책결정에 참가함으로써, 북한이 보유한 핵심적인 군사능력의 대부분을 사용해본 경험을 갖게 되었다.

2012년 1월 8일 조선중앙방송이 방영한, 김정은의 업적을 선전하는 영화 〈백두의 선군혁명위업을 계승하시여〉에 따르면, 2009년 4월 '은하 2호'의 발사에 김정은이 관여하고 있었다.[1] 즉, 김정은은 2010년 9월 조선로동당 중앙군사위원회 부위원장으로 취임하기 이전부터 이미 중요한 정책을 결정하는 자리에 동석하여 제2차 핵 실험, 대청해전, 천안함 격침, 연평도 포격 실시 등에 개입했던 것으로 보인다. 2009년 1월 출범한 미국 오바마 정부가 북미 직접대화를 촉구했음에도, 북한은 이러한 군사행동을 감행한 것이다. 이를 통해 2009년부터 2010년에 걸쳐 진행된 일련의 군사행동은 오로지 북한의 국내정치적 필요에 따라 실시된 것으로, 이전의 벼랑 끝 외교와는 이질적인

---

1) 조선기록영화 〈백두의 선군혁명위업을 계승하시여〉, 《조선중앙방송》, 2012년 1월 8일(영화 34분 경과시점) http://www.youtube.com/ watch?v=VxBLe9A2gXY.

성격의 것이라는 것을 알 수 있다.

이 시기 북한의 행동은 대부분 군사적으로 성공을 거뒀다. 2006년 발사 수십 초 뒤 추락한 대포동 2호로부터 파생된 로켓은, 2009년 일본 열도를 넘어 3,000킬로미터 이상 비행하여 태평양에 착탄했다. 2006년에는 1킬로톤 이하에 머물렀던 핵 실험도 2009년에는 2~3킬로톤의 폭발력을 기록했다.[2] 이는 북한의 핵·미사일 개발이 순조롭게 진행되는 것을 보여주는 것이다. 한편, 2009년 11월 발생한 대청해전 당시 북한 경비정이 손상되고 사상자가 다수 발생한 반면 한국 측 피해는 경미했다는 것은 북한 측의 패배를 의미한다고 볼 수 있다.[3] 그러나 2010년 3월 북한은 한국 측이 알아채지 못하게 소형 잠수정을 사용해 한국 초계함을 격침,[4] 북한의 특수전 능력이 괄목할 만한 것이라는 것을 보여주었다. 그리고 같은 해 11월 연평도 포격 사건은 북한이 한국군의 허점을 백주대낮에 당당하게 공격한 기습 작전이었다.[5]

2009년부터 2010년에 걸친 북한 군사행동의 특징은 한국 측에 많은 희생자를 가져왔다는 것이다. 2010년 천안함 격침사건으로 한국인 승무원 104명

---

2) "Statement by the Office of the Director of National Intelligence on North Korea's Declared Nuclear Test on May 25, 2009," *ODNI News Release*, No. 23-09, June 15, 2009.

3) 국방부, 『국방백서 2010』(서울: 국방부, 2010), 255쪽.

4) 천안함 격침사건에 대한 자세한 내용은 Ministry of National Defense, Republic of Korea, *Joint Investigation Report on the Attack against ROK Ship Cheonan* (Ministry of National Defense, 2010) 참조.

5) 국방부, 『국방백서 2010』, 256, 267쪽. 북한군이 제1차 공격으로 발사한 다연장 로켓포와 해안포 170발 중 90여 발은 해상에 낙하하는 등 군사능력을 과시했다고 말하기는 힘들지만, 60여 발은 군부대와 민가에 떨어지는 등 타격을 주는 데는 성공했다고 볼 수 있다. 또한 제2차 공격은 포탄 약 20발을 연평부대 지휘소와 레이더 기지 일대에 발사했다. 또한 북한의 포격에 대해 한국 해병대 연평부대는 K-9 자주포로 총 80발의 대응사격을 실시하여, 45발이 북한에 착탄했고(그중 14발은 논밭에 착탄) 35발은 해상에 떨어졌다.

중 46명이 사망했고, 연평도 포격사건으로 군인 2명과 민간인 2명이 사망하고 군인 16명이 중경상을 입었으며, 민간인 중에도 부상자가 많이 발생했다.[6] 1993년부터 2008년 사이 북한의 군사행동으로 한국 측 사망자가 발생한 것은 2002년 서해교전뿐이었다는 것을 고려하면 이는 커다란 변화다. 북한은 분명히 과거에 비해 무력행사의 강도를 높여간 것이다.

한편 여기서 주목해야 할 것은 북한의 군사행동으로 희생된 것이 한국인뿐이고 미국인은 공격대상이 되지 않았다는 점이다. 즉 한국은 공격대상이지만 미국에는 물리적 피해를 입히지 않는다는 북한의 행동원리가 유지되었다고 할 수 있다. 그리고 천안함 격침과 연평도 포격이 잇따라 발생했음에도 한국과 미국이 북한에 대해 특단의 보복공격을 실시하지 않은 것은, 여전히 북한의 억제력이 양국에게 작동하고 있었다는 것을 시사해준다.

또한 북한이 무력행사의 강도를 높인 진정한 이유가 무엇인지는 분명하지 않지만, 천안함 격침과 연평도 포격 사건은 분명히 1999년 연평해전에 대한 북한의 보복전략이라는 측면이 있었다. 남북한이 서해에서 본격적으로 교전했던 연평해전은 한국 측의 압승으로 끝났다. 한국 측의 손해는 경미했던 반면 북한 측에는 많은 사상자가 발생했고 함정의 피해도 대규모였다. 당시 한국의 승리에 중심적인 역할을 담당했던 천안함은(291쪽 참조) 북한에게는 숙적인 셈이었으므로, 천안함을 격침하는 것은 연평해전의 설욕을 되갚는다는 의미가 있었다. 또한 북한에서는 연평해전에 대한 보복으로 연평도를 포격하는 방안도 이전부터 논의되고 있었다. 연평해전으로부터 1주년이었던 2000년 6월 당시 김정일이 남북정상회담에서 한국 측에 "연평해전 후 최근까지 군부 쪽에서 보복해야 한다는 강한 의견도 있었지만, 북남정상상봉으로 이제 그런 의견이 무색하게 되었다"고 언급하면서 연평도를 공격해야 한

---

6) 같은 책. 이 외에도 포격으로 인해 연평도 내 건물 133동이 피해를 입었고, 전기·통신 시설이 손상되어 10여 곳에서 산불이 발생했다.

다는 의견의 존재를 밝힌 바 있다.[7]

2. 새로운 벼랑 끝 외교의 개막: 2012년 이후

2011년 12월 김정일이 사망했고, 2012년에는 김정은 체제가 발족해 세계를 놀라게 하는 군사행동을 취했다. 북한은 2월 29일 미국과 합의를 체결하여 미국이 북한에 영양식품 24만 톤을 제공하는 대신, 핵 실험과 장거리 미사일 발사, 우라늄 농축 활동을 일시 정지할 것을 약속했다.[8] 그러나 그로부터 단 2주 뒤인 3월 16일, 북한은 김일성 탄생 100주년을 맞아 4월 중순에 '인공위성'을 발사하겠다고 발표했다.[9] 그리고 4월 13일 북한은 인공위성 '광명성 3호'를 발사한다는 명목으로 대포동 2호의 기초가 되는 '은하 3호'로 불리는 운반 로켓을 발사했다. 그러나 로켓은 발사 이후 1~2분 이내에 폭발해 실패로 끝났다.[10] 이후 북한은 인공위성이 궤도진입에 실패했다는 것을 조기에 인정하고 그 원인을 규명할 것이라 발표했다.[11]

발사실패로부터 약 8개월 뒤인 12월 12일, 북한은 다시 위성 발사를 시도했고, 이번에는 위성이 궤도로 진입하는 데 성공했다. 북한 당국에 따르면, 은하 3호는 이날 9시 49분 북한 북서부에 위치한 서해위성발사장에서 발사

---

7) 한국 전 정부관계자와 저자의 인터뷰.
8) "U.S.-DPRK Bilateral Discussions," Press Statement, Victoria Nuland, Department Spokesperson, Office of the Spokesperson, Department of State(Washington, D.C.: February 29, 2012);《조선중앙통신》, 2012년 2월 29일. "조선외무성, 조미회담에 대한 합의사항언급",《조선중앙통신》, 2012년 2월 29일.
9) "조선우주공간기술위, 4월에 '광명성 3'호 발사",《조선중앙통신》, 2012년 3월 16일.
10)《천지일보·천지TV》, 2012년 4월 13일.
11) "지구관측위성 '광명성 3'호, 궤도에 진입하지 못했다",《조선중앙통신》, 2012년 4월 13일.

되어, 발사로부터 약 9분 뒤 광명성 3호의 2호기가 궤도로 진입했다.[12) 북한은 1998년 "위성발사를 위한 로켓 발사"라고 주장하기 시작해 14년이 흐른 시점에 이르러 위성의 궤도진입을 성공시킨 것이다.

북한은 로켓을 동창리에 위치한 새로운 기지에서 발사했지만, 지구의 자전을 이용할 수 있는 동쪽이 아닌 기술적으로 어려운 남쪽으로 발사했다. 북한이 로켓을 구태여 남쪽으로 발사한 것은, 이것이 미국 본토를 목표로 한 대륙간 탄도미사일(ICBM)을 노리고 있었기 때문인 것으로 보인다. 은하 3호의 궤도를 북쪽으로 연장시키면 미국 본토를 향하는 궤도와 유사해진다. 즉 북한은 미국 본토를 공격하는 상황을 가정하여 유사한 조건에서 로켓을 발사한 것이다.[13)

전문가들의 추산에 따르면, 은하 3호는 ICBM으로 사용할 경우 최대사정 거리가 1만 3,000킬로미터에 달한다.[14) 일본 방위성처럼 탄두 중량을 1톤 이하로 가정한다면 사정거리는 1만 킬로미터 이상에 달할 가능성이 있다.[15) 즉 12월 로켓 발사의 성공은, 북한이 미국 본토를 미사일로 공격할 수 있는 잠재적 능력을 보유했다는 것을 의미한다. 물론 이 발사는 탄두를 대기권에 재진입시키지는 않았기 때문에 폭탄을 목표에 투하하는 능력이 입증되지는 않았다. 그럼에도 본토에 대한 잠재적 공격능력이 미국에 준 심리적·상징적 영향은 적지 않았다.

---

12) "조선중앙통신사보도 '광명성 3'호 2호기를 성공적으로 발사", 《조선통신》, 2012년 12월 12일.

13) 道下德成, 「北朝鮮の, 『ロケット發射』—『金正日が殘した計畫』は吉となるか?', 『日経ビジネスオンライン』二〇一二年四月四日. 道下德成, 「金正日の計畫は『凶』と出た—米朝對話が再開しなければ, 第三次核實驗の可能性が高まる」, 『日経ビジネスオンライン』, 2012.4.23.

14) 《동아일보》, 2012년 12월 14일자, 5면.

15) 防衛省, 「北朝鮮による, 『人工衛星』と稱するミサイル發射について」, 2013.1.25, http://www.mod.go.jp/j/approach/defense/bmd/20130125.html.

한편, 2013년 2월 12일, 북한은 제3차 핵 실험을 실시하고, 이에 대해 "이전과 달리 폭발력이 크면서도 소형화, 경량화된 원자탄을 사용하여 높은 수준에서 안전하고 완벽하게 진행"됐다고 보도했다.[16] 북한의 발표처럼, 이 실험의 핵무기 폭발력은 5~6킬로톤으로, 제2차 핵 실험의 2~3킬로톤에서 증가한 역대 최대 규모였다.[17] 북한은 근 3년마다 실시해온 세 차례의 핵 실험을 통해, 꾸준히 핵무기의 정확성을 높이고 그 폭발력을 향상시켜온 것이다.

북한의 핵탄두가 탄도미사일에 탑재 가능한 크기 및 무게로 소형화하고 있는지에 대해서는 명확한 합의가 이루어지지 않았지만, 제3차 핵 실험을 통해 소형화가 진행됐을 가능성이 높아졌다. 이에 대해, 미 국방정보국(DIA)은 2013년 3월경에 작성한 보고서 「북한 핵무기 개발의 동적위협 평가 8099 (Dynamic Threat Assessment 8099: North Korea Nuclear Weapons Program)」를 통해, "DIA는 현재 북한이 탄도미사일에 탑재 가능한 핵무기를 보유한 것으로 어느 정도 자신 있게(moderate confidence) 평가를 내린다. 그러나 그 무기의 정확성은 낮을 것이다"라고 지적했다.[18] 이는 북한이 핵무기를 탄도미사일에 탑재할 수 있는 크기 및 무게까지 소형화했다는 것을 시사하는 한편, 재진입 실험이 부족해서 무기로서 필요한 정확성이 확보된 것은 아니라는 견해를 나타낸 것이다.

2014년 1월 현재까지, 김정은 시대 벼랑 끝 외교의 목적은 이전과 크게 변하지 않은 것처럼 보인다. 즉, 현재도 북한은 일정한 핵·미사일 능력을 유지하면서도 미국 등과 관계를 개선하여, 체제유지를 확고히 하고 동시에 경제·

---

16) "조선중앙통신사 보도 제3차 지하핵시험을 성공적으로 진행", 《조선중앙통신》, 2013년 2월 12일.

17) "Statement by the Office of the Director of National Intelligence on North Korea's Declared Nuclear Test on February 12, 2013," Office of the Director of National Intelligence, February 12, 2013.

18) "Pentagon Finds Nuclear Strides by North Korea," *New York Times*, April 11, 2013.

사회의 구조조정을 추진하려는 것이다. 그리고 이러한 목표를 달성하기 위해 북한은 2012년 이후 매우 정밀하게 계산된 일련의 행동을 취해서 새로운 벼랑 끝 외교의 사전 준비를 진행해왔다.

첫째, 북한은 핵·미사일 능력의 향상을 통해 협상카드를 강화해 왔다. 먼저, 북한은 2012년과 2013년의 핵 및 미사일 실험을 통해, 작고 강력해진 핵 능력과 장거리 공격이 가능한 미사일 능력을 과시했다. 또한, 2013년 3월에는 녕변의 우라늄 농축 시설을 현재의 2배 규모로 확장하는 작업을 시작했다.[19] 4월에는 2007년 이후 가동이 중지됐던 녕변의 5메가와트 원자로를 재가동한다고 발표하고[20] 여름 무렵에는 운전을 재개했다.[21] 5메가와트 원자로의 재가동에 따라, 향후 매년 플루토늄 6킬로그램(핵무기 1개분)이 생산되게 된다.[22] 또한 우라늄 농축 시설이 확장되면, 매년 무기급 우라늄 16~68 킬로그램(핵무기 1~3개분)이 생산된다.[23] 이러한 움직임은 미국을 비롯한 관계국들을 시간적으로 압박하게 되는 등 북한은 꾸준히 협상카드를 강화하고 있다.

둘째, 북한은 핵·미사일 개발 중 일부를 평화적으로 이용하기 위함이라고 주장할 수 있는 형태로 진행해, 향후 외교적 거래를 실시하기 쉬운 환경을 조성했다. 구체적으로는, 플루토늄형 핵 개발은 억제를 위한 군사용으로, 우라

---

19) David Albright and Robert Avagyan, "Recent Doubling of Floor Space at North Korean Gas Centrifuge Plant: Is North Korea doubling its enrichment capacity at Yongbyon?" ISIS Imagery Brief, August 7, 2013, p. 1.

20) "조선원자력총국 현존 핵시설들의 용도 조절변경 언급", 《조선중앙통신》, 2013년 4월 2일.

21) "North Korea Restarting Its 5 MW Reactor," A 38 North exclusive with analysis by Nick Hansen and Jeffrey Lewis, 38 North, September 11, 2013.

22) 같은 글.

23) Albright and Avagyan, "Recent Doubling of Floor Space at North Korean Gas Centrifuge Plant," p. 2.

늄 농축은 경수로의 연료로 평화적으로 이용한다는 것, 스커드·노동·무수단 그리고 2012년 군사행진에 처음 등장한 KN-08 등은 군사용으로, 은하 로켓은 우주 개발을 위해 평화적으로 이용한다는 것 등이 있다.

이러한 논의를 가능하게 하기 위해, 북한은 이미 2009년 6월 당시 경수로 건설을 시작하며 이를 위해 우라늄 농축도 시작한다는 것을 발표했다. 또한 2013년 3월에는 재차 조선로동당 중앙위 전원회의에서 "자립적핵동력공업을 발전시키고 경수로를 개발하기위한 사업을 힘있게 추진"할 것을 표명했다.[24] 4월에는 5메가와트 원자로의 재가동을 발표하면서 "현존 핵시설들의 용도를 병진로선에 맞게 조절변경해나가기로 하였다"[25]고 설명하는 등 5메가와트 원자로의 가동조차도 평화적 이용을 위한 것으로 도 해석될 수 있는 태도를 취해온 점에 주의할 필요가 있다.

미사일에 관련해서, 북한은 2012년 2월 장거리 미사일 발사를 임시 중지한다고 미국과 합의한[26] 직후에 은하 3호를 발사했는데, 이는 '은하 3호가 미사일이 아니라 로켓이다', '미사일과 로켓은 별개'라는 주장을 관철시키기 위함일 것이다. 또한 북한이 같은 해 4월, 은하 3호의 발사 실패를 인정한 것은 로켓 발사가 평화적 이용을 목적으로 하는 것이라는 주장에 신빙성을 높이기 위한 것으로 보인다. 은하 3호 발사 직후에 있었던 군사행진에 북한이 ICBM이라고 주장하는 KN-08을 등장시킨 것은 KN-08은 ICBM, 은하 3호는 위성 발사 로켓이라는 주장을 명확히 하기 위함으로 여겨진다.

그 후에도 북한은 2012년 말 위성 발사에 성공하자, 2013년 4월 '우주개발법'을 제정하고 '국가우주개발국'을 설치하면서 "합법적이고 평화적인 우주개발권리를 행사하여 우리 나라를 세계적인 우주강국으로 건설하려는것"이

---

24) "조선로동당 중앙위 2013년 3월전원회의", 《조선중앙통신》, 2013년 3월 31일.
25) "조선원자력총국 현존 핵시설들의 용도 조절변경 언급", 《조선중앙통신》, 2013년 4월 2일.
26) "조선외무성 조미회담에 대한 합의사항 언급", 《조선중앙통신》, 2012년 2월 29일.

라는 입장을 표명했다.[27]

이와 같이, 북한은 핵·미사일 개발 중 일부를 평화적 목적을 가진 것이라고 주장해오고 있다. 이러한 움직임을 배경으로, 향후 북한이 미국에 '북미 원자력 협력 협정' 체결 또는 '북미 공동 우주개발' 실시를 호소해올 가능성도 배제할 수 없을 것이다.

마지막으로, 북한은 경제건설을 추진할 것이라는 긍정적 메시지를 전달하는 한편 경제건설을 위해서는 핵 억제력을 유지하는 것이 불가피하다는 것으로 핵무기를 계속 보유하는 것을 정당화하려 한다. 이에 대해, 북한은 우선 2013년 3월 '경제건설과 핵무력건설의 병진로선'을 채택하고 그 의의를 "국방비를 추가적으로 늘이지 않고도 전쟁 억제력과 방위력의 효과를 결정적으로 높임으로써 경제건설과 인민생활향상에 힘을 집중할수 있게 한다는데 있다"고 지적했다.[28] 이후 6월에는 「경제개발구법」을 제정하고[29] 11월에는 신의주에 '특수경제지대'를, 이 외에 13지구에는 '경제개발구', '공업개발구', '관광개발구', '수출가공구', '농업개발구'를 설치했다.[30]

북한 경제개혁의 향방은 불투명한 점이 많지만, 벼랑 끝 외교의 측면에서 보면 북한은 이러한 단계를 거쳐 '국방비를 삭감하면서도 억제력을 확보하기 위해 당분간 핵무기는 보유하지 않을 수 없다, 그러나 경제개혁을 본격적으로 추진하기 위해 협력하고 싶다, 핵무기는 단계적으로 포기할 것'이라는 논리를 대외적으로 확장하려는 상황임을 알 수 있다. 이와 관련해, 2013년 4월

27) "우주개발법 채택", 《조선중앙통신》, 2013년 4월 1일; "조선에서 국가우주개발국을 내오기로 결정", 《조선중앙통신》, 2013년 4월 1일.
28) "조선로동당 중앙위 2013년 3월전원회의", 《조선중앙통신》, 2013년 3월 31일.
29) "경제개발구법 채택", 《조선중앙통신》, 2013년 6월 5일.
30) "신의주시의 일부 지역에 특수경제지대 내오기로 결정", 《조선중앙통신》, 2013년 11월 21일; "조선에서 도들에 경제개발구들 내오기로 결정", 《조선중앙통신》, 2013년 11월 21일.

북한이 채택한 「자위적핵보유국의 지위를 더욱 공고히 할데 대한 법」이 스스로를 "당당한 핵보유국가이다"라고 지칭하면서도 한편으로는 "궁극적으로 핵무기가 없는 세계를 건설하기 위하여 투쟁하며 핵군비경쟁을 반대하고 핵군축을 위한 국제적인 노력을 적극 지지한다"고 지적하고 있는 점은 흥미롭다.[31] 이처럼 북한은 정밀하게 계획된 벼랑 끝 외교를 준비하고 있을 가능성이 높다는 것을 알 수 있으며, 앞으로의 움직임을 유념할 필요가 있다.

북한 벼랑 끝 외교사를 되돌아보면, 북한이 미국과 본격적인 대화를 추진할 때마다 항상 핵·미사일·평화 문제라는 세 가지 의제를 꺼내놓은 것을 알 수 있다. 그런 의미에서, 향후 북한이 다시 서해에서 긴장을 고조시킴으로써 미국에 평화협정 체결 또는 새로운 평화보장체계 수립을 호소할 가능성이 있다. 소청도와 연평도 사이에는 NLL과 북한이 주장하는 12해리 영해가 겹치는 해역이 존재한다. 이 해역에 대해 북한은 '영해', 한국은 '작전해역', 미국은 '공해'라고 각각 달리 법적으로 정의하고 있다는 사실을 북한은 주지하고 있다(304~308쪽 참조). 따라서 향후 북한이 법적 위상의 차이를 이용하는 형태로 이 해역에 포격을 실시하거나 전투기와 수송기 등으로 NLL을 넘어 오는 등의 조치를 취할 가능성이 있다. 또한, 만약 이 경우 공군기가 사용된다면, 김정은이 실제 임무에서 처음으로 공군을 지휘하게 되어 북한의 정군관계(政軍關係)에서도 중요한 의미를 가지게 된다.

한편, 한동안 잠잠했던 판문점 공동경비구역(JSA)에서의 군사적 시위 행동가능성도 배재할 수 없다. 그런 맥락에서 2014년 초 주한미군이 북한이 판문점에서 도발할 가능성에 대비한 실전 훈련을 실시했다는 사실은 주목할 만하다.[32]

---

31) "자위적핵보유국의 지위를 더욱 공고히 할데 대한 법 채택", 《조선중앙통신》, 2013년 4월 1일.
32) "미군, 北 도발 대비 '판문점 장악' 가상훈련", 《채널A》, 2014년 1월 29일. http://news.ichannela.com/3/all/20140129/60471246/1.

김정은은 2012년 7월 리영호 인민군 총참모장을, 2013년 12월에는 고모부인 장성택을 숙청했다.[33] 김일성은 1950년대부터 1960년대에 걸친 반대파와의 권력 투쟁에서 승리한 뒤 본격적인 대남·대미 공세에 나섰고, 1968년에는 청와대 습격사건과 푸에블로호 사건, 1969년 EC-121 격추 사건을 일으켰다. 김정일은 1976년 6월 김동규 부주석 숙청(175쪽 참조) 직후 판문점 도끼만행 사건을 지시했고, 1980년 제6차 당대회에서 정식으로 공개석상에 등장한 뒤에는 아웅산 테러와 KAL기 폭파 사건 등을 실행에 옮겼다. 만약 리영호와 장성택 숙청을 통해 김정은의 권력기반이 강화된다면, 향후 김정은도 적극적인 대외 공세에 나설지도 모른다. 이 경우 김정은이 그의 할아버지나 아버지처럼 권력장악 이후 초기에 테러나 직접적인 무력공격 등 강도 높은 수단을 사용할지, 아니면 김정일 시대 말기에 나타난 교묘한 벼랑 끝 외교를 재개하게 될지가 커다란 관건이 될 것이다.

김정은이 군사력을 배경으로 한 본격적인 벼랑 끝 외교를 어떤 형태로 전개해 나갈지에 대해서는 향후의 움직임을 살펴보는 수밖에 없다. 단 한 가지 확실한 것은, 김정은에게 주어진 정책수단은 대부분 김정일로부터 계승한 것이며, 김정은 역시 가용자원 — 핵 능력, 미사일 능력, 특수전 능력, 거대한 육해공군력 — 을 사용하여, 과거 북한이 전개한 벼랑 끝 외교의 경험을 참고해서 헤쳐나갈 것이라는 사실이다.

---

33) "조선로동당 정치국 확대회의: 김정은동지 지도", 《조선중앙통신》, 2013년 12월 9일.

맺음말

이 책은 본인이 2002년 미국 존스홉킨스 대학 폴 니체 국제관계대학원 (SAIS)에 제출한 박사학위 논문을 바탕으로, 이후의 동향과 새로운 자료를 기반으로 그 내용을 수정한 것이다. 박사 논문을 작성하는 데 세이어(Nathaniel Thayer), 그린(Michael Green), 코헨(Eliot Cohen), 자트만(William Zartman), 도란(Charles Doran), 메릴(John Merill) 선생님께 큰 가르침을 받았다. 또한 한국의 강인덕, 김국헌, 김희상, 류길재, 문성묵, 박재규, 박진, 신종대, 고 이기택, 이상우, 이정민, 이종석, 함태경 선생님께서도 자상하게 지도해주셨다.

이 연구를 진행하는 데 귀중한 조언을 해주신 백학순, 양운철, 윤태영, 임성남, 전봉근, 정성장, 차재훈, 최강, 아즈마 기요히코(東淸彦), 이즈미 하지메(伊豆見元), 이소자키 아쓰히토(礒崎敦仁), 이와모토 세이고(岩本誠吾), 우에 이치로(宇惠一郎), 우에키 치카코(植木千可子), 우라야마 가오리(浦山香), 에가와 히로시(江川宏), 오코노기 마사오(小此木政夫), 고야마 긴지(小山謹二), 구라타 히데야(倉田秀也), 사토 헤이고(佐藤丙午), 스즈키 노리유키(鈴木典幸), 다카하시 스기오(高橋杉雄), 쓰카모토 가쓰야(塚本勝也), 후나바시 요이치(船橋洋一), 홋타 유키히로(堀田幸裕), 미야모토 사토루(宮本悟), 무로오카 데쓰오(室岡鐵夫), 요시자키 도모노리(吉崎知典), 와타나베 다케시(渡邊武), 벡톨(Bruce Bechtol, Jr.), 버뮤데스(Joseph Bermudez, Jr.), 브라드너(Stephen Bradner), 부진스키

(Leszek Buszynski), 칼린(Robert Carlin), 콜린스(Robert Collins), 달턴(Toby Dalton), 두제릭(Robert Dujarric), 포스터(James Foster), 할로란(Richard Halloran), 로드(Arther Lord), 클링그너(Bruce Klingner), 오버도퍼(Don Oberdorfer), 울렛 (Dean Ouellette), 퍼슨(James Person), 폴락(Jonathan Pollack), 프리처드 (Charles Pritchard), 퀴노네스(Kenneth Quinones), 스나이더(Scott Snyder), 세 퍼드(Kevin Shepherd), 소든(Peter Sowden), 스트라우브(David Straub), 스트롤 로브(Israel Strolov), 서프(Stephen Tharp), 트림블(Aaron Trimble), 위트(Joel Wit) 등 각 분들께도 감사의 뜻을 표한다. 이 외에도 여러 가지로 도와주신 익 명의 한국, 미국, 북한 정부 관계자 및 전문가들께도 이 자리를 빌려 감사를 드린다.

각종 귀중한 자료를 제공해주신 김영규, 박영준, 이한기, 정경아, 기쿠치 시게오(菊地茂雄), 사카타 야스요(阪田恭代), 사와다 가쓰미(澤田克己), 시모 준이치(下淳市), 다카야마 다다시(高山忠), 도모베 가오루(友部薫), 노보리 아미 코(昇亞美子), 하라다 유카리(原田由香里), 혼타 료(本多亮), 요시무라 기미타카 (吉村仁孝), 친워스(Michael Chinworth), 웜플러(Robert Wampler), 그리고 지도 작성을 흔쾌히 맡아준 요코야마 사하루(橫山早春) 님의 협력이 없었다면 이 책을 완성할 수 없었을 것이다.

연구 수행에 필수적인 부분을 지원해주신 박기덕, 진창수, 이노구치 다카 시(猪口孝), 니시하라 마사시(西原正), 다카기 세이치로(高木 誠一郎), 시라이시 다카시(白石隆), 칼더(Kent Calder), 장위옌(張宇燕), 퍄오젠이(朴鍵一) 님께도 깊이 감사드린다. 또한 일본 정책연구대학원대학, 방위성 방위연구소, 한국 경남대학교 극동문제연구소와 세종연구소, 미국 존스홉킨스 대학 라이샤워 센터 동아시아연구소, 중국 사회과학원 아태연구소는 연구 진행에 매우 유 익한 환경을 제공해주었다. 이 연구는 일한문화교류기금 파견펠로십 및 일 본 국제교류기금 일미센터의 아베펠로십 프로그램의 지원하에 실시한 것이 다. 이러한 지원이 없었다면 이 연구는 진행되지 못했을 것이다.

이 책의 한국어판에는, 전문적이고 방대한 양의 원고를 정성들여 번역해주신 와세다 대학 박사과정의 이원경, 번역본을 일본어 원문과 꼼꼼하게 대조작업을 해주신 아즈마 기요히코(東淸彦) 님의 노고가 담겨 있다. 이분들과 책의 편집·출판을 담당해주신 도서출판 한울 윤순현 과장님, 저자와 역자가 감탄을 거듭할 정도로 매우 정확하고 상세하게 교정해주신 김경아 팀장님 이하 모든 관계자 분들께도 진심어린 감사를 표한다.

마지막으로, 한국 유학을 비롯한 나의 학문 여정의 모든 면에서 도움을 주신 부모님, 연구와 육아를 병행할 수 있도록 헌신적으로 도와주시는 장인·장모님, 그리고 나의 연구활동을 언제나 응원해주는 사랑하는 아내 미호(美穗)와 딸 아사(彩紗)에게도 감사의 말을 남기고 싶다.

옮긴이의 말

학부 시절, 한 은사께서는 북한 문제 전문가가 아닌데도 외국에서 강연할 때마다 북한에 대해 의견을 구하는 질문자들을 만나곤 한다고 회고하셨다. 그리고 이 땅에서 태어나 사회과학 분야를 연구하는 이상, 북한을 정확히 바라보고 이에 대해 자신의 의견을 개진할 수 있을 정도의 지식을 쌓아야 한다고 강조하셨다.

나 역시 일본에 유학하면서 북한에 대해 발언해야 하는 상황에 종종 처하게 됐다. 비록 현재의 연구 분야는 북한 문제와 거리가 있지만, 개인적으로 북한, 특히 비전통적 안보 분야에 대해 관심을 이어가고 있기 때문에 어설프게나마 의견을 피력하는 편인데, 얼마 못 가 막다른 골목에 몰리곤 했다. 북한의 군사 도발이 있을 때마다 일본 언론은 얼마나 꼼꼼하게 이를 분석해서 보도하는지, 유학 중인 학교 도서관에는 북한 간행물이 얼마나 많은지 미처 모르고 덤벼들었던 것이다. 그동안 한국에서는 금기시되어서, 혹은 고민해도 너무 복잡해 답이 안 나온다는 무력감에 북한 문제에 대해 외면하고 있었으면서도, 한국인인 만큼 일본인보다는 북한에 대해 잘 알고 있다는 착각에 빠져 있었던 것이다.

이런 고민을 하던 시기, 한 행사에서 이 책의 저자인 미치시타 교수와 조우하게 되었다. 대학원생을 대상으로 하는 프로그램에 이례적으로 참석해 누

구보다 진지한 모습으로 임하는 저자를 처음에는 같은 팀원으로서 존경하게 됐고, 후에 그의 박사논문을 기초로 출간된 *North Korea's Military-Diplomatic Campaigns, 1966-2008*(London: Routledge, 2009)를 접하며, 충실한 자료조사와 시대를 관통하는 통찰력에 거듭 감탄했다. 2013년 발간된 일본어판『北朝鮮 瀬戸際外交の歴史: 1966~2012年』(東京: ミネルヴァ書房, 2013)은 일본 국제안전보장학회에서 최우수 저서로 선정되는 등 일본 내 관련 연구자들에게 호평을 받은 바 있다.

이 책은 1960년대부터 최근까지 북한의 벼랑 끝 외교를 거시적으로 조망하고 있다. 김정일 사후 북한 정세가 급박하게 변화하고 있는 상황 속에서, 긴 호흡으로 북한을 바라보는 연구는 조금 낯설게 여겨질 수도 있다. 그럼에도 이 책은 반세기 가까이 유지된 북한의 벼랑 끝 외교라는 '숲'을 다루는 동시에, 개별 사건이라는 '나무'에도 정밀한 돋보기를 과감히 들이대고 있다. 특히 북한과 관련된 역사적 사건들이 오늘날에도 되풀이되거나 영향을 주고 있다는 점에서 이 책의 의의를 찾을 수 있다. 예를 들어 이 책에서 자세히 다루는 1970년대와 1990년대 서해에서의 남북한 간 충돌은, 2012년 이후 국내의 NLL 논쟁과 긴밀하게 연결되어 있다. 또한 한반도를 넘어 일본과 중국 간 센카쿠 제도를 둘러싼 최근의 영토분쟁에서도, 서해상에서의 남북한 간의 공세와 유사한 양상을 엿볼 수 있다.

일본어판 발간이 마무리되던 시점부터 시작된 한국어판 작업에는 1년여가 소요되었다. 가장 열성적인 독자가 되어줄 것도, 가장 날카로운 시선을 던질 것도 한국 독자들일 것이라 기대하며, 영문판과 일본어판을 꼼꼼히 대조하고 모호한 표현과 자료의 오류 등을 수정하며 한국어판을 준비해온 것이다. 또한 보론을 통해 김정은 집권 이후 북한의 동향을 최대한 반영하려는 시도도 있었다. 저자는 연구를 처음 시작할 때부터 한국어판의 출간을 계획하고 있었기에, 방대한 양의 자료를 한·영·일 3개 국어로 기록해놓는 등 체계적인 준비 작업을 마쳐두었다. 특히 한국어판에서는 북한 자료의 원문을 띄

어쓰기 하나까지 그대로 재현하려는 강한 의지를 가지고 있었다. 이는 번역과 해석의 과정에서 불가피하게 발생하는 오류를 최소화하는 한편, 한글 맞춤법과 차이가 있을 뿐 아니라 문법적 일관성도 부족한 북한 자료를 저자가 읽었을 때의 낯설었던 경험을 한국 독자들과도 공유하고자 했기 때문이다. 이 외에도 미치시타 교수는 일본식 표현이나 번역체의 어색함을 피하기 위해 의역을 최대한 허용해주었고, 의견이 상충될 때에도 역자의 의견을 진지하게 청취해주었다. 또한 유창한 한국어는 물론이고 북한식 표현과 중국어에도 능통한 아즈마 기요히코 님이 한국어판 초고를 꼼꼼히 검토해서 번역상의 미진한 부분을 보충해주었다. 의미 있는 작업을 할 수 있게 도와주신 두 분께 감사드리며, 그럼에도 오역 및 어색한 표현이 있다면 이는 전적으로 옮긴이의 과실이라는 것을 밝힌다.

끝으로, 번역 작업을 하는 동안 큰 힘이 되어줬던 정책연구대학원대학 석사과정의 박은정, 공군 예비역 출신으로 군사 용어 번역에 많은 도움을 준 소중한 동반자 박종호에게 감사의 마음을 전한다.

참고자료

조선 인민군 최고 사령관 및 중국 인민 지원군 사령원을 일방으로 하고
련합국군 총사령관을 다른 일방으로하는 조선 군사 정전에 관한 협정

13. 군사정전의 확고성을 보장함으로써 쌍방의 한급 높은 정치 회의를 진행하여 평화적
해결을 달성하는것을 리롭게 하기 위하여 적대 쌍방 사령관들은

ㄴ. 본 정전 협정이 효력을 발생한 후 십(10)일 이내에 상대방의 조선에 있어서의 후방
과 연해섬들 및 해면으로부터 그들의 모든 군사력량 보급물자 및 장비를 철거한다 만
일 철거를 연기할 쌍방이 동의한 리유없이 또 철거를 연기할 유효한 리유없이 기한이
넘어도 이러한 군사 력량을 철거하지 않을때에는 상대방은 치안을 유지하기 위하여 그
가 필요하다고 인정하는 어떠한 행동이라도 취할 권리를 가진다

상기한 "연해섬"이라는 용어는 본 정전협정이 효력을 발생할때에 비록 일방이 점령
하고 있드라도 1950년 6월 24일에 상대방이 통제하고 있던 섬들을 말하는 것이다

단 황해도와 경기도의 도 계선 북쪽과 서쪽에 있는 모든 섬중에서 백령도(북위 37도
58분 동경 124도 40분) 대청도(북위 37도 50분 동경124도 42분) 소청도(북위 37도 46
분 동경 124도 46분) 연평도(북위 37도 38분 동경 125도 40분) 및 우도(북위 37도 36
분 동경 125도 58분)의 도서군들을 련합국군 총사령관의 군사통제하에 남겨두는 것을
제외한 기타 모든섬들은 조선 인민군 최고 사령관과 중국 인민 지원군 사령원의 군사통
제하에 둔다 조선 서해안에서 상기경계선 이남에 있는 모든 섬들은 련합국군 총사령관
의 군사통제하에 남겨둔다(첨부한 지도 제3도를 보라)

15. 본 정전협정은 적대중의 일체 해상 군사 력량에 적용되며 이러한 해상 군사 력량
은 비 무장지대와 상대방의 군사통제하에 있는 조선륙지에 린접한 면을 존중하며 조선
에 대하여 어떠한 종류의 봉쇄도 하지 못한다

표 1 한반도에서의 교전으로 인한 사상자 수

	미국		한국		북한	
	사망자	부상자	사망자	부상자	사망자	부상자
1964	0	1	1	0	3	1
1965	0	0	21(19)	6(13)	4	51
1966	6	1	29 (4)	28 (5)	43	19
1967	16	51	115(22)	243(53)	228	57
1968	18	54	145(35)	240(16)	321	13
1969	35	5	10(19)	39(17)	55	6
1970	0	0	9 (7)	22(17)	46	3
1971	0	0	18 (4)	28 (4)	22	2
1972	0	0	0	0	0	0
1973	0	0	2	1	2	1
1974	1	4	1(38)	2(16)	5	0
1975	0	1	0	0	0	0
1976	2	4	4	10	3	5
1977	1	1	1	0	0	0
1978	0	0	1	4	23	0
1979	1	2	2	1	7	0
1980	0	0	5 (1)	11 (1)	19	1
1981	0	0	0	2	1	0
1982	0	0	0	0	1	0
1983	0	0	0	0	16	2
1984	0	0	0	0	0	0
1985	0	0	0	0	0	0
1986	0	0	0	0	0	0
1987	0	0	0(11)	0	0	0
1988	0	0	0	0	0	0
1989	0	0	0	0	0	0
1990	0	0	0	0	0	0
1991	0	0	0	0	0	0
1992	0	0	0	2	3	0
1993	0	0	0	0	0	0
1994	0	0	0	0	0	0
1995	0	0	0	0	0	0
1996	0	0	0	0	24	0
1997	0	0	0	0	1	14
1998	0	0	0	0	15	0

1999	0	0	0	9	17-30+	다수
2000	0	0	0	0	0	0
2001	0	0	0	0	0	0
2002	0	0	6	18	—	30여 명(사망자 포함)
2003~2007	0	0	0	0	—	
2008	0	0	1 (1)	0	—	—
2009	0	0	0	0	—	—
2010	0	0	50 (2)	74+*	—	—
2011	0	0	0	0	—	—

표 2 북한의 북방한계선 월선 (건)

1989	29
1990	21
1991	12
1992	38
1993	25
1994	30
1995	26
1996	16
1997	6
1998	48
1999	71
2000	25
2001	20
2002	19
2003	21
2004	19
2005	14
2006	21
2007	28
2008	24
2009	50
2010	91
2011	16
2012	20
2013	16

자료: 한국 국방부 자료(2002년 8월 29일,
2008년 2월 29일, 2014년 2월 25일)

* 천안함 격침으로 군인 58명, 연평도 포격으로 군인 16명을 포함한 다수의 민간인이 부상당했다. 국방부, 『국방백서 2010』(서울: 국방부, 2010), 258, 267쪽. 해군본부, 『NLL 우리가 피로써 지켜낸 해상 경계선: 북한의 NLL 해역 도발사』(서울: 해군본부), 79쪽.

주) 전체 사상자 중 민간인 사상자 수는 괄호 안의 숫자로 별도 표기했다. 테러로 인한 사상자 수는 포함되지 않았다. '—'는 자료 없음을 의미한다.

자료: 이문항, 『JSA - 판문점(1953-1994)』(서울: 소화, 2001), 373쪽. 한국 국방부 자료, 2002년 8월 29일, 2008년 2월 29일. 주한미군과 한국 국방부로부터 취득한 자료, 2012년 4월 3~4일.

인터뷰 대상자

강인덕	김경원	김광우	김국헌	김 규	김동수	김선욱	김성민
김영림	김희상	도일규	류길재	문성묵	배광복	박용옥	박재규
박 진	서주석	신종대	심신복	안광찬	안병태	여석주	유영구
유용원	윤태영	이기택	이상우	이장희	이정민	이종석	임동원
임성남	장해성	전봉근	전성훈	정내혁	정창현	조갑제	조명균
최 강	최주활	한승주	함택영	현성일			

일본
구라타 히데야(倉田秀也)　　　고야마 긴지(小山謹二)　　　도모베 가오루(友部薫)
후나바시 요이치(船橋洋一)　　모리 치하루(森千春)

중국
왕샤오푸(王少普)　　　샤리핑(夏立平)　　　진징이(金景一)　　　치바오량(戚保良)
자오후지(趙虎吉)　　　양보장(楊伯江)　　　리춘후(李春虎)

미국

Soong-bum Ahn	Guy Arrigoni	David Asher	Bruce Bechtol, Jr.
Stephen Bradner	Kurt Campbell	Robert Carlin	Victor Cha
Richard Christenson	Morgan Clippinger	Robert Collins	Toby Dalton
James Delaney	Chuck Downs	Michael Dunn	Nick Eberstadt
Robert Einhorn	Michael Finnegan	Gordon Flake	James Foster
Ryan Gage	Robert Gallucci	Michael Green	Donald Gross
Frank Jannuzi	James Kelly	Sung Kim	Bruce Klingner
James Lee(李文恒)	Michael McDevitt	John Merrill	Anthony Namkung
Larry Niksch	Don Oberdorfer	Kongdan Oh	Christian Ostermann
James Person	Charles Pritchard	Kenneth Quinones	Mitchell Reiss
Glenn Rice	Alan Romberg	Rinn-Sup Shinn	Leon Sigal
Scott Snyder	David Straub	Dae-Sook Suh	Stephen Tharp
Nathaniel Thayer	Aaron Trimble	Joel Wit	David Wolff
Jon Wolfsthal			

독일
Bernd Schaefer

찾아보기

인명

지은이_ 미치시타 나루시게(道下德成, Narushige MICHISHITA)

일본 정책연구대학원대학(GRIPS) 교수 겸 안전보장·국제문제 프로그램 디렉터.
쓰쿠바 대학에서 국제관계학 학사, 미국 존스홉킨스 대학 폴 니체 국제관계대학원(SAIS)
에서 국제관계학 석·박사 학위를 취득했다. 일본 방위성 방위연구소 주임연구관, 내각관
방 안전보장위기관리 담당 참사관 보좌를 거쳤다.
연세대학교 한국어학당에서 수학하고, 경남대학교 극동문제연구소와 세종연구소에서 객
원연구원으로도 있었다.
주요 저서 및 논문으로는 *North Korea's Military-Diplomatic Campaigns, 1966-2008*
(London: Routledge, 2009), 「해상군비경쟁: 중국의 동향과 일본의 대응·전략」(2012), 「북
한의 핵 미사일 위협에 대한 일본의 군사 외교적 대응」(2012) 등이 있다.

옮긴이_ 이 원 경 (李苑暻, Wonkyung RHEE)

일본 와세다 대학 국제정보통신연구과 박사과정.
고려대학교 영어영문학과와 서울대학교 외교학과 대학원을 거쳐 일본 문부과학성 장학생
으로 도일, 한국과 일본의 정보통신정책과 사이버 안보에 대해 연구하고 있다.
주요 연구로는 「일본 과학기술정책 네트워크」(2010), 「한일 디지털콘텐츠의 동아시아내
유통」(2012), 「일본 인터넷 민족주의 전개와 한국에 대한 함의」(2013) 등이 있으며, 「통
일의 배경으로서의 국제협력 레짐 형성을 위한 한국 문화 관심집단 교육방안」(2003)으로
통일부가 주최한 제22회 대학생 통일논문 공모에서 우수상을 수상했다.

한울아카데미 1713

북한의 벼랑 끝 외교사
1966~2013년

지은이 ㅣ 미치시타 나루시게
옮긴이 ㅣ 이원경
펴낸이 ㅣ 김종수
펴낸곳 ㅣ 도서출판 한울
편   집 ㅣ 김경아

초판 1쇄 인쇄 ㅣ 2014년 8월 15일
초판 1쇄 발행 ㅣ 2014년 9월 5일

주소 ㅣ 413-756 경기도 파주시 광인사길 153 한울시소빌딩 3층
전화 ㅣ 031-955-0655
팩스 ㅣ 031-955-0656
홈페이지 ㅣ www.hanulbooks.co.kr
등록번호 ㅣ 제406-2003-000051호

ISBN 978-89-460-5713-5   93340
      978-89-460-4890-4   93340(학생판)

* 책값은 겉표지에 있습니다.
* 이 책은 강의를 위한 학생판 교재를 따로 준비했습니다.
  강의 교재로 사용하실 때는 본사로 연락해주십시오.